Les fondements philosophiques de la physique

Une introduction
à la philosophie des sciences

DERNIERS VOLUMES PARUS
DANS LA MÊME COLLECTION

DEDEKIND R., WEBER H., *Théorie des fonctions algébriques d'une variable*, trad. E. Haffner, 222 pages, 2019.

DUCHESNEAU F., *Organisme et corps organique de Leibniz à Kant*, 528 pages, 2018.

LEIBNIZ G. W., Mathesis universalis. *Écrits sur la mathématique universelle*, 256 pages, 2018.

LASSÈGUE J., *Ernst Cassirer. Du transcendantal au sémiotique*, 242 pages, 2016.

CARNAP R., *Logique inductive et probabilité (1945-1970),* introduction P. Wagner, traduction sous la dir. de P. Wagner, 328 pages, 2015.

LECLERCQ B., *Fondements logiques et phénoménologiques de la rationalité mathématique chez Husserl*, 200 pages, 2015.

CARNAP R., *Testabilité et signification,* traduction Y. Benétreau-Dupin, relue D. Chapuis-Schmitz, introduction P. Wagner, 160 pages, 2015.

MANCOSU P., *Infini, logique, géométrie*, 464 pages, 2015.

LUKASIEWICZ J., *Écrits logiques et philosophiques*, traduction, introduction et notes S. Richard, F. Schang et K. Vandenborre, 336 pages, 2013.

HEINZMANN G., *L'intuition épistémique*, 202 pages, 2013.

LACOUR P., *La nostalgie de l'individuel. G.-G. Granger*, 256 pages, 2012.

UZAN P., *Conscience et physique quantique*, 244 pages, 2012.

Helmholtz. Du son à la musique, textes éd. par P. Bailhache, A. Soulez et C. Vautrin, 256pages, 2011.

JOLY B., *Descartes et la chimie*, 256 pages, 2011.

BARBARA J.-G., *La naissance du neurone. Constitution d'un objet scientifique au XXe siècle,* 320 pages, 2010.

DUCHESNEAU Fr., *Leibniz, le vivant et l'organisme*, 352pages, 2010.

SABATIER X., *Les formes du réalisme mathématique,* 304 pages, 2009.

RIVENC F. et SANDU G., *Entre logique et langage*, 172 pages, 2009.

JAMMER M., *Concepts d'espace. Une histoire des théories de l'espace en physique*, traduction, introduction et notes L. Mayet et I. Smadja, 288 pages, 2008.

DEDEKIND R., *La création des nombres*, traduction, introduction et notes H. Benis Sinaceur, 252 pages, 2008.

VARENNE F., *Du modèle à la simulation informatique*, 256 pages, 2007.

MATHESIS

Directeur : Hourya Benis SINACEUR

Rudolf CARNAP

Les fondements philosophiques de la physique

Une introduction à la philosophie des sciences

Traduction de
Jean-Mathieu LUCCIONI et **Antonia SOULEZ**

Avant-propos
d'**Antonia SOULEZ**

Deuxième édition

PARIS
LIBRAIRIE PHILOSOPHIQUE J. VRIN
6 place de la Sorbonne, V^e^

2020

This book is the French translation of Rudolf Carnap's *The Philosophical Foundations of Physics: An Introduction to the Philosophy of Science* as first published in 1973, but including the revisions made by the author in 1974. Permission by the Rudolf Carnap Trust to revise and extend the earlier French translation originally published by Les éditions Armand Colin in 1973 is gratefully acknowledged.

Ce livre reprend la traduction française de l'ouvrage *The Philosophical Foundations of Physics: An Introduction to the Philosophy of Science* de Rudolf Carnap, publiée en 1973, mais révisée selon les modifications apportées par l'auteur en 1974. Les éditions Vrin remercient le Rudolf Carnap Trust pour leur aimable autorisation de réviser et corriger la traduction française publiée à l'origine par les éditions Armand Colin en 1973.

6, place de la Sorbonne, Paris Ve

ISSN 1765-8055
ISBN 978-2-7116-2876-6

www.vrin.fr

AVANT-PROPOS

Cet ouvrage en réédition présente au public un séminaire tenu par le philosophe Rudolf Carnap à Chicago, de 1946 à 1952, séminaire qui se poursuivit plus tard à l'Université de Californie, et qui portait sur les concepts et les méthodes dans le champ des sciences physiques.

En 1946, Carnap doit à Willard van Orman Quine d'avoir été accueilli sur la côte Est après l'exil aux Etats-Unis. Quine avait découvert Carnap à Prague où, celui-ci s'était provisoirement installé en 1934, fuyant l'avancée du nazisme en Autriche. C'est dire que, dans ces années d'immédiat après-guerre, une relation philosophique les liait déjà étroitement. Quine raconte, dans certains de ses écrits, les différents épisodes de leur discussion, notamment autour du principe de l'analyticité qui chez Carnap gouverne la traduction logique d'un énoncé par un autre énoncé synonyme, au sens extensionnel du mot. Quine n'a jamais nié combien il devait au maître de l'ancien Cercle de Vienne, bien qu'il critiquât certaines de ses thèses – critiques auxquelles Carnap répondit dans *Meaning and necessity* (1947).

À Chicago, Martin Gardner suggère à Carnap de tirer un livre de ses différents exposés sur ces questions de méthode et d'analyse du langage. Ce qui fut fait après divers arrangements. L'américain n'étant pas la langue maternelle de Carnap, il fallut procéder à des enregistrements et à des transcriptions dont les détails sont dévoilés dans la préface des *Fondements philosophiques de la physique*, écrite depuis l'Université de Californie, à Los Angeles, en 1966, date de l'achèvement du livre. Carnap s'éteint quatre ans plus tard. De son côté Martin Gardner édite en 1974 une *Introduction à la philosophie de la science de Carnap*, 4 ans après la mort de Carnap.

Le présent ouvrage rend manifeste l'intérêt fort et paradigmatique que Carnap portait à la physique, cette science qui fut à la source de la « Conception scientifique du monde » dont le Manifeste du Cercle de Vienne de 1929 développa le programme d'unification des sciences. Il expose le résultat philosophique du cheminement très singulier d'un philosophe qui, après avoir rencontré Heidegger à Davos en 1929, avait tourné la page de la métaphysique pour développer une théorie logico-linguistique du langage de la connaissance scientifique et parachever pas à pas une méthode de construction usant du formalisme logique.

En 1946, au lendemain de la Deuxième Guerre mondiale, le programme du Cercle de Vienne, coupé de son contexte européen, a perdu son dynamisme primitif. Ses représentants s'étant dispersés, il devient un programme particulier à chacun de ceux qui ont survécu et il reflète leur parcours respectif. Primitivement, la philosophie que ce Cercle avait eu l'intention de promouvoir consistait en une « méthode analytique ». Outre-Atlantique, elle se change en une philosophie analytique rivalisant avec d'autres courants philosophiques. Ce phénomène d'émigration du Cercle de Vienne a été bien décrit par Herbert Feigl qui fut élève de Schlick à Vienne et l'un des premiers à quitter l'Europe.

L'ouvrage, étant issu de cours destinés à un public universitaire non spécialiste, se propose de rendre accessibles les théories et les concepts scientifiques du moment. C'est le meilleur exposé qu'on puisse espérer d'une entreprise qui veut se mettre à la portée du lecteur sans tomber dans une popularisation abusive. Martin Gardner, le collaborateur de Carnap, excellait dans ce genre. Or, en livrant au public ces réflexions, Carnap créait un nouveau domaine, la « philosophie des sciences », fruit épistémologique de ce qu'il avait appelé en 1931 la « logique appliquée » (entendons la « nouvelle logique » par opposition à la logique aristotélicienne). On découvre ainsi un Carnap qui fut d'abord considéré en Allemagne ni comme un philosophe ni comme un physicien, mais qui s'est révélé être les deux, philosophe et scientifique. Non seulement, nous apprenons ce qu'il en a été du dernier Carnap à l'issue de ses discussions avec les membres les plus représentatifs du Cercle de Vienne, en particulier Otto Neurath qui, lui, s'exila en Grande Bretagne, mais ce qu'il en était alors de la physique, examinée ici du point de vue de son langage. Carnap ne se limite pas à la théorie einsteinienne de la relativité à laquelle il s'était d'abord intéressé comme Moritz Schlick (mort assassiné à Vienne en 1936), lui aussi venu d'Allemagne. Il fait aussi grand cas du principe de l'indéterminisme et de la physique quantique (dans le dernier chapitre) dont on dit souvent qu'elle aurait étrangement échappé au Cercle de Vienne. Le livre composé de chapitres parfois indépendants se déplace ainsi d'une physique des lois universelles à une physique de l'indéterminisme.

La traduction reprise ici intègre de minuscules modifications au chapitre 26 entre les deux éditions de 1966 et 1974 (paperback edition, Basic Books republié par Dover). Il s'agit de deux modifications p. 255 et p. 256 du texte original. Nous n'avons pas repris l'ordre inversé du titre et du sous-titre, qui a été retenu par l'éditeur américain Dover (après Basic Book) : *An Introduction to the Philosophy of Science* et, en sous-titre, *The Philosophical Foundations of Physics*. En conservant le titre d'origine, celui de la première traduction française en 1973, nous avons aussi tenu à rappeler que « la philosophie de la physique » était l'orientation que Carnap avait donnée au Cercle de Vienne, et donc sa marque.

Depuis la parution en 1973 de la première édition de cette traduction, les travaux autour du Cercle de Vienne se sont multipliés. Les écrits de Carnap sont accessibles en langue française. La présente réédition de notre traduction participe de cet intérêt pour un philosophe qui est toujours à découvrir.

NB. En ce qui concerne la « Bibliographie », Martin Gardner précise dans sa préface de l'édition de 1974 qu'il juge préférable de conserver la bibliographie de 1966. Nous l'avons suivi ici.

Antonia SOULEZ
29 novembre 2019

Note de l'éditeur.
La pagination de la première édition (Armand Colin, 1973) est donnée en marge de ce texte.

PRÉFACE

Ce livre est né d'un séminaire que j'ai animé pendant de nombreuses années, sous une forme et avec un contenu assez variables. Il avait pour titre : *Fondements philosophiques de la physique*, ou : *Concepts, théories et méthodes des sciences physiques*. En dépit des modifications que subissait le contenu, le point de vue philosophique restait dans l'ensemble le même ; l'accent portait sur l'analyse logique des concepts, des énoncés et des théories que formule la science plutôt que sur des spéculations métaphysiques.

L'idée de présenter sous forme de livre la substance des entretiens (assez détendus) qui constituaient mon séminaire, a été suggérée par Martin Gardner qui avait suivi mon enseignement à l'Université de Chicago en 1946. En 1958, il m'a demandé si ce séminaire avait été dactylographié ou pouvait l'être ; et il s'est offert à le mettre au net, si c'était le cas, en vue d'une éventuelle publication. Mais je n'ai jamais eu de version dactylographiée de mes cours ou de mes entretiens de séminaire, et je n'étais pas disposé à prendre le temps d'en rédiger une. Or il se trouvait justement que ce séminaire était inscrit au programme du semestre d'automne 1958 à l'Université de Californie (Los Angeles). On me proposa d'enregistrer mes causeries ainsi que les discussions qui les suivent. Conscient de la distance énorme qu'il y a entre le langage parlé et une formulation susceptible d'être publiée, je commençai par éprouver un scepticisme marqué. Mais mes amis m'incitèrent à accepter, parce qu'une proportion assez faible de mes idées sur les problèmes de la philosophie des sciences avait été publiée jusqu'alors. L'encouragement décisif me vint de ma femme, qui se proposa pour enregistrer sur bande l'ensemble du cours semestriel et le transcrire ensuite. Après avoir accompli cette tâche, elle m'a encore apporté une aide sans prix au stade de l'élaboration du manuscrit. Le livre lui doit beaucoup ; mais elle est morte avant de le voir paraître.

Une version corrigée de cette transcription fut envoyée à Martin Gardner. Il commença alors la tâche difficile qu'il s'était assignée et qu'il sut remplir avec une compétence et une finesse remarquables. Non content
8 d'aplanir les rugosités | du style, il trouva mille moyens de faciliter la lecture en modifiant l'ordre de présentation des sujets traités, en améliorant les exemples ou en en apportant de nouveaux. Le manuscrit fit plusieurs fois la navette entre nous. Il m'arriva plusieurs fois de procéder à des changements ou à des ajouts considérables, ou d'en suggérer à Gardner. Bien que le séminaire s'adressât à des étudiants de philosophie déjà diplômés et de haut niveau, qui connaissaient bien la logique symbolique et possédaient des notions de mathématiques et de physique au niveau universitaire, nous avons décidé de rendre le livre accessible à un public plus étendu. On a considérablement réduit le nombre de formules logiques, mathématiques et physiques, et expliqué lorsque cela semblait souhaitable celles qui restaient.

Ce livre ne cherche nullement à traiter de façon systématique tous les problèmes importants qui concernent les fondements philosophiques de la physique. Dans mon séminaire, et par conséquent aussi dans le livre, j'ai préféré me restreindre à un petit nombre de problèmes fondamentaux (ceux qu'évoque le titre de chacune des six parties) que j'étudie de façon plus poussée, au lieu de mentionner en passant un grand nombre de sujets différents. La plupart des exposés compris dans le livre (à l'exception de la troisième partie, qui porte sur la géométrie, et du chapitre XXX, qui porte sur la physique quantique) intéressent toutes les disciplines scientifiques à la fois, y compris les sciences biologiques, la psychologie et les sciences sociales. Je crois par conséquent que le livre peut servir d'introduction générale à la philosophie des sciences.

Je remercie en premier lieu mon fidèle et efficace collaborateur, Martin Gardner. Je lui suis reconnaissant pour l'excellente qualité de son travail et aussi pour l'inépuisable patience dont il a fait preuve lorsque je tardais tant à renvoyer tel ou tel chapitre ou que je demandais modifications après modifications.

Je tiens à remercier mes amis Herbert Feigl et Carl G. Hempel pour les idées et suggestions que je dois aux conversations que j'ai eues avec eux depuis tant d'années, et plus particulièrement pour les remarques qu'ils ont formulées sur divers passages de mon manuscrit. Je remercie Abner Shimony de l'aide experte qu'il m'a prodiguée en ce qui concerne la mécanique quantique. Et je suis aussi reconnaissant aux nombreux amis et collègues dont l'influence m'a stimulé et aux étudiants qui ont suivi telle ou telle version de ce séminaire et dont les questions et les commentaires ont suscité certains des exposés contenus dans ce livre.

Enfin je remercie l'Université Yale de m'avoir aimablement autorisé à puiser d'abondantes citations dans le livre de Kurt Riezler, *Physics and Reality* (1940).

Rudolf CARNAP
Université de Californie (Los Angeles)
février 1966

PREMIÈRE PARTIE

LOI, EXPLICATION ET PROBABILITÉ

| CHAPITRE PREMIER 11

À QUOI SERVENT LES LOIS : EXPLICATION ET PRÉDICTION

Les observations que nous faisons dans la vie de tous les jours, de même que les observations plus systématiques de la science, révèlent l'existence dans le monde extérieur de certaines répétitions ou régularités. Le jour succède toujours à la nuit; les saisons reviennent dans le même ordre; le feu produit toujours une sensation de brûlure; les objets tombent quand nous les lâchons, etc. Les lois de la science ne sont rien de plus que des énoncés qui expriment de façon aussi précise que possible ces régularités.

Si une régularité donnée s'observe en tous temps et en tous lieux, sans exception, alors elle s'exprime sous la forme d'une « loi universelle ». Voici un exemple pris dans la vie quotidienne : « la glace est toujours froide ». Cet énoncé affirme que tout morceau de glace, en n'importe quel point de l'univers, à n'importe quel moment passé, présent ou à venir, est (a été ou sera) froid. Les lois de la science ne sont pas toutes universelles. Certaines, au lieu d'affirmer qu'une régularité se présente dans *tous* les cas, affirment qu'elle se produit seulement dans un certain pourcentage de cas. Lorsque ce pourcentage est précisé, ou lorsque, d'une façon ou d'une autre, le rapport entre deux événements fait l'objet d'un | énoncé quantitatif, alors 12
cet énoncé reçoit le nom de « loi statistique ». Par exemple : « les pommes sont généralement rouges », ou : « Parmi les enfants qui naissent chaque année, la moitié environ sont des garçons. » On utilise dans les sciences les deux types de lois (universelles et statistiques). Les lois universelles sont plus simples du point de vue logique ; pour cette raison, nous les étudierons en premier lieu. Dans la première partie de cette étude, « lois » signifiera en général « lois universelles ». En logique formelle, on appelle « énoncé conditionnel universel » la forme sous laquelle s'expriment les lois

universelles (dans ce livre, nous ferons usage de la logique symbolique à l'occasion, mais seulement de façon très élémentaire). Considérons par exemple une loi du type le plus simple qui soit. Elle affirme que, quel que soit *x*, si *x* est *P*, alors *x* est aussi *Q*. Ceci s'écrit symboliquement sous la forme suivante :

$$(x)\,(Px \supset Qx)$$

L'expression « (x) » placée à gauche s'appelle un « quantificateur universel ». Elle nous fait savoir que l'énoncé se rapporte à *tous* les cas de *x* et non pas seulement à un certain pourcentage d'entre eux. « *Px* » signifie que *x* est *P*, et « *Qx* » signifie que *x* est *Q*. Le symbole « $\supset$ » est un connecteur. Il lie le terme placé à gauche au terme placé à sa droite. Il correspond à peu près à ce que le langage courant exprime par « Si…, alors… ».

Si « *x* » représente un corps quelconque, la loi énonce que, pour tout corps *x*, si *x* possède la propriété désignée par *P*, alors il possède aussi la propriété désignée par *Q*. Par exemple, en physique, nous pouvons dire : « Pour tout corps *x*, si on échauffe ce corps, ce corps se dilatera. » C'est la loi de la dilatation thermique sous sa forme la plus simple, non quantitative. En physique, évidemment, on essaie d'obtenir des lois quantitatives et de les circonscrire afin d'éliminer les exceptions ; mais si nous laissons de côté ce genre de perfectionnements, l'énoncé conditionnel universel est bien la forme logique fondamentale de toutes les lois universelles. On peut quelquefois affirmer non seulement que *Qx* vaut partout où *Px* vaut, mais aussi que l'inverse est vrai : *Px* vaut partout où *Qx* vaut. Les logiciens appellent cela un énoncé bi-conditionnel : un énoncé qui est conditionnel dans les deux sens. Mais, bien entendu, ceci n'infirme pas la constatation selon laquelle toute loi universelle fait partie des « conditionnelles universelles » ; en effet, on est en droit de considérer une « bi-conditionnelle » comme la conjonction de deux conditionnelles.

Les énoncés proposés par les hommes de science n'ont pas tous cette forme logique. Un savant peut fort bien dire : « Hier, au Brésil, le professeur Smith a découvert une nouvelle espèce de papillon. » Cet énoncé n'exprime pas une loi. Il spécifie un lieu et un moment précis, et affirme qu'à ce moment et en ce lieu s'est produit un événement. Comme les énoncés de ce genre portent sur un fait isolé, on les appelle énoncés singuliers. Naturellement, toutes nos connaissances ont leur source dans des énoncés singuliers, dans des observations particulières émanant d'indi-
13 vidus particuliers. L'une des grandes questions devant | lesquelles la philosophie des sciences reste perplexe, c'est de trouver comment nous sommes en mesure, à partir de ces énoncés singuliers, d'affirmer des lois universelles.

Lorsque les scientifiques s'expriment avec les mots du langage ordinaire et non pas dans le langage plus précis de la logique symbolique, nous devons mettre tous nos soins à ne pas confondre énoncés singuliers et universels. Si un zoologiste écrit dans un ouvrage scolaire : « l'éléphant est excellent nageur », il ne veut pas dire qu'un certain éléphant, observé par lui l'an dernier dans un zoo, soit un excellent nageur. Quand il dit « l'éléphant », il utilise l'article défini dans son sens aristotélicien, pour désigner la classe des éléphants tout entière. C'est du grec (et d'autres langues aussi peut-être) que provient, dans les langues européennes, cette façon de parler au singulier quand on se réfère en fait à une classe ou à un type. Les Grecs disaient : « l'homme est un animal doué de raison » ; tous les hommes, s'entend, et non pas un homme en particulier. De même, nous disons « l'éléphant » pour tous les éléphants, ou encore : « La tuberculose se caractérise par les symptômes suivants » quand nous voulons parler non pas d'un cas déterminé de tuberculose, mais de tous les cas de cette maladie.

Il est regrettable que notre langage contienne cette ambiguïté, car elle entraîne de multiples malentendus. Les scientifiques appellent souvent « faits » des énoncés universels, ou plutôt ce qui est exprimé par de tels énoncés. Ils oublient que le mot « fait » fut, à l'origine, appliqué à des occurrences déterminées, isolées ; et nous ne l'emploierons, quant à nous, qu'avec ce sens. Un physicien que l'on interroge au sujet de la loi de la dilatation thermique dira peut-être : « Ah oui, la dilatation thermique. C'est l'un des faits fondamentaux les plus importants de la physique. » De même il pourra parler du « fait » que les courants électriques produisent de la chaleur, du fait que l'électricité produit des phénomènes magnétiques, etc. Ce sont là ce qu'on appelle parfois des « faits » de la physique. Pour éviter toute confusion, nous préférons ne pas appeler « faits » des énoncés de ce genre. Les faits, pour nous, sont des événements particuliers. « Ce matin, au laboratoire, j'ai fait passer un courant électrique dans une spirale de fil métallique placée autour d'un morceau de fer, et j'ai constaté que le fer s'aimantait. » Cela, c'est un fait – à moins, bien entendu, que je n'aie été victime d'une quelconque illusion. Autrement, à moins que j'aie été ivre, que la pièce ait été mal éclairée ou que quelqu'un soit venu trafiquer l'appareil en catimini pour me faire une farce, je suis en mesure d'affirmer comme un fait d'observation que, ce matin, la suite d'événements en question a bien eu lieu.

Chaque fois que nous emploierons ce terme de « fait », nous lui donnerons ce sens « singulier » afin d'éliminer toute possibilité de confusion avec un énoncé universel. Les énoncés universels recevront le nom de « lois », même s'ils sont aussi élémentaires que la loi de dilatation

thermique ou l'énoncé « tous les corbeaux sont noirs », qui est encore plus élémentaire. Je ne sais pas si cet énoncé est vrai, mais à supposer qu'il le soit, nous l'appellerons une loi de la zoologie. Il se peut que les zoologistes
14 parlent, dans le style familier, de « faits » tels que : | « le corbeau est noir », ou : « le poulpe a huit tentacules », mais notre terminologie, plus rigoureuse, appellera « lois » les énoncés de ce genre.

Plus tard nous introduirons une distinction entre deux espèces de lois, les lois théoriques et les lois empiriques. Les lois semblables à celles, très simples, que je viens de citer reçoivent parfois le nom de « généralisations » empiriques ou « lois empiriques ». Elles sont simples parce qu'elles ont trait à des propriétés comme la couleur noire ou l'aimantation d'un morceau de fer, qui tombent sous l'observation directe. La loi de dilatation thermique, par exemple, est une généralisation fondée sur un grand nombre d'observations directes portant sur des corps qu'on a vus se dilater sous l'action de la chaleur. Au contraire, les concepts théoriques, qui ne tombent pas sous l'observation, tels que ceux de particules élémentaires et de champs électromagnétiques, ne peuvent entrer que dans des lois théoriques. Nous discuterons de tout cela plus tard. J'en parle ici parce qu'autrement vous trouveriez peut-être que les exemples que j'ai donnés ne couvrent pas le genre de lois que vous avez pu étudier en physique théorique.

Pour résumer, la science commence par l'observation directe de faits isolés. Rien d'autre ne peut être observé. Une régularité, assurément, ne peut pas être observée directement. C'est seulement en comparant un grand nombre d'observations qu'on découvre des régularités. Ces régularités sont exprimées par des énoncés appelés « lois ».

À quoi bon ces lois ? À quoi servent-elles dans les sciences et dans la vie courante ? La réponse est double : on les utilise pour *expliquer* des faits déjà connus, et pour *prédire* des faits qu'on ne connaît pas encore.

Voyons d'abord comment on se sert des lois scientifiques à des fins d'explication. Il est impossible de donner une explication – de donner quelque chose qui mérite le titre honorable d'explication – sans se référer à une loi au moins. (Dans les cas les plus simples, il n'y a qu'une seule loi, mais les cas plus compliqués peuvent faire entrer en jeu toute une série de lois.) Il est important de souligner ce point, car souvent des philosophes ont soutenu qu'ils pouvaient expliquer d'une autre manière tel ou tel fait emprunté à l'histoire, à la nature ou à la vie humaine. Leur procédé consiste en général à mentionner spécifiquement un agent ou une force d'une espèce ou d'une autre, qu'ils rendent responsable de l'événement à expliquer.

Dans la vie courante, c'est là un type d'explication que nous connaissons tous. Quelqu'un demande : « Comment se fait-il que ma montre, que j'avais laissée ici sur la table avant de quitter la pièce, n'y soit plus ? » Vous répondez : « J'ai vu Untel entrer et la prendre. » C'est votre explication de la disparition de la montre. Peut-être trouvera-t-on que ce n'est pas une explication suffisante. Pourquoi Untel a-t-il pris la montre ? Voulait-il la voler ou simplement l'emprunter ? Peut-être s'est-il imaginé que c'était la sienne. La première question : « Qu'est-il arrivé à la montre ? », a reçu pour réponse l'énoncé d'un fait : Untel l'a prise. La deuxième question : « Pourquoi Untel l'a-t-il prise ? », admettrait pour réponse un autre énoncé de fait : il l'a empruntée pour un moment.
Il semble | donc que nous n'ayons nullement besoin de lois. Nous avons 15
demandé l'explication d'un fait, on nous a donné un autre fait. Nous demandons l'explication de cet autre fait, on nous en donne un troisième. Si nous continuons à demander des explications, on nous fournira peut-être encore d'autre faits. Dès lors, pourquoi serait-il nécessaire de recourir à une loi afin d'expliquer un fait de manière adéquate ?

La réponse est que les explications par des faits sont en réalité des explications par des lois, mais déguisées. En les examinant de plus près, nous constatons que ce sont des énoncés abrégés et incomplets qui reposent de façon implicite sur certaines lois si bien connues qu'on peut les passer sous silence. Dans l'exemple de la montre, la première réponse : « Untel l'a prise », ne serait pas considérée comme une explication satisfaisante si nous ne tenions point pour acquise la loi universelle suivante : lorsque quelqu'un prend une montre sur une table, la montre ensuite ne se trouve plus sur la table. La seconde réponse : « Untel l'a empruntée », constitue une explication parce que nous tenons pour acquise la loi générale suivante : lorsque quelqu'un emprunte une montre pour s'en servir ailleurs, il la prend et l'emporte.

Prenons un autre exemple. Nous demandons au petit Tommy pourquoi il pleure, et il répond en énonçant un fait : « Jimmy m'a donné un coup de poing sur le nez. » Pourquoi trouvons-nous que cette explication est suffisante ? Parce que nous savons qu'un coup sur le nez provoque une douleur et que les enfants pleurent lorsqu'ils en ressentent une. Ce sont là des lois générales de la psychologie. Elles sont tellement connues que Tommy lui-même les tient pour acquises quand il nous dit pourquoi il pleure. S'il s'agissait, mettons, d'un petit Martien et que nous ne sachions pas grand-chose des lois psychologiques martiennes, alors le simple énoncé d'un fait pourrait ne pas être considéré comme l'explication adéquate du comportement de l'enfant. Les faits ne constituent pas des explications à moins de pouvoir être reliés à d'autres faits par l'entremise d'au moins une loi, que celle-ci soit explicite ou implicite.

Le schéma général que suit toute explication peut s'exprimer sous forme symbolique comme suit :

1. $(x)\ (Px \supset Qx)$
2. Pa
3. Qa

Le premier de ces énoncés est la loi universelle qui s'applique à tout objet x. Le second affirme qu'un certain objet a possède la propriété P. À eux deux, ils nous autorisent à dériver logiquement le troisième énoncé : l'objet a possède la propriété Q.

Dans les sciences, de même que dans la vie courante, la loi universelle n'est pas toujours explicitement énoncée. Si vous demandez à un physicien : « Pourquoi cette tige de fer, qui tout à l'heure tenait exactement dans l'appareil, est-elle maintenant un peu trop longue ? », il vous répondra
16 peut-être : « Pendant | que vous n'étiez pas là, je l'ai chauffée. » Il suppose, évidemment, que vous connaissez la loi de la dilatation thermique, sans quoi il aurait ajouté pour être compris : « or, quand on chauffe un corps, il se dilate ». La loi générale est indispensable à l'explication qu'il donne. Mais si vous connaissez cette loi et qu'il sache que vous la connaissez, il ne se sentira pas obligé de la mentionner. C'est pourquoi les explications paraissent souvent différer du modèle que j'ai donné, surtout dans la vie courante, où les lois qui sont du domaine du bon sens sont tenues pour acquises.

Il arrive, quand on donne une explication, que les seules lois applicables soient des lois statistiques et non pas universelles. Il faut alors se contenter d'une explication d'ordre statistique. Par exemple, nous savons qu'une certaine espèce de champignons est légèrement vénéneuse et provoque tel et tel symptôme pathologique, dans 90 pour 100 des cas, chez ceux qui en ont mangé. Si un médecin constate chez un malade la présence de ces symptômes et que le malade lui avoue qu'il a mangé de ces champignons-là la veille, le médecin estimera qu'il a l'explication des symptômes, bien qu'il ne puisse s'appuyer en l'occurrence que sur une loi statistique. Et c'est bien, en effet, une explication.

Même si l'explication fournie par une loi statistique est extrêmement fragile, c'est quand même une explication. Par exemple, mettons qu'une loi statistique, en médecine, nous apprenne que 5 pour 100 de ceux qui absorbent tel aliment vont présenter tel symptôme. Si le médecin cite cette loi pour expliquer ledit symptôme à un malade, celui-ci ne trouvera peut-être pas l'explication suffisante. « Pourquoi, demandera-t-il, suis-je, moi, l'un de ces 5 pour 100 ? » Dans certains cas, le médecin sera en mesure de fournir des explications supplémentaires. Il fait subir au malade un examen destiné à dépister les allergies et constate qu'il est allergique à l'aliment en question. « Si j'avais su, dit-il, je vous aurais mis en garde. Nous savons que les personnes qui ont cette allergie présentent, dans 97 pour 100 des cas, des symptômes comme les vôtres lorsqu'elles mangent de cet aliment. » Cette explication, plus convaincante, satisfera peut-être le malade. Mais les deux sont d'authentiques explications, la plus fragile comme la plus convaincante. Il y a des cas auxquels ne s'applique aucune loi universelle connue et pour lesquels on ne dispose que d'explications statistiques.

Dans l'exemple cité, les lois statistiques sont les lois les plus satisfaisantes qu'on puisse invoquer, parce que la science médicale n'en est pas encore arrivée au point de pouvoir énoncer une loi universelle à ce sujet. Les lois statistiques qu'on trouve en économie et dans les autres sciences sociales reflètent des incertitudes du même genre. Le fait que notre connaissance des lois de la psychologie est limitée, que nous connaissons mal les lois physiologiques et la façon dont celles-ci à leur tour reposent peut-être sur les lois de la physique, nous oblige à exprimer sous forme statistique les lois des sciences sociales. En revanche, nous trouvons dans la théorie des quanta des lois statistiques qui, peut-être, reflètent non pas une ignorance de notre part mais la structure fondamentale de l'univers. L'exemple le plus connu est le fameux principe d'incertitude de Heisenberg. | Beaucoup de physiciens pensent que toutes les lois de la 17
physique reposent en fin de compte sur des lois fondamentales qui sont d'ordre statistique. S'il en est ainsi, nous devrons bien nous satisfaire d'explications fondées sur des lois statistiques.

Mais alors, que dire de ces lois élémentaires de la logique qui entrent en jeu dans toute explication ? Font-elles jamais office de lois universelles sur lesquelles reposent les explications scientifiques ? Eh bien, non. La raison en est que ce sont des lois d'un type tout différent. Il est bien vrai que les lois de la logique et celles de la mathématique pure (quant à la géométrie de l'espace physique, c'est autre chose) sont universelles, mais elles ne nous renseignent absolument pas sur la réalité. Elles se contentent d'exprimer les rapports qui unissent certains concepts et qui sont fondés non point sur telle ou telle structure effectivement présente dans la réalité, mais sur la définition qu'on a préalablement donnée de ces concepts.

Voici deux exemples de lois logiques simples :

1. Si p et q, alors p.
2. Si p, alors p ou q.

Ces énoncés ne sauraient être contestés, car leur véracité se fonde sur le sens même des termes employés. La première loi affirme simplement que, si nous supposons vraies les propositions p et q, nous sommes obligés de supposer vraie la proposition p. Cette loi découle de la façon dont sont employés « et » et « si… alors ». La seconde affirme que, si nous supposons que p est vraie, nous sommes obligés de supposer que ou p ou q est vraie. Exprimée dans le langage courant, cette loi est ambiguë, parce que le mot « ou » ne fait pas la distinction entre le sens non exclusif (l'un ou l'autre ou tous les deux) et le sens exclusif (l'un ou l'autre mais non les deux à la fois). Pour plus de rigueur, nous pouvons l'exprimer sous forme symbolique en écrivant :

$$p \supset (p \vee q)$$

Le symbole $\vee$ signifie en effet « ou » pris au sens non exclusif. Sa signification peut s'exprimer de manière plus formelle : on peut dresser sa « table de vérité ». Ceci consiste à dresser une liste complète de toutes les combinaisons possibles entre les « valeurs de vérité » (il y a deux « valeurs de vérité » : vrai ou faux) des deux expressions entre lesquelles on a posé ledit symbole, puis à spécifier lesquelles d'entre ces combinaisons sont autorisées par le symbole et lesquelles non.

Les combinaisons possibles, lorsque deux propositions sont en jeu, sont au nombre de quatre :

	p	q
1.	vraie	vraie
2.	vraie	fausse
3.	fausse	vraie
4.	fausse	fausse

18 | Le symbole $\vee$ se définit par la règle suivante : « $p \vee q$ » est vrai dans les trois premiers cas, et faux dans le dernier. Le symbole $\supset$, qui peut se traduire approximativement par « si… alors », a pour définition précise d'être vrai dans le premier, le troisième et le quatrième cas, et faux dans le second. Une fois que nous avons compris la définition de chacun des termes qui constituent une loi logique, nous voyons clairement que cette loi *doit* être vraie, et que sa vérité ne dépend nullement de la nature du réel. C'est une vérité nécessaire, qui vaut, comme le disent parfois les philosophes, dans tous les univers possibles.

Ceci est vrai des lois mathématiques comme de celles de la logique. Une fois qu'on a défini de façon précise le sens des symboles « 1 », « 3 », « 4 », « + » et « = », il en découle nécessairement que la loi « 1 + 3 = 4 » est vraie. Le même principe reste valable jusque dans le domaine plus abstrait de la mathématique pure. Une structure reçoit le nom de groupe, par exemple, lorsqu'elle correspond à certains axiomes qui définissent la notion de groupe. Il est possible de définir en termes algébriques l'espace euclidien à trois dimensions comme un ensemble de triplets ordonnés de nombres réels qui remplissent certaines conditions. Mais tout ceci n'a rien à voir avec la nature du monde extérieur. On ne saurait concevoir d'univers dans lequel les lois de la théorie des ensembles et de la géométrie abstraite de l'espace euclidien à trois dimensions, ne soient point valables, car ces lois ne reposent que sur la signification des termes employés, et non pas sur la structure du monde réel dans lequel nous nous trouvons.

Le monde réel ne cesse de changer. Même les lois les plus fondamentales de la physique, compte tenu des limites de notre savoir, varient peut-être très légèrement d'un siècle à l'autre. Ce que nous croyons être une constante physique à valeur fixe pourrait être sujet à des modifications cycliques très lentes que nous n'avons pas encore observées. Mais de telles modifications, quelle qu'en soit l'ampleur, n'infirmeraient jamais la validité de la moindre loi logique ou arithmétique.

Il semble impressionnant, et peut-être rassurant, de déclarer que là, enfin, nous avons réellement trouvé la certitude. Oui, nous avons obtenu la certitude, mais nous l'avons payée très cher. Le prix que nous avons payé consiste à savoir que les énoncés de la logique et de la mathématique ne nous renseignent en rien sur le monde. Nous pouvons certes être sûrs que trois et un font quatre; mais comme cela resterait vrai dans tout univers possible, cela ne nous renseigne en rien sur l'univers que nous habitons.

Qu'appelons-nous « univers possible » ? Tout simplement un univers qui puisse être décrit sans contradiction. Cette définition embrasse des univers fictifs comme ceux du rêve ou des contes de fées, pourvu qu'ils soient décrits en des termes logiquement cohérents. Par exemple, vous me dites : « Je pense à un univers qui contient exactement mille événements, ni plus ni moins. Le premier événement est l'apparition d'un triangle rouge. Le second est l'apparition d'un carré vert. Cependant, comme le premier
événement était bleu et non pas rouge… » Là, | je vous interromps. « Mais 19
voyons, il y a un instant vous disiez que le premier événement était rouge. À présent vous me dites qu'il était bleu. Je ne comprends plus. » Mettons que j'ai enregistré vos déclarations avec un magnétophone; je repasse la bande pour vous convaincre que vous venez de vous contredire. Si vous persistez à décrire votre univers de la même manière, avec ces deux

assertions contradictoires, je serai obligé de soutenir que ce que vous décrivez ne saurait être appelé un univers possible.

En revanche, supposons que vous décriviez un univers possible comme suit : « Il y a un homme. Il diminue, il devient de plus en plus petit. Soudain il se change en oiseau. Puis l'oiseau devient un millier d'oiseaux. Ces oiseaux s'envolent dans le ciel, et les nuages commencent à s'entretenir de ce qui s'est passé. » Tout ceci constitue un univers possible : il est fantastique, il n'est pas contradictoire.

On pourrait dire que les univers possibles sont des univers « concevables », mais je préfère éviter ce mot de « concevable » parce qu'on l'emploie parfois avec le sens plus restreint de : ce qui peut être imaginé par un être humain. Or il y a beaucoup d'univers possibles qu'on peut décrire, mais non pas imaginer. Nous pourrions par exemple parler d'un continuum dans lequel tous les points ayant des coordonnées exprimées par des nombres rationnels soient rouges et tous les points ayant des coordonnées exprimées par des nombres irrationnels bleus. Si l'on admet qu'il soit légitime d'attribuer une couleur à un point, ce continuum n'est pas un univers contradictoire. Il est concevable au sens large, c'est-à-dire qu'on peut sans contradiction en supposer l'existence. Il n'est pas « concevable » au sens psychologique du terme. Nul ne peut vraiment imaginer un continuum fait de points, même si on ne leur attribue aucune couleur. Nous ne sommes capables d'imaginer qu'une représentation grossière d'un continuum, une représentation qui consisterait en un grand nombre de points bien serrés les uns contre les autres. Les univers possibles sont des univers « concevables » au sens large du terme; ce sont des univers qu'il est possible de décrire sans contradiction logique.

Les lois de la logique et celles des mathématiques pures, de par leur nature même, ne peuvent fonder une explication scientifique, puisqu'elles ne nous disent rien qui introduise une différence entre le monde réel et n'importe quel autre monde possible. Lorsque nous cherchons à expliquer un fait, une observation déterminée faite sur le monde réel, il nous faut avoir recours à des lois *empiriques*. Elles ne possèdent pas le même degré de certitude que les lois logiques et mathématiques, mais du moins elles nous renseignent sur la structure du monde réel.

Au XIXe siècle, certains physiciens allemands comme Gustav Kirchhoff et Ernst Mach disaient que la science ne devrait jamais demander « pourquoi ? », mais « comment ? ». Ils entendaient ainsi lui interdire de se lancer à la recherche d'agents métaphysiques inconnus auxquels attribuer la responsabilité de tel ou tel événement et lui prescrire de se restreindre à une description des événements en termes de lois. Cette interdiction
20 du « pourquoi » ne se comprend que si l'on | est au fait des circonstances

historiques où elle fut prononcée. À l'époque, la philosophie allemande était dominée par la tradition idéaliste de Fichte, Schelling et Hegel. Ces derniers estimaient qu'il ne suffisait pas de décrire ce qui se passe dans le monde. Ils voulaient accéder à une compréhension plus riche, qu'on ne pouvait obtenir, pensaient-ils, qu'en trouvant les causes métaphysiques situées au-delà des phénomènes et inaccessibles à la méthode scientifique. La réaction des physiciens consista à répondre : « Laissez-nous tranquilles, vous et vos "pourquoi"; il n'y a point de réponse au-delà de celle que fournissent les lois empiriques. » Ils refusaient les questions sur les « pourquoi » parce que c'étaient généralement des questions métaphysiques.

À présent l'atmosphère philosophique a évolué. Il reste bien en Allemagne quelques philosophes qui poursuivent une réflexion dans la tradition idéaliste, mais en Angleterre et aux États-Unis celle-ci a pratiquement disparu. De là vient que les questions du type « pourquoi ? » ne nous inquiètent plus guère. Nous n'éprouvons plus le besoin de dire : « Ne demandez pas pourquoi », car de nos jours quand quelqu'un demande « pourquoi » nous pouvons supposer que son intention est d'ordre scientifique et non plus métaphysique. Il nous demande simplement d'expliquer un événement en le replaçant dans le cadre des lois empiriques dont il relève.

Dans ma jeunesse, lorsque je faisais partie du Cercle de Vienne, certaines de mes premières publications furent rédigées précisément par manière de réaction contre ce climat philosophique de l'idéalisme allemand. Il en résulte qu'elles sont, comme celles d'autres chercheurs du même Cercle, pleines d'interdictions semblables à celle dont je viens de parler. Pour comprendre ces interdictions, il faut se référer à la situation historique où nous nous trouvions. Aujourd'hui, et surtout aux États-Unis, il nous arrive rarement de lancer des mises en garde de ce genre. Les adversaires qui sont ici les nôtres sont de nature différente, et souvent la façon dont on s'exprime change en fonction des adversaires auxquels on a à répondre.

Par exemple, lorsque nous disons qu'il est indispensable, pour expliquer un fait donné, d'avoir recours à une loi scientifique, l'opinion que nous cherchons plus particulièrement à battre en brèche est celle selon laquelle un fait n'a point reçu d'explication satisfaisante tant qu'on n'a point invoqué d'agents métaphysiques. Aux ères préscientifiques, c'était évidemment là le genre d'explication le plus courant. Il fut un temps où l'on croyait que le monde était habité d'esprits ou de démons que personne ne voit, mais qui *agissent* : ce sont eux qui font tomber la pluie, couler le fleuve, briller l'éclair. Chaque fois qu'il se passait quelque chose,

on pensait qu'il y avait là-derrière une cause, ou plutôt une *personne*, qui en portait la responsabilité. Cela se comprend fort bien d'un point de vue, psychologique. Si un homme se conduit envers moi d'une façon qui me déplaît, il est naturel que je l'en rende responsable, que je me mette en colère et que je me venge. Si un nuage laisse tomber de l'eau sur moi, je ne
21 peux pas me venger | de lui, mais je peux trouver un dérivatif à ma colère : je peux considérer le nuage, ou quelque démon invisible derrière le nuage, comme responsable de la pluie. Rien ne m'empêche de me répandre en malédictions contre ce démon, de lui montrer le poing. Cela me soulage un peu, je me sens mieux. On imagine sans peine comment les hommes de l'âge préscientifique trouvaient une satisfaction psychologique à se figurer, derrière les phénomènes naturels, la présence de mystérieux agents.

Avec le temps, les sociétés ont, comme on le sait, abandonné leurs mythologies, mais il arrive que des scientifiques remplacent les esprits par des agents qui au fond ne sont guère différents. Par exemple, le philosophe allemand Hans Driesch, qui mourut en 1941, a écrit nombre d'ouvrages sur la philosophie des sciences. Il avait commencé par acquérir une haute réputation comme biologiste grâce à d'intéressantes recherches sur certains comportements des organismes vivants, tels que la régénération chez l'oursin. Il mutilait des oursins afin d'observer à quels stades de leur développement et dans quelles conditions ils avaient le pouvoir de faire repousser tel de leurs organes. Ses travaux scientifiques furent importants et d'excellente qualité. Mais Driesch s'intéressait aussi aux problèmes philosophiques, et surtout à ceux qui touchent aux fondements de la biologie. Sur le plan philosophique aussi, il fit un excellent travail ; mais il y avait un aspect de sa philosophie que mes amis du Cercle de Vienne et moi-même regardions avec plus de réserves : il s'agissait de sa façon d'*expliquer* les processus biologiques comme la régénération et la reproduction.

À l'époque où se déroulait son activité de biologiste, on pensait que les êtres vivants possédaient maintes caractéristiques introuvables ailleurs. (On est aujourd'hui plus clairement conscient de la continuité qui relie l'organique à l'inorganique.) Afin d'expliquer ces caractéristiques originales des organismes, il postula l'existence de quelque chose qu'il appela une « entéléchie » ; ce terme a été inventé par Aristote, avec une signification particulière qu'il n'est d'ailleurs pas nécessaire d'étudier ici. Driesch disait en substance : « L'entéléchie est une force spécifique qui fait que les êtres vivants se comportent comme ils le font. Mais il ne faut pas se la représenter comme une force *physique* telle que la pesanteur ou le magnétisme ; ce serait une grossière erreur. »

Les entéléchies des organismes, d'après Driesch, sont d'espèces diverses selon le degré d'évolution. Dans les organismes primitifs, unicellulaires, l'entéléchie est assez simple. À mesure qu'on s'élève dans l'échelle des êtres, depuis les plantes en passant par les animaux de plus en plus complexes jusqu'à l'homme, l'entéléchie devient de plus en plus complexe. Cette progression nous est révélée par le degré croissant d'intégration entre les phénomènes qui constituent chacun des êtres supérieurs. Ce que nous appelons, chez un être humain, l'esprit, n'est autre qu'une partie de son entéléchie personnelle. L'entéléchie en effet dépasse largement les limites de l'esprit, ou en tout cas celles de l'esprit conscient, puisqu'elle est responsable de l'activité de chacune de nos cellules. Si je me blesse le doigt, les cellules du doigt fabriquent des tissus neufs et apportent dans la | région blessée des substances destinées à tuer les 22
bactéries qui s'y sont introduites. Ces actions ne sont pas le résultat d'une volonté consciente; elles ont lieu aussi bien si le doigt appartient à un bébé d'un mois, qui n'a jamais ouï parler des lois de la biologie. Tout cela, affirmait Driesch, est dû à l'entéléchie de l'organisme, et l'esprit n'est qu'*une* des manifestations de celle-ci. Ainsi, au-delà des explications scientifiques, Driesch avait élaboré toute une théorie de l'entéléchie, où il voulait voir l'explication *philosophique* de phénomènes dépourvus d'explication scientifique tels que la régénération partielle chez l'oursin.

S'agit-il vraiment là d'une explication? Mes amis et moi, nous eûmes quelques discussions avec Driesch à ce sujet, par exemple au Congrès international de philosophie de Prague en 1934. Hans Reichenbach et moi, nous critiquions la théorie de Driesch, que lui-même et d'autres défendaient. Dans nos publications nous ne consacrions pas beaucoup de place à ces critiques, parce que nous admirions les travaux de Driesch dans le domaine biologique et aussi en philosophie. Il se distinguait de la plupart des philosophes allemands en ce qu'il cherchait réellement à élaborer une philosophie scientifique. Mais à notre avis quelque chose faisait défaut à sa théorie de l'entéléchie.

Le défaut était le suivant: il n'avait pas vu qu'on ne peut donner une explication sans donner du même coup une loi.

Nous lui disions: « Votre entéléchie, nous ne savons pas ce que vous entendez par là. Vous dites que ce n'est pas une force physique. Alors qu'est-ce que c'est? »

« Voyons, répondait-il (je ne fais bien sûr que paraphraser ses paroles), il ne faut pas avoir l'esprit aussi étroit. Quand vous demandez à un physicien de vous expliquer pourquoi ce clou se rapproche soudain de cette barre de fer, il vous dit que la barre est aimantée et que le clou est attiré vers elle par une force appelée magnétisme. Mais le magnétisme, personne ne l'a jamais vu. Tout ce que vous voyez, c'est un petit clou qui se rapproche d'une barre de fer ».

Nous en convenions : « Oui, vous avez raison. Personne n'a jamais vu le magnétisme ».

« Vous voyez, poursuivait-il, le physicien introduit des forces que personne ne peut observer, des forces telles que le magnétisme et l'électricité, afin d'expliquer certains phénomènes. Je cherche à faire comme lui. Les forces physiques ne permettent pas d'expliquer certains phénomènes organiques, alors j'introduis quelque chose qui ressemble à une force, mais qui n'est pas une force physique, parce que sa façon d'agir est différente. Par exemple, elle n'est pas située dans l'espace. Il est vrai qu'elle agit sur un organisme physique, mais sur l'organisme tout entier et non pas seulement sur certaines de ses parties. De là vient qu'on ne puisse pas situer ce quelque chose, cette sorte de force. Elle n'est située en aucun lieu. Ce n'est pas une force physique, mais j'ai tout autant le droit de l'introduire que le physicien a le droit d'introduire une force invisible appelée magnétisme. »

À cela nous répondions que le physicien, pour expliquer le déplacement du clou vers la barre, ne se contente pas d'introduire le mot
23 « magnétisme ». Bien | sûr, si vous lui demandez pourquoi le clou se déplace, il commencera peut-être par dire que c'est à cause du magnétisme ; mais si vous le pressez de vous donner une explication plus complète, il vous donnera des lois. Celles-ci ne seront peut-être pas exprimées en termes quantitatifs comme les équations de Maxwell qui décrivent les champs magnétiques; il pourra s'agir de simples lois qualitatives, sans chiffres. Ainsi le physicien dira peut-être : « Tous les clous qui contiennent du fer sont attirés par les extrémités d'une barre aimantée. » Ensuite, il vous expliquera peut-être ce que signifie « être aimanté », et, à cette fin, il exposera d'autres lois non quantitatives. Il dira que les minerais de fer qu'on trouve près de la ville de Magnésie possèdent cette propriété. (Vous vous souvenez sans doute que le mot « magnétique » vient de Magnésie, nom de la ville grecque où fut découvert ce type de minerai.) Il expliquera peut-être qu'une barre de fer devient aimantée si on la frotte d'une certaine manière avec un fragment de minerai possédant une aimantation naturelle. Il vous donnera d'autres lois relatives aux conditions dans lesquelles certaines substances peuvent acquérir une aimantation, ou concernant les phénomènes liés au magnétisme. Il vous dira que, si vous aimantez une aiguille et si vous la suspendez par le milieu de façon qu'elle joue librement, l'une de ses extrémités indiquera le nord. Si vous possédez une deuxième aiguille aimantée, vous pourrez rapprocher l'une de l'autre les deux extrémités indiquant le nord, et constater qu'elles ne s'attirent pas mais se repoussent

l'une l'autre. Il expliquera que, si vous chauffez ou martelez une barre de fer aimantée, elle perdra de son pouvoir magnétique. Toutes ces lois sont qualitatives et peuvent s'exprimer sous la forme logique du « si..., alors... ». Le point que je cherche ici à mettre en relief est le suivant : il ne suffit pas, pour les besoins de l'explication, d'introduire un agent nouveau ou de donner un nom nouveau. Il faut aussi avancer des lois.

Or Driesch ne proposait pas de lois. Il ne précisait pas en quoi l'entéléchie d'un chêne diffère de l'entéléchie d'une chèvre ou d'une girafe. Il ne faisait pas de classification parmi ses entéléchies. Il classifiait simplement des organismes et se contentait ensuite d'affirmer que chaque organisme a une entéléchie qui lui est propre. Il ne formulait pas de lois relatives aux conditions dans lesquelles une entéléchie est renforcée ou affaiblie. Bien sûr, il décrivait toutes sortes de phénomènes organiques et dégageait certaines des règles générales qui régissent ces phénomènes. Il disait que, si vous coupez un membre à un oursin d'une certaine manière, l'organisme n'y survivra pas; que si vous le coupez d'une autre manière, l'organisme survivra, mais que le membre qui repoussera sera incomplet. Coupez-le d'une manière encore différente et, si l'oursin se trouve à un certain stade de sa croissance, il se régénèrera un membre neuf et complet. Ce sont là des lois zoologiques parfaitement respectables.

« Mais qu'est-ce que vous ajoutez de plus à ces lois empiriques, demandions-nous à Driesch, lorsque, après les avoir énoncées vous venez nous dire que tous les phénomènes régis par ces lois sont dus à l'entéléchie de l'oursin ? »

| À notre avis, il n'ajoutait rien. Comme la notion d'entéléchie ne nous 24
révèle point de lois nouvelles, elle n'explique rien de plus que les lois générales dont nous disposons déjà. Elle ne nous aide en rien à faire de nouvelles prédictions. C'est pourquoi nous ne pouvons pas dire qu'elle fasse progresser nos connaissances scientifiques. Il peut tout d'abord sembler qu'elle ajoute quelque chose à nos explications, mais, à y regarder de plus près, elle apparaît inutile. C'est une pseudo-explication.

On peut arguer que le concept d'entéléchie n'est pas inutile s'il fournit aux biologistes une orientation nouvelle, une nouvelle méthode pour mettre de l'ordre parmi les lois de la biologie. À cela nous répondrons qu'il serait effectivement utile s'il permettait de formuler des lois plus générales qu'on ne pouvait en formuler avant lui. En physique, par exemple, le concept d'énergie a joué ce rôle. Les physiciens du XIXe siècle avancèrent une théorie suivant laquelle certains phénomènes, tels que l'énergie cinétique et l'énergie potentielle en mécanique, la chaleur (c'était avant qu'on eût découvert que la chaleur n'est autre que l'énergie cinétique des molécules), l'énergie des champs magnétiques, etc., pourraient se ramener à des manifestations diverses d'une énergie fondamentale unique. Cette théorie fut à l'origine d'expériences qui ont montré que l'énergie mécanique peut être transformée en chaleur et la chaleur en énergie mécanique, mais que la quantité totale d'énergie reste constante. Ainsi, le concept d'énergie s'est avéré fécond, puisqu'il a préparé la découverte de lois plus générales comme la loi de la conservation de l'énergie. Mais l'entéléchie de Driesch n'était pas un concept fécond en ce sens-là ; elle n'a pas conduit à la découverte de lois biologiques plus générales.

Les lois scientifiques fournissent non seulement des *explications* relatives aux faits observés, mais aussi un moyen de *prédire* des faits qui n'ont pas encore été observés. Le schéma logique dont il s'agit ici est exactement le même que celui de l'explication. On se souvient de l'expression symbolique donnée à ce dernier :

1. $(x)\ (Px \supset Qx)$
2. Pa
3. Qa

Au départ nous avons une loi universelle : pour tout objet x, s'il possède la propriété P, alors il possède également la propriété Q. Ensuite, nous avons un énoncé affirmant que l'objet a possède la propriété P. En troisième lieu, nous déduisons, grâce à une opération logique élémentaire, que l'objet a possède la propriété Q. Ce schéma est sous-jacent à la prédiction comme à l'explication ; la seule différence réside dans l'état de nos connaissances. Dans le cas de l'explication, le fait Qa est déjà connu, et nous l'expliquons en montrant comment il peut se déduire des énoncés 1 et 2. Dans la prédiction, en revanche, Qa est un fait *qui n'est pas encore connu*. Nous avons une loi, et nous avons le fait Pa. De là, nous
25 tirons la conclusion que Qa doit, lui aussi, être un fait, bien que ce fait | n'ait pas encore été observé. Par exemple, je connais la loi de la dilatation thermique. Je sais aussi que je viens d'échauffer une barre de métal. Grâce à l'opération logique indiquée par le schéma, je déduis de là que, si je mesure la barre, je constaterai un allongement.

Dans la plupart des cas, le fait à déduire est effectivement encore à venir (par exemple lorsqu'un astronome prédit la date de la prochaine éclipse de soleil) ; c'est pourquoi j'emploie le terme de « prédiction » pour désigner cette deuxième utilisation des lois. Mais il ne s'agit pas nécessairement d'une prédiction au sens littéral du terme. Dans bien des cas, le fait à déduire est contemporain du fait déjà connu, comme dans l'exemple de la barre chauffée, où l'allongement se produit en même temps que l'échauffement. Seule notre observation de l'allongement est postérieure à notre observation de l'échauffement.

Dans d'autres cas, le fait à déduire peut appartenir au passé. Sur la base de certaines lois psychologiques et de certains faits établis grâce à des documents historiques, l'historien déduit certains faits historiques jusque-là inconnus. Un astronome pourra savoir par déduction qu'à telle date, dans le passé, une éclipse de lune a dû avoir lieu. Un géologue, à partir des stries observées sur des roches, conclura que la région a dû être couverte par un glacier à un certain moment du passé. J'utilise quand même le terme de «prédiction» pour tous ces exemples, parce que nous y retrouvons à chaque fois le même schéma logique et le même état de nos connaissances : un fait connu plus une loi connue, et un fait inconnu qui en est déduit.

Souvent la loi en question est statistique plutôt qu'universelle. La prédiction n'énoncera alors qu'une probabilité. Le météorologiste, par exemple, travaille sur un mélange de lois physiques exactes et de diverses lois statistiques. Il ne peut pas affirmer qu'il pleuvra demain; il peut seulement affirmer qu'une chute de pluie est très probable.

Cette incertitude caractérise également les prédictions qui portent sur des comportements humains. Connaissant déjà certaines lois psychologiques d'ordre statistique et certains faits relatifs à un individu donné, nous pouvons prédire, de façon plus ou moins probable selon les cas, comment il se comportera. Peut-être allons-nous demander à un psychologue de nous dire quel effet tel événement produira sur notre enfant. Il répondra : «Étant donné la situation telle que je la vois, votre enfant va sans doute réagir comme suit. Bien entendu, les lois psychologiques ne sont pas très exactes. Il s'agit d'une science encore jeune, dont les lois sont encore mal connues. Mais, sur la base de ce qu'on sait déjà, je crois pouvoir vous conseiller de prendre telle et telle mesure.» Le conseil qu'il nous donne est fondé sur les prédictions les plus sûres qu'il soit en état de formuler, à l'aide de lois portant sur des probabilités, relativement au comportement futur de notre enfant.

Lorsque la loi est universelle, la déduction d'un fait inconnu comporte une opération de logique déductive élémentaire. Lorsque la loi est statis-
tique, nous | sommes obligés d'utiliser une logique différente, la logique **26**
des probabilités. Pour donner un exemple simple : une loi énonce que 90 pour cent des habitants d'une région donnée ont les cheveux noirs. Je sais qu'un individu habite cette région, mais j'ignore la couleur de ses cheveux. Cependant, sur la base de la loi statistique citée, je suis en mesure de déduire qu'il y a une probabilité de $\frac{9}{10}$ (neuf chances sur dix) pour qu'il ait les cheveux noirs.

La prédiction est, bien entendu, tout aussi nécessaire à la vie quotidienne qu'elle l'est à la science. Même les actions les plus communes que nous accomplissons chaque jour sont fondées sur des prédictions. Vous tournez la poignée d'une porte. Pourquoi? Parce que vos observations passées, jointes à certaines lois universelles, vous amènent à croire que, lorsqu'on tourne la poignée, la porte s'ouvre. Vous n'êtes peut-être pas conscient de l'opération logique mise en œuvre – à vrai dire, vous avez d'autres soucis en tête – mais toute action délibérée de ce genre présuppose une telle opération. Elle comporte en effet la connaissance de certains faits spécifiques et la connaissance de certaines régularités observées qui peuvent s'exprimer sous forme de lois universelles ou statistiques et servent de base pour la prédiction de faits inconnus. Dans tout acte humain comportant un choix délibéré, il y a une prédiction. Sans prédictions, la science et la vie quotidienne seraient également impossibles.

| CHAPITRE II 27

INDUCTION ET PROBABILITÉ STATISTIQUE

Dans le premier chapitre, nous avons tenu pour acquis que nous avons le pouvoir de formuler des lois scientifiques. Nous avons vu comment elles sont utilisées, tant dans les sciences que dans la vie quotidienne, comme moyens pour expliquer des faits connus et pour prédire des faits inconnus.

La question qui se pose maintenant est de savoir comment on parvient à de telles lois. Sur quoi repose notre croyance en la validité d'une loi ? Nous savons déjà que toutes les lois sont fondées sur l'observation de régularités bien définies ; elles constituent, de ce fait, une connaissance indirecte, par opposition à la connaissance directe des faits. Mais qu'est-ce qui nous autorise à passer de l'observation directe des faits à l'énoncé d'une loi exprimant certaines régularités de la nature ? C'est ce qui, dans la terminologie traditionnelle, constitue le « problème de l'induction ».

On oppose souvent l'induction à la déduction en disant que la déduction va du général au particulier ou singulier, tandis que l'induction procède, inversement, du singulier au général. C'est là une simplification abusive dont il y a lieu de se méfier. En effet, la déduction comprend d'autres sortes d'inférences que celles qui vont du général au particulier; et dans
l'induction, on compte également | de nombreuses variétés d'inférences. 28
Cette distinction traditionnelle prête à confusion pour une autre raison : elle suggère que la déduction et l'induction ne sont que deux branches d'une même logique. Le célèbre ouvrage de J. S. Mill, *A System of Logic*, décrit longuement ce qu'il appelle la « logique inductive » et énonce des canons variés pour la méthode de l'induction. De nos jours, l'expression d'« inférence inductive » suscite plus de réticences. Si on ne peut l'éviter, il faut savoir qu'elle se réfère à un genre d'inférence tout à fait différent de celui de la déduction.

Dans la logique déductive, l'inférence conduit d'un ensemble de prémisses à une conclusion dont la certitude est égale à celle des prémisses. Si vous avez des raisons de croire aux prémisses, vous avez d'égales raisons de croire à la conclusion qui en dérive logiquement. Si les prémisses sont vraies, la conclusion ne peut être fausse. Il en est tout autrement pour l'induction. On ne peut jamais tenir pour certaine la conclusion d'une induction. Je ne veux pas dire seulement que cette incertitude est liée à celle même des prémisses sur lesquelles cette conclusion repose, car même si on suppose que les prémisses sont vraies, il peut arriver qu'une inférence inductive valide conduise à une conclusion fausse. Tout ce que nous pouvons dire, c'est que, compte tenu des prémisses données, la conclusion a un certain degré de probabilité. La logique inductive nous enseigne précisément comment calculer la valeur de cette probabilité.

Nous savons que nous ne pouvons jamais nous fier entièrement à des énoncés qui portent sur des faits singuliers et résultent d'observations, car des erreurs peuvent toujours s'introduire dans celles-ci ; mais l'incertitude relative aux lois est encore plus grande. Une loi à propos du monde pose que, dans un cas particulier quelconque, en un lieu et en un temps quelconques, si une chose est vraie, une autre l'est. En termes clairs, elle parle d'une infinité de cas possibles. Je dis bien une infinité de cas possibles, car les cas réels peuvent ne pas être infinis. Ainsi, une loi physiologique dit que si vous plantez un poignard dans le cœur d'un homme, celui-ci mourra. Comme aucune exception à cette loi n'a encore jamais été observée, on l'admet comme universelle. Il va sans dire que le nombre de cas jusque-là observés où des poignards ont été enfoncés dans des cœurs d'hommes est fini. Il se peut aussi qu'un jour l'humanité cesse d'exister ; dans cette hypothèse le nombre d'être humains passés et futurs est fini. Mais comme nous ne savons pas s'il en sera ainsi, nous devons admettre qu'il y a une infinité de cas possibles qui sont tous couverts par la loi. Et s'il y a une infinité de cas, aucune somme finie d'observations, aussi grande soit-elle, ne peut faire qu'une loi « universelle » soit certaine.

Vous me répondrez qu'on peut toujours faire observations sur observations, en redoublant de soin et de rigueur, en espérant pouvoir dire un jour : « Nous avons fait subir à cette loi tant et tant de contrôles que sa vérité ne fait plus de doute pour nous. C'est une loi parfaitement établie, parfaitement fondée. »

Mais si nous réfléchissons, nous voyons que même les lois les mieux fondées de la physique ne reposent nécessairement que sur un nombre
29 limité d'observations. | Qui sait s'il ne se produira pas, demain, un phénomène qui vienne contredire votre hypothèse ? Il n'est jamais possible d'arriver à la vérification *complète* d'une loi. En fait, il serait préférable de

ne plus employer du tout ce mot de « vérification », si l'on entend par là l'établissement définitif d'une vérité, mais seulement celui de confirmation.

Il n'est pas sans intérêt de constater que s'il n'y a aucun moyen de vérifier (au sens strict) une loi, il est facile de la « falsifier » (de montrer qu'elle est fausse). Il suffit qu'on trouve un seul contre-exemple. À vrai dire, l'existence d'un contre-exemple peut être elle-même incertaine. On a pu commettre une erreur d'observation, on a pu se tromper d'une façon ou d'une autre. Mais, dès lors que le contre-exemple est affirmé comme un fait, la loi est immédiatement niée. Si une loi dit que tout objet P est aussi Q, et que nous rencontrions un objet P qui n'est pas Q, la loi est réfutée. Un million de cas favorables ne suffiront pas à vérifier la loi, alors qu'un seul incompatible avec elle suffit à la falsifier. La dissymétrie saute aux yeux : réfuter une loi, c'est l'enfance de l'art, mais achever de la confirmer, c'est une autre affaire.

Comment donc obtenir la confirmation d'une loi ? Nous l'estimerons fortement confirmée si nous avons pu réunir un grand nombre d'observations favorables sans rencontrer de cas négatif. L'appréciation du degré de confirmation et la possibilité de l'exprimer numériquement demeurent des questions encore controversées dans la philosophie des sciences. Nous allons y revenir dans un instant. Notre objet est ici de montrer que la première chose à faire, lorsque nous cherchons à confirmer une loi, est de soumettre à un contrôle les phénomènes produits pour déterminer s'ils sont favorables ou non. Pour cela, nous utilisons le schéma logique qui nous permet de prédire des faits. Une loi dit que $(x)\,(Px \supset Qx)$; d'où, pour un objet donné a, $Pa \supset Qa$. Nous essayons de réunir le plus d'objets possible (ici désignés symboliquement par « a ») qui vérifient la propriété P. Nous observons ensuite s'ils satisfont aussi à la condition Q. Qu'un seul y manque, et l'affaire est classée. Autrement, tout cas favorable constitue un témoignage de plus et contribue, par là, à renforcer le degré de confirmation.

Les règles méthodologiques qui permettent d'obtenir des tests concluants sont, bien sûr, nombreuses. L'une dit par exemple qu'il est bon de diversifier les expériences autant que possible. Ainsi, lorsque vous testerez la loi de dilatation thermique, vous ne vous contenterez pas d'expérimenter sur des substances solides. Si vous testez la loi selon laquelle tous les métaux sont de bons conducteurs de l'électricité, vous ne vous contenterez pas non plus d'expérimenter sur des échantillons de cuivre. Vous devrez étendre vos tests au plus grand nombre possible de métaux et les réaliser dans des conditions différentes, – à chaud, à froid et ainsi de suite. Je ne vais pas énumérer les diverses règles méthodologiques

de l'épreuve expérimentale. Remarquons seulement que l'épreuve consiste toujours à faire des prédictions dont on voit ensuite si elles sont valables ou non. La nature offre, dans certains cas, les objets que nous cherchons à soumettre à l'épreuve. Dans d'autres, il nous faut les produire
30 nous-mêmes. Ainsi nous n'avons | pas à chercher des objets déjà chauds pour vérifier la loi de dilatation thermique; nous choisissons certains corps et nous les chauffons. La production des conditions de l'épreuve expérimentale a l'avantage de nous faire respecter sans peine la règle de diversification. Mais que nous créions les conditions de l'épreuve ou que nous les trouvions d'emblée à notre convenance dans la nature, notre schéma logique reste le même.

J'ai tout à l'heure posé la question de savoir si le degré de confirmation d'une loi (ou de l'énoncé d'une prédiction portant sur un fait singulier et tiré de la loi générale) peut être exprimé quantitativement. Ainsi, au lieu de dire qu'une loi est « bien fondée » et qu'une autre « repose sur des indices fragiles », nous pourrions dire que la première a le degré 0,8 de confirmation, tandis que la seconde a le degré 0,2 de confirmation. Je touche là à un vieux débat. Mais je défendrais volontiers la dernière manière, étant donné que, pour moi, ce que j'ai appelé « degré de confirmation » se confond avec la probabilité logique.

Mais encore me faut-il expliquer ce que j'entends par « probabilité logique ». Pourquoi ajouter l'adjectif « logique » ? Ce n'est pas courant; la plupart des ouvrages traitant de la probabilité ne font pas de distinction entre diverses sortes de probabilité dont l'une serait appelée « logique ». Je crois pourtant qu'il s'impose de la faire et je distingue d'un côté la « probabilité statistique » et de l'autre la « probabilité logique ». Il est regrettable d'ailleurs que le même mot de probabilité ait été employé en deux sens aussi éloignés l'un de l'autre. De leur confusion découlent de grossières équivoques, tant dans les ouvrages de philosophie des sciences que dans les propos des scientifiques eux-mêmes.

Je parle parfois de « probabilité inductive » au lieu de « probabilité logique », parce que c'est cette sorte de probabilité qui est en jeu toutes les fois que nous procédons à une inférence inductive. J'entends par « inférence inductive » non pas seulement une inférence qui conduit des faits aux lois, mais aussi toute inférence « non démonstrative », c'est-à-dire une inférence telle que la conclusion ne suit pas avec une nécessité logique, même si on admet la vérité des prémisses. Ce genre d'inférences doit pouvoir être exprimé en degrés de ce que j'appelle « probabilité logique » ou « probabilité inductive ». Mais un bref aperçu historique sur la théorie de la probabilité fera apparaître avec plus de clarté la distinction entre probabilité logique et probabilité statistique.

La première théorie de la probabilité, que l'on désigne maintenant du nom de « théorie classique », s'est développée dans le courant du XVIIIe siècle. Jacob Bernoulli (1654-1705), le premier, en avait fait l'objet d'un traité systématique, et le Révérend Thomas Bayes lui apporta une importante contribution. Vers la fin du siècle, le grand mathématicien et physicien Pierre Simon de La Place composa le premier ouvrage vraiment important sur la question. On y trouve développée, sur la base des mathématiques, une théorie générale de la probabilité qui marque l'apogée de la période classique.

Tout au long de cette période, la probabilité n'a guère trouvé d'application que dans les jeux de hasard, comme les dés, les cartes et la roulette. La théorie | doit d'ailleurs son origine à la circonstance suivante : des 31
joueurs de l'époque avaient demandé à Pierre Fermat et à d'autres mathématiciens de calculer pour eux les chances exactes de gains qu'ils avaient dans certains jeux de hasard. La théorie a donc surgi pour répondre à des problèmes concrets, en dehors de toute théorie mathématique générale. Les mathématiciens, trouvant étrange qu'on puisse résoudre de telles questions sans disposer d'un outillage mathématique adéquat, développèrent donc la théorie de la combinatoire. Celle-ci put dès lors être appliquée aux problèmes du hasard.

Mais ces artisans de la théorie classique, qu'entendaient-ils par « probabilité » ? Voici leur définition qu'on trouve encore dans les manuels de probabilité : la probabilité, c'est le rapport du nombre de cas favorables au nombre total de cas possibles. Prenons un exemple. Soit la question : « si je jette ce dé, quelle chance ai-je de sortir l'as ou le "deux" ? ». La théorie classique répond ainsi : il y a deux cas « favorables », c'est-à-dire deux cas satisfaisant aux conditions posées. Mais le dé peut retomber, au total, de six façons différentes. Par conséquent, le rapport des cas favorables aux cas possibles est de 2/6, soit 1/3. La réponse est donc que la probabilité pour que le dé amène un deux ou un as est de 1/3.

Tout cela paraît s'imposer avec évidence et clarté. Mais il y a un hic. Les auteurs classiques disent en effet qu'il faut s'assurer au préalable que la totalité des cas sont également probables. C'est seulement ensuite qu'on peut appliquer la définition qu'ils donnent de la probabilité. Nous voilà à présent enfermés dans un cercle vicieux. Nous cherchons à définir ce qu'est la probabilité; mais ce faisant nous utilisons le concept d'« également probable ». En fait, les tenants de cette thèse ne l'exprimaient pas exactement en ces termes. Ils disaient en effet que les cas devaient être « équipossibles ». C'est une notion qu'ils définissaient par un principe célèbre qu'ils appelaient « principe de raison insuffisante », et qui aujourd'hui est couramment appelé « principe d'indifférence ». Des cas sont équipossibles lorsque, à notre connaissance, il n'y a aucune raison pour que l'un se produise plutôt qu'un autre.

Telle est, en peu de mots, la définition classique de la probabilité. C'est sur cette base que s'est édifiée une théorie mathématique générale. Mais l'unique question qui nous préoccupe ici est de savoir si la définition classique de la probabilité, qui constitue le fondement de cette théorie, a quelque valeur pour la science.

Petit à petit, le XIXe siècle vit s'élever quelques critiques contre cette définition. Au XXe siècle, vers 1920, Richard von Mises et Hans Reichenbach ont adressé aux auteurs classiques de vigoureuses critiques[1]. Selon Mises, l'« équipossibilité » ne peut pas signifier autre chose que
32 l'équiprobabilité. Si c'est le cas, nous sommes | bel et bien pris dans un cercle vicieux. Mises juge la tradition classique circulaire et donc inutilisable.

Mises a formulé une autre objection. Il admettait bien que, dans certains cas simples, nous puissions nous fier à notre bon sens pour dire que certains événements sont équipossibles. Nous n'hésitons pas à considérer pile et face comme des résultats équipossibles, parce que, à notre connaissance, il n'y a pas de raison pour que pile sorte plutôt que face. De même, à la roulette, pourquoi la boule irait-elle rouler dans une case plutôt que dans une autre ? Il en va de même encore pour les cartes à jouer : si elles sont de mêmes dimensions et de mêmes formes, avec un verso identique, et bien battues, un joueur peut tout aussi bien tirer celle-ci que celle-là. Les conditions d'équipossibilité sont de nouveau remplies. Mais, poursuivait Mises, pas un auteur classique n'a montré comment appliquer cette définition de la probabilité à d'autres situations pourtant nombreuses. Prenons les tables de mortalité. Les compagnies d'assurances ont besoin de déterminer la probabilité pour qu'un homme de 40 ans, vivant aux États-Unis et en bonne santé se trouve encore en vie l'an prochain à la même date. Elles doivent pouvoir calculer ce genre de probabilités, car c'est sur cette base qu'elles fixent leurs tarifs.

Or, demandait Mises, la vie d'un homme est-elle jamais suspendue à des cas équipossibles ? M. Dupont souscrit une assurance-vie. La compagnie l'envoie chez un médecin. Celui-ci communique le résultat de la consultation à la compagnie : M. Dupont se porte bien et son extrait de naissance atteste qu'il a bien 40 ans. La compagnie consulte ses tables de mortalité, puis, sur la base de la probabilité qu'a l'homme de vivre,

1. Sur les conceptions de Mises et Reichenbach, consulter R. von Mises, *Probability Statistics and Truth*, New York, McMillan, 1939, et H. Reichenbach, *The Theory of Probability*, Berkeley (California), University of California Press, 1949.

lui propose tel tarif d'assurance. Il se peut que M. Dupont meure avant d'avoir atteint sa quarante et unième année, ou qu'il vive jusqu'à la centaine. La probabilité de survie, pour un an, décroît avec l'âge. Supposez qu'il meure à 45 ans. L'assurance y perd, parce que M. Dupont ne lui a payé qu'un petit nombre de primes et qu'elle doit à présent verser cent mille francs au bénéficiaire. Où sont les cas équipossibles ? M. Dupont peut mourir à 40 comme à 41 ou 42 ans, etc. Ce sont là des cas possibles, mais non pas équipossibles : il est hautement improbable qu'il meure à 120 ans.

Selon Mises, la situation est la même quand on applique la probabilité aux sciences sociales, aux prédictions météorologiques et même à la physique. Ce n'est pas comme dans les jeux de hasard où l'on peut ranger l'ensemble des sorties possibles en *n* cas bien distincts, mutuellement exclusifs et absolument exhaustifs, qui répondent aux critères de l'équipossibilité. Un corpuscule de substance radioactive peut émettre ou non, dans la seconde qui suit, une particule alpha. La probabilité pour qu'il émette cette particule est, disons, 0,0374. Où sont les cas équipossibles ? Il n'y en a pas. Deux cas seulement peuvent se produire : soit le corpuscule émettra, dans la seconde qui suit, la particule alpha, soit il ne l'émettra pas. Telle était la principale objection de Mises à la théorie classique.

Critiques mises à part, Mises et Reichenbach ont aussi fait des remarques constructives. Quand nous parlons de probabilité, cela n'a rien à
voir avec l'énumération | de cas. Il s'agit de la mesure d'une « fréquence **33**
relative ». La « fréquence absolue » définit le nombre total des objets ou des occurrences ; par exemple, le nombre de gens qui sont morts de la tuberculose l'an dernier à Los Angeles. La « fréquence relative » définit, elle, le rapport de ce nombre avec celui des éléments appartenant à une classe plus étendue qu'on cherche à mieux connaître, soit le nombre total des habitants de Los Angeles.

Mises pensait qu'on peut parler de la probabilité d'obtenir telle sortie non pas seulement dans le cas où l'on jette un dé régulier (elle est alors de 1/6), mais aussi dans ceux où l'on manipule des dés pipés de tous genres. Supposons qu'un joueur affirme que son dé est pipé et qu'il a moins d'une chance sur 6 d'obtenir un as. On lui répondra : « D'accord, ce dé est pipé, mais pas comme vous le croyez. En fait la probabilité de sortir l'as est supérieure à 1/6 ». Selon Mises, pour savoir ce que les deux interlocuteurs veulent dire par leurs affirmations opposées, nous devons observer de quelle façon ils s'y prennent pour régler leur discussion. Ils vont recourir, naturellement, à un contrôle empirique. Ils lanceront le dé un certain nombre de fois, en comptant le nombre total de coups et le nombre de fois où c'est l'as qui sort.

Combien de fois jetteront-ils le dé ? Supposons qu'ils trouvent que l'as est sorti 15 fois sur 100 coups. Cela ne prouve-t-il pas que le premier joueur à raison ? « Non, peut encore répondre son partenaire, je reste convaincu que la probabilité est supérieure à 1/6. Un test exige plus de cent jets pour être concluant. » Il se peut alors que les joueurs poursuivent l'expérience jusqu'à ce qu'ils aient réalisé 6 000 coups. Si l'as s'est montré moins de mille fois, le second joueur risque de capituler : « Vous aviez raison, dira-t-il au premier, la probabilité est inférieure à 1/6 ».

Mais pourquoi s'arrêter à 6 000 coups ? La fatigue les a-t-elle lassés ? Ou avaient-ils parié dix francs que le dé était pipé, et estiment-ils que dix francs ne valent pas la peine de prolonger l'expérience encore trois jours ? Toujours est-il que la décision d'arrêter à 6 000 coups est purement arbitraire. Et si, au terme de ces expériences, le nombre de fois où ils ont obtenu un as est très proche de mille, ils peuvent penser que la question n'est pas encore résolue. Un léger écart peut être dû au hasard plutôt qu'à une imperfection physique dans le dé lui-même. Peut-être qu'à plus long terme, l'imperfection engendrera un écart dans le sens inverse. Alors ils décideront d'aller jusqu'à 60 000 coups, pour que l'expérience soit encore plus concluante. Il est évident que les joueurs ne peuvent pas espérer s'arrêter au terme d'un nombre fini de jets, aussi élevé soit-il, et affirmer alors avec assurance qu'il y a une chance sur 6, ni plus ni moins, d'obtenir un as.

Puisqu'aucun nombre fini de tests ne suffit à déterminer une probabilité avec certitude, comment définir une probabilité en termes de fréquence ? Mises et Reichenbach ont proposé de la définir non comme la fréquence relative dans une série finie de cas, mais comme la limite de la fréquence relative dans une série illimitée. (Là, Mises et Reichenbach se séparent de R. F. Fisher, en Angleterre, ainsi que d'autres statisticiens qui ont éga-
34 lement critiqué la théorie classique. | Ces derniers introduisent le concept fréquentiel de probabilité non par définition mais comme donnée primitive d'un système axiomatique). Bien sûr Mises et Reichenbach avaient clairement conscience – malgré les critiques qu'on leur a adressées sur ce point – qu'il est impossible de totaliser une série infinie d'observations. D'après les critiques, la définition qu'ils donnaient de la probabilité était inapplicable ; mais je pense que c'est faux. Mises et Reichenbach ont tous deux montré qu'on pouvait construire sur la base de leur définition un grand nombre de théorèmes réellement féconds. Nous ne pouvons pas déterminer avec certitude ce qu'est la valeur d'une probabilité mais si la série de cas est assez longue, nous pouvons dire ce qu'est « probablement » la probabilité. Aux dés par exemple, il est possible de dire qu'il est très peu probable que la probabilité qu'on a d'obtenir un as soit supérieure à 1/6. On peut même envisager de calculer la valeur de cette probabilité d'une

probabilité. L'utilisation du concept de limite dans la définition et la référence à une série infinie soulèvent assurément des complications et des difficultés à la fois logiques et pratiques. Elles ne privent cependant pas la définition de toute signification, contrairement à ce que certains critiques ont affirmé.

Reichenbach et Mises étaient donc d'accord pour penser que le seul concept de probabilité qui ait quelque valeur scientifique est celui qui repose sur la notion de limite d'une fréquence relative dans une série infinie. La définition classique, dérivée du principe d'indifférence, apparaissait comme inadéquate, et on n'avait pas trouvé de nouvelle définition qui soit supérieure à l'ancienne, sinon celle de Mises et Reichenbach. Mais voilà que surgissait à nouveau la question épineuse des cas singuliers. Tant qu'il s'agissait de phénomènes statistiques, la nouvelle définition était très satisfaisante, mais comment pouvait-on l'appliquer à un cas singulier ? Un météorologue annonce que la probabilité pour qu'il pleuve demain est de 2/3. « Demain », ce n'est pas n'importe quel jour mais un jour particulier. Ce « demain » est comme la mort de celui qui souscrit à une assurance-vie : c'est un événement unique qui ne se répète pas. Nous cherchons pourtant à lui attribuer une probabilité. Comment cela est-il possible à partir d'une définition par la fréquence ?

Justement, pensait Mises, c'est impossible. Il faut par conséquent exclure de nos énoncés ceux qui portent sur la probabilité de cas isolés. Mais Reichenbach était sensible au fait que nous formulons constamment des énoncés de probabilités sur des événements singuliers, aussi bien dans les sciences que dans la vie courante. Il jugeait donc utile de trouver une interprétation plausible pour ce genre d'énoncés. Le météorologue dispose d'un grand nombre de rapports d'observations relatives au temps qu'il a fait dans le passé, auxquels s'ajoutent des données sur le temps d'aujourd'hui. Il constate que le temps d'aujourd'hui appartient à la classe des états du temps qui, quand ils se produisaient dans le passé, étaient suivis de pluie le lendemain, avec une fréquence relative de 2/3. Reichenbach estime que le météorologue formule alors une véritable « thèse » : il suppose que la fréquence observée de 2/3, fondée sur une série limitée mais importante d'observations, se confond avec la limite de la série infinie. Autrement dit,
il | donne à cette limite une valeur voisine de 2/3. D'où l'énoncé : 35
« La probabilité pour qu'il pleuve demain est de 2/3. »

L'énoncé du météorologue a un caractère elliptique, disait Reichenbach. Développé, il donne ceci : « D'après les observations des années passées, un temps pareil à celui d'aujourd'hui est suivi, avec une fréquence de 2/3, d'un lendemain pluvieux ». Ramassé, l'énoncé semblait appliquer la probabilité à un cas isolé, mais c'est une façon de parler.

En réalité il formule la valeur d'une fréquence relative dans une longue série. Il en est de même pour cet énoncé : « Au prochain coup de dé, il y a une chance sur six pour que l'as sorte. » Le « prochain coup » est, comme « le temps de demain », un événement particulier et unique. Lorsque nous l'affectons d'une valeur de probabilité, nous ne faisons qu'exprimer elliptiquement la fréquence relative dans une longue série de coups.

Reichenbach a ainsi trouvé une interprétation pour les énoncés qui assignent une probabilité à des événements isolés. Il a même essayé d'interpréter les énoncés qui assignent une probabilité à des hypothèses scientifiques générales. Mais ce n'est pas le lieu ici d'examiner en détail cette dernière interprétation: elle est trop complexe et, de plus, fort contestée (contrairement à celle des énoncés qui prédisent la probabilité de faits isolés).

La conception *logique* de la probabilité fut la prochaine étape importante dans l'histoire de la théorie de la probabilité. Elle fut proposée après 1920 par le célèbre économiste anglais John Maynard Keynes et depuis cette époque elle a été élaborée par plusieurs auteurs. De nos jours, une vive controverse oppose les partisans de cette conception logique à ceux qui optent pour l'interprétation fréquentielle de la probabilité. Ce sera l'objet du chapitre suivant, où j'exposerai aussi mon point de vue personnel.

| CHAPITRE III 36

INDUCTION ET PROBABILITÉ LOGIQUE

John Maynard Keynes concevait la probabilité comme une relation logique entre deux propositions. Il n'a pas cherché à définir cette relation. Il est même allé jusqu'à dire qu'on ne pouvait en énoncer aucune. À son avis, seule l'intuition nous permet de saisir ce que signifie «probabilité». Son ouvrage, *A Treatise on Probability*[1] donnait un petit nombre d'axiomes et de définitions, exprimés au moyen de symboles logiques, mais d'un point de vue moderne leur formulation manque de rigueur. Ainsi certains des axiomes de Keynes étaient en réalité des définitions et certaines de ses définitions étaient de véritables axiomes. Mais son livre est intéressant du point de vue philosophique, notamment les chapitres où il examine l'histoire de la théorie de la probabilité et ce qui peut être retenu des conceptions antérieures. Il avait pour objectif principal de démontrer que, lorsque nous formulons un énoncé probabiliste, cet énoncé ne porte pas sur le monde mais seulement sur une relation logique entre deux autres énoncés. Il faut entendre par là qu'un énoncé a une probabilité logique de tant relativement à un autre énoncé.

J'emploie personnellement l'expression «de tant». Keynes, en fait, était | plus prudent. Il doutait fort qu'on puisse faire de la probabilité en 37
général un concept quantitatif, c'est-à-dire un concept exprimé en valeurs numériques. Il ne niait évidemment pas que ce soit possible dans certains cas particuliers, au dé par exemple, où le vieux principe d'indifférence s'applique. Le dé est symétrique, toutes ses faces sont identiques, rien ne nous autorise à croire qu'il est pipé, etc. C'est également vrai d'autres jeux

1. J. M. Keynes, *Treatise on Probability*, Londres, Macmillan, 1921.

de hasard où les conditions ont été soigneusement réunies pour que soit réalisée une symétrie physique, ou du moins une, certaine symétrie compte tenu de ce que nous savons et de ce que nous ne savons pas. Ainsi, les roues de la roulette sont conçues de telle manière que leurs différents secteurs soient égaux. On prend soin d'équilibrer la roue afin d'éliminer toute irrégularité susceptible d'immobiliser la boule devant un chiffre plutôt que devant un autre. De même, si un joueur jette une pièce, nous n'avons aucune raison de supposer qu'il obtiendra face plutôt que pile.

À des situations aussi strictement délimitées, Keynes estimait que nous pouvons légitimement appliquer quelque chose comme la définition classique de la probabilité. Il partageait avec d'autres critiques du principe d'indifférence l'idée que les auteurs classiques l'avaient utilisé dans un sens bien trop large et que, dans mainte situation, ils n'auraient pas dû l'appliquer, ainsi lorsqu'il s'agit de prédire que demain le soleil se lèvera. Il est vrai, disait-il, que cette définition trouve son application dans les jeux de hasard ou d'autres cas simples, et que la probabilité peut alors être exprimée en termes quantitatifs. Toutefois, dans la plupart des cas, nous n'avons aucun moyen de déterminer des cas équipossibles et, de ce fait, aucune raison d'appliquer ce principe. L'usage de valeurs numériques est alors à proscrire. Par prudence et par scepticisme, il refusait d'aller trop loin, de peur de s'engager sur un terrain glissant. Il préférait donc réduire, dans sa théorie, la partie quantitative, au point que, là où nous n'hésitons pas à parier et à attribuer des valeurs numériques à des prédictions de probabilités, Keynes formulait des réserves.

Une autre figure, celle du géophysicien anglais Harold Jeffreys, marque l'avènement de la conception logique de la probabilité. Dans sa *Theory of Probability*, publiée pour la première fois par l'Oxford University Press en 1939, il soutient des vues qui se rattachent étroitement à celles de Keynes. Les toutes premières publications de Mises et de Reichenbach concernant la probabilité venaient de paraître lorsque Keynes publia son premier ouvrage (il sortit en 1921 ; sa composition est donc probablement de 1920). Apparemment, Keynes n'en eut pas connaissance. Il critiquait la conception fréquentielle de la probabilité, mais sans aucune discussion détaillée. Mais à l'époque où Jeffreys a composé son livre, l'interprétation fréquentielle s'était pleinement développée ; il en a donc traité de façon beaucoup plus explicite.

Jeffreys disait sans détour que la théorie fréquentielle ne tient pas debout. Fidèle en cela à Keynes, il affirmait que la probabilité se rapporte non à la fréquence mais à une relation logique. Ayant plus d'audace que son prudent prédécesseur, il estimait possible l'assignation de valeurs numériques à la probabilité | d'événements dans un grand nombre de 38
situations, notamment dans toutes celles où la statistique mathématique est utilisée. En fait, il était prêt à affronter les mêmes problèmes que se posaient R. A. Fisher et d'autres statisticiens, mais à partir d'un concept différent de la probabilité. Étant donné qu'il utilisait un principe d'indifférence, je crois que certains de ses résultats sont exposés aux mêmes objections que la théorie classique. Il est difficile, malgré tout, de trouver dans son ouvrage des énoncés spécifiquement contestables. Ses axiomes, pris un par un, sont acceptables. C'est seulement lorsqu'il essaie de dériver des théorèmes à partir d'un axiome bien déterminé qu'à mon avis il s'égare.

Cet axiome, Jeffreys le formule ainsi : « Étant donné les informations dont nous disposons, nous assignons à la proposition la plus probable le chiffre le plus élevé (et par conséquent, à des propositions également probables, des valeurs numériques égales) ». Il est clair que l'expression entre parenthèses dit seulement que si p et q sont également probables sur la base des données r, alors p et q doivent recevoir comme valeurs de probabilité des valeurs numériques égales compte tenu des données r. L'énoncé ne dit rien sur les conditions dans lesquelles p et q doivent être considérés comme également probables eu égard à r; et nulle part dans son livre, Jeffreys ne définit ces conditions. Pourtant, plus loin, il donne de cet axiome une interprétation on ne peut plus surprenante afin d'établir des théorèmes relatifs aux lois scientifiques. « S'il n'y a aucune raison de croire à une hypothèse plutôt qu'à une autre, écrit-il, alors les probabilités sont égales ». Autrement dit, en l'absence d'indications suffisantes pour décider si une théorie donnée est vraie ou fausse, nous devons conclure que la théorie a une probabilité de vérité de 1/2.

Jeffreys fait-il un usage légitime du principe d'indifférence? C'est à juste titre, selon moi, que les adversaires de la théorie classique ont condamné cet usage. Pour qu'on soit en droit d'appliquer ce principe, il faut que la situation offre quelque sorte de symétrie, telle que l'égalité des faces d'un dé ou des secteurs d'une roue de roulette, qui nous permette de dire que certains cas sont également probables. Si la structure logique ou physique d'une situation n'offre pas de symétries de ce genre, rien ne nous autorise à supposer les probabilités égales sous prétexte que nous ne savons rien des mérites respectifs d'hypothèses rivales.

Pour plus de clartés, voici un exemple. En admettant l'interprétation de Jeffreys, la probabilité pour qu'il existe des organismes vivants sur Mars sera estimée à 1/2. En effet, nous n'avons pas de raison suffisante pour croire à cette hypothèse, et pas davantage pour croire en sa négation. Nous pourrions dire, en tenant ce genre de raisonnement, que la probabilité pour qu'il existe des animaux sur Mars est de 1/2 et que la probabilité pour qu'il y existe des êtres humains est de 1/2 aussi. Chaque assertion, si on la considère à part, est une assertion que nous ne sommes en mesure ni d'accepter ni de refuser. Mais elles sont reliées l'une à l'autre de telle façon que leurs valeurs de probabilité ne peuvent être égales. Ainsi la seconde assertion est plus forte que la première parce qu'elle implique la première et n'est pas impliquée par elle. La seconde proposition, par conséquent, a une probabilité moindre que la première. La même relation existe entre la
39 troisième | proposition et la seconde. Il faut donc être particulièrement prudent lorsqu'on applique le principe d'indifférence, même remanié; sinon on risque fort de tomber dans des incohérences de ce genre.

Les statisticiens ont critiqué sans indulgence l'ouvrage de Jeffreys. Je n'accepte leurs critiques que pour quelques passages où Jeffreys formule des théorèmes qui ne sauraient être dérivés de ses axiomes. Mais, je voudrais souligner que Keynes et Jeffreys ont été, l'un et l'autre des pionniers, œuvrant dans la bonne voie[1]. Je me trouve d'ailleurs, par mes travaux, engagé dans la même direction. Je pense comme eux que la probabilité logique est une relation logique. Lorsque vous affirmez par exemple que la probabilité logique d'une hypothèse déterminée est de 0,7, compte tenu de certaines données, l'énoncé global que vous formulez est analytique. Cela veut dire que l'énoncé en question découle de la définition de la probabilité logique (ou des axiomes d'un système logique) sans référence à un objet extérieur à ce système, c'est-à-dire sans référence à la structure du monde existant.

La probabilité logique est, pour moi, une relation logique qui a une certaine ressemblance avec l'implication logique; je pense, en effet, que la probabilité peut être considérée comme une implication partielle. La probabilité peut être de 1 dans le cas extrême où le témoignage des faits est assez fort pour que l'hypothèse en découle logiquement, c'est-à-dire

1. On trouvera dans la section 62 de mes *Logical Foundations of Probability* (Chicago, University of Chicago Press, 1950) une discussion technique où je tâche d'apprécier l'œuvre de Keynes et de Jeffreys à sa juste valeur, ainsi que celle d'autres auteurs partisans de la probabilité logique. Six sections du même ouvrage où je traite de ces conceptions en termes non techniques ont été réimprimées en une courte monographie : *The Nature and Application of Inductive Logic* (Chicago, University of Chicago Press, 1951).

puisse en être logiquement déduite. (C'est un des cas, mais pas le seul, où la probabilité atteint la valeur de 1). Inversement, si la négation d'une hypothèse est logiquement impliquée par les données, la probabilité logique de l'hypothèse est de 0. Dans l'intervalle de ces deux cas extrêmes, s'étend un continuum de cas sur lesquels la logique déductive ne nous donne aucune information si ce n'est celle, négative, que ni l'hypothèse ni sa négation ne peuvent être déduites de l'énoncé des données. C'est là que la logique inductive doit prendre le relais. Mais celle-ci, comme la logique déductive, ne s'occupe que des énoncés considérés et non pas des événements qui se produisent dans la nature. Nous arrivons au moyen d'une analyse logique de l'énoncé d'une hypothèse *h* et des énoncés d'observations *e*, à la conclusion que *h* est, si l'on peut dire, partiellement impliquée, et non pas logiquement impliquée, par *e* à tel ou tel degré.

Nous sommes alors en droit, je pense, d'assigner une valeur numérique à la probabilité. Il serait bon de construire, dans la mesure du possible, un système de logique inductive dans lequel, pour toute paire de propositions dont l'une exprime un ensemble d'observations *e* et l'autre une hypothèse *h*, nous puissions exprimer numériquement la probabilité logique de *h* relativement à *e*. (Je laisse | de côté le cas banal où la proposition *e* est contra- 40
dictoire; il est alors impossible d'attribuer à *h* une probabilité numérique.) J'ai réussi à élaborer des définitions possibles de telles probabilités pour des langages très simples ne contenant que des prédicats à une place; je travaille à présent à étendre la théorie à des langages plus généraux. Naturellement pour que la logique inductive que je m'efforce de construire sur cette base ait une réelle valeur pour les sciences, il faudrait qu'elle puisse s'appliquer finalement à un langage quantitatif comme celui de la physique, où l'on rencontre, à côté de prédicats à une ou deux places, des grandeurs numériques telles que la masse, la température, etc. Je crois que c'est possible et que les principes qui en constitueraient la base ne seraient pas différents de ceux qui ont inspiré jusqu'à maintenant l'édification d'une logique inductive pour un langage simple avec prédicats à une place.

Quand je dis que j'entrevois la possibilité d'appliquer une logique inductive au langage des sciences, je ne veux pas dire qu'il est possible de formuler un ensemble de règles, fixées une fois pour toutes, qui conduiraient automatiquement des faits aux théories dans quelque domaine que ce soit. Je doute fort qu'on puisse par exemple énoncer des règles qui permettent à un scientifique de recenser une centaine de milliers de comptes rendus d'observations différents et d'en tirer, par l'application mécanique de ces règles, une théorie générale (un système de lois) qui expliquerait les phénomènes observés. En général c'est impossible, parce que les théories, en particulier les plus abstraites qui traitent d'objets inobservables tels que les particules et les champs, utilisent un appareil conceptuel qui dépasse celui que requiert la description des objets et événements observés. On ne peut édifier un nouveau système de concepts théoriques et, grâce à lui, une théorie, si on se contente de suivre une procédure toute mécanique reposant sur des règles définies d'avance. En fait, une certaine ingéniosité créatrice est nécessaire. C'est ce qu'on exprime parfois en disant qu'il ne peut pas exister de machine inductive, c'est-à-dire un ordinateur dans lequel on introduirait la totalité des observations et qui donnerait, à la sortie, un beau système de lois capable d'expliquer les faits observés.

J'admets qu'une machine inductive destinée à inventer de nouvelles théories est impossible. Je peux imaginer, par contre, une machine inductive utilisée à des fins beaucoup plus modestes. Étant donné un ensemble d'observations *e* et une hypothèse *h* (dont la forme est, disons, celle d'une prédiction ou même d'un ensemble de lois), je crois qu'il est possible, dans beaucoup de cas, de déterminer la probabilité logique ou le degré de confirmation de *h* en fonction de *e* en procédant mécaniquement. Pour ce concept de probabilité, j'utilise aussi l'expression de « probabilité inductive » ; je suis en effet convaincu que c'est le concept fondamental mis en jeu dans tout raisonnement inductif et que l'objet principal de ce type de raisonnement est d'évaluer cette probabilité.

Si on essaie de voir quelle est la situation présente de la théorie de la probabilité, on constate qu'il y a une controverse entre les avocats de la théorie fréquentielle et ceux qui, tels Keynes, Jeffreys et moi-même,
41 parlent en termes de probabilité | logique. Un point d'importance, cependant, sépare mes vues de celles de Keynes et de Jeffreys. Ils rejettent en effet la conception fréquentielle de la probabilité, tandis que j'entends la maintenir. Je pense que le concept de fréquence, qu'on appelle aussi probabilité statistique, est un concept scientifique valable, qu'il soit introduit par une définition explicite, comme c'est le cas dans les systèmes de Mises et Reichenbach, ou par un système d'axiomes et des règles d'application pratique (ne comportant pas de définition explicite) comme dans la statistique mathématique contemporaine. Dans les deux cas, je juge ce concept important. Mais, selon moi, le concept logique est un autre concept, de nature toute différente quoique également important.

Les énoncés qui expriment des valeurs de probabilité statistique ne sont pas purement logiques. Ils constituent des énoncés relatifs aux faits dans le langage des sciences. Un médecin dira qu'un malade a de « grandes chances » de réagir positivement à l'injection d'un produit déterminé (peut-être même exprimera-t-il cette chance par la valeur numérique 0,7) ; c'est là un énoncé qui appartient au langage de la science médicale.

De même, un physicien qui attribue telle ou telle valeur à la probabilité d'un phénomène radioactif formule un énoncé qui appartient au langage de la physique. La probabilité statistique est donc bien un concept empirique utilisé dans les sciences; les énoncés correspondants sont des énoncés synthétiques qui ne relèvent pas de l'autorité de la logique mais reposent sur des investigations expérimentales. Je suis, sur ce point, pleinement d'accord avec Mises, Reichenbach et les statisticiens. Lorsque nous disons que « la probabilité statistique pour que ce dé amène un as est de 0,157 », nous formulons une hypothèse scientifique qui ne peut être testée que par une série d'observations. Nous disons qu'elle constitue un énoncé empirique parce que seule une investigation expérimentale des faits peut en assurer la confirmation.

Ces énoncés de probabilités voient leur importance croître avec le développement des sciences : non seulement dans les sciences sociales, mais aussi dans la physique moderne. La probabilité statistique est en jeu non seulement dans les domaines où l'ignorance la rend indispensable (c'est le cas des sciences sociales, c'est aussi celui du physicien lorsqu'il doit calculer le trajet d'une molécule dans un liquide), mais aussi comme un élément essentiel dans les principes fondamentaux de la théorie quantique. Une théorie statistique de la probabilité est donc extrêmement utile pour la science. De telles théories ont été élaborées par les statisticiens et aussi, bien que d'une manière différente, par Mises et Reichenbach.

D'un autre côté, on a aussi besoin du concept de probabilité logique. Il est d'un usage particulièrement précieux dans les énoncés méta-scientifiques, – entendez par là les énoncés formulés au sujet de la science. Nous posons par exemple cette question à un scientifique : « Vous prétendez que je peux m'appuyer sur cette loi pour énoncer une prédiction déterminée. Mais quel est le degré de légitimité de cette loi ? Jusqu'à quel point dois-je me fier à cette prédiction ? » Le scientifique d'aujourd'hui est libre de répondre ou de ne pas répondre en termes quantitatifs à une question méta-scientifique de ce genre. Toujours est-il que, | selon moi, un dévelop- 42
pement suffisant de la logique inductive lui permettrait de répondre ainsi : « Cette hypothèse a un degré de confirmation de 0,8, compte tenu des informations dont nous disposons. » Le scientifique exprime par ces mots une relation logique entre les énoncés d'observations et l'hypothèse considérée. Le type de probabilité auquel il pense est une probabilité logique que j'appelle aussi « degré de confirmation ». Son estimation de la probabilité à 0,8 relève d'un jugement qui, dans ce contexte, est analytique et non pas synthétique (d'ordre empirique). Il est analytique parce qu'il ne nécessite aucune confrontation à l'expérience. Il exprime une relation logique entre

une proposition qui énonce les observations et une proposition qui énonce l'hypothèse.

Retenons cependant ceci : il est indispensable de spécifier explicitement les observations toutes les fois qu'on formule un énoncé analytique de probabilité. Le scientifique ne doit pas se contenter de dire : « l'hypothèse a une probabilité de 0,8 ». Il doit ajouter : « en fonction de telles ou telles données d'observation ». Sans cette précision, son énoncé risque d'être considéré comme un énoncé de probabilité statistique. Si son intention est d'exprimer une probabilité logique, c'est qu'il s'exprime de manière elliptique, en laissant de côté un élément important. Il arrive ainsi qu'on ait souvent de la peine à distinguer ce qu'un physicien veut dire en théorie quantique lorsqu'il parle de probabilité : probabilité statistique ou probabilité logique ? C'est d'ailleurs une distinction que les physiciens négligent le plus souvent de considérer. Tout se passe, pour eux, comme s'il n'existait qu'un seul concept de probabilité. Ils auront beau ajouter : « La probabilité à laquelle nous nous référons dans nos travaux est celle qui satisfait aux axiomes ordinaires de la théorie de la probabilité », on ne saura pas davantage de quel type de probabilité ils parlent, car les deux types satisfont auxdits axiomes.

La même équivoque pèse sur les énoncés de Laplace et d'autres artisans de la conception classique de la probabilité. Ils ignoraient la différence qu'il s'impose actuellement de faire entre la probabilité logique et la probabilité fréquentielle. Pour cette raison il n'est pas toujours possible de déterminer quel concept de probabilité ils ont en vue. Je suis cependant porté à croire que la plupart du temps – je ne dirais pas tout le temps – ils pensaient à la probabilité logique. Aussi certaines critiques adressées par Mises et d'autres fréquentistes à l'école classique ne me paraissent-elles pas méritées. Persuadé qu'il n'existe aucun autre concept scientifique de la probabilité que celui de fréquence, Mises soutenait que les auteurs classiques n'avaient pu parler, en toute cohérence, que de probabilité statistique. Simplement, ils n'ont pas su expliciter clairement qu'ils voulaient parler de « fréquence relative calculée sur une série d'expériences très longue » car tel était, d'après Mises, le fond de leur pensée. Mais je ne suis pas d'accord. Je pense que quand il arrivait que les auteurs classiques formulent des énoncés relatifs à une probabilité de type a priori, ils parlent de probabilité logique, qui est analytique, et de ce fait, *peut* être connue *a priori*. Je ne regarde donc pas leurs assertions comme incompatibles avec le principe de l'empirisme, comme le font Mises et Reichenbach.

| Pour éviter tout malentendu, j'ajouterai ceci. J'ai exprimé ce point de 43
vue dans mon livre sur la probabilité; lorsqu'ils en eurent connaissance, certains collègues (dont quelques-uns sont mes amis) me firent remarquer avec citations d'auteurs classiques à l'appui, que ces derniers n'avaient pu, dans certains cas, vouloir parler de la probabilité logique. Je reconnais qu'il en est ainsi et qu'il ne pouvait probablement s'agir pour eux, dans ces passages-là, que de la fréquence. Mais je maintiens que leur concept de base était bel et bien celui de probabilité logique. Le titre même du premier ouvrage systématique qui ait paru sur la question : l'*Ars Conjectandi* de Jacob Bernoulli (*L'Art de la conjecture*) le laisse aisément supposer. La théorie de la probabilité de Mises n'est pas un art de la conjecture. Elle est plutôt une théorie axiomatique des phénomènes de masse formulée en termes mathématiques. Il est impossible d'y voir de la conjecture. Mais le propos de Bernoulli est tout différent. Nous avons observé certains événements, dit-il, par exemple la façon dont un dé retombe, et nous désirons faire une conjecture sur la façon dont il retombera si nous réitérons l'expérience. Ce que nous cherchons à savoir, c'est comment faire des paris rationnels. La probabilité aux yeux des classiques, se résumait donc au degré de certitude ou de confiance avec lequel nous misons sur l'arrivée d'événements futurs. Cette probabilité est logique, nullement statistique[1].

Je vous passe le détail de la conception que j'ai de la probabilité. Elle comporte en effet bien trop d'aspects techniques. Mais j'étudierai le seul cas où les deux concepts de probabilité peuvent être introduits ensemble. Cela se produit lorsque figure, dans l'hypothèse ou dans l'une des prémisses de l'inférence inductive, un concept de probabilité statistique. Il suffit, pour s'en rendre compte, de modifier le schéma de base que nous utilisons lorsque nous traitons des lois universelles. Prenons comme première prémisse non pas une loi universelle (1), mais une loi statistique (1′), qui dit que la fréquence relative (*rf*) de *Q* relativement à *P* est (disons) de 0,8. La seconde prémisse (2) pose, comme dans notre premier schéma, qu'un certain individu *a* a la propriété *Q*. Le troisième énoncé, *Qa*, affirme

1. Au chapitre III des *Logical Foundations of Probability* (*op. cit,*. n. 2, p. 32) et dans mon article de 1945 : « The Two Concepts of Probability », réimprimé *in* H. Feigl et W. Sellars (eds.), *Readings in Philosophical Analysis* (New York, Appleton-Century-Crofts, 1949), p. 330-348 et H. Feigl, M. Brodbeck (eds.), *Readings in the Philosophy of Science* (New York, Appleton-Century-Crofts, 1953), p. 438-455, j'expose mon point de vue général selon lequel la probabilité statistique et la probabilité logique sont toutes deux des notions scientifiques légitimes et utiles mais dont le rôle est différent. Pour un exposé de cette conception plus accessible, voir mon article « What is Probability ? », *Scientific American*, 189, septembre 1953.

que *a* a la propriété *Q* : *Qa* n'est autre que l'hypothèse que nous cherchons à déterminer à partir des deux prémisses.

Si nous mettons ces trois énoncés sous forme symbolique, nous obtenons :

$$rf(Q, P) = 0{,}8 \qquad (1')$$

$$Pa \quad (2)$$

$$Qa \quad (3)$$

44 | Que pouvons-nous dire de la relation logique entre (3) d'une part et (1′) et (2) d'autre part ? Nous pouvions obtenir de notre premier schéma (pour une loi universelle) l'énoncé suivant :

L'énoncé (3) est logiquement impliqué par (1) et (2). (4)

Cet énoncé ne vaut plus pour le nouveau schéma que nous venons de construire ci-dessus parce que la nouvelle prémisse (1′) est plus faible que l'ancienne (1) ; elle énonce une fréquence relative au lieu d'une loi universelle. Toutefois, nous avons la *possibilité* de formuler l'énoncé suivant, qui exprime lui aussi une relation logique, mais en termes de probabilité logique ou de degré de confirmation et non plus en termes d'implication logique :

Étant donné (1′) et (2), l'énoncé (3) a une probabilité de 0,8. (4′)

Remarquons que ce dernier énoncé, comme d'ailleurs le précédent (4), n'est pas une inférence logique tirée de (1′) et (2). (4) et (4′) sont en effet tous deux des énoncés qui appartiennent à ce qu'on appelle un méta-langage; ce sont des énoncés logiques *sur* les trois affirmations (1) [ou (1′)], (2) et (3).

L'énoncé : « La probabilité statistique de *Q* en fonction de *P* est de 0,8 » a un sens précis qu'il importe de saisir. On peut trouver de telles formules dans la bouche de scientifiques lorsqu'ils parlent de la probabilité au sens de fréquence. Mais le sens qu'ils donnent au terme de fréquence n'apparaît pas toujours clairement. S'agit-il de la fréquence observée de *Q* pour un échantillon donné ? Pour la population considérée dans son entier ? Désigne-t-elle une *estimation* de la fréquence pour cette même population ? Supposons que le nombre de cas observés pour l'échantillon soit très élevé. Il n'y aura pas alors de différence significative entre la fréquence de *Q* pour l'échantillon et la fréquence de *Q* pour la population ou même une estimation de cette fréquence. Il est néanmoins important de ne pas perdre de vue les distinctions théoriques que l'on vient de mentionner.

Supposons que nous voulions déterminer le pourcentage de ceux qui, sur un ensemble de cent mille citadins, se rasent au rasoir électrique. Nous convenons d'en interroger un millier. Pour éviter de tomber sur un échantillon imparfait, il nous faudra sélectionner ce millier d'hommes selon les méthodes des techniciens du sondage moderne. Imaginons que nous obtenions un échantillon parfait et que huit cents individus de cet échantillon affirment utiliser un rasoir électrique. La fréquence relative observée de ce caractère est donc de 0,8. Un millier, c'est déjà un bel effectif pour un échantillon. Nous pouvons alors conclure que la probabilité statistique de ce caractère pour la population tout entière est de 0,8. Mais cette conclusion n'est pas vraiment garantie. Nous ne connaissons en effet que la valeur de la fréquence pour l'échantillon, non pas celle de la fréquence pour la population. Cette dernière fréquence, nous ne pouvons en donner qu'une *estimation*, en prenant garde, toutefois, de ne pas confondre cette estimation avec la valeur de la fréquence pour l'échantillon. En général ces estimations | s'écartent, dans une direction déterminée, des valeurs de la **45**
fréquence relative observée pour un échantillon[1].

Supposons maintenant que (1′) soit connu : la probabilité statistique de *Q*, relativement à *P*, est de 0,8 (il est inutile de se demander comment nous avons obtenu cette valeur. Nous avons pu tester l'ensemble d'une population de cent mille citadins en soumettant chacun des individus à une interview). L'énoncé de cette probabilité a, bien sûr, un caractère empirique. Supposez la seconde prémisse également connue : (2) *Pa*. Nous pouvons dès lors énoncer (4′) qui dit que la probabilité logique de (3) *Qa*, compte tenu des prémisses (1′) et (2), est de 0,8. Si, toutefois, la première prémisse énonce, au lieu d'une probabilité statistique, la fréquence relative observée sur un échantillon, il nous faudra alors considérer l'effectif de ce dernier. Il est toujours possible de calculer la probabilité logique (ou le degré de confirmation) exprimé par l'énoncé (4), mais elle n'aura pas exactement la valeur 0,8 ; elle s'en écartera de diverses façons, comme je l'ai expliqué dans la monographie mentionnée ci-dessous (en note).

Une inférence inductive qui conduit ainsi d'un échantillon quelconque à une population, d'un échantillon déterminé à un échantillon futur inconnu ou d'un échantillon connu à un événement futur inconnu, je l'appelle « inférence de probabilité indirecte » ou encore « inférence inductive indirecte » pour la distinguer de l'inférence inductive qui conduit

1. C'est une question que je n'aborde pas dans mes *Logical Foundations of Probability*. Mais, dans une courte monographie, *The Continuum of Inductive Methods* (Chicago, University of Chicago Press, 1952), j'ai mis au point un certain nombre de techniques d'estimation de la fréquence relative à partir de l'échantillon observé.

inversement de la population à un échantillon ou à un cas quelconque. Mais, comme je l'ai dit plus haut, *si* la valeur de la probabilité statistique réelle pour la population est donnée en (1′), il est correct de donner la même valeur numérique au degré de confirmation exprimé en (4). Une inférence de cette nature n'est pas une déduction; elle est pour ainsi dire d'un genre intermédiaire entre celui de l'induction et celui de la déduction. Certains l'ont baptisée « inférence déductive de probabilité », mais je préfère la qualifier d'inductive. Si la probabilité statistique pour une population nous est donnée et si nous cherchons à déterminer la probabilité pour un échantillon, les valeurs fournies par ma logique inductive sont les mêmes que celles qu'un statisticien nous donnerait. Si toutefois nous procédons par inférence indirecte en allant d'un échantillon à la population, ou encore d'un échantillon à un événement singulier à venir ou à un échantillon futur d'effectif fini (j'appelle ces deux dernières démarches des « inférences prédictives »), alors je crois que les méthodes employées en statistiques ne sont pas tout à fait adéquates. Dans ma monographie *The Continuum of Inductive Methods*, j'expose en détail les raisons de mon scepticisme.

Je soulignerai pour finir l'importance des points suivants : les deux types de probabilité – statistique et logique – peuvent intervenir ensemble
46 dans la même | chaîne de raisonnement. La probabilité statistique fait partie du langage-objet de la science. Aux énoncés relatifs à la probabilité statistique, nous pouvons donc appliquer la probabilité logique, puisque celle-ci appartient au métalangage de la science. J'ai la conviction que cette conception donne une image de l'inférence statistique beaucoup plus claire que celle qu'on trouve habituellement dans les ouvrages de statistique. Je ne doute pas non plus qu'elle fournisse les bases nécessaires à la construction d'une logique inductive capable de répondre aux besoins de la science.

| CHAPITRE IV 47

LA MÉTHODE EXPÉRIMENTALE

L'une des principales caractéristiques qui distinguent la science moderne de celle des périodes antérieures tient à l'importance toute particulière de ce qu'on appelle la « méthode expérimentale ». Comme nous l'avons vu, toute connaissance empirique repose en fin de compte sur des observations, mais celles-ci peuvent être obtenues de deux manières entre lesquelles il y a une différence essentielle. Quand nous employons la manière non expérimentale, nous jouons un rôle passif. Nous nous contentons de regarder les étoiles ou les fleurs, de remarquer les ressemblances et les différences, et de chercher des régularités qui puissent s'exprimer sous forme de lois. Au contraire, dans la manière d'observer qu'on appelle expérimentale, nous prenons un rôle actif. Au lieu d'attendre que la nature nous donne des situations à observer, nous essayons d'en créer. Autrement dit, nous nous livrons à des expérimentations.

La méthode expérimentale a été extraordinairement féconde. Les progrès considérables de la physique depuis deux siècles et surtout depuis quelques dizaines d'années, n'auraient pas pu s'accomplir sans elle. S'il en est ainsi, on peut se demander pourquoi cette méthode n'est pas utilisée dans toutes les sciences. C'est qu'il y a des domaines où elle n'est pas aussi commode à mettre en œuvre que dans celui de la physique. En astronomie,
par exemple, on ne peut pas dévier | une planète de son orbite pour voir ce 48
que cela va donner. Les objets étudiés par l'astronomie sont hors d'atteinte, nous ne pouvons que les observer et les décrire. Parfois l'astronome est en mesure de reproduire en laboratoire des conditions similaires à celles qu'on trouve par exemple à la surface du soleil ou de la lune, et d'observer ce qui se produit dans ces conditions. Mais il ne s'agit point là d'une

véritable expérience astronomique. C'est une expérience de physique qui présente un intérêt pour l'astronomie.

Toutes différentes sont les raisons qui empêchent les sociologues de se livrer à des expériences sur des groupes d'une certaine ampleur. Il leur arrive, certes, d'expérimenter sur des groupes, mais ceux-ci sont généralement de dimensions restreintes. Si nous désirons apprendre comment les gens réagissent lorsqu'ils n'ont pas d'eau, nous pouvons prendre deux ou trois personnes, les mettre au régime déshydraté et observer leurs réactions. Mais cela ne nous renseigne guère sur la façon dont réagirait une communauté importante si son approvisionnement en eau se trouvait interrompu. Il serait intéressant, pour voir, de couper l'eau à New York, par exemple. Est-ce que cela engendrerait la panique ou l'apathie ? Est-ce que les habitants organiseraient une révolution pour renverser la municipalité ? Bien entendu, pas un sociologue n'ira proposer pareille expérience ; il sait que la communauté ne l'admettrait pas. Les gens ne permettraient jamais aux sociologues de jouer avec leurs besoins essentiels.

Même quand il n'est question d'aucune cruauté véritable envers une communauté, des pressions sociales puissantes s'exercent souvent à l'encontre de la réalisation d'expériences portant sur des groupes. Par exemple, il y a au Mexique une tribu qui se livre à une certaine danse rituelle chaque fois qu'une éclipse de soleil a lieu. Les membres de la tribu sont convaincus que c'est la seule façon d'apaiser la divinité qui a provoqué l'éclipse. Finalement, la lumière du soleil brille à nouveau. Supposons qu'un groupe d'anthropologistes s'attache à persuader ces gens que leur danse rituelle n'a rien à voir avec le retour du soleil, et leur propose une expérience : la prochaine fois que la lumière disparaîtra, n'exécutez pas votre danse, et on verra bien ce qui se passera. Les membres de la tribu s'indigneraient aussitôt : ce serait courir le risque de passer le reste de leur existence dans le noir. Ils croient si fort à leur théorie qu'ils refusent de la mettre à l'épreuve. Et ainsi, vous voyez, certains obstacles s'opposent à l'expérimentation dans les sciences sociales même lorsque les scientifiques sont convaincus qu'elle ne saurait entraîner aucun dommage pour la société. Le spécialiste des sciences sociales se trouve en général réduit à puiser sa documentation dans l'histoire et dans des expériences pratiquées sur des individus ou sur de petits groupes. Dans une dictature, cependant, il arrive souvent que des expériences soient pratiquées sur des groupes étendus, non pas seulement afin de tester une théorie, mais bien plutôt parce que le gouvernement croit qu'une façon de procéder inédite serait plus efficace que l'ancienne : ainsi se lance-t-il dans des expériences sur une grande échelle, en agriculture, en économie, etc. Dans une démocratie, il n'est pas possible de se livrer à des expériences aussi audacieuses,

parce que si |jamais elles tournaient mal, le gouvernement aurait à 49
affronter la colère publique lors des prochaines élections.

La méthode expérimentale s'avère particulièrement féconde dans les domaines où il existe des concepts quantitatifs correspondant à des quantités susceptibles d'être mesurées avec précision. Comment le scientifique conçoit-il le projet d'une expérience ? Il est difficile de donner une description générale de ce que c'est qu'une expérience, parce qu'il y en a de toutes sortes, mais on peut quand même souligner quelques traits généraux.

D'abord, nous essayons de déterminer quels sont les facteurs essentiels du phénomène étudié. Il faut laisser de côté certains facteurs sans importance – à condition qu'ils ne soient pas trop nombreux. Par exemple, dans une expérience de mécanique portant sur des roues, des leviers, etc., nous pouvons décider de ne tenir aucun compte du frottement. Nous savons bien qu'il y a forcément des frottements, mais nous estimons qu'ils exercent une influence trop faible pour qu'il vaille la peine de compliquer l'expérience à seule fin d'en tenir compte. De même, dans une expérience portant sur des solides qui se déplacent lentement, nous pouvons choisir de négliger la résistance de l'air. Si au contraire nous travaillons sur des vitesses élevées, comme celle d'un engin supersonique, il n'est plus possible de négliger la résistance de l'air. Bref, le scientifique ne laisse de côté que les facteurs dont il estime qu'ils n'auront qu'une influence insignifiante. Parfois même, pour éviter qu'une expérience ne devienne trop compliquée, il devra négliger des facteurs dont les effets pourraient à son avis être assez importants.

Après avoir ainsi fait choix des facteurs les plus importants, nous imaginons une expérience dans laquelle certains de ces facteurs sont maintenus constants tandis que d'autres peuvent varier. Supposons que notre sujet d'étude soit un gaz contenu dans un récipient, et que nous désirions le maintenir autant que possible à une température constante. Nous immergeons le récipient dans un bain d'eau d'un volume largement supérieur. (La chaleur spécifique du gaz est si petite comparée à celle de l'eau que même si on fait varier la température du gaz, par compression ou par expansion, il reviendra vite à sa température première.) Ou bien mettons que nous désirions maintenir à une intensité constante le passage d'un courant électrique ; on peut obtenir ce résultat en montant un ampèremètre et en faisant varier la résistance lorsqu'on observe un accroissement ou une diminution du courant. Par des procédés de ce genre, il est possible de maintenir constantes certaines grandeurs tandis qu'on observe ce qui se passe lorsqu'on en fait varier d'autres.

Notre but final consiste à trouver des lois qui relient entre elles *toutes* les grandeurs considérées; mais, si le nombre des facteurs est élevé, la tâche risque d'être compliquée. Pour commencer, on se limitera donc à chercher des lois plus élémentaires qui relient entre eux *certains* des facteurs. Le point de départ le plus simple, s'il y a un nombre k de
50 grandeurs, sera de combiner l'expérience de façon | à maintenir constante $k-2$ grandeurs. Cela nous laisse libres de faire varier deux grandeurs M_1 et M_2. Nous modifions l'une et nous observons comment se comporte l'autre. Peut-être que M_2 diminue lorsque M_1 augmente. Ou peut-être que, lorsque M_1 augmente, M_2 commence par croître puis diminue. La valeur de M_2 est fonction de la valeur de M_1. Nous pouvons représenter cette fonction sur du papier réglé au moyen d'une courbe, et peut-être formuler l'équation qui l'exprime. Nous aurons alors une loi restreinte : si les grandeurs M_3, M_4, M_5, etc. sont maintenues constantes, et que l'on accroisse M_1, M_2 varie de la manière qu'exprime l'équation. Mais ce n'est là qu'un commencement. Nous continuons notre expérience, en « immobilisant » cette fois d'autres groupes de $k-2$ facteurs, de façon à observer comment sont reliées entre elles par des fonctions les autres grandeurs, prises deux par deux. Ensuite, nous procédons de la même manière avec des groupes de trois, où tout est maintenu constant sauf trois grandeurs. Dans certains cas, nous pourrons deviner, à partir des lois concernant des paires, certaines lois concernant des groupes de trois, ou même la totalité de ces dernières. Puis nous cherchons des lois encore plus générales concernant quatre grandeurs, et enfin les lois les plus générales, parfois très complexes, qui couvrent tous les facteurs considérés.

Pour prendre un exemple simple, étudions l'expérience suivante qui porte sur un gaz. Nous avons fait une observation, encore imprécise, selon laquelle la température, le volume et la pression d'un gaz varient souvent simultanément. Nous désirons savoir exactement comment ces trois grandeurs sont reliées entre elles. Un quatrième facteur essentiel consiste évidemment à savoir de quel gaz il s'agit. Plus tard, nous ferons des expériences avec d'autres gaz, mais pour commencer nous décidons de maintenir constant ce dernier facteur en n'utilisant que de l'hydrogène pur. Nous mettons l'hydrogène dans un récipient cylindrique (voir fig. 1) muni d'un piston mobile sur lequel on peut placer un poids. Il nous est facile de
51 mesurer le volume du gaz, et nous pouvons faire varier la pression | en changeant le poids qui pèse sur le piston. La température est réglée et mesurée par d'autres procédés.

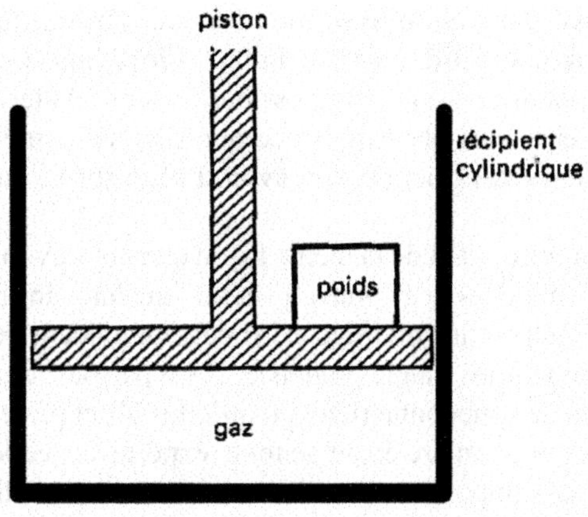

Figure 1

Avant de mettre en chantier des expériences visant à déterminer comment les trois facteurs – température, volume et pression – sont liés, il faut s'assurer par quelques expériences préliminaires qu'il n'y a pas d'autres facteurs importants en jeu. Certains facteurs qu'on serait tenté de croire importants s'avèrent l'être peu. Par exemple, est-ce que la forme du récipient joue un rôle ? Nous savons que dans certaines expériences (par exemple sur la répartition d'une charge électrique et son potentiel de surface) la forme de l'objet considéré est importante. Dans le cas présent, il n'est pas difficile de déterminer que la forme du récipient (mais non pas son volume) est dénuée d'importance. Les connaissances que nous possédons déjà sur la nature nous permettent d'éliminer aussi beaucoup d'autres facteurs.

Supposons qu'un astrologue fasse irruption dans le laboratoire et demande : « Avez-vous pensé à prendre note de la position des planètes pour aujourd'hui ? Ces positions pourraient influer sur votre expérience. » Nous considérons ce facteur comme négligeable parce qu'à notre avis les planètes sont situées trop loin pour exercer une influence réelle.

Il se trouve que cette hypothèse qui refuse aux planètes toute influence est en fait justifiée, mais on aurait tort de s'imaginer pour autant qu'on puisse automatiquement éliminer divers facteurs sous le simple prétexte qu'on les estime dépourvus d'importance. Car, tant que des tests expérimentaux n'ont pas été faits, on ne saurait avoir de certitude à ce sujet. Imaginez que vous vivez avant l'invention de la radio. Quelqu'un pose une boîte sur votre table et vous dit que, si une autre personne se met à chanter à un certain endroit situé à des milliers de kilomètres, vous allez entendre l'appareil placé dans la boîte se mettre à chanter exactement le même chant, sans la moindre différence de timbre ni de rythme. Le croiriez-vous? Sans doute répondriez-vous : « Impossible ! Aucun fil électrique n'aboutit à cette boîte, et je sais par expérience que rien de ce qui se passe à des milliers de kilomètres d'ici ne peut avoir d'effet sur ce qui se passe dans cette pièce. »

Or c'est en raisonnant de la même façon que nous avons affirmé que la position des planètes ne pouvait avoir aucune influence sur nos expériences concernant l'hydrogène ! Il devient évident que nous devons faire preuve de la plus grande prudence. Il y a parfois des influences bien réelles dont on ne soupçonne rien tant qu'elles n'ont pas été découvertes. C'est pourquoi la première étape de toute expérience, celle qui consiste à isoler les facteurs importants, est souvent une des plus délicates. Qui plus est, elle ne fait souvent l'objet d'aucune mention dans les comptes rendus de recherches. Un scientifique décrit seulement l'appareillage qu'il a utilisé, l'expérience qu'il a accomplie, ce qu'il a pu découvrir au sujet des relations qui unissent certaines grandeurs. Il n'ajoute pas : « … et en outre j'ai constaté que tel et tel facteurs sont sans influence sur les résultats. »
52 | Dans la plupart des cas, lorsqu'on commence à mieux connaître le domaine auquel se rapporte l'expérience en question, le scientifique tiendra pour acquis que les autres facteurs sont négligeables. Il aura peut-être entièrement raison. Mais dans les domaines encore mal connus, il faut faire preuve d'une extrême prudence. Bien entendu, personne n'ira se figurer qu'une expérience de laboratoire puisse être influencée par le fait qu'on se place à vingt centimètres ou à un mètre pour regarder l'appareil, ou par le fait qu'on est de bonne ou de mauvaise humeur à ce moment précis. Ces facteurs sont probablement négligeables, mais de cela nous ne pouvons pas être absolument sûrs. Si quelqu'un soupçonne qu'ils ont une influence, il faut entreprendre une expérience destinée à les mettre hors de cause.

Il y a évidemment des considérations pratiques qui nous empêchent de tester l'importance possible de *tous* les facteurs. Il y a des milliers de possibilités extrêmement peu probables qui pourraient être testées, mais, tout simplement, le temps n'y suffirait pas. Il faut procéder d'après les indications du bon sens et ne rectifier nos idées préconçues que si quelque événement inattendu vient nous révéler l'importance d'un facteur que nous avions décidé de tenir pour négligeable. Est-ce que la couleur des feuilles des arbres situés devant le laboratoire influera sur la longueur d'onde de la lumière utilisée dans une expérience? Est-ce qu'une pièce du montage fonctionnera différemment selon que son propriétaire légal se trouve à

New York ou à Chicago, ou encore selon l'évolution de son état d'esprit vis-à-vis de l'expérience en cours ? Nous n'avons évidemment pas le temps de tester de tels facteurs. Nous supposons que l'état d'esprit du propriétaire n'exerce aucune influence matérielle sur l'expérience, mais il y a des tribus où l'on ne serait pas d'accord. Leurs membres croiraient par exemple que les dieux n'aideront au succès de l'expérience que si le vrai propriétaire des appareils tient à ce qu'elle ait lieu, et non point si ce désir n'anime qu'un prétendu propriétaire. Ainsi certaines croyances faisant partie d'un fonds culturel influent sur le choix des facteurs étudiés. Dans la plupart des cas, un scientifique réfléchit au problème posé, use de son bon sens pour conjecturer quels facteurs valent la peine d'être pris en considération, et peut-être se livre à quelques expériences préliminaires pour mettre hors de cause les facteurs sur lesquels il a des doutes.

Supposons que nous ayons décidé que les facteurs essentiels dans notre expérience sur l'hydrogène sont la température, la pression et le volume. Dans notre récipient la nature du gaz et sa quantité totale restent constantes, puisqu'il est fermé. Nous sommes donc libres de rechercher les relations qui unissent ces trois facteurs. Si nous maintenons constante la température tout en accroissant la pression, nous découvrons que le volume varie en raison inverse de la pression. Si nous doublons la pression, le volume se trouve divisé par deux. Si nous triplons la pression, il se trouve divisé par trois. Cette expérience a été réalisée au XVIIe siècle par le physicien irlandais Robert Boyle. La loi qu'il a découverte, ou loi de Boyle, affirme que, si la température d'un gaz dans une enceinte close reste la même, le produit du volume par la pression demeure constant.

| Ensuite nous maintenons constante la pression, en laissant peser sur le 53
piston un poids toujours identique, mais nous faisons varier la température. Nous découvrons alors que le volume s'accroît lorsqu'on chauffe le gaz et décroît lorsqu'on le refroidit; et en mesurant le volume et la température, nous trouvons que le volume est proportionnel à la température (on appelle souvent cette loi la loi de Charles, en l'honneur de l'homme de science français Jacques Charles). Il faut prendre garde de n'utiliser ni l'échelle de Fahrenheit ni l'échelle centigrade, mais une échelle où le zéro soit bien le « zéro absolu », c'est-à-dire −273 degrés centigrades. Il s'agit de l'échelle « absolue », ou « échelle de Kelvin », élaborée par Lord Kelvin, physicien anglais du XIXe siècle. À présent nous ne sommes plus très loin du moment où nous pourrons vérifier par l'expérience une loi générale couvrant les trois facteurs. Une telle loi nous est déjà suggérée par les deux précédentes, mais son contenu empirique dépasse celui des deux réunies. Elle énonce que si la quantité d'un gaz en milieu clos reste constante, le produit de lapression par le volume est égal au produit de la température par

$R:(P \cdot V = T \cdot R)$. Dans cette équation, R est une constante qui varie suivant la quantité de gaz considérée. Cette loi générale nous décrit les relations qui unissent les trois grandeurs, et elle est donc sensiblement plus efficace, si l'on veut faire des prédictions, que les deux autres combinées. Si nous connaissons la valeur de deux des trois grandeurs variables, il nous est facile maintenant de prédire quelle sera la valeur de la troisième.

Cet exemple d'expérience simple montre comment il est possible de maintenir constants certains facteurs afin d'étudier comment d'autres facteurs dépendent les uns des autres. Il montre aussi, et ceci est très important, la fécondité des concepts quantitatifs. Les lois qu'on a déterminées grâce à cette expérience impliquent en effet que l'on sait déjà mesurer les diverses grandeurs dont il s'agit. S'il en était autrement, les lois devraient être formulées sous forme qualitative; elles seraient beaucoup plus faibles, beaucoup moins utiles pour faire des prédictions. Sans échelles numériques pour mesurer la pression, le volume et la température, tout ce qu'on pourrait dire d'une des grandeurs serait qu'elle reste la même ou bien qu'elle croît ou décroît. Ainsi, nous pourrions formuler la loi de Boyle de la façon suivante : si la température d'un gaz en milieu clos reste la même, et que la pression croisse, alors le volume décroît; lorsque la pression décroît, le volume s'accroît. Ceci est indubitablement une loi. Elle ressemble même par plusieurs côtés à la loi de Boyle. Mais elle est beaucoup plus « faible » que cette dernière, parce qu'elle ne nous permet pas de dire à l'avance quelle sera la valeur précise de telle ou telle grandeur. La seule chose que nous puissions prédire, c'est qu'une grandeur va croître, décroître ou rester constante.

Les défauts des versions qualitatives des lois concernant les gaz apparaissent encore mieux si nous considérons la loi générale exprimée par l'équation : $P \cdot V = T \cdot R$. Écrivons ceci sous la forme : $V = \frac{T}{P} \cdot R$.

54 | De cette équation générale, interprétée qualitativement, nous pouvons tirer des versions affaiblies de la loi de Boyle et de la loi de Charles. Supposons qu'on laisse varier ensemble les trois grandeurs : pression, volume, température, tandis que seule la quantité de gaz (R) demeure constante. Nous constatons expérimentalement que la température et la pression s'accroissent toutes deux. Que pouvons-nous dire du volume? Dans ce cas, nous ne pouvons même pas dire s'il croît, s'il décroît ou s'il reste constant. Car, pour déterminer cela, il faudrait connaître les proportions relatives de l'accroissement de la température et de celui de la pression. Si la température s'est accrue dans de plus fortes proportions que la pression, alors la formule nous indique que le volume s'accroît.

Mais si nous ne sommes pas en mesure d'attribuer des valeurs numériques à la pression et à la température, nous restons, dans cet exemple, incapables de prédire quoi que ce soit quant au volume.

Ainsi nous voyons dans quelle impuissance nous tomberions, en matière de prédictions, et combien grossières seraient les explications assignées aux phénomènes, si les lois de la science étaient seulement qualitatives. Les lois quantitatives jouissent d'une supériorité écrasante. Elles exigent, bien entendu, que nous disposions de concepts quantitatifs. Tel va être le sujet exploré en détail dans le chapitre V.

DEUXIÈME PARTIE

LA MESURE ET LE LANGAGE QUANTITATIF

| CHAPITRE V 57

TROIS SORTES DE CONCEPTS SCIENTIFIQUES

Les concepts qu'on rencontre dans la science aussi bien que dans la vie courante peuvent être commodément répartis en trois groupes principaux : concepts classificatoires, comparatifs et quantitatifs.

Par « concept classificatoire », j'entends simplement un concept qui situe un objet dans une classe déterminée. C'est le cas de tous les concepts taxonomiques utilisés en botanique et en zoologie : ceux qui désignent les différentes espèces, les familles, les genres, etc. La quantité d'information qu'ils nous fournissent à propos d'un objet est très variable. Quand je dis par exemple d'un objet qu'il est bleu, chaud ou de forme cubique, mes énoncés donnent une information relativement faible. Si je range le même objet dans une classe plus restreinte que celles définies par ces propriétés, l'information croît mais dans des proportions qui sont encore relativement modestes. Ainsi, je communique davantage d'information lorsque je dis d'un objet qu'il est un organisme vivant que lorsque je dis qu'il est chaud. « C'est un animal » en transmet un peu plus, « c'est un vertébré » davantage encore. La quantité d'information croît donc à mesure que l'on passe d'une classe à une classe plus petite : mammifère, chien, caniche, etc. Mais elle demeure encore relativement faible. Les concepts classificatoires sont ceux dont | l'usage nous est le plus familier. Les premiers mots 58
qu'apprennent les enfants, tels que « chien », « chat », « maison », « arbre », en sont des exemples.

Plus grande déjà est l'information que nous fournissent les « concepts comparatifs ». Leur statut est en quelque sorte intermédiaire entre celui des concepts classificatoires et celui des concepts quantitatifs. J'estime qu'ils méritent une attention particulière, car il n'est pas rare de voir leur valeur et leur importance sous-estimées, même chez les scientifiques. On entend souvent dire à un scientifique : « Il serait certainement souhaitable d'introduire, dans le domaine dont je m'occupe, des concepts quantitatifs, c'est-à-dire des concepts mesurables selon une certaine échelle. Malheureusement, cela n'est pas encore possible. C'est un domaine où la recherche n'en est qu'à ses débuts. Nous n'avons pas encore mis au point des techniques de mesure. Il nous faut donc nous contenter d'un langage non quantitatif, c'est-à-dire qualitatif. Il se peut que plus tard nous soyons en mesure de développer un langage quantitatif, quand nos recherches seront suffisamment avancées. » Ces propos peuvent être pleinement justifiés, mais le scientifique a tort s'il en conclut que, devant la nécessité de recourir à l'emploi d'un langage qualitatif, il doit limiter son langage aux concepts classificatoires. Lorsque dans un domaine scientifique, on n'est pas encore en mesure d'introduire des concepts quantitatifs, il arrive souvent qu'on utilise d'abord des concepts comparatifs; ils constituent des instruments nettement plus efficaces, quand il s'agit de décrire, de prédire et d'expliquer, que ceux plus grossiers de la classification.

Nous avons vu qu'un concept classificatoire tel que « chaud » ou « froid » ne fait que situer un objet dans une classe. Par contre, un concept comparatif tel que « plus chaud » ou « plus froid » exprime la relation qu'un objet entretient avec un autre objet en termes de plus ou de moins. On n'a pas attendu que la science ait élaboré la notion de température, qui est quantifiable, pour dire : « Tel objet est plus chaud que tel autre ». Les concepts comparatifs de ce genre peuvent être extrêmement utiles. Imaginez trente-cinq candidats à un emploi qui requiert des compétences bien précises. Un psychologue de l'entreprise a pour tâche d'évaluer les capacités respectives de chacun d'entre eux. Mieux vaut juger selon des critères de classification que de ne pas juger du tout; peut-être décidera-t-il que cinq des candidats ont une riche imagination, dix autres une imagination vraiment pauvre, et le reste une imagination ni riche ni pauvre. Il pourra de la même façon échafauder des classifications approximatives dans lesquelles il fera entrer les trente-cinq candidats compte tenu de leur habileté manuelle, de leurs compétences mathématiques, de leur équilibre affectif et d'autres critères. Ces concepts, naturellement, peuvent d'une certaine façon être utilisés comme des concepts comparatifs faibles; nous pouvons dire qu'une personne douée d'une « riche imagination » est supérieure, en ce domaine, à celle qui en manque totalement. Mais nous serons beaucoup mieux renseignés si le psychologue peut élaborer une méthode comparative qui permette, pour chacune des qualités considérées, de ranger les trente-cinq candidats selon un classement unique, bien plus en

tous cas que | lorsqu'ils se trouvaient simplement rangés en trois classes : 59
capacités supérieures, inférieures et moyennes.

Il ne faut donc jamais sous-estimer l'utilité des concepts comparatifs, surtout dans les domaines encore étrangers à la méthode scientifique et aux concepts quantitatifs. Ainsi la psychologie utilise toujours davantage de concepts quantitatifs, mais elle comporte encore de vastes provinces où seul l'usage des concepts comparatifs est possible. Quant à l'anthropologie, elle n'en utilise presque pas. Elle manipule essentiellement des concepts classificatoires; elle a besoin de critères empiriques qui lui permettent de développer un solide appareil de concepts comparatifs. Dans les disciplines de ce genre, il est important de développer de tels concepts qui sont beaucoup plus puissants que les concepts classificatoires, même si les mesures quantitatives sont encore irréalisables.

Permettez-moi d'attirer votre attention sur une monographie de Carl G. Hempel et Paul Oppenheim, intitulée *Der Typus Begriff im Lichte der neuen Logik* (*Le concept de type du point de vue de la logique moderne*). Elle parut en 1936. Les deux auteurs y traitent particulièrement de la psychologie et des domaines qui s'y rattachent, où l'emploi des concepts typologiques se révèle assez décevant, comme le soulignent les auteurs. Ainsi, les psychologues auraient mieux à faire que de passer leur temps à classer des individus en extravertis, introvertis, et extravertis-introvertis, ou en des catégories analogues. On note cependant, ici et là, quelques tentatives pour introduire des critères empiriques qui permettent d'accéder, un jour, à des quantifications, ceux par exemple qu'on rencontre dans la caractérologie de William Sheldon ; mais ce genre d'approche était encore peu pratiqué du temps où Hempel et Oppenheim composèrent leur monographie. À cette époque, tout psychologue ou presque, traitant du caractère, de la constitution et du tempérament de l'individu avait son petit système typologique à lui. Hempel et Oppenheim notaient que l'ensemble de ces typologies ne dépassait guère le niveau des classifications. Quoiqu'il soit prématuré d'introduire des mesures et des concepts quantitatifs, ils soulignaient qu'un grand pas en avant serait accompli si les psychologues pouvaient mettre au point des concepts comparatifs utilisables.

Il arrive souvent qu'un concept comparatif devienne par la suite la base d'un concept quantitatif. L'exemple classique est celui du concept de « plus chaud » qui a finalement abouti à celui de « température ». En attendant d'étudier le détail des opérations que nécessite l'établissement de critères empiriques pour des termes quantitatifs, il peut être bon de commencer par examiner la façon dont on définit ces critères pour des concepts comparatifs.

Prenons, à titre d'exemple, la notion de poids avant qu'elle ait pu recevoir des interprétations numériques. Imaginons que nous ne disposions que des concepts comparatifs « plus lourd », « plus léger » et « de poids égal ». Comment procéder empiriquement pour déterminer les relations de n'importe quelle paire d'objets au choix en utilisant ces trois concepts ? Il suffit d'une balance et des deux règles suivantes :

60 1° | si les deux plateaux sur lesquels on aura posé les objets s'équilibrent, on dira des objets qu'ils sont de poids égal ;

2° en cas de déséquilibre, on dira de l'objet qui fait baisser l'un des plateaux, qu'il est plus lourd que l'autre.

Au sens strict, il est encore trop tôt pour dire du premier objet qu'il possède un « poids supérieur » à l'autre, parce que nous n'avons pas encore introduit le concept quantitatif de poids. Toutefois, dans la pratique, un tel langage peut être utilisé même si nous fait défaut une méthode pour attribuer des valeurs numériques. Nous avons parlé tout à l'heure d'un homme qui avait « plus d'imagination » qu'un autre, sans pouvoir pour autant attribuer des valeurs numériques à l'imagination.

Il est important, dans le cas de la balance comme dans toute autre procédure empirique ayant pour objet la détermination de termes comparatifs, de faire le départ entre les aspects de la procédure qui relèvent d'une convention pure et simple et ceux qui ne se réduisent pas à des conventions parce qu'ils sont liés à des faits naturels ou à des lois logiques. Cette distinction apparaîtra plus clairement si nous formalisons davantage les deux règles grâce auxquelles nous définissons les concepts comparatifs de « plus lourd », « plus léger » et « de poids égal ».

Pour introduire la notion d'« égalité », il nous faut trouver une règle pour définir une relation observable correspondante ; j'appellerai « E » cette relation. Pour introduire les deux autres concepts, il nous faut énoncer une règle pour définir une relation que je désignerai par l'expression « moins que » et représenterai par le symbole « L ».

Nous déterminons les relations E et L par des procédures empiriques. Nous plaçons chacun des deux corps sur un des plateaux de la balance. Si nous observons que les plateaux sont en équilibre, nous disons que, relativement à la propriété « poids », les deux corps sont dans la relation E. Si un plateau monte et si l'autre descend, nous disons que les deux corps sont dans la relation L, toujours sous le rapport du poids.

Il peut sembler que nous définissons E et L par une procédure tout à fait conventionnelle mais ce n'est pas le cas. À moins que certaines conditions ne soient remplies par les deux relations que nous avons choisies, elles ne peuvent pas jouer adéquatement le rôle de E et de L. Elles ne sont donc pas

des relations arbitrairement choisies. Nos deux relations doivent s'appliquer à l'ensemble des corps pesants. Cet ensemble d'objets définit le « domaine » de nos concepts comparatifs. Si les relations *E* et *L* sont bien applicables dans ce domaine, il doit être possible de ranger l'ensemble des objets de ce domaine dans une sorte d'ordre stratifié qu'on appelle parfois « arrangement quasi sériel ». La meilleure explication est celle que nous fournit l'usage de certains termes empruntés à la logique des relations. Nous dirons par exemple que la relation *E* est « symétrique » (si elle est vraie de deux corps quelconques *a* et *b*, elle doit l'être aussi de *b* et *a*). | Elle **61**
doit aussi être « transitive » (si *a* et *b* sont dans la relation *E* et si *b* et *c* sont aussi dans la relation *E*, alors *a* et *c* sont aussi dans la relation *E*). Nous pouvons représenter ces propriétés au moyen du diagramme ci-dessous où les points figurent les corps et où les doubles flèches expriment la relation d'égalité.

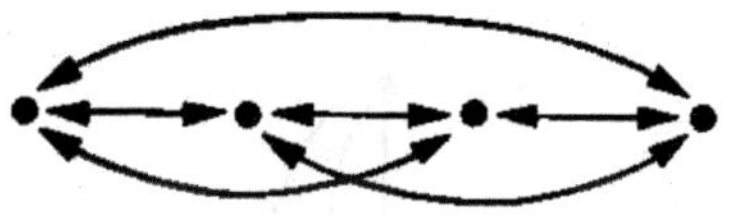

Figure 2

Inutile de dire qu'on ne peut pas choisir pour *E* une relation qui ne serait pas symétrique. Nous serions amenés à dire qu'un objet a exactement le même poids qu'un autre tandis que ce dernier n'a pas le même poids que le premier, ce qui est incompatible avec le sens que nous désirons attribuer à l'expression « de poids égal ». L'équilibre que réalise la balance est bien une relation symétrique. La permutation de deux objets en équilibre ne rompt pas cet équilibre. *E* doit donc être une relation symétrique. De la même façon, si *a* et *b* sont en équilibre, et si *b* et *c* sont aussi en équilibre, alors *a* sera en équilibre avec *c*; la relation *E* possède donc aussi la propriété de transitivité. Si *E* est à la fois transitive et symétrique, elle doit être également « réflexive »; en d'autres termes, tout objet a le même poids que lui-même. Dans la logique des relations, on appelle une relation à la fois symétrique et transitive une relation d' « équivalence ». Il est évident que le choix que nous avons fait de la relation *E* n'est pas arbitraire. Nous avons, en effet, choisi de désigner par *E* l'équilibre des plateaux parce qu'on observe que cette relation est une relation d'équivalence.

Par contre la relation *L* n'est pas symétrique mais asymétrique. Si *a* est plus léger que *b*, *b* ne peut pas être plus léger que *a*. Mais *L* est transitive : si *a* est plus léger que *b* et *b* plus léger que *c*, alors *a* est plus léger que *c*. La transitivité de *L*, tout comme les propriétés de la relation *E*, nous est si familière que nous oublions qu'un test empirique est nécessaire pour être sûr qu'elle s'applique au concept de poids. Nous mettons *a* et *b* sur les deux plateaux de la balance : *a* descend. Nous mettons *b* et *c* à leur place : *b* descend. Si nous mettons *a* et *c* sur les plateaux, nous nous attendons à ce que *a* descende. Il se pourrait que, dans un autre univers que le nôtre, régi par d'autres lois que les lois naturelles que nous connaissons, le plateau de *a* monte. Si cela se produisait, la relation que nous soumettons à l'expérience ne pourrait pas être dite transitive ni par conséquent jouer le rôle de *L*.

Faisons maintenant le diagramme de la relation *L*, transitive et asymétrique, à l'aide de simples flèches reliant un point à un autre :

62 | Figure 3-a

Si les relations *E* et *L* sont réalisées pour l'ensemble des objets du domaine considéré, il doit être possible de ranger tous ces objets dans l'ordre quasi sériel figuré dans le diagramme 3-b.

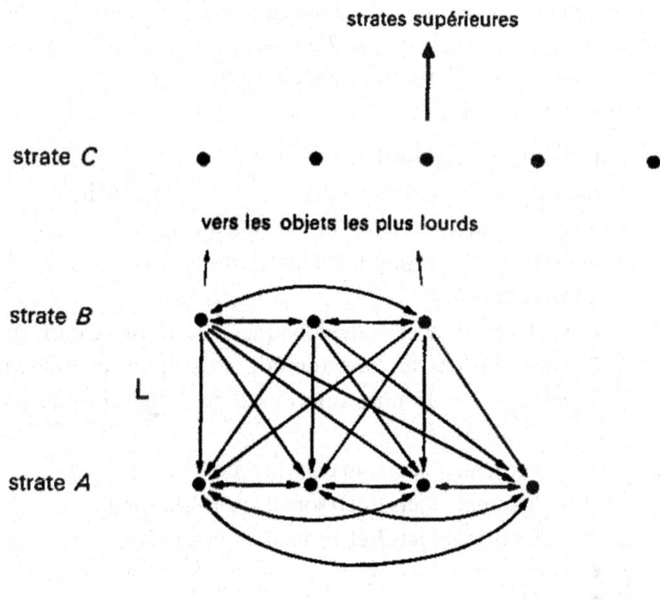

Figure 3-b

Au niveau le plus bas, se trouve la strate *A*, c'est-à-dire tous les objets qui ont le même poids mais qui sont plus légers que tous les objets situés hors de cette strate. Sur la figure 3-b cette strate ne compte que quatre objets, mais elle peut en contenir plusieurs milliers aussi bien qu'un seul.

La strate *B* contient un autre ensemble d'objets de poids égal, entre lesquels est réalisée la relation *E*, mais ils sont tous plus lourds que les objets de la strate inférieure *A* et plus légers que la totalité des objets qui ne
sont ni dans *A* ni dans | *B*. Il est aisé de continuer vers le haut en superposant 63
de nouvelles strates au-dessus de *A* et *B* jusqu'à ce que nous atteignions pour finir la strate des objets les plus lourds. Sans des tests empiriques pour montrer que les objets du domaine peuvent être rangés dans cet ordre quasi sériel, les relations *E* et *L* ne permettent pas de définir les concepts comparatifs de « poids égal » et « poids inférieur ».

Tout ceci fait l'objet d'une discussion très détaillée dans les sections 10 et 11 de la monographie de Hempel, *Fundamentals of Concept Formation in Empirical Science*[1]. Il formule quatre conditions auxquelles *E* et *L* doivent satisfaire :

1° *E* doit être une relation d'équivalence ;
2° *E* et *L* doivent s'exclure mutuellement. Aucune paire d'objets ne peut être caractérisée par la relation « de poids égal » tout en comportant un objet plus léger que l'autre ;
3° *L* doit être transitive ;
4° soit deux objets *a* et *b* quelconques ; ils doivent correspondre à l'un des trois cas suivants (en fait, il suffit qu'un cas au moins soit réalisé, car il découle alors des autres conditions qu'un et un seul sera réalisé) :
   a) les deux objets sont dans la relation *E* ;
   b) les deux objets *a* et *b* sont dans la relation *L* ;
   c) les deux objets *b* et *a* sont dans la relation *L*.

Autrement dit, pour toute paire d'objets pesants donnée *a* et *b*, ou bien *a* est aussi lourd que *b* et réciproquement, ou bien *a* est plus léger que *b* ou bien *b* est plus léger que *a*.

Si deux relations quelconques *E* et *L* satisfont à ces quatre conditions, nous dirons qu'elles définissent un ordre quasi sériel qu'on peut représenter au moyen d'un diagramme stratifié comme celui de la figure recto p. 75. La relation d'équivalence *E* nous permet de ranger la totalité des objets dans des classes d'équivalence ; nous pouvons ensuite, à l'aide de la relation *L*, disposer les classes dans une série ordonnée afin de construire un schéma d'ensemble où figure une hiérarchie de strates. Je veux souligner ici que les relations entre les termes comparatifs ont une structure logique, indépendamment du fait qu'elles s'appliquent ou non aux faits naturels.

Ce n'est pas le cas en ce qui concerne les concepts classificatoires. Lorsque nous définissons un concept de classe, nous pouvons spécifier les conditions que nous voulons. Il n'est évidemment pas question de poser des conditions logiquement contradictoires, comme ce serait le cas si, parlant d'objets qui pèsent trois livres, nous soutenions en même temps qu'ils pèsent moins d'une livre. Nous définirions alors une classe qui ne
64 contient *aucun* membre, dans quelque monde que ce soit. | Dans tous les

1. *International Encyclopedia of Unified Science*, Chicago, University of Chicago Press, vol. 2, n° 7, 1952.

autres cas, nous sommes libres de définir une classe comme nous l'entendons, que cette classe comporte ou non des membres dans notre monde, pourvu que la définition proposée ne soit pas contradictoire. Un exemple classique est celui du concept de licorne. Nous la définissons comme un animal ayant la forme d'un cheval et possédant de surcroît une corne sur le front. C'est là une définition tout à fait correcte dans la mesure où elle donne une signification au terme de « licorne » ; elle définit bel et bien une classe. Cette classe n'est pas utile pour le zoologiste, parce qu'elle est empiriquement vide (elle n'a aucun membre). Mais ceci ne regarde pas le logicien.

Il en est autrement des concepts comparatifs. À la différence des précédents, ils comportent une structure complexe de relations logiques. Une fois que nous les avons introduits, nous ne sommes plus libres de rejeter ou de modifier cette structure. Les quatre conditions formulées par Hempel doivent être remplies. Nous voyons donc que les concepts comparatifs de la science ne relèvent pas entièrement d'une convention et cela pour deux raisons : ils doivent s'appliquer aux faits naturels, et ils doivent se conformer à une structure logique de relations.

Venons-en maintenant aux « concepts quantitatifs ». À chacun d'eux correspond une paire de concepts comparatifs dont l'usage marque d'ordinaire, dans le développement d'une science, un premier pas vers un langage quantitatif. Ainsi, les exemples évoqués plus haut montrent que les concepts comparatifs de « moins lourd » et de « poids égal » conduisent facilement à un concept de poids qui peut faire l'objet de mesures et d'expressions numériques. Nous allons donc analyser la nature des concepts quantitatifs et nous demander pourquoi ils sont si utiles, à quels domaines ils s'appliquent et s'il y a des domaines où leur application est impossible. Cette dernière question est extrêmement importante pour la méthodologie des sciences. Nous la traiterons donc de façon plus détaillée. Mais avant d'aborder ces questions, je commencerai par quelques remarques d'ordre général : mieux vaut les faire sans tarder, quitte à ce qu'elles se précisent au cours de notre analyse.

Le premier point qu'il importe de souligner est celui-ci : la différence entre qualitatif et quantitatif n'est pas une différence fondée dans la nature, mais une différence qui tient à notre système conceptuel, à notre langage, peut-on dire, si l'on entend par langage un système de concepts. L'usage que je fais ici du mot « langage » est celui des logiciens, je ne parle pas du langage au sens où l'on dit que l'anglais est une langue et le chinois une autre langue. Nous avons le langage de la physique, celui de l'anthropologie, celui de la théorie des ensembles, etc. Dans ce sens, un langage consiste en des règles lexicales, des règles de formation des propositions, des règles de déduction logique à partir de ces propositions et en d'autres règles encore. Les différents types de concepts que nous rencontrons dans un langage scientifique ont une très grande importance. Je veux attirer l'attention sur le fait que la différence entre le qualitatif et le quantitatif est une différence entre des langages.

Le langage qualitatif ne comporte que des prédicats (par exemple :
65 « l'herbe | est verte »), tandis que le langage quantitatif utilise en outre ce qu'on appelle des symboles de fonctions, c'est-à-dire des symboles désignant des fonctions qui prennent des valeurs numériques. Comme on rencontre très souvent, surtout chez les philosophes, l'idée que la nature présente deux sortes de propriétés, les qualitatives et les quantitatives, cette précision prend toute son importance. Il y a même des philosophes pour soutenir que la science moderne néglige d'autant plus les aspects qualitatifs de la nature qu'elle accorde davantage d'attention à ses caractères quantitatifs, et que cela a pour effet de fausser la vision que nous avons du monde. C'est une erreur complète. Il suffit pour s'en rendre compte d'introduire où il faut la distinction entre qualitatif et quantitatif. Quand nous observons la nature, nous ne pouvons pas nous demander : « Les phénomènes que je vois sont-ils qualitatifs ou quantitatifs ? » Ce n'est pas la bonne question. Par contre, si quelqu'un décrit ces phénomènes dans un certain langage, en nous donnant les définitions des termes employés ainsi que les règles de leur usage, il est alors légitime que nous nous posions la question : « Ces termes appartiennent-ils à un langage quantitatif, ou bien appartiennent-ils à un langage préquantitatif, c'est-à-dire à un langage qualitatif ? »

Une deuxième remarque s'impose : le rôle des conventions dans l'introduction des concepts quantitatifs est très grand. Il ne faut pas l'ignorer. Mais il ne faut pas non plus surestimer l'importance de ces conventions. Cette mise en garde ne s'adresse guère qu'à quelques philosophes d'ailleurs peu nombreux. Je citerai Hugo Dingler en exemple. Il en vint à un conventionnalisme total que je juge erroné. Selon lui, tous les concepts, et même les lois scientifiques sont affaire de convention, ce qui me paraît excessif. On a reproché le même radicalisme à Poincaré, mais à mon avis cela tient à une mauvaise compréhension de ses écrits. Il est vrai qu'il a souvent souligné combien les conventions sont importantes dans les sciences; mais par ailleurs il était très conscient du rôle joué par les éléments empiriques. Il savait que nous ne sommes pas toujours libres de faire des choix arbitraires lorsque nous édifions un système scientifique; nous devons réajuster notre système aux faits de la nature à mesure que nous les découvrons. La nature fait intervenir des facteurs sur lesquels nous n'avons aucune prise. On ne peut donc dire de Poincaré qu'il est un conventionnaliste que dans la mesure où il a, plus que les philosophes qui l'ont précédé, mis l'accent sur l'importance de la convention. Mais il serait faux d'en faire un conventionnaliste radical.

Avant d'en venir au rôle de la mesure dans la formation des concepts quantitatifs, mentionnons qu'il existe une méthode quantitative plus simple et plus fondamentale – la méthode qui consiste à compter. Si nous n'étions pas d'abord capables de compter, nous ne pourrions pas mesurer. Compter ne suppose rien d'autre que les nombres entiers non négatifs. Je dis « nombres entiers non négatifs » plutôt que « nombres entiers positifs », parce que je compte zéro au nombre des résultats possibles de l'opération de compter entendue dans un sens large. Soit une classe finie d'objets,
celle, par exemple, de toutes les chaises qui se trouvent | dans cette pièce ; 66
compter est la méthode par laquelle je détermine le nombre cardinal de cette classe. Nous comptons le nombre de chaises – 1, 2, 3, etc. – jusqu'à vingt chaises. Supposez que nous cherchions à compter le nombre de pianos dans une pièce. Nous la parcourons du regard et n'en trouvons aucun. Nous disons alors que le nombre cardinal se réduit à zéro. On peut alors parler d'un cas dégénéré de l'opération de comptage. Quoi qu'il en soit, zéro est un entier et il peut constituer le nombre cardinal d'une classe. Nous appelons une telle classe une classe vide.

Nous ne procédons pas autrement lorsque nous cherchons à déterminer le nombre cardinal d'une classe finie d'événements successifs. Ainsi, nous comptons le nombre de coups de tonnerre entendus lors d'un orage, ou le nombre de coups donnés par une horloge. Il est vraisemblable que ce type de comptage a précédé historiquement celui des classes d'objets simultanés, telles que la classe des chaises contenues dans une pièce. C'est d'ailleurs de cette façon qu'un enfant apprend à compter : il parcourt la pièce et prononce les noms de nombres à mesure qu'il touche chaque chaise. Ce qu'il compte, en fait, c'est la série des événements qui consistent à toucher. Demandez-lui maintenant de compter un groupe d'arbres éloignés. Il aura de la peine à le faire, car il ne lui est pas facile de montrer du doigt les arbres un à un, ce qui constitue un équivalent de la procédure consistant à toucher les chaises. Toutefois, s'il s'efforce de faire scrupuleusement le compte des événements, c'est-à-dire en l'occurrence le compte des fois où il a montré du doigt un arbre, et qu'il s'assure bien d'avoir montré chaque arbre une fois et une seule, nous dirons alors qu'il y a isomorphisme entre le nombre des arbres et le nombre des actes de désignation. Si ce dernier s'élève à huit, nous assignons le même nombre cardinal à la classe des arbres vus au loin.

Un enfant plus âgé, ou un adulte, peut s'abstenir de désigner du doigt les arbres pour les compter. Il ne manquera pas cependant de considérer d'abord un arbre, puis un autre, etc., à moins qu'il y en ait un nombre assez petit, par exemple trois ou quatre, auquel cas un simple coup d'œil suffira. L'opération de compter n'en demeure pas moins liée à une succession d'événements consécutifs. Je vous passe le détail de la démonstration formelle qui montre que le nombre cardinal ainsi obtenu est bien celui de la classe. L'important est que lorsque nous déterminons le nombre d'une classe d'objets, ce que nous comptons en fait, c'est quelque chose d'autre, à savoir une série d'événements. Nous inférons alors, sur la base d'un isomorphisme (une corrélation bi-univoque entre événements et objets), la conclusion que le nombre cardinal des événements est celui de la classe d'objets.

Un logicien trouve toujours dans des faits d'une simplicité enfantine matière à de multiples et complexes raffinements ! Même l'acte de compter – la méthode quantitative la plus élémentaire qui soit – perd, sous l'effet de l'analyse, son apparente évidence primitive. Mais une fois que nous savons compter, nous sommes en mesure d'appliquer des règles de mesure, comme nous allons l'expliquer dans le chapitre VI.

| CHAPITRE VI 67

LA MESURE DES CONCEPTS QUANTITATIFS

Si l'on veut décrire les faits naturels au moyen de concepts quantitatifs, c'est-à-dire susceptibles de se prêter à l'attribution de valeurs numériques, il faut disposer de certaines procédures permettant d'établir ces valeurs. La procédure la plus simple, comme nous l'avons vu au chapitre précédent, consiste à compter. Dans le présent chapitre, nous examinerons une procédure un peu plus perfectionnée, consistant à mesurer. L'action de compter donne seulement des valeurs exprimées par des nombres entiers. L'action de mesurer va plus loin. Elle fournit non seulement des valeurs susceptibles d'être exprimées par des nombres rationnels (nombres entiers et fractions), mais aussi des valeurs susceptibles d'être exprimées par des nombres irrationnels. Ceci permet l'emploi d'outils mathématiques extrêmement puissants, tels que le calcul infinitésimal. Il en résulte pour la méthode scientifique une efficacité considérablement accrue.

Le premier point à comprendre clairement est que, pour donner un sens à des termes tels que « longueur » et « température », il faut des règles qui définissent l'action de mesurer. Ces règles énoncent simplement comment nous pouvons assigner un certain nombre à un certain corps ou à une certaine action, et dire que ce nombre représente la valeur de la grandeur
considérée pour ce corps. Prenons | pour exemple le concept de tempé- 68
rature, ainsi qu'un ensemble de cinq règles établissant la procédure grâce à laquelle on peut la mesurer.

Les deux premières règles sont celles-là mêmes dont il a été question au précédent chapitre et qui ont servi à définir les concepts comparatifs. Mais nous les considèrerons à présent en tant que règles servant à définir un concept quantitatif qu'on appellera grandeur *M*. La première règle, pour la grandeur *M*, spécifie une certaine relation empirique *E*. Elle énonce que, si la relation E_M est réalisée entre les objets *a* et *b*, les deux objets auront pour grandeur *M* des valeurs égales. Sous forme symbolique, on écrira :

$$\text{Si } E_M(a,b), \qquad \text{alors} \qquad M(a) = M(b)$$

La deuxième règle spécifie une relation expérimentale L_M. Elle affirme que, si la relation L_M est réalisée entre *a* et *b*, la valeur de la grandeur *M* sera moindre pour *a* que pour *b*. Sous forme symbolique, on écrira :

$$\text{Si } L_M(a,b), \qquad \text{alors} \qquad M(a) [M(b)$$

Avant d'en arriver aux trois autres règles, voyons comment ces deux premières ont été d'abord appliquées au concept de température lorsque celui-ci n'était encore qu'un concept comparatif, préscientifique, puis plus tard enrôlées au service de procédures quantitatives. Imaginons que nous vivions avant l'invention du thermomètre. Comment déterminer que deux objets sont également chauds ou que l'un est moins chaud que l'autre? Nous touchons chacun des deux objets. Si aucun ne nous paraît plus chaud que l'autre (relation *E*), nous disons qu'ils sont également chauds. Si *a* nous paraît moins chaud que *b* (relation *L*), nous disons que *a* est moins chaud que *b*. Mais ce sont là des méthodes subjectives et imprécises, qui ne permettent guère d'arriver à un accord entre différents observateurs. Une personne trouvera peut-être *a* plus chaud que *b*, une autre le contraire. Le souvenir que nous gardons des sensations thermiques est si vague qu'il peut très bien être impossible à quelqu'un de déterminer si un objet lui paraît plus chaud maintenant qu'il y a trois heures. Pour ces raisons, les méthodes subjectives utilisées pour établir les relations « également chaud » (*E*) et « moins chaud que » (*L*) ne servent pas à grand-chose dans la recherche empirique de lois générales. Ce dont on a besoin, c'est d'une méthode objective de détermination des températures – une méthode qui soit plus précise que nos propres sensations thermiques et qui permette généralement à des observateurs différents de tomber d'accord.

Le thermomètre nous offre une telle méthode. Mettons que nous désirions déterminer les variations de température de l'eau contenue dans un récipient. Nous immergeons dans cette eau un thermomètre à mercure. Quand l'eau chauffe, le mercure se dilate et monte dans le tube du thermomètre. Quand l'eau refroidit, le mercure se contracte et son niveau baisse. Si l'on a pris soin de faire une marque sur le tube indiquant le niveau atteint par le mercure à un moment donné, il sera facile de voir si le mercure est monté plus haut ou descendu plus bas que cette marque; si facile qu'un désaccord entre deux observateurs sera fort improbable. Si j'observe
69 aujourd'hui que le liquide se trouve au-dessus de la marque, je n'ai | pas la moindre peine à me rappeler qu'hier il se trouvait au-dessous. Je puis en

toute confiance déclarer que le thermomètre indique une température plus élevée aujourd'hui qu'hier. Il est aisé de voir comment les relations E_T et L_T pour la grandeur T (température) peuvent être définies grâce à cet instrument. Nous nous contentons de mettre le thermomètre en contact avec le corps a, nous attendons que la hauteur du liquide dans le thermomètre ait cessé de varier, puis nous marquons le niveau atteint. Nous faisons de même pour l'objet ou le corps b. La relation E se définit par le fait que le liquide s'élève au même niveau que la marque; la relation L est réalisée entre a et b si le liquide du thermomètre atteint un niveau plus bas pour a que pour b.

Les deux premières règles pour définir la température (T) peuvent s'exprimer symboliquement comme suit :

Règle 1 : Si $E_T(a,b)$, alors $T(a) = T(b)$

Règle 2 : Si $L_T(a,b)$, alors $T(a) [T(b)$

Remarquons qu'il n'est pas nécessaire, afin d'établir les relations E et L, d'avoir inscrit toute une graduation sur le tube du thermomètre. Si cependant nous désirons user du thermomètre pour assigner à T des valeurs numériques, nous aurons évidemment besoin de règles supplémentaires.

Ce sont les trois suivantes. La troisième règle nous dit à quel moment assigner une valeur numérique particulière qui est généralement zéro, à la grandeur que nous mesurons. Elle parvient à ce résultat en spécifiant un certain état de choses facile à reconnaître, et parfois même facile à reproduire; lorsque l'objet étudié se trouve dans cet état, on lui assigne, pour la grandeur à mesurer, la valeur particulière choisie. Par exemple, dans l'échelle centigrade des températures, la troisième règle assigne la valeur « zéro » à l'eau en cours de congélation. Nous introduirons plus tard certaines réserves portant sur les conditions dans lesquelles cette règle remplit correctement son office, mais pour l'instant acceptons-la telle quelle.

La quatrième règle, généralement appelée règle de l'unité, assigne une autre valeur particulière de la grandeur en question à un objet en spécifiant un autre état facile à reconnaître et à reproduire. Cette deuxième valeur est d'ordinaire 1; mais elle peut aussi correspondre à n'importe quel nombre différent de celui qu'a déjà spécifié la troisième règle. Dans l'échelle centigrade, elle est de 100, et correspond à l'état de l'eau en ébullition. Une fois assignée cette deuxième valeur, on dispose d'une base permettant de définir les unités, qui sont dans cet exemple des unités de température. Nous mettrons le thermomètre dans de l'eau en train de geler, nous marquons la hauteur atteinte par le mercure et nous appelons « zéro » cette

marque. Puis nous mettons le thermomètre dans de l'eau bouillante, nous marquons la hauteur atteinte par le mercure et l'appelons « 100 ». Nous n'avons pas encore là une échelle, mais nous avons une base qui permet de parler d'unités. Si le mercure monte de la marque zéro à la marque 100, nous pouvons dire que la température s'est élevée de 100 degrés. Si nous
70 avions appelé « 10 » la marque la | plus haute, au lieu de l'appeler « 100 », nous dirions que la température s'est élevée de 10 degrés.

L'étape finale consiste à déterminer la forme exacte de l'échelle. Cette étape est commandée par la cinquième règle, la plus importante. Celle-ci spécifie les conditions expérimentales ED_M dans lesquelles nous dirons que deux différences (*D*) entre des valeurs de la grandeur *M* sont égales. Remarquez que nous ne parlons pas ici de deux *valeurs*, mais de deux *différences* entre des valeurs. Nous cherchons à spécifier dans quelles conditions expérimentales nous dirons que la différence entre deux valeurs quelconques de la grandeur (l'une pour *a* et l'autre pour *b*) est égale à la différence entre deux autres valeurs, disons *c* et *d*. Cette cinquième règle s'exprime sous la forme symbolique suivante :

$$\text{Si } ED_M(a,b,c,d), \quad \text{alors} \quad M(a)-M(b)=\mathrm{M}(c)-M(d).$$

Elle nous dit que si certaines conditions expérimentales, représentées en symboles par l'expression « ED_M », sont réalisées pour quatre valeurs de la grandeur considérée, nous pouvons affirmer que la différence entre les deux premières valeurs équivaut à la différence entre les deux autres.

Dans le cas de la température, les conditions expérimentales intéressent le volume de la substance utilisée dans le thermomètre, soit ici du mercure. Il faut construire le thermomètre de façon à ce que, lorsque la différence entre deux volumes *a* et *b* du mercure est égale à la différence entre deux autres volumes *c* et *d*, l'échelle marquée sur le tube indique des différences de température qui soient égales.

Si le thermomètre porte une échelle centigrade, un procédé simple permettra de respecter les conditions imposées par la cinquième règle. Le mercure est contenu dans un renflement situé à l'extrémité d'un tube très fin. La finesse du tube n'est pas essentielle; mais elle est d'une grande utilité pratique parce qu'elle rend perceptibles des variations extrêmement faibles du volume de mercure. Le tube de verre doit être usiné avec la plus grande précision afin que son diamètre intérieur soit bien identique sur toute sa longueur; car ainsi, des accroissements de volume égaux seront observés sous l'aspect de distances égales entre des marques inscrites sur le tube. Si nous appelons « $d(a, b)$ » la distance entre les marques atteintes lorsque le thermomètre est en contact avec le corps *a*, puis avec le corps *b*, alors la cinquième règle peut s'exprimer sous la forme symbolique suivante :

$$\text{Si } d(a, b) = d(c, d), \quad \text{alors} \quad T(a) \bullet T(b) = T(c) \bullet T(d)$$

Appliquons à présent les règles 3 et 4. On place le thermomètre dans de l'eau qui gèle et l'on assigne le chiffre zéro à la marque correspondant au niveau atteint par le mercure. Puis on le place dans de l'eau bouillante et l'on assigne le chiffre 100 au niveau atteint. Sur la base de la règle 5, on peut maintenant diviser le tube en 100 parties égales entre la marque zéro et la marque 100. On peut aussi continuer à faire des marques au-dessous du zéro jusqu'à atteindre le point qui correspond à la température où le mercure gèle ; et, de même, continuer au-dessus de 100 jusqu'au point où le mercure bout et s'évapore. Si deux physiciens se construisent chacun un thermomètre selon cette méthode et s'accordent sur tous les procédés | spécifiés par les cinq règles, ils arriveront à des résultats identiques 71
lorsqu'ils mesureront la température d'un objet identique. Nous exprimons cet accord entre eux en disant que les deux physiciens utilisent la même échelle de température. Les cinq règles déterminent une échelle unique pour la grandeur à laquelle elles sont appliquées.

Comment font les physiciens pour décider quel type d'échelle ils utiliseront dans la mesure d'une grandeur ? Dans cette décision, il entre une part de convention, spécialement en ce qui concerne certains des points mentionnés dans les règles 3 et 4. L'unité de longueur, le mètre, a maintenant pour définition la longueur d'onde, dans le vide, d'un certain type de radiation émis par un atome de krypton 86, multipliée par 1 656 763,83. L'unité de masse ou de poids, le kilogramme, est fondée sur un kilogramme-étalon conservé à Paris. Pour la température, selon l'échelle centigrade, les chiffres zéro et 100 sont assignés par commodité à l'eau qui gèle et à l'eau bouillante. Pour l'échelle de Fahrenheit et l'échelle, dite absolue, de Kelvin, ces chiffres sont assignés à d'autres états de certaines substances. Mais les trois échelles reposent sur la même utilisation de la cinquième règle, et donc peuvent être considérées comme appartenant, pour l'essentiel, au même type. Un thermomètre Fahrenheit est construit exactement de la même manière qu'un thermomètre centigrade ; seul l'étalonnage diffère. Aussi est-il aisé de « traduire » une température d'une échelle à l'autre.

Si deux physiciens adoptent des procédures entièrement différentes pour formuler la cinquième règle – l'un exprimant la température par la dilatation d'un volume de mercure et l'autre, mettons, par la dilatation d'une barre de fer ou l'effet de la chaleur sur le passage du courant électrique dans un appareil donné –, alors ils aboutiront à des échelles de forme toute différente. Elles pourront, bien entendu, s'accorder en ce qui concerne les règles 3 et 4. Si les deux physiciens ont choisi comme points extrêmes pour définir leurs unités la température de l'eau qui gèle et celle de l'eau bouillante, alors évidemment ils tomberont d'accord chaque fois qu'ils mesureront l'une de ces deux températures. Mais qu'ils appliquent chacun leur thermomètre à la même casserole d'eau tiède, et ils aboutiront sans doute à des résultats divergents, qu'il ne sera peut-être pas si aisé de « traduire » d'une échelle à l'autre.

Des lois fondées sur des échelles de forme différente seront elles-mêmes de forme différente. Une échelle aboutira peut-être à des lois exprimées par des équations simples, tandis que l'autre exigera peut-être des équations très complexes. C'est ce dernier point qui confère une telle importance au choix du procédé d'application de la cinquième règle, alors que les règles 3 et 4 tolèrent davantage d'arbitraire. Le scientifique est guidé, dans son choix du procédé pour la cinquième règle, par le désir de rendre aussi simples que possible les lois fondamentales de la physique.

Dans le cas de la température, cette simplification maximale est atteinte pour les lois de la thermodynamique par l'échelle absolue (ou échelle de Kelvin). Les échelles centigrade et de Fahrenheit apparaissent comme des
72 variantes de l'échelle | absolue : elles n'en diffèrent que par l'étalonnage et sont aisément convertibles en degrés « absolus ». Les premiers thermomètres utilisaient des liquides tels que l'alcool ou le mercure, mais aussi des gaz maintenus à une pression constante de façon que les variations de température agissent sur leur volume. On s'aperçut que l'emploi de n'importe quelle substance permettait de construire des échelles de forme à peu près identique ; mais lorsqu'on se mit à fabriquer des instruments plus précis, on constata de menues différences. Ce n'est pas seulement que les diverses substances se dilatent à des vitesses différentes sous l'effet de la chaleur : la forme même de l'échelle est un peu différente selon qu'on utilise le mercure ou l'hydrogène. Les scientifiques ont fini par choisir l'échelle absolue parce que c'est elle qui aboutit aux lois les plus simples. Ce qui est surprenant, c'est que cette échelle n'a pas été construite à partir d'une substance donnée. Sa forme l'apparente à l'échelle de l'hydrogène ou de tout autre gaz plutôt qu'à celle du mercure, mais elle n'est strictement identique à aucune des échelles construites à partir d'un gaz. On dit parfois qu'elle est fondée sur un « gaz idéal », mais ce n'est qu'une façon de parler.

Dans la pratique courante, naturellement, les scientifiques continuent à se servir de thermomètres contenant du mercure ou d'autres liquides dont l'échelle se rapproche beaucoup de l'échelle absolue ; puis ils convertissent les températures en températures « absolues » au moyen de certaines formules de correction. Si l'échelle absolue permet la formulation la plus simple possible des lois thermodynamiques, c'est que ses valeurs correspondent à des quantités d'énergie plutôt qu'aux variations de volume d'une substance. Adopter une autre échelle compliquerait énormément toutes les lois touchant la température.

Il importe de bien comprendre ceci : nous ne pouvons pas prétendre savoir ce que nous disons en parlant d'une grandeur quantitative donnée tant que nous n'avons pas formulé de règles servant à la mesurer. On pourrait croire que la science commence par élaborer un concept quantitatif, puis cherche comment le mesurer. Mais en réalité le concept quantitatif s'élabore à partir des procédés de mesure. Il fallut attendre l'invention du thermomètre pour que le concept de température reçoive une signification précise. Einstein a insisté là-dessus lors des discussions qui aboutirent à la théorie de la relativité. Il s'intéressait surtout à la mesure de l'espace et du temps. Il souligna que nous ne pouvons pas savoir ce qu'on entend par des concepts tels que « égalité de durée », « égalité de distance (dans l'espace) », « simultanéité de deux événements ayant lieu à des endroits différents », etc., tant que nous ne spécifions pas les appareils et les règles servant à mesurer ces concepts.

Dans le chapitre V, nous avons vu que les procédés adoptés pour l'application des règles 1 et 2 présentent des aspects conventionnels et d'autres qui ne le sont pas. Il en va de même pour les règles 3, 4 et 5. Elles laissent une certaine latitude quant au choix du procédé d'application ; dans cette mesure-là, elles restent affaire de convention. Mais elles ne sont pas entièrement conventionnelles. Il faut une certaine connaissance des faits pour décider quel genre de convention peut être utilisé | sans entrer 73
en conflit avec ces mêmes faits ; et pour éviter les contradictions, il faut en outre accepter diverses structures logiques.

Par exemple, nous décidons de prendre la température de congélation de l'eau pour définir le « zéro » de notre échelle, parce que nous savons que le volume du mercure de notre thermomètre sera le même chaque fois que nous plongerons la partie renflée du tube dans de l'eau qui gèle. Si nous constations que la hauteur du mercure varie selon que l'eau vient de France ou du Danemark, ou selon la quantité d'eau, alors l'eau à son point de congélation ne permettrait pas d'appliquer la troisième règle.

Il y a de même un élément empirique dans le choix que nous avons fait de l'eau bouillante pour marquer le point 100 de l'échelle. Le fait que l'eau bout toujours à la même température est un fait naturel, non pas une convention (on suppose ici que nous avions déjà établi les règles 1 et 2, et que nous disposons donc d'un moyen de constater l'égalité de deux températures). Mais il faut ici introduire une précision. La température d'ébullition de l'eau est certes toujours la même en un lieu donné, mais au sommet d'une montagne, comme la pression atmosphérique est plus faible, la température d'ébullition est plus basse. Pour pouvoir satisfaire aux exigences de la quatrième règle dans le cas de l'eau bouillante, il faut ou bien préciser à quelle altitude on la fait bouillir, ou bien appliquer un facteur de correction si l'on travaille à une autre altitude. Strictement parlant, il faudrait, même si l'on ne change pas d'altitude, vérifier au moyen d'un baromètre que nous avons bien une certaine pression atmosphérique préalablement spécifiée, faute de quoi il faudra appliquer une correction qui tienne compte de la différence de pression. Ces corrections dépendent de faits empiriques ; elles ne sont pas des facteurs conventionnels introduits arbitrairement.

Pour trouver les critères expérimentaux permettant d'appliquer la règle 5 qui détermine la forme de notre échelle, nous cherchons ceux qui lui donneront la forme aboutissant aux lois les plus simples. Ici encore, le choix du procédé comporte un aspect qui n'a rien de conventionnel, parce que les lois que nous désirons simplifier sont déterminées par les faits naturels. Et enfin, l'emploi de nombres pour désigner les valeurs qui constituent notre échelle implique une structure de relations logiques qui ne sont pas conventionnelles, puisque nous ne pouvons les abandonner sans tomber dans un enchevêtrement de contradictions logiques.

| CHAPITRE VII 74

LES GRANDEURS EXTENSIVES

La mesure des températures exige, comme nous l'avons appris au chapitre VI, un ensemble de cinq règles. Existe-t-il en physique des concepts qui se prêtent à l'établissement de procédés de mesure d'après des schémas plus simples ? Oui : un nombre appréciable de grandeurs, appelées « grandeurs extensives », peuvent se mesurer au moyen de schémas qui ne comprennent que trois règles.

Les schémas à trois règles s'appliquent aux situations dans lesquelles il est possible de combiner d'une manière ou d'une autre deux choses pour en produire une troisième, telle que la valeur d'une grandeur M pour cette troisième chose soit égale à la somme des valeurs de M pour les deux premières. Le poids, par exemple, est une grandeur extensive. Si nous mettons ensemble un objet pesant cinq livres et un objet de deux livres, le poids total sera de sept livres. La température ne possède pas cette propriété ; il n'y a pas d'opération simple qui permette de prendre un objet dont la température est de 60°, de le combiner avec un objet à 40°, et d'obtenir ainsi un objet dont la température soit de 100°.

Les opérations permettant de combiner les objets pour obtenir une grandeur extensive totale varient énormément suivant les grandeurs considérées. Dans les cas les plus simples, il suffit de placer deux corps au même endroit, en les collant, les | attachant ou simplement en les juxtaposant 75
comme deux poids sur le plateau d'une balance. La vie courante abonde en exemples de ce genre. La longueur d'une rangée de livres sur une étagère est la somme de l'épaisseur de tous les livres. Nous prenons un livre dont nous lisons dix pages. Plus tard dans la journée, nous lisons encore dix pages. Au total, nous avons lu vingt pages. Après avoir rempli en partie une baignoire, nous nous apercevons que l'eau est trop chaude, et nous ajoutons

un peu d'eau froide. Le volume total de l'eau sera la somme des volumes d'eau chaude et froide qui sont passés par les robinets. Souvent on ne décrit pas de façon explicite comment on a fait pour associer des objets en vue de la mesure d'une certaine grandeur extensive. On a tort : il en résulte souvent des confusions et des malentendus considérables. Il existe de très nombreuses manières différentes d'associer des objets, et il ne faut pas se figurer que la manière employée dans un cas donné sera devinée et comprise sans explication. Au contraire, il faut l'exposer et la définir clairement. Ceci fait, on pourra mesurer la grandeur en question au moyen d'un schéma de trois règles.

La première règle pose ce qu'on appelle le principe d'addition, ou d'« additivité ». Celui-ci énonce que, lorsqu'un objet composite est formé de deux éléments, la valeur de la grandeur pour cet objet est la somme arithmétique des valeurs de la grandeur pour les deux éléments. Toute grandeur qui se conforme à cette règle reçoit le nom de « grandeur additive ». Le poids en est un exemple bien connu. L'opération d'association, dans ce cas, consiste simplement à placer ensemble deux objets et à les peser comme s'ils n'en faisaient qu'un. Nous posons l'objet *a* sur une balance et nous notons son poids. Nous le remplaçons par l'objet *b*, dont nous notons aussi le poids. Puis nous posons les deux objets sur la balance. L'objet nouveau ainsi constitué par l'association de *a* et de *b* aura naturellement un poids égal à la somme arithmétique de ceux de *a* et de *b*.

Si c'est la première fois que le lecteur rencontre cette règle, il trouvera peut-être bizarre de nous voir mentionner quelque chose d'aussi trivial. Mais, dans l'analyse logique de la méthode scientifique, il faut tout expliciter, y compris des choses qui, aux yeux de l'homme de la rue, semblent aller de soi et qu'il se donne rarement la peine de formuler. Naturellement, personne ne risque de se figurer qu'en mettant sur une balance une pierre de cinq livres et une pierre de sept livres, on enregistrera un poids total de 70 livres ou de trois livres. Il va de soi, à nos yeux, que le poids total sera de douze livres. On pourrait cependant imaginer un univers où la grandeur appelée « poids » ne se comporterait pas de façon aussi commodément « additive ». Il nous faut donc expliciter le caractère additif du poids en introduisant cette règle d'addition : si deux corps sont associés et pesés ensemble, leur poids total sera la somme arithmétique du poids de chacun.

Des règles du même genre doivent être introduites pour chaque grandeur extensive. Un autre exemple connu est celui de la longueur dans l'espace. Un corps possède une limite rectiligne *a*, un autre une limite rectiligne *b*. Nous juxtaposons les deux corps de façon à mettre les deux limites exactement dans le prolongement l'une de l'autre. Cette nouvelle entité

physique, la ligne droite formée par | l'association de a avec b, aura une 76
longueur égale à la somme des longueurs respectives de a et de b.

Les premières formulations de la règle d'additivité ont souvent été très mauvaises dans le cas de la longueur. Certains auteurs, par exemple, ont avancé que si deux segments linéaires a et b étaient ajoutés l'un à l'autre, la longueur du segment résultant s'obtenait en ajoutant la longueur de a à la longueur de b. C'est là une très mauvaise formulation, parce que le mot « ajouter » est employé deux fois dans la même phrase avec des sens différents. On commence par lui donner le sens de « associer deux objets matériels en les disposant d'une certaine façon », puis on lui donne le sens qui correspond à l'opération arithmétique appelée addition. Apparemment ces auteurs ne se sont pas rendu compte que les deux concepts sont différents, puisqu'ils ont adopté la formulation symbolique suivante :

$$L(a + b) = L(a) + L(b)$$

Certains auteurs pour lesquels j'ai, par ailleurs, de l'admiration se sont rendu coupables de cette maladresse de formulation, qui étend au plan des symboles l'ambiguïté dont souffre le sens du mot « ajouter ». Le deuxième signe « + » correspond à une opération arithmétique, mais il n'en va point de même pour le premier. Il est impossible d'additionner *arithmétiquement* deux lignes. Ce que vous additionnez, ce ne sont pas des lignes, mais des nombres qui représentent la longueur des lignes. Les lignes, quant à elles, ne sont pas des nombres, ce sont des figures situées dans l'espace physique. J'ai toujours soutenu qu'il faut soigneusement faire la distinction entre l'addition, au sens arithmétique du terme, et l'espèce d'addition que constitue l'action matérielle de juxtaposer ou d'associer. On fixera mieux cette distinction en suivant Hempel (qui a beaucoup écrit au sujet des grandeurs extensives) lorsqu'il introduit un symbole spécial, un petit cercle : « $\circ$ », pour désigner l'action matérielle d'associer. Ceci permet de symboliser la règle d'additivité pour la longueur de façon beaucoup plus satisfaisante :

$$L(a \circ b) = L(a) + L(b)$$

L'association des longueurs peut se représenter par le diagramme suivant :

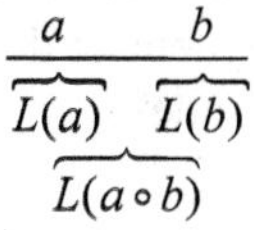

$$\underbrace{\underbrace{\overset{a}{\rule{2em}{0.4pt}}}_{L(a)}\;\underbrace{\overset{b}{\rule{2em}{0.4pt}}}_{L(b)}}_{L(a \circ b)}$$

[... et non pas « $L(a+b)$ »]

La disposition exacte des corps n'a pas d'importance dans le cas du poids, mais elle en a beaucoup pour la longueur.

Supposons deux segments disposés comme suit :

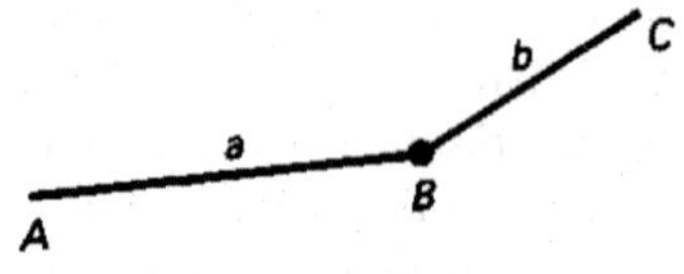

Figure 4

77 | Ils sont bout à bout, mais non pas en ligne droite. La distance entre les points *A* et *C* n'est pas la somme des longueurs de *a* et *b*. Il nous faut donc toujours spécifier exactement de quelle manière nous procédons à l'association.

Nous pouvons maintenant symboliser de la façon suivante le principe général d'additivité, tel qu'il s'applique à toute grandeur extensive *M* :

$$M(a \circ b) = M(a) + M(b).$$

Dans cet énoncé, le symbole « ∘ » désigne une façon particulière d'associer *a* et *b*. Il vaudra mieux appeler cette règle la deuxième règle de notre schéma plutôt que la première. La première sera la règle de l'égalité, qui est plus simple. Elle est identique à la première règle du groupe de cinq règles régissant la mesure des températures. Elle spécifie le procédé par lequel nous définissons l'égalité entre deux valeurs d'une grandeur. Dans le cas du poids, nous disons que deux corps ont le même poids si, lorsqu'on les pose chacun sur un des plateaux d'une balance, celle-ci reste en équilibre.

La troisième règle correspond à la règle 4 du schéma concernant les températures. Elle spécifie l'unité de valeur adoptée pour la grandeur à mesurer. Le moyen utilisé consiste en général à choisir un objet ou un processus naturel qu'il soit facile de reproduire, puis à définir l'unité par rapport à cet objet ou processus. J'ai mentionné plus haut deux exemples : le mètre, fondé sur la longueur d'onde d'un certain type de lumière, et le kilogramme, fondé sur un prototype international déposé à Paris. Le mètre et le kilogramme sont les unités de longueur et de poids adoptées par le système de mesures appelé système métrique.

Pour résumer, notre schéma servant à mesurer toute grandeur extensive se compose des trois règles suivantes :

1. La règle d'égalité.
2. La règle d'additivité.
3. La règle de l'unité.

Puisque ce schéma est plus simple que celui des cinq règles étudiées plus haut, pourquoi n'est-ce pas toujours de lui qu'on se sert ? La réponse tient évidemment dans le fait que, pour beaucoup de grandeurs, il n'existe pas d'opération d'association pouvant satisfaire au principe d'additivité. Nous avons déjà vu que la température est une grandeur non additive. Deux autres exemples du même type de grandeurs seraient la hauteur d'un son et la dureté d'un corps. Pour ces grandeurs, nous n'arrivons pas à trouver un procédé d'association qui soit additif. On les appelle « grandeurs non extensives », ou « intensives ». Il reste cependant en physique un nombre considérable de grandeurs additives, pour chacune desquelles le schéma tripartite ci-dessus permet des mensurations adéquates.

Beaucoup de scientifiques et d'épistémologues prennent pour synonymes les termes « grandeur extensive » et « grandeur additive », mais certains auteurs font une distinction. Si on fait cette distinction, il faut la faire de la façon suivante. Il faudra appeler extensive une grandeur pour laquelle on peut concevoir une opération d'association qui semble naturelle et qui se prête à l'élaboration d'une | échelle. Si, par la suite, nous nous 78
apercevons que cette opération et cette échelle respectent le principe d'additivité, nous aurons le droit de dire que la grandeur est, en outre, additive. Nous l'appellerons une grandeur extensive-additive. Lorsque le principe d'additivité ne sera pas respecté, on parlera d'une grandeur extensive-non additive.

En physique, presque toutes les grandeurs extensives sont également additives, mais il y a des exceptions. Un exemple intéressant en est la vitesse relative, dans la théorie de la relativité restreinte. En physique classique, les vitesses relatives mesurées le long d'une ligne droite sont additives, et ceci de la façon suivante. Si les corps *A, B, C* se déplacent en droite ligne dans la même direction, et que la vitesse de *B* relativement à *A* soit V_1, la vitesse de *C* relativement à *B*, V_2, alors (dans le système classique) la vitesse V_3 qui est celle de *C* relativement à *A* était considérée comme égale, tout simplement, à $V_1 + V_2$. Si vous vous trouvez dans un avion qui vole vers l'ouest, et que vous marchiez le long du couloir central vers l'avant, à quelle vitesse vous déplacez-vous vers l'ouest relativement au sol ? Avant la théorie de la relativité, on se serait contenté d'additionner la vitesse de votre marche et la vitesse de l'avion. Nous savons aujourd'hui, au contraire, que les vitesses relatives ne sont pas additives; il faut les combiner au moyen d'une formule spéciale dans laquelle intervient la vitesse de la lumière. Lorsque les vitesses étudiées sont très petites par rapport à celle de la lumière, on peut les traiter comme si elles étaient additives; mais lorsqu'elles sont très grandes, il faut utiliser la formule suivante, où c représente la vitesse de la lumière :

$$V_3 = \frac{V_1 + V_2}{1 + \dfrac{V_1\,V_2}{c^2}}$$

Supposons par exemple qu'un vaisseau spatial B se déplace en ligne droite, animé par rapport à la planète A d'une vitesse relative V_1. Un autre vaisseau spatial, C, se déplace dans la même direction, animé par rapport au vaisseau B d'une vitesse relative V_2. Quelle est la vitesse relative V_3 du vaisseau C par rapport à la planète A ? Si les vitesses V_1 et V_2 des vaisseaux sont petites, alors la valeur de la fraction qui, en bas et à droite de la formule, s'ajoute à 1 reste négligeable. Nous obtiendrons donc V_3 plus simplement en nous contentant d'additionner V_1 et V_2. Mais si les vaisseaux se déplacent à grande vitesse, la vitesse de la lumière (c) devient un facteur à prendre en considération, et V_3 devient assez différent de la somme de V_1 et V_2. Étudiez la formule, et vous verrez que les vitesses relatives des deux vaisseaux auront beau approcher de la vitesse de la lumière, leur somme restera inférieure à cette vitesse. De là nous concluons que, dans la théorie de la relativité restreinte, la vitesse relative est une grandeur extensive, puisqu'il est possible de spécifier pour elle une opération d'association, mais non pas une grandeur additive.

Un autre exemple de grandeurs extensives non additives est fourni par les fonctions trigonométriques des angles. Supposons que nous ayons un
79 angle α | entre les deux limites rectilignes L_1 et L_2 d'un morceau de tôle A (voir fig. 5).

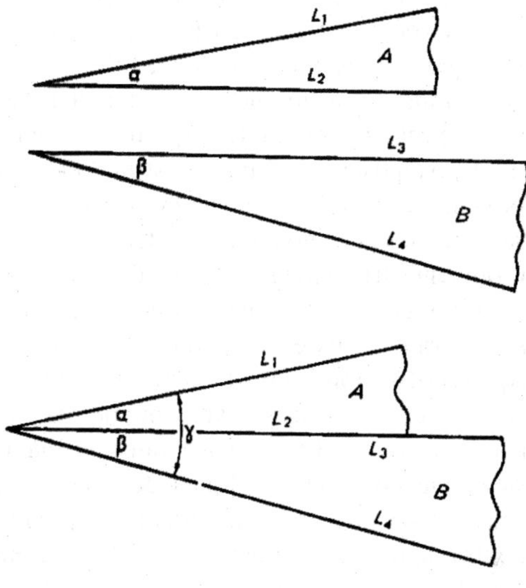

Figure 5

Un autre morceau de tôle, B, a un angle β entre ses limites L_3 et L_4. Maintenant, associons les deux angles en les disposant ensemble sur une table de façon à faire coïncider leur sommet et à faire coïncider aussi, sur une certaine longueur, la limite L_2 du morceau A avec la limite L_3 du morceau B. L'angle γ que font ensemble les limites L_1 et L_4 résulte évidemment de l'association des angles α et β. Nous pouvons donc affirmer que, lorsque des angles sont associés selon ce procédé et mesurés de la façon habituelle, leurs valeurs sont additives. La valeur de l'angle γ est bien la somme des valeurs de α et β. Mais ces valeurs ne sont plus du tout additives si nous envisageons une grandeur différente, celle par exemple que constitue l'une des fonctions trigonométriques des angles, telle que le sinus. Nous pouvons, certes, appeler extensive la grandeur constituée par le sinus, puisque nous disposons bien d'une opération d'association, mais non pas l'appeler additive. Nous restons, en revanche libres de refuser l'épithète d'« extensive » à la grandeur des sinus, car ce qui est associé par l'opération d'association, ce ne sont pas strictement les sinus. Elle associe bien les angles, mais ce n'est pas tout à fait la même chose. De ce point de vue le sinus n'apparaît pas comme une grandeur extensive.

Nous constatons donc que le critère adopté pour déterminer si une grandeur est extensive ou non n'est pas rigoureux. Nous avions dit, vous vous en souvenez, que si nous pouvions concevoir une opération d'asso-
80 ciation qui nous paraisse | naturelle, nous appellerions extensive la grandeur qu'intéresse cette opération. Quelqu'un dira peut-être que l'opération consistant à juxtaposer deux angles est une façon toute naturelle d'associer leurs sinus respectifs. Il considèrera par conséquent le sinus comme une grandeur extensive non additive. Quelqu'un d'autre dira que cette opération convient parfaitement s'il s'agit d'associer des angles, mais nullement s'il s'agit d'associer des sinus. Il trouvera, quant à lui, que le sinus n'est pas une grandeur extensive. Autrement dit, il existe des cas-limites dans lesquels la décision de considérer telle grandeur comme extensive ou non reste une décision subjective. Comme ces cas de grandeurs extensives mais non pas additives sont rares et même discutables (discutables parce que nous restons libres de trouver que l'opération proposée n'est pas une véritable association), on comprend sans peine que beaucoup d'auteurs emploient « extensif » et « additif » comme des termes interchangeables. Inutile de critiquer cet usage. Pour ces auteurs, « extensif » ne s'applique à une grandeur que s'il existe une opération d'association qui respecte le principe d'additivité, comme c'est le cas pour la longueur, le poids, et beaucoup de grandeurs étudiées en physique.

Il est opportun d'ajouter ici quelques remarques sur la mesure des intervalles temporels et des longueurs spatiales, car en un sens ce sont là deux grandeurs fondamentales pour la physique. Une fois que nous savons les mesurer, nous avons le moyen de définir beaucoup d'autres grandeurs. Peut-être reste-t-il impossible de définir ces dernières de manière explicite, mais du moins, l'on peut les mettre en œuvre au moyen de règles opératoires fondées sur les concepts de distance spatiale et de distance dans le temps. Vous vous rappelez, par exemple, que dans les règles servant à mesurer la température nous avions utilisé le concept de volume pour le mercure, et celui de longueur pour la colonne de mercure qui occupe le tube. Nous avions alors fait comme si nous avions déjà su comment mesurer une longueur. Dans la mensuration de beaucoup d'autres grandeurs physiques, on se réfère de même à des mesures de longueur dans l'espace et de durée dans le temps. En ce sens, on peut considérer la longueur et la durée comme des grandeurs primordiales.

Dans les chapitres VIII et IX, nous étudierons les procédés qui servent à mesurer le temps et l'espace.

| CHAPITRE VIII 81

LE TEMPS

De quelle opération d'association peut-on se servir pour associer des intervalles de temps ? Nous voici d'ores et déjà devant une grave difficulté. Nous ne pouvons pas manier les intervalles de temps avec la même commodité que les intervalles dans l'espace, ou plus exactement les limites de corps solides représentant des intervalles spatiaux. Il n'y a point, dans la durée, de démarcations nettes que l'on puisse mettre bout à bout de façon à construire une ligne droite.

Considérons les deux intervalles suivants : la longueur d'une guerre depuis le premier coup de feu jusqu'au dernier et la durée d'un orage depuis le premier coup de tonnerre jusqu'au dernier. Comment associer ces deux durées ? Nous avons là deux événements distincts dont chacun coïncide avec un certain laps de temps, mais il n'y a pas moyen de les rapprocher l'un de l'autre. Bien entendu, si deux événements se trouvent avoir lieu durant un même laps de temps, rien ne nous empêche de reconnaître ce fait ; mais il nous est néanmoins impossible de déplacer les événements comme nous déplaçons les limites des objets matériels.

Le mieux que nous puissions faire sera de représenter les deux laps de temps par deux intervalles situés sur une échelle conceptuelle. Supposons que nous ayons un événement *a* qui dure de l'instant *A* jusqu'à l'instant *B*,
et un second événement | *b* qui dure de l'instant *B* jusqu'à l'instant *C* (voir 82
fig. 6). Le point de départ de *b* est identique au point final de *a*, les deux événements se trouvent donc adjacents dans le temps.

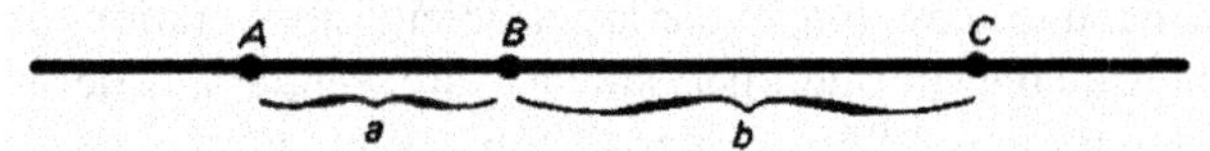

Figure 6

Ce n'est pas nous qui les avons mis dans cette position, ils se sont simplement déroulés comme cela. La longueur de temps qui sépare le point *A* du point *C* peut à présent être considérée comme le résultat de l'association de *a* et *b*, association non pas matérielle comme lorsqu'on associe des longueurs spatiales, mais conceptuelle, c'est-à-dire résultant de la manière dont nous envisageons la situation. L'opération conceptuelle, symbolisée par le signe « $\circ$ », nous permet de formuler comme suit la règle d'additivité concernant la mesure du laps de temps T :

$$T(a \circ b) = T(a) + T(b)$$

Autrement dit, si nous avons deux événements dont l'un commence exactement à l'instant où l'autre se termine, alors la durée totale sera la somme arithmétique des durées des deux événements. Cette règle n'est pas aussi puissante que la règle d'additivité concernant les longueurs spatiales, puisque nous n'avons le droit de l'appliquer qu'aux événements qui se trouvent adjacents dans le temps et non pas à n'importe quels événements. Plus tard, quand nous aurons élaboré un schéma de trois règles pour la mesure du temps, nous pourrons associer, et mesurer ensemble, les durées d'événements non adjacents. Pour l'instant, nous en sommes à chercher une opération d'association qui puisse servir de base à la règle d'additivité. Cette opération nous la trouvons réalisée chaque fois que deux événements se suivent dans le temps.

Il nous manque, pour compléter notre schéma, deux règles : une règle d'égalité et une règle servant à définir une unité. Les deux sont, d'ordinaire, fondées sur tel ou tel type de processus périodique : l'oscillation d'un pendule, la rotation de la terre, etc. Toute horloge est simplement un instrument à créer un processus périodique. Certaines le font au moyen d'un pendule, d'autres au moyen d'un balancier. Quant au cadran solaire, il mesure le temps grâce au déplacement périodique du soleil dans le ciel. Pendant des milliers d'années, les scientifiques ont fondé leur unité de temps sur la durée du jour, c'est-à-dire sur la rotation périodique de la terre. Mais, comme la rapidité de la rotation terrestre se modifie petit à petit, une convention internationale a été signée en 1956 aux termes de laquelle les unités de temps seraient fondées sur le mouvement périodique de la terre autour du soleil tel qu'il a eu lieu lors d'une année bien précise ; c'est ainsi qu'on a défini la seconde comme représentant 1/31 556 925,9747[e] de l'année 1900. Mais cette définition a été remplacée en 1964, pour plus de précision, par une autre, fondée sur la périodicité des vibrations de l'atome
83 de césium. Ce concept | de « périodicité », si essentiel à la définition des unités de temps, exige d'être compris à fond avant qu'on puisse envisager de l'utiliser pour formuler une règle d'égalité et une règle d'unité.

Il faut d'abord bien distinguer les deux sens du mot « périodicité », le sens fort et le sens faible. Au sens faible, on dit d'un processus qu'il est périodique lorsqu'il se répète, tout simplement. Ainsi, on attribue la qualité de « périodique » au battement du pouls ou à l'oscillation d'un pendule, mais on peut également, au sens faible, dire que M. Dupont sort « périodiquement » de chez lui; ce qui se passe, c'est que, tout au long de sa vie, il sort de chez lui des milliers de fois : sorties répétées, donc sorties « périodiques » au sens faible du terme. Mais le mot « périodique » s'emploie aussi pour dire qu'un cycle comprenant plusieurs phases distinctes se répète sans que l'ordre des phases change. Par exemple, un pendule oscille de sa position la plus basse jusqu'à sa position la plus haute du côté droit, puis repasse par la position basse avant d'atteindre sa position la plus haute du côté gauche, puis revient passer par la position basse, et ainsi de suite. Ce qui se répète ici, ce n'est pas un seul événement, mais une succession d'événements. D'ailleurs, pour qu'on attribue à un processus la qualification de « périodique », il n'est pas nécessaire qu'il y ait succession. Il suffit qu'une seule de ses phases continue à se répéter, mais alors il ne sera périodique qu'au sens faible du terme.

Souvent, pourtant, quand on dit d'un processus qu'il est périodique, on a en vue un sens beaucoup plus fort : non seulement il est périodique au sens faible, mais en outre les occurrences successives d'une phase donnée sont séparées à chaque fois par des intervalles égaux. Et ceci n'est pas vrai dans le cas des sorties de M. Dupont; certains jours, il reste chez lui plusieurs heures, d'autres jours il sort plusieurs fois dans le cours d'une seule heure. Au contraire, les mouvements du balancier circulaire d'une horloge bien construite sont périodiques au sens fort. Il est évident que la différence entre ces deux types de périodicité est primordiale.

Alors, lequel des deux faut-il prendre pour base dans la mesure du temps ? Tout d'abord, nous serions enclins à répondre qu'évidemment il faut choisir un processus qui soit périodique au sens fort. Impossible de fonder une quelconque mesure du temps sur les sorties de M. Dupont, elles sont trop irrégulières. Même le battement du pouls ne conviendrait pas, car, bien qu'il se rapproche davantage de la périodicité au sens fort, il n'est pas assez régulier lui non plus. Quand on vient de courir vite ou qu'on a la fièvre, le pouls bat plus vite qu'à l'ordinaire. Ce qu'il nous faut ici, c'est un processus pour lequel le terme de « périodique » puisse être employé avec le sens le plus fort possible.

Mais il y a un vice dans notre raisonnement. Tant que nous ne disposons pas encore d'une méthode susceptible de déterminer si deux intervalles de temps sont égaux, nous restons impuissants à déterminer si un processus donné est périodique au sens fort. Or c'est précisément une telle méthode que nous sommes en train d'élaborer avec nos règles. Comment briser ce cercle vicieux ? Le seul moyen, c'est d'abandonner complètement cette exigence de périodicité au sens fort. Nous sommes bien obligés de l'aban-
84 donner, puisque nous ne savons pas encore reconnaître | une telle périodicité. Nous nous sommes mis dans la situation d'un physicien naïf qui aborderait le problème de la mesure du temps sans même avoir à sa disposition les notions pré-scientifiques relatives à l'égalité entre les intervalles temporels. Sans la moindre base à partir de laquelle établir ses mesures, il en serait justement à chercher partout dans la nature un processus observable qui puisse servir de base. N'ayant aucun moyen de mesurer les intervalles de temps, il est hors d'état de déterminer si un processus donné mérite ou non la qualification de périodique au sens fort.

Voici comment il faut s'y prendre. D'abord, nous trouvons un processus qui soit périodique au sens faible. (Il l'est peut-être aussi au sens fort, mais nous ne pouvons pas encore le savoir.) Puis, pour obtenir notre opération d'association, nous prenons deux intervalles de temps qui se succèdent (c'est-à-dire que le second commence au moment où le premier finit) et nous affirmons, conformément à la règle d'associativité, que la longueur de l'intervalle total est la somme arithmétique des longueurs des deux intervalles partiels. Nous pouvons ensuite appliquer cette règle au processus périodique choisi.

Pour compléter notre schéma, il nous faut trouver les règles qui définiront l'égalité et l'unité. Comme unité de temps, on pourra prendre la durée de l'une quelconque des phases du processus choisi. Dans la fig. 7, ces phases sont représentées par les segments *a, b, c, d*, … reliant les points *A, B, C, D, E*, … qui sont des instants du temps. Nous posons que chacun de ces segments a une longueur, ou durée, égale à une unité de temps. On va peut-être objecter : « Mais la phase *b* a duré beaucoup plus longtemps que la phase *a*. » Nous répondons : « Nous ne savons pas ce que vous entendez par ces mots, *plus longtemps*. Nous sommes en train d'élaborer des règles pour la mesure du temps, justement afin de pouvoir donner un sens précis à ces termes. »

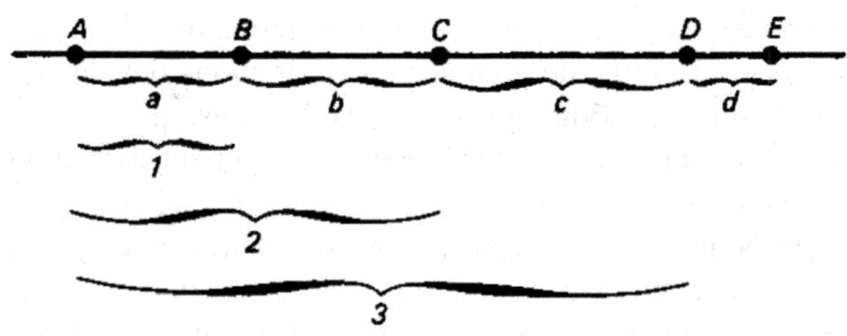

Figure 7

Maintenant que nous avons choisi notre unité (c'est simplement la longueur de chacune des phases du processus considéré), notre règle d'additivité nous donne une base pour la mesure des laps de temps. Elle nous dit en effet que l'intervalle de temps entre le point *A* et le point *C* est de 2 unités, entre le point *A* et le point *D*, de 3 unités, etc. Nous pouvons à présent mesurer n'importe quel intervalle de temps, bien que notre méthode soit fondée sur un processus qui n'est périodique | qu'au sens 85
faible. Il nous suffit de compter combien de fois notre unité (la phase) se manifeste pendant le temps que dure l'événement à mesurer. Le nombre obtenu mesurera la durée de l'événement. Quant à la règle d'égalité, elle ne présente aucune difficulté. Elle affirme que deux intervalles de temps (qui peuvent fort bien être séparés par un laps de temps considérable) sont égaux lorsqu'ils contiennent un nombre égal de phases du processus périodique. Voici achevé notre schéma de trois règles. Nous avons une règle d'égalité, une règle d'additivité et une règle de l'unité. Ce schéma définit bien une méthode de mesure du temps.

Il peut s'élever des objections. Est-ce que n'importe quel processus périodique au sens faible pourra vraiment servir de base à un tel schéma ? Par exemple, les sorties de M. Dupont ? Eh bien, oui, contrairement à toute attente, et bien que les lois physiques, comme on l'expliquera plus bas, reçoivent une expression beaucoup plus simple si l'on a choisi des processus tout de même moins irréguliers. Le point important consiste à comprendre qu'une fois constitué un schéma permettant de mesurer le temps, même si ce schéma est fondé sur un processus aussi irrégulier que les sorties de M. Dupont, nous disposons d'un moyen de déterminer si un processus périodique est équivalent à un autre.

Supposons que nous ayons pris pour base un processus périodique *P*. Nous pouvons à présent comparer *P* à un autre processus périodique au sens faible *P'* pour voir s'ils sont « équivalents ». Supposons par exemple que le processus *P* soit l'oscillation d'un certain pendule assez court. Nous voulons le comparer à *P'* qui est l'oscillation d'un pendule plus long. Comment les comparer, puisque les oscillations des deux pendules ne sont pas égales ? Il suffit de compter les oscillations des deux pendules pendant un temps plus long. On constatera, mettons, que dix oscillations du pendule court ont lieu pendant le temps qu'occupent six oscillations du pendule long. Cette proportion se retrouve à chaque fois qu'on refait l'expérience. Nous ne sommes pas encore en mesure de travailler avec des fractions, et les quantités d'oscillations à comparer doivent toujours être exprimées en nombres entiers. Nous constaterons peut-être que la proportion n'est pas rigoureusement exacte : après dix oscillations du pendule court, le pendule long a déjà entamé sa septième oscillation. Nous perfectionnons notre comparaison en prenant un intervalle de temps encore plus long, tel que cent oscillations du pendule court. Nous constatons à chaque répétition de l'expérience que, pendant cet intervalle, le pendule long oscille soixante-deux fois. Et nous pouvons ainsi continuer aussi longtemps qu'il nous plaira à perfectionner notre comparaison. Si nous constatons qu'un certain nombre de phases du processus *P* occupe toujours la même durée qu'un certain autre nombre de phases du processus *P'*, nous disons que les deux périodicités sont équivalentes.

C'est un fait que, dans la nature, il existe une classe très nombreuse de processus périodiques qui sont équivalents entre eux, au sens que nous venons de définir. Cela, nous ne pouvions pas le savoir *a priori*. Nous le découvrons en observant le monde. Nous ne pouvons pas affirmer que ces processus équivalents soient périodiques au sens fort, mais nous pouvons
86 comparer deux d'entre eux et les | trouver équivalents. Il en est ainsi pour tous les pendules oscillants, pour le mouvement de tous les balanciers circulaires d'horloge ou de montre, pour le déplacement apparent du soleil dans le ciel, etc. Nous constatons donc qu'il existe dans la nature une très vaste classe de processus telle que, deux d'entre eux pris au hasard, s'avèrent équivalents lorsqu'on les compare selon le procédé indiqué au paragraphe précédent. Autant que nous sachions d'ailleurs, il n'existe qu'*une seule* grande classe de ce type.

Qu'arrivera-t-il si nous décidons de fonder notre échelle des temps sur un processus périodique qui n'appartienne pas à cette classe de processus équivalents ? Sur le battement du pouls, par exemple ? Cela donnera des résultats bizarres, mais nous tenons à souligner que le choix d'un pouls pour mesurer le temps n'entraînerait aucune contradiction logique. En aucun sens il ne serait « faux » de mesurer le temps à partir d'un phénomène de ce genre.

Imaginons que nous vivons à une époque primitive où les concepts de mesure ne sont guère développés. Nous ne disposons d'aucun instrument de mesure du temps, tel qu'une montre, et nous n'avons donc aucun moyen de nous rendre compte de la façon dont notre pouls peut varier sa cadence sous l'empire de diverses fluctuations physiologiques. Nous cherchons à inventer les règles opératoires de la mesure du temps, et nous décidons de prendre pour base mon pouls.

Aussitôt que nous le comparons à d'autres processus périodiques naturels, nous constatons que toutes sortes de processus qui nous avaient semblé uniformes apparaissent en fait changeants. Par exemple, nous nous apercevons qu'il faut au soleil un certain nombre de battements de pouls pour traverser le ciel les jours où je me sens bien, tandis que les jours où j'ai la fièvre il lui en faut un nombre plus élevé. Cela nous étonne, mais une description de l'univers formulée avec cette base de temps ne contient aucune contradiction logique. Nous n'avons pas le droit de dire que le choix du pendule comme base pour notre unité de temps soit « bon » ni le choix de mon pouls « mauvais ». Ces adjectifs seraient ici hors de propos, puisqu'en aucun des deux cas, il n'y a de contradiction logique. L'alternative est, simplement, entre une description complexe de l'univers et une description simple.

Si nous réglons le temps sur mon pouls, nous sommes obligés de dire que toutes sortes de processus naturels périodiques ont une durée qui varie selon ce que je suis en train de faire ou selon l'état de mon corps. Si je cours à toute vitesse et, qu'une fois arrêté, je me serve de mon pouls pour mesurer l'un de ces processus, je constaterai qu'il paraît durer plus longtemps, se ralentir. Si j'attends un peu avant de procéder à cette mesure, je ne constate pas de ralentissement. Souvenez-vous que je suis censé vivre à une époque où les lois de la nature sont encore pour la plupart inconnues : il n'y a pas de manuels de physique pour nous dire qu'en fait tel ou tel processus est uniforme. Dans la physique primitive que je suis en train d'élaborer, la révolution terrestre, l'oscillation d'un pendule, etc., apparaissent comme des phénomènes très irréguliers, dont le rythme varie selon que je suis en bonne santé ou fiévreux.

| Nous avons donc effectivement un choix à faire; seulement, ce n'est 87
pas un choix entre un bon procédé de mesure et un mauvais, mais un choix fondé sur la simplicité. Nous constatons qu'en choisissant le pendule comme instrument à mesurer le temps, nous aboutissons à un système de lois physiques beaucoup plus simple qu'en utilisant le pouls. Et c'est déjà assez compliqué avec le pouls, mais ce serait bien pire encore si nous choisissions les sorties de M. Dupont, à moins que ce ne soit un personnage dans le genre de Kant, qui, dit-on, sortait le matin à une heure si

précisément identique, jour après jour, que les gens du quartier réglaient leur montre sur lui. Aucun individu ordinaire, néanmoins, ne pourrait ainsi fournir par son comportement une base convenable pour la mesure du temps.

Par « convenable », j'entends évidemment une base dont l'emploi aboutisse à des lois simples. Lorsque nous fondons sur l'oscillation d'un pendule notre système de mesure du temps, nous constatons que l'univers entier se comporte de façon régulière et que son comportement peut s'exprimer par des lois fort simples. Le lecteur ne les a peut-être pas trouvées simples à l'âge où il apprenait la physique, mais, relativement parlant, elles seraient beaucoup plus compliquées encore si nous prenions comme unité de temps le battement du pouls. Les physiciens ne cessent, quant à eux, de s'émerveiller de la simplicité de chaque loi nouvelle. Lorsqu'Einstein découvrit le principe de la relativité généralisée, il se proclama étonné qu'un principe relativement aussi simple gouvernât tous les phénomènes auxquels il s'applique en effet. Cette simplicité disparaîtrait si nous fondions notre système de mesure du temps sur un processus qui ne fasse pas partie de la classe, très nombreuse, des processus équivalents.

Mon pouls, lui, appartient à une classe extrêmement peu nombreuse de processus qui, de leur côté, sont aussi équivalents entre eux. Cette classe n'a sans doute pas d'autres membres que les divers phénomènes corporels qui sont physiologiquement liés au battement de mon cœur. Ainsi mon pouls droit est équivalent à mon pouls gauche. Hors de cette catégorie, il serait difficile de trouver dans la nature des phénomènes qui soient « équivalents » à mon pouls. Cette classe de processus équivalents entre eux est donc extrêmement peu nombreuse comparée à la classe, si étendue, qui comprend le mouvement des planètes, l'oscillation des pendules, etc. C'est dans cette dernière qu'il vaut donc mieux puiser lorsqu'on cherche un processus d'après lequel mesurer le temps.

Peu importe d'ailleurs, à l'intérieur de cette classe, quel processus on choisira, puisque nous ne nous inquiétons pas encore trop de la précision des mesures. Le choix une fois fait, nous aurons le droit de dire que le processus choisi est périodique au sens fort : simple affaire de définition. Mais, dès lors, les autres processus équivalents à celui-ci sont périodiques au sens fort; et ils le sont d'une manière qui n'est pas arbitraire, qui n'est pas affaire de définition. Nous procédons à des vérifications expérimentales et nous constatons qu'ils sont effectivement périodiques au sens fort, puisqu'ils présentent une remarquable uniformité de leurs intervalles temporels. Ceci nous permet de décrire les phénomènes naturels d'une
88 façon | relativement simple. Ce point est si important que je ne me fais pas

scrupule de le répéter avec insistance. Le choix que nous faisons d'un processus d'après lequel mesurer le temps n'est pas « bon » ou « mauvais ». Logiquement, n'importe quel choix est autorisé et aboutira à un ensemble de lois qui sera cohérent. Mais en fondant nos mesures sur des processus tels que l'oscillation d'un pendule, nous constatons que nous aboutissons à une physique plus simple qu'avec d'autres processus.

Historiquement, notre horloge physiologique, notre perception intuitive de la régularité, a certainement joué un rôle dans le choix des processus servant à mesurer le temps. Le soleil nous semble se lever et se coucher régulièrement, et ainsi le cadran solaire devint un moyen commode de mesurer le temps; beaucoup plus commode, par exemple, que les mouvements des nuages. De même, les civilisations anciennes trouvèrent commode de fonder leurs horloges sur l'écoulement d'un peu de sable, ou d'eau, ou tout autre processus qui fût en gros équivalent au déplacement du soleil. Mais le point fondamental reste vrai : le choix est fait en termes de commodité et de simplicité.

89 | CHAPITRE IX

LA LONGUEUR

Du concept de temps, passons maintenant à l'autre concept de base de la physique, la longueur, pour l'étudier de plus près que nous ne l'avons fait jusqu'ici. Vous vous souvenez qu'au chapitre VII nous avons vu que la longueur est une grandeur extensive, susceptible d'être mesurée à l'aide d'un schéma de trois règles. La règle 1 définit l'égalité : un segment tracé le long d'une limite rectiligne a une longueur égale à celle d'un autre segment tracé le long d'une ligne droite, lorsque les extrémités des deux segments peuvent être amenées à coïncider. La règle 2 définit l'additivité : si nous mettons deux lignes dans le prolongement exact l'une de l'autre, leur longueur totale est la somme de leurs longueurs respectives. La règle 3 définit l'unité : nous choisissons une baguette bien droite, nous marquons deux points sur cette baguette et prenons pour unité de longueur le segment tracé entre ces deux points.

Sur la base de ces trois règles, nous pouvons appliquer la méthode habituelle de mesure. Mettons que nous voulons mesurer la longueur d'une ligne c assez longue, par exemple la bordure d'une barrière. Nous possédons une baguette-étalon sur laquelle notre unité de longueur a est tracée, avec ses extrémités A et B. Nous plaçons la baguette le long de c,
90 dans la position a_1 (voir fig. 8), de | façon que A coïncide avec l'une des extrémités de c, C_0. Sur la ligne c, nous marquons le point C_1, qui coïncide avec l'extrémité B de notre baguette. Puis nous déplaçons la baguette a pour lui faire prendre la position adjacente a_2, nous marquons sur c le point C_2, etc., jusqu'à ce que nous atteignions l'autre bout de c.

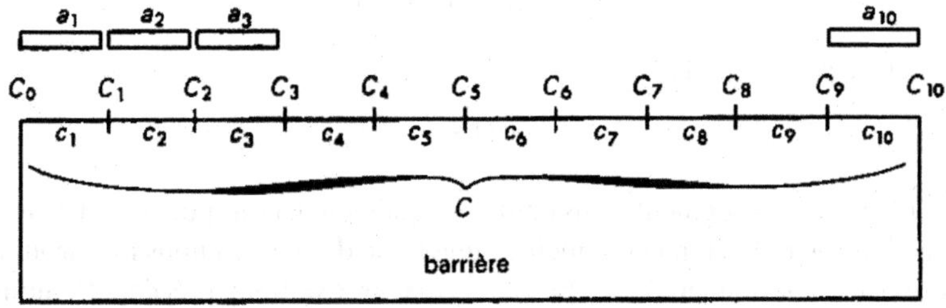

Figure 8

Supposons que la dixième position a_{10} de la baguette soit telle que son extrémité *B* coïncide à peu près avec l'extrémité C_{10} de *c*. Soient $c_1, c_2, \dots c_{10}$ les segments marqués sur *c*. Grâce à la règle 3, nous avons :

$$L(a) = L(a_1) = L(a_2) = \dots = L(a_{10}) = 1$$

La règle 1, celle de l'égalité, nous donne :

$$L(c_1) = 1,\ L(c_2) = \dots L(c_{10}) = 1$$

La règle 2, celle de l'additivité :

$$L(c_1 \circ c_2) = 2,\ L(c_1 \circ c_2 \circ c_3) = 3\dots$$

Et par conséquent :

$$L(c) = L(c_1 \circ \dots \circ c_{10}) = 10$$

Ce procédé, qui est à la base de la mesure des longueurs, aboutit à des valeurs qui sont seulement exprimées en nombres entiers. Un perfectionnement évident consiste à diviser l'unité de longueur en *n* parties égales. (Le « pouce » anglais se divisait traditionnellement selon un système binaire : d'abord en deux, puis en quatre, huit, etc. Le mètre a une subdivision décimale : en dix, puis en cent, etc.) Nous pouvons ainsi, par essais et erreurs, obtenir une baguette auxiliaire portant un segment marqué de longueur *d* tel que *d* puisse être placé dans *n* positions adjacentes d_1, d_2,

… d_n, le long de la ligne *a* servant d'unité (voir fig. 9). Nous pouvons à présent dire que :

$$n \times L(d) = L(a) = 1$$

Et par conséquent :

$$L(d) = \frac{n}{1}$$

91 | Grâce à ces segments plus petits marqués sur *a*, nous pouvons mesurer avec plus de précision la longueur d'une ligne donnée. Si nous mesurons à nouveau la longueur de la barrière *c* (voir exemple précédent), nous obtiendrons peut-être non pas 10, mais plus précisément 10,2. Nous en arrivons ainsi à introduire dans nos mesures des fractions et non plus seulement des nombres entiers. La valeur d'une longueur peut dès lors être exprimée par n'importe quel nombre rationnel positif.

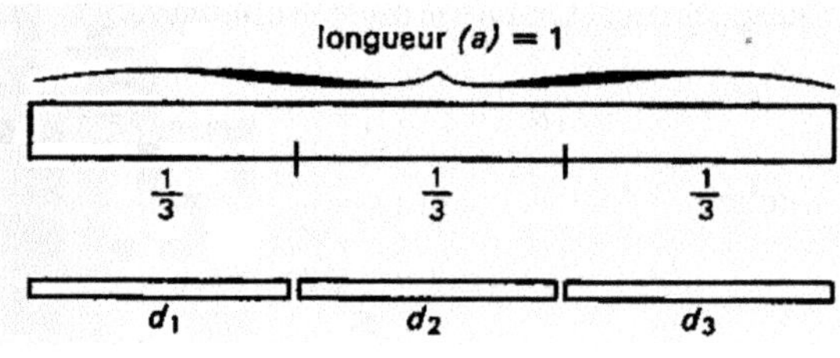

Figure 9

Il faut bien comprendre que, grâce à ces perfectionnements du système de mesure, nous pouvons introduire des fractions de plus en plus petites, mais sans jamais aboutir à des nombres qui ne soient pas rationnels. En revanche, on considère généralement que la classe des valeurs possibles d'une grandeur physique contient tous les nombres réels (ou tous les nombres réels compris dans un intervalle donné), ce qui inclut les nombres irrationnels en sus des nombres rationnels. Cependant, ces nombres irrationnels sont introduits à un stade ultérieur à celui des opérations de mesure. La mesure directe ne peut fournir que des valeurs exprimées en nombres rationnels. Mais, lorsque nous formulons des lois et faisons des calculs d'après ces lois, alors les nombres irrationnels entrent en scène. Ils sont introduits dans un contexte théorique, non pas dans le contexte de la mensuration directe.

Pour mieux comprendre ceci, considérons le théorème de Pythagore, qui énonce que le carré de l'hypoténuse d'un triangle rectangle est égal à la somme des carrés des deux autres côtés. Il fait partie de la géométrie mathématique, mais, appliqué à des segments matériels, il devient une loi physique. Supposons que nous découpions dans du contreplaqué un carré dont le côté soit égal à l'unité de longueur. Le théorème de Pythagore nous dit que la longueur de la diagonale de ce carré (voir fig. 10) est égale à la racine carrée de 2. Or la racine carrée de 2 est un nombre irrationnel. Cette longueur ne peut donc pas être mesurée de façon strictement exacte avec un « double-décimètre » étalonné sur notre unité de mesure, si petites qu'en soient les subdivisions. Cependant, lorsque nous calculons la longueur de la diagonale au moyen du théorème de Pythagore, nous obtenons, indirectement, un nombre irrationnel. De même, si nous mesurons le diamètre d'un disque en bois et le trouvons égal à 1, nous calculons que la longueur de la circonférence est égale au nombre irrationnel π.

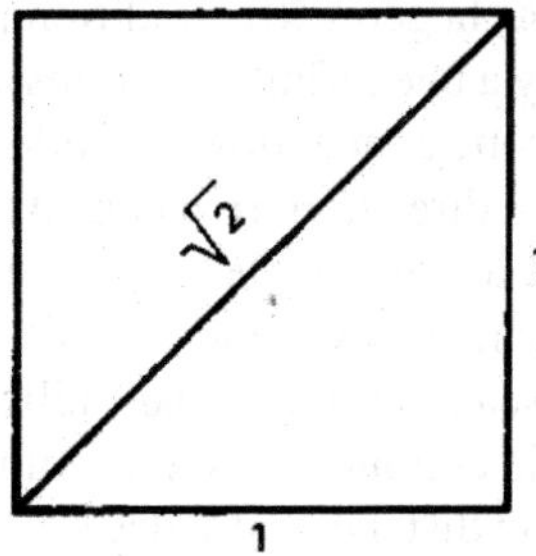

Figure 10

| Comme les nombres irrationnels résultent toujours d'un calcul et non **92**
pas d'une mensuration directe, ne serait-il pas possible en physique d'abandonner entièrement les nombres irrationnels et de travailler avec les seuls nombres rationnels ? Ce serait en effet possible, mais le changement serait révolutionnaire. Par exemple, il deviendrait impossible d'utiliser les équations différentielles, parce qu'elles requièrent le continuum des nombres réels. Les physiciens n'ont pas encore rencontré de raisons suffisantes pour leur imposer un tel bouleversement. Il est vrai, pourtant, qu'en physique quantique, on décèle actuellement une tendance à travailler sur des quantités discrètes. Ainsi, une charge électrique se mesure toujours par des multiples de la charge électrique minimale. Si l'on prend celle-ci pour unité, toute valeur d'une charge électrique s'exprimera par un nombre entier. La physique quantique n'est pas encore totalement conquise par les

quantités discrètes, mais elle l'est à tel point que certains physiciens commencent à envisager la possibilité que toutes les grandeurs physiques, y compris celles de l'espace et du temps, soient constituées d'éléments discrets. Nous sommes là dans le domaine de la spéculation, une spéculation du plus haut intérêt.

Dans une physique ainsi conçue, quel genre de lois pourrait-on trouver ? Il y aurait sans doute une valeur minimale pour chaque grandeur, et toutes les autres valeurs s'exprimeraient en multiples de la première. On a proposé d'appeler « hodon » la valeur minimale de la longueur et « chronon » la valeur minimale de la durée. Le temps quantique consisterait en une succession de sauts infiniment petits, un peu comme les déplacements de l'aiguille d'une horloge électrique d'une seconde à l'autre. Aucun événement physique ne pourrait avoir lieu pendant l'intervalle entre deux sauts.

L'espace quantique pourrait se composer de points comme ceux de la figure 11. Les lignes qui les relient dans le diagramme servent à indiquer la relation de voisinage entre les points : par exemple, *B* et *C* sont voisins, *B* et *F* ne le sont pas. Dans la géométrie traditionnelle, fondée sur la continuité, nous dirions qu'il y a une infinité de points entre *B* et *C*, mais dans la géométrie quantique, si cette conception nouvelle de l'espace était adoptée par la physique, il faudrait dire qu'entre *B* et *C*, il n'y a *aucun* point. Aucun phénomène physique d'aucune sorte ne pourrait donc trouver place
93 « entre » *B* et *C*. Un électron, par exemple, devrait se trouver | forcément sur l'un des nœuds du réseau, et nulle part ailleurs sur le diagramme. La longueur serait définie comme la distance minimale entre deux points. On pourrait stipuler que la distance entre deux points voisins est égale à 1. Ainsi la distance *ABCDG* serait de 4, la distance *AEFG* de 3. Nous appellerions distance de *A* à *G* la plus courte des deux. Toute longueur s'exprimerait par un nombre entier. En fait, on n'a pas construit en physique de système de ce genre, bien que nombre de propositions intéressantes aient été faites. Il y a même des physiciens qui ont essayé de déterminer quelle pourrait être la dimension de ces grandeurs minimales.

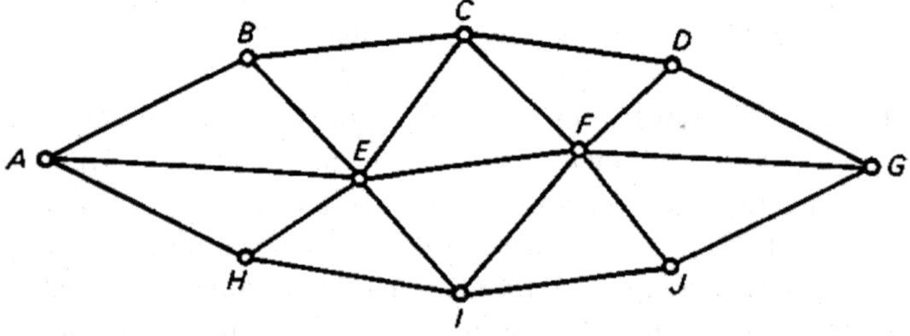

Figure 11

Peut-être, dans l'avenir, lorsqu'on en saura beaucoup plus sur l'espace et le temps et sur les autres grandeurs physiques, s'apercevra-t-on qu'elles sont toutes discrètes. Les lois de la physique porteraient alors toutes sur des nombres entiers. Ce seraient évidemment des nombres énormes. Par exemple, chaque millimètre contiendrait plusieurs milliards de fois l'unité minimale. Les valeurs successives prises par une grandeur seraient relativement si proches les unes des autres que, dans la pratique, on pourrait procéder comme si l'on avait affaire à un continuum de nombres réels. Pratiquement les physiciens continueraient sans doute à user du calcul infinitésimal et à formuler leurs lois sous forme d'équations différentielles, comme avant. Tout ce qu'on peut dire pour l'instant, c'est que certaines parties de la physique se trouveraient simplifiées par l'adoption d'échelles discrètes, tandis que d'autres s'en trouveraient compliquées. Ce n'est jamais l'observation qui décide si telle valeur doit s'exprimer par un nombre rationnel ou irrationnel; aussi s'agit-il d'une pure question de commodité : qu'est-ce qui sera le plus utile pour la formulation de certaines lois physiques, une échelle numérique discrète ou une échelle continue ?

Quand nous avons décrit comment on mesure une longueur, il y a une question très importante dont nous n'avons pas parlé : quel genre de solide prendrons-nous pour fabriquer notre baguette-étalon ? Pour les mesures courantes, il suffirait de prendre une baguette en fer ou même en bois, parce qu'une très grande précision n'est pas exigée. Mais si nous tenons à être plus précis, nous allons nous rendre compte que nous avons affaire à une difficulté du même type que lorsqu'il s'est agi de mesurer une périodicité.

| Le problème consistait, vous vous en souvenez, à trouver un 94
processus périodique dont les périodes fussent bien égales afin de déterminer l'unité de temps. Ici il faut trouver un corps « rigide » pour déterminer l'unité de longueur. Nous avons tendance à croire qu'il nous faut un corps dont la longueur reste toujours absolument identique, de même que nous recherchions un processus présentant des intervalles temporels toujours identiques. Il semble évident que nous n'allons pas fonder notre unité de longueur sur une tige de caoutchouc ou un bâton de cire : ils se déforment trop facilement. Nous admettons qu'il nous faut une baguette rigide, dont la forme et la taille ne puissent pas s'altérer. Peut-être définirons-nous ainsi la rigidité : une baguette est rigide lorsque la distance entre deux points marqués sur la baguette reste à tout moment constante.

Mais qu'entendons-nous exactement par « reste constante » ? Pour l'expliquer, nous serions obligés de recourir au concept de longueur. Si nous ne possédons pas encore ce concept, ni aucun moyen de mesurer la grandeur qu'il désigne, quelle signification peut avoir l'affirmation selon laquelle la distance entre deux points d'une baguette reste constante ?

Et si nous demeurons incapables de vérifier cette constance, comment définir la rigidité ? Nous voici donc enfermés dans le même cercle vicieux où nous nous sommes trouvés pris quand nous cherchions à identifier un processus qui soit périodique au sens fort avant d'avoir élaboré un système de mesure du temps. Alors, comment échapper à ce cercle ?

La solution ressemble à celle qui nous a libérés du cercle vicieux relatif à la mesure du temps : il suffit de commencer par utiliser un concept relatif plutôt qu'absolu. Nous pouvons, sans tomber dans le cercle vicieux, définir un concept de « rigidité relative » d'un corps par rapport à un autre. Prenons un corps M et un autre corps M'. Admettons, pour simplifier, qu'ils ont chacun une arête rectiligne. Nous pouvons juxtaposer ces arêtes et comparer la position de divers points marqués sur elles en divers endroits (voir fig. 12).

Considérons un couple de points A et B qui définissent sur l'objet M le segment a; et, sur M', A' et B' qui définissent le segment a'. Nous disions que le segment a est congruent avec le segment a' si, lorsqu'on juxtapose les limites de façon à faire coïncider A avec A', B coïncide également avec B'. Telle est notre procédure opératoire pour déterminer si a et a' sont congruents. Nous constatons que, lors de chaque répétition de cette expérience, les paires de points coïncident, et nous en concluons que si nous répétions l'expérience à n'importe quel moment dans l'avenir, le résultat serait sans doute le même. En outre, supposons que *chacun* des segments ainsi marqués sur M s'avère, à chaque répétition de l'expérience, être congruent avec le segment correspondant marqué sur M'. Nous disons alors que M et M' sont *rigides l'un par rapport à l'autre.*

Il faut bien se rendre compte qu'ici le raisonnement n'est nullement circulaire. Nous ne pouvons pas parler de rigidité absolue pour M et nous n'en parlons pas; nous ne pouvons pas affirmer que la longueur de M demeure constante. Mais nous avons bien le droit de soutenir que les deux
95 corps sont rigides *l'un par rapport à* | *l'autre*. Si nous prenons M comme étalon de mesure, nous constatons que les segments marqués sur M' restent de longueur constante. Si nous prenons M' pour étalon, les segments marqués sur M restent constants. Ce que nous avons ici, c'est le concept de rigidité *relative*, la rigidité d'un corps relativement à un autre.

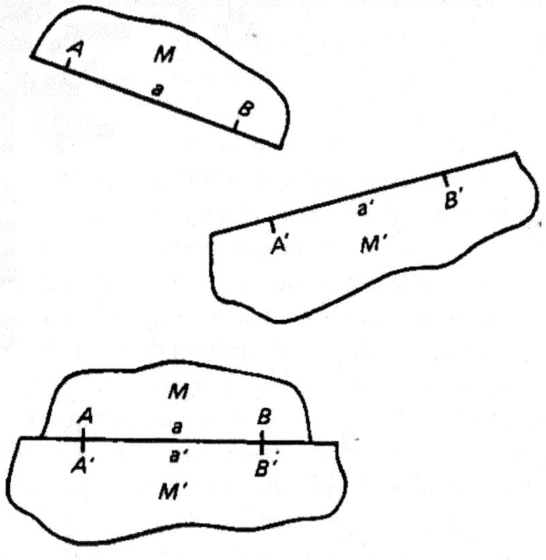

Figure 12

Si nous examinons les corps que nous trouvons dans la réalité, nous voyons qu'il y en a beaucoup qui ne sont pas rigides les uns par rapport aux autres. Considérons par exemple mes deux mains. Je les rapproche de façon à faire coïncider divers couples de points situés à l'extrémité de mes doigts. Je les écarte, puis je les rapproche encore. Les positions de mes doigts ont changé. Les couples de points en question ne sont plus congruents, et je ne puis donc pas dire que mes mains soient restées rigides l'une par rapport à l'autre. Il en va de même si nous comparons deux objets en cire ou un objet en fer avec un en caoutchouc. Ils ne sont pas rigides l'un par rapport à l'autre. Mais, de même que nous avons trouvé dans l'univers une classe très nombreuse de processus dont la périodicité est équivalente, nous rencontrons ici une circonstance naturelle qui se trouve nous être favorable. Nous constatons, empiriquement, qu'il existe une classe très nombreuse de corps qui sont à peu près rigides les uns par rapport aux autres. Deux objets métalliques (fer, cuivre, etc.) sont en effet rigides l'un par rapport à l'autre. Bien entendu, ils ne restent pas rigides si nous les courbons, ou si nous les dilatons en les chauffant, etc. Mais tant qu'il n'intervient pas de circonstance anormale, ces corps se comportent de façon extrêmement régulière en ce qui concerne leur longueur. En les comparant grossièrement l'un à l'autre, nous les trouvons relativement rigides.

96 | Vous vous rappelez qu'à propos de la périodicité nous avions vu que rien, logiquement, ne nous force à fonder notre mesure de temps sur un des processus périodiques appartenant à la grande classe des processus équivalents. La seule raison qui nous a fait choisir l'un d'entre eux, c'est que ce choix aboutissait à des lois naturelles plus simples. Il y a ici une option du même genre. Nulle nécessité logique n'oblige à fonder la mesure des longueurs sur un des membres de la grande classe des corps relativement rigides. C'est par pure commodité que nous choisissons un tel corps. Si nous prenions pour unité de longueur une tige de caoutchouc ou un bâton de cire, nous ne trouverions presque aucun corps au monde qui fût rigide relativement à notre étalon. Notre description de la nature s'en trouverait énormément compliquée. Nous serions, par exemple, obligés de dire que les objets en fer changent sans cesse de longueur, puisqu'à chaque fois que nous les mesurerions avec notre étalon de caoutchouc flexible nous obtiendrions une valeur différente. Pas un scientifique, bien entendu, ne consentirait à se casser la tête pour formuler les lois complexes qu'exigerait la description de phénomènes de cet ordre. Au contraire, si nous prenons pour étalon une barre de métal, nous constatons qu'un grand nombre d'objets naturels apparaissent rigides lorsqu'on les mesure par rapport à lui. La régularité et la simplicité de notre description du monde s'en trouvent considérablement accrues.

Cette régularité découle évidemment de la nature du monde réel. Il aurait pu se faire que nous vivions dans un monde où les objets en fer soient rigides les uns par rapport aux autres, ceux de cuivre également rigides entre eux, mais où un objet de fer ne serait pas rigide par rapport à un objet de cuivre. Il n'y aurait là aucune contradiction logique; un tel monde est possible. Si nous y vivions effectivement et y découvrions la présence de cuivre et de fer en égale abondance, comment choisirions-nous entre l'un et l'autre pour établir notre étalon de mesure? Chacun présenterait un inconvénient. Si d'autres métaux se trouvaient, pour ainsi dire, en désaccord entre eux, le choix deviendrait encore plus difficile. Heureusement nous vivons dans un monde où tel n'est pas le cas. Tous nos métaux sont relativement rigides, et donc nous pouvons prendre pour étalon l'un quelconque d'entre eux. Nous constatons alors que, d'après cet étalon, les autres objets métalliques s'avèrent rigides.

Il est si évidemment préférable de fonder notre mesure de longueur sur une tige de métal plutôt que de caoutchouc, notre mesure de temps sur un pendule plutôt que sur le battement d'un pouls, que nous avons tendance à oublier que le choix de l'étalon comporte une part de convention. Dans ma thèse de doctorat sur l'espace[1], c'est sur cette part de convention que j'ai fait porter l'accent, comme l'a fait plus tard Reichenbach dans son livre sur l'espace et le temps. Le choix est affaire de convention en ce sens que nulle raison logique ne nous empêche | de choisir la tige de caoutchouc et le 97
pouls, quittes à en subir les conséquences lorsqu'il faudrait ensuite élaborer une physique qui serait d'une complexité fantastique, correspondant à un univers fantastiquement irrégulier. « Conventionnel », bien entendu, ne signifie pas « arbitraire », ne signifie pas qu'il n'y ait nul motif de préférer l'un des étalons. Au contraire le monde étant tel qu'il est, il y a des motifs pratiques puissants qui nous conduisent à préférer la baguette d'acier et le pendule.

Une fois choisi notre étalon, disons la baguette d'acier, un autre choix nous incombe. Nous pouvons dire que la longueur de cette baguette particulière constitue notre unité, quelles que soient les variations de sa température, de son magnétisme, etc. ; ou bien nous pouvons introduire des coefficients de correction correspondant à ces variations. La première décision paraît tout d'abord plus simple, mais si nous l'adoptons, nous aboutissons encore à des résultats bizarres. Si l'on chauffe la baguette avant de s'en servir pour des mensurations, l'on constate que tous les objets mesurés ont rétréci. Qu'on la laisse refroidir, et le reste du monde reprend ses dimensions premières. Ceci nous obligerait à formuler toutes sortes de lois bizarres et compliquées, mais il n'y aurait quand même pas de contradiction logique. Par conséquent, on peut dire que ce choix est possible.

Le second procédé consisterait à introduire des coefficients de correction. Au lieu de stipuler que le segment marqué sera toujours considéré comme ayant la longueur choisie l_0 (mettons « un » ou « cent »), nous décrétons qu'il possède cette longueur « normale » l_0 seulement lorsque la baguette est à la température T_0, que nous décidons de considérer comme la température « normale » ; et à toute autre température T, la longueur du segment nous est donnée par l'équation :

$$l = l_0\,[1 + \beta\,(T - T_0)]$$

1. *Der Raum. Ein Beitrag zur Wissenschaftslehre*, Iéna, Université d'Iéna, 1921 ; Berlin, Von Reuther et Reichard, 1922.

dans laquelle β est une constante (appelée « coefficient de dilatation thermique ») caractéristique de la matière de la baguette. Des coefficients similaires seront introduits de la même manière pour répondre à d'autres circonstances susceptibles de faire varier la longueur de la baguette, telles que la présence d'un champ magnétique. Les physiciens préfèrent de beaucoup utiliser ce procédé plus compliqué – introduire des coefficients de correction – pour la même raison qui les a amenés à choisir une baguette de métal plutôt que de caoutchouc : cela aboutit à une simplification considérable des lois de la physique.

| CHAPITRE X 98

LES GRANDEURS DÉRIVÉES
ET LE LANGAGE QUANTITATIF

Après avoir formulé pour certaines grandeurs telles que la longueur spatiale, le temps et la masse des règles de mesure, nous pouvons, par voie de définition, introduire à partir de ces grandeurs dites « primitives » une autre catégorie de grandeurs. On les appelle « grandeurs définies » ou « dérivées ». La valeur d'une grandeur dérivée peut toujours être déterminée indirectement, par l'intermédiaire de sa définition, à partir de la valeur des grandeurs primitives qui ont servi à la définir.

Dans certains cas, cependant, il est possible de construire un instrument capable de mesurer directement une grandeur de ce genre. Par exemple, la densité est généralement considérée comme une grandeur dérivée parce que sa mesure repose sur la mesure des grandeurs primitives « longueur » et « masse ». Nous mesurons directement le volume et la masse d'un objet et nous définissons alors sa densité comme le quotient de la masse par le volume. Il est possible, cependant, de mesurer directement la densité d'un liquide au moyen d'un aréomètre. Cet | instrument se compose habituel- 99
lement d'un flotteur en verre muni d'une longue tige en verre comme celle d'un thermomètre. Sur cette tige est gravée une échelle qui indique la profondeur à laquelle l'instrument est descendu dans le liquide considéré. La lecture directe de cette échelle donne approximativement la densité du liquide. Ainsi, nous voyons que la distinction entre grandeurs primitives et grandeurs dérivées ne doit pas être considérée comme fondamentale; elle repose plutôt sur les procédures pratiques que les physiciens adoptent pour faire leurs mesures.

Si un corps n'est pas homogène, il faut parler de « densité moyenne ». On est tenté de dire que la densité d'un tel corps en un point donné devrait être exprimée par la limite du quotient de la masse par le volume, mais, comme la matière est discontinue, le concept de limite ne s'applique pas dans ce cas. Il existe cependant d'autres grandeurs dérivées pour lesquelles il est nécessaire de recourir à ce concept de limite. Considérons, par exemple, un corps qui se déplace. Pendant un laps de temps dont on appellera Δt la durée, il parcourt dans l'espace une distance Δs. Nous définissons sa vitesse – c'est une autre grandeur dérivée – par le quotient $\Delta s / \Delta t$. Mais si cette vitesse n'est pas constante, nous pouvons seulement dire que $\Delta s / \Delta t$ représente sa « vitesse moyenne » pendant ce laps de temps. Alors, quelle a été la vitesse de ce corps à tel instant précis ? Il ne suffit pas, pour répondre à cette question, de définir la vitesse comme le simple quotient de la distance divisée par le temps écoulé. Nous sommes obligés d'introduire le concept d'une *limite* de ce quotient, limite dont il se rapproche à mesure que la durée du laps de temps considéré se rapproche de zéro. En d'autres termes, nous devons recourir à ce qu'on appelle en calcul infinitésimal la dérivée. Au lieu du simple quotient $\Delta s / \Delta t$, nous avons la dérivée :

$$\frac{ds}{dt} = \text{limite } \frac{\Delta s}{\Delta t} \quad \text{pour} \quad \Delta t \to 0$$

Cette quantité reçoit le nom de « vitesse instantanée » de l'objet, parce qu'elle exprime sa vitesse telle qu'elle est à un instant précis et non pas sa vitesse moyenne tout au long d'un certain laps de temps. Elle-même constitue encore un exemple de grandeur dérivée. Comme la densité, elle peut être mesurée directement au moyen de certains instruments; par exemple, le compteur de vitesse d'une automobile nous donne une mesure directe de la vitesse instantanée de la voiture.

Le concept de limite sert aussi à définir une autre grandeur dérivée, l'accélération. Nous avons une vitesse v et une variation Δv de cette vitesse entre deux instants précis. Si l'on appelle Δt l'intervalle de temps entre ces deux instants et Δv la variation de la vitesse, l'accélération (qu'on peut aussi appeler le taux de variation de la vitesse) sera : $\frac{\Delta v}{\Delta t}$. Ici encore, il ne s'agit que d'une « accélération moyenne » au cours de l'intervalle de temps Δt. Si nous tenons à être plus précis et à parler de l'accélération
100 « instantanée » en un point donné du temps, il nous | faut renoncer à travailler sur le quotient de deux valeurs finies et écrire la dérivée suivante :

$$\frac{dv}{dt} = \text{limite de } \frac{\Delta v}{\Delta t} \quad \text{pour} \quad \Delta t \to 0$$

Par conséquent, l'accélération instantanée n'est autre que la deuxième dérivée de s relativement à t:

$$a = \frac{dv}{dt} = \frac{d^2s}{dt^2}$$

Il arrivera parfois à un physicien de dire que la densité d'un point précis à l'intérieur d'un objet est égale à la dérivée de la masse de cet objet par rapport à son volume; mais ce n'est qu'une façon de parler assez approximative. Il est impossible de l'accepter littéralement parce que, même si l'espace et le temps apparaissent dans la physique actuelle comme continus, la distribution de la masse à l'intérieur d'un objet, elle, ne l'est pas, en tout cas au niveau des molécules et des atomes. C'est pourquoi on ne peut parler littéralement de la densité comme d'une dérivée; elle n'est pas une dérivée au sens où l'on a droit d'employer ce mot pour les grandeurs véritablement continues, à propos desquelles il est légitime d'appliquer le concept de limite.

Il existe en physique bien d'autres grandeurs dérivées. Nul besoin, pour les introduire, de poser des règles compliquées comme celles dont il a été question pour les grandeurs primitives. Il suffit pour les définir d'expliquer comment on calcule la grandeur dérivée à partir des valeurs de la grandeur primitive, lesquelles se mesurent directement.

On se heurte parfois à un problème embarrassant qui concerne à la fois les grandeurs dérivées et primitives. Pour le présenter clairement, imaginons que nous avons deux grandeurs M_1 et M_2. En examinant la définition de M_1 ou les règles qui nous prescrivent comment la mesurer, nous constatons qu'il y est question de la grandeur M_2. En nous tournant vers la définition ou les règles relatives à M_2, nous constatons qu'il y est question de M_1. Au premier abord, ceci nous donne l'impression qu'il y a un cercle vicieux dans notre façon de procéder, mais on se débarrasse facilement de ce cercle en appliquant ce qu'on appelle la méthode des approximations successives.

Vous vous rappelez que, dans un des chapitres précédents, nous avions étudié l'équation qui définit la longueur d'un étalon de mesure. Cette équation comprend un coefficient de correction destiné à tenir compte de la dilatation thermique; autrement dit, il est question de la température dans les règles servant à mesurer la longueur. D'autre part, vous vous rappelez que, dans l'exposé des règles de mesure de la température, nous avons parlé de longueur, ou plutôt du volume d'un certain liquide contenu dans le thermomètre; mais bien entendu le volume ne peut être déterminé qu'en se servant de la longueur. Il semble donc bien que nous ayons là deux grandeurs, la longueur et la température, dont chacune dépend | de l'autre **101** pour sa définition. Ceci ressemble à un cercle vicieux, mais en fait ce n'en est pas un.

Voici l'une des façons d'en sortir. Nous commençons par introduire le concept de longueur sans tenir compte du coefficient de correction qui exprime la dilatation thermique. Tel quel, ce concept ne nous permettra pas d'obtenir des mesures très précises, mais il fonctionnera de façon assez satisfaisante dans les cas qui n'exigent pas une grande précision. Par exemple, si c'est une barre de fer qui sert d'étalon, la dilatation thermique dans des conditions normales est si réduite que les mesures restent suffisamment précises. Nous disposons donc déjà d'un premier concept L_1, celui de longueur dans l'espace. Nous avons le droit d'utiliser ce concept dans la construction d'un thermomètre. À l'aide de notre barre-étalon en fer, nous portons sur le tube contenant le liquide choisi pour le thermomètre une échelle de gradations. Il est possible de construire cette échelle avec une certaine précision, et on retrouvera la même précision dans les mesures de température faites au moyen de ce thermomètre. Ainsi nous introduisons un premier concept de température T_1. Nous pouvons alors utiliser T_1 dans l'élaboration d'un concept de longueur plus perfectionné, L_2. Nous introduisons T_1 dans les règles servant à définir la longueur. Le concept perfectionné L_2 (longueur corrigée en fonction de la dilatation thermique de notre barre de fer) peut à présent servir à la construction d'une échelle plus précise pour notre thermomètre, laquelle aboutira bien entendu à la formation d'un concept de température perfectionné T_2.

Dans le cas de la longueur et de la température, le procédé ainsi décrit perfectionnera les deux concepts à un point tel que les erreurs seront extrêmement petites. Dans d'autres cas, il sera nécessaire de faire la navette plusieurs fois avant que les perfectionnements successifs aboutissent à des mesures dont le degré de précision réponde à nos exigences. Il faut bien admettre que nous n'arriverons jamais à une méthode de mesure absolument parfaite pour aucun des deux concepts. Nous pouvons cependant affirmer que, plus nous répéterons cet aller-retour consistant à commencer avec deux concepts mal dégrossis et à les perfectionner l'un par l'autre, plus nos mesures deviendront précises. Cette technique des approximations successives nous permet donc d'échapper à ce qui avait d'abord paru être un cercle vicieux.

Nous allons maintenant aborder une question que les philosophes ont maintes fois soulevée : tous les aspects de la nature sont-ils susceptibles d'être mesurés ? Se peut-il que certains aspects du monde, ou même certaines catégories de phénomènes, soient absolument rebelles à toute mesure ? Par exemple, certains philosophes, tout en admettant que le monde physique dans sa totalité est mesurable (encore y en a-t-il qui n'admettent même pas cela), refusent cette qualité au monde de l'esprit. Certains vont même jusqu'à proclamer que tout ce qui est mental est impossible à mesurer.

L'argumentation de ces philosophes pourrait se présenter comme suit : « L'intensité d'un sentiment, ou d'une douleur physique, ou du souvenir que j'ai | d'un événement passé, est en principe impossible à mesurer. J'ai **102**
peut-être l'impression que mon souvenir d'un événement est plus intense que mon souvenir d'un autre, mais je ne peux pas dire que l'un ait une intensité de 17 et l'autre de 12,5. Il est donc impossible, en principe, de mesurer l'intensité des souvenirs. »

En opposition avec ce point de vue, commençons par considérer une grandeur physique, le poids. Vous soulevez une pierre, elle est lourde. Vous la comparez à une autre nettement plus légère. En examinant les deux pierres, vous ne trouverez inscrit sur elles aucun nombre, vous ne trouverez pas d'unités discrètes susceptibles d'être comptées. Le phénomène en lui-même ne contient rien de numérique, il n'a à nous offrir que notre sensation subjective de poids. Mais, comme on l'a vu dans un chapitre précédent, c'est nous qui allons introduire le concept numérique de poids en élaborant une méthode qui serve à mesurer cette quantité. C'est *nous* qui assignons des nombres à la nature. Les phénomènes en eux-mêmes ne présentent à notre observation que des qualités. Tout ce qui est numérique, à part les nombres cardinaux qui peuvent être mis en corrélation avec des objets discrets, est introduit par nous au moment où nous élaborons nos procédés de mensurations.

Il faudrait, je crois, libeller ainsi la réponse à la question philosophique que nous avons commencé par poser. Si, dans un ensemble de phénomènes quel qu'il soit, vous trouvez suffisamment d'ordre pour pouvoir établir des comparaisons et dire que telle chose est supérieure à telle autre par tel de ses aspects, et inférieure à une troisième, alors la possibilité de mesurer est en principe présente. Il ne vous reste qu'à élaborer des règles qui permettent d'assigner utilement des nombres aux divers phénomènes. Comme nous l'avons vu, la première opération consiste à formuler des règles de comparaison et ensuite, si l'on peut, des règles quantitatives. Lorsque nous assignons des nombres aux phénomènes, il ne sert à rien (à ce stade) de demander si ce sont les nombres « justes ». Nous nous contentons d'élaborer les règles qui spécifient la façon dont nous allons assigner ces nombres. De ce point de vue, rien, en principe, n'est impossible à mesurer.

Même en psychologie, nous mesurons. Des procédés de mesure des sensations ont été introduits au XIXe siècle ; peut-être le lecteur se souvient-il de la loi de Weber et Fechner, dans le domaine qu'on appelait alors psycho-physique. On commençait par établir une corrélation entre la

sensation à mesurer et quelque chose de physique ; puis on posait des règles servant à déterminer le degré d'intensité de la sensation. Par exemple, on a mesuré la sensation de pression produite sur la peau par différents poids, la sensation produite par la hauteur d'un son ou par son intensité, etc. Une des façons de mesurer la hauteur d'un son (il s'agit ici de la sensation de hauteur et non pas de la fréquence des ondes sonores) consista à échafauder une gradation fondée sur une unité égale à la plus petite différence de hauteur que l'oreille humaine sache déceler. Une autre méthode, proposée jadis par S.S. Stevens, était fondée sur l'identification par quelqu'un d'une hauteur qui lui semblât être située exactement à mi-chemin entre deux autres hauteurs. C'est ainsi que par divers procédés nous avons pu élaborer des gradations servant à mesurer certaines grandeurs d'ordre psycho-
103 logique. Il n'est donc sûrement pas | vrai qu'une impossibilité fondamentale s'oppose en principe à l'application de la méthode quantitative dans l'étude des phénomènes psychologiques.

Il serait bon ici d'ajouter une remarque. Les procédés de mesure ont leurs limites. Certes, il est indubitable que la mesure est un des actes fondamentaux de la science, mais il serait dangereux d'en surestimer la portée. L'exposé précis d'une méthode de mesure ne nous communique pas toujours l'entière signification du concept visé. Plus nous étudions une science déjà développée, et surtout si son développement est aussi avancé que celui de la physique, plus nous devenons conscients du fait que la signification d'un concept ne peut nous être entièrement livrée par un seul procédé de mesure. Et ceci est vrai des concepts les plus simples.

Considérons par exemple la longueur dans l'espace. Le procédé consistant à mesurer les longueurs au moyen d'une baguette rigide n'est applicable qu'à l'intérieur d'une certaine gamme de valeurs ni trop grandes ni trop petites. Il peut s'appliquer à une longueur aussi petite que, disons, un millimètre ou une fraction de millimètre, mais non pas à un millième de millimètre. Ce procédé ne peut pas servir à mesurer des longueurs extrêmement petites. Il nous est également impossible d'utiliser une baguette-étalon pour mesurer la distance de la terre à la lune. Même la distance entre l'Amérique et l'Angleterre ne pourrait être mesurée ainsi, à moins que l'on ne prenne soin de bâtir d'abord un pont sur l'Atlantique. Cela ne nous empêche nullement de continuer à parler de la distance spatiale entre les deux pays ; nous entendons simplement par là une distance qui *pourrait* être mesurée au moyen d'une baguette-étalon s'ils n'étaient séparés que par une étendue de terre ferme. Mais ce n'est pas le cas, aussi faut-il recourir à d'autres procédés de mesure.

Voici par exemple l'un d'entre eux. Au moyen d'une baguette-étalon, nous mesurons une certaine distance sur la terre, mettons entre les points *A* et *B* (voir fig. 13). Sur la base de cette ligne *AB*, nous pouvons déterminer la distance entre *B* et un point *C* très éloigné sans utiliser de baguette-étalon. Avec des instruments géodésiques, nous mesurons les deux angles α et β. Les théorèmes de la géométrie des espaces physiques nous permettent de calculer la longueur de la droite *a*, qui est la distance entre *B* et *C*. Connaissant cette distance, et ayant mesuré les angles δ et γ, nous pouvons calculer la distance entre *B* et un point *D* encore plus éloigné. Ainsi, grâce au procédé appelé « triangulation », nous pouvons mesurer tout un réseau de distances et dresser la carte d'une région assez étendue.

Les astronomes, eux aussi, emploient la triangulation pour mesurer les distances entre la terre et les étoiles relativement proches qui se trouvent dans notre galaxie. Bien entendu, les distances mesurées sur terre sont toutes trop courtes pour pouvoir servir de bases ; et les astronomes se servent de la distance entre un point de l'orbite terrestre et le point diamétralement opposé. Cette méthode n'est pas assez précise s'il s'agit des étoiles les plus lointaines de notre galaxie, ou s'il faut mesurer les distances qui nous séparent des autres galaxies, mais on peut alors recourir à d'autres méthodes. Par exemple, la luminosité intrinsèque d'une | étoile 104
se détermine à partir de son spectre ; en la comparant avec la luminosité que, vue de la terre, elle paraît avoir, on arrive à mesurer la distance. Il y a bien des procédés pour mesurer les distances qu'on ne peut pas mesurer directement avec une baguette-étalon. On observe certaines grandeurs, puis, grâce aux lois qui expriment une corrélation entre celles-ci et d'autres grandeurs, on arrive à une estimation indirecte des distances.

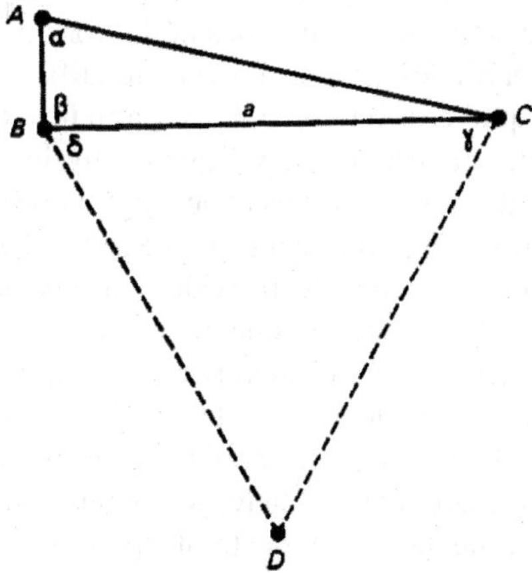

Figure 13

Ici, une question importante se fait jour. S'il existe une douzaine de procédés différents pour mesurer une grandeur physique telle que la longueur, ne faut-il pas dès lors parler d'une douzaine de concepts différents, et non pas d'un concept unique de longueur? Telle était l'opinion qu'exprima le physicien et épistémologue P.W. Bridgman dans son ouvrage aujourd'hui classique *The Logic of Modern Physics* (Macmillan, 1927). Bridgman soutenait fermement que tout concept de quantité doit être défini par les règles qui gouvernent la façon de mesurer cette quantité. C'est ce qu'on appelle parfois la « définition opératoire » d'un concept. Et par conséquent, d'après Bridgman, puisque nous disposons d'un certain nombre de définitions opératoires pour la longueur, nous ne devrions pas parler *du* concept de longueur. Si nous nous obstinons à le faire, alors nous devons abandonner l'idée que les concepts sont définis par des méthodes de mesure explicites.

Voici mon opinion à ce sujet. J'estime souhaitable de considérer les concepts de la physique comme des concepts théoriques que la science est en train de préciser avec une rigueur sans cesse accrue, et non pas comme des concepts qui sont d'ores et déjà définis complètement par les règles opératoires. Dans la vie courante, nous pratiquons sur la nature diverses observations. Nous les décrivons en termes qualitatifs tels que « long,
105 court, chaud, froid », et en termes comparatifs tels que | « plus long, plus court, plus chaud, plus froid ». Ce langage de l'observation courante est relié au langage théorique de la physique par certaines règles opératoires. Dans le langage de la théorie, nous introduisons bien certains concepts quantitatifs tels que ceux de longueur et de masse, mais nous ne devons pas considérer ces concepts comme ayant reçu une définition explicite. Bien plutôt, les règles opératoires, jointes à *l'ensemble* des postulats de la physique théorique, servent à donner des définitions partielles, ou plutôt des interprétations partielles, des concepts quantitatifs.

Nous savons que ces interprétations partielles ne sont pas des définitions complètes et définitives, puisque la physique ne cesse de leur apporter en renfort des lois nouvelles et des règles opératoires nouvelles. Il ne semble pas que ces apports soient en voie de toucher à leur fin; car la physique est encore bien loin de posséder un ensemble exhaustif de procédures et il faut donc admettre que, pour tous les termes théoriques, nous ne disposons encore que d'interprétations partielles, incomplètes. Beaucoup de physiciens incluent dans le vocabulaire d'observation des termes tels que « longueur ». Je préfère adopter une classification différente. Il est vrai que, dans le langage courant, quand nous disons: « La longueur de cette table est de trente pouces », nous employons

« longueur » en un sens que la simple procédure de mesure par la baguette-étalon suffit à définir. Mais ce n'est là qu'une petite partie de l'ensemble sémantique couvert par le concept de longueur. C'est un sens qui ne s'applique qu'à l'intérieur d'une certaine gamme de valeurs intermédiaires, ni trop grandes ni trop petites, susceptibles d'être mesurées par la technique de la baguette-étalon. Il ne saurait s'appliquer à la distance entre deux galaxies ou entre deux molécules. Mais il est clair que, dans les trois cas, nous avons en tête le même concept. Au lieu de dire que nous avons plusieurs concepts de longueur, dont chacun est défini par un procédé opératoire différent, je préfère dire que nous avons là un concept unique, partiellement défini par le système entier de la physique, qui inclut les règles gouvernant toutes les procédures opératoires utilisés pour mesurer des longueurs.

Il en va de même pour le concept de masse. Si nous en restreignons le sens à celui d'une définition fondée sur la gradation d'une balance, nous ne pourrons appliquer le terme qu'à une gamme, assez pauvre, de valeurs moyennes. Nous ne pourrons plus parler de la masse de la lune, ni de celle d'une molécule, ni même de la masse d'une montagne ou d'une maison. Nous serions obligés de la remplacer par plusieurs grandeurs distinctes, chacune assortie de sa propre définition opératoire. Dans les cas où il serait possible d'appliquer au même objet deux méthodes différentes servant à mesurer la masse, nous serions obligés de dire que deux de ces grandeurs se trouvent avoir la même valeur. Tout ceci, à mon avis, aboutirait à une façon de s'exprimer qui serait pleine de complications inutiles. Il paraît préférable d'adopter le langage qu'emploient la plupart des physiciens et de considérer la longueur, la masse et les autres concepts de ce genre comme des concepts théoriques plutôt que comme des concepts observationnels qui seraient explicitement définis par certains procédés de mesure.

|Cette manière d'aborder le problème n'est autre que l'expression **106**
d'une préférence dans le choix d'un langage efficace. Il n'y a pas une seule façon de construire un langage scientifique, mais des centaines. Tout ce que je peux affirmer, c'est qu'à mon avis cette conception des grandeurs quantitatives présente de nombreux avantages. Je n'ai pas toujours été de cet avis. Il fut un temps où, d'accord avec maints physiciens, je considérais les concepts de longueur, de masse, etc., comme des « observables », comme des termes faisant partie du langage de l'observation directe. Mais actuellement, je suis de plus en plus enclin à élargir le domaine du langage théorique et à y inclure ce genre de termes. Nous ferons par la suite une étude plus détaillée des thermes théoriques. Pour l'instant, je veux

seulement indiquer que selon moi les différentes procédures de mesure ne doivent pas être considérées comme donnant une fois pour toutes la définition des grandeurs. Elles sont simplement des cas particuliers de ce que j'appelle les « règles de correspondance », qui servent à établir une connexion entre les termes du langage d'observation et ceux du langage théorique.

| CHAPITRE XI 107

LES AVANTAGES DE LA MÉTHODE QUANTITATIVE

Les concepts quantitatifs ne nous sont pas donnés par la nature; ils découlent de la pratique qui consiste à appliquer des nombres aux phénomènes naturels. Quel avantage y a-t-il à cela? Si les grandeurs quantitatives étaient fournies par la nature, nous ne songerions pas à poser la question, pas plus que nous ne demandons : à quoi servent les couleurs ? La nature pourrait fort bien exister sans couleurs, mais on a plaisir à percevoir leur présence dans le monde. Elles font partie de la nature, tout simplement; nous n'y pouvons rien. Il n'en va pas de même pour les concepts quantitatifs. Ils font partie du langage et non pas de la nature. C'est *nous* qui les instaurons et il est donc légitime de se demander *pourquoi* nous les instaurons. Pourquoi nous donnons-nous la peine d'échafauder des règles et de postulats compliqués afin d'obtenir des grandeurs susceptibles d'être mesurées sur des échelles numériques ?

La réponse, nous la connaissons tous. Les progrès énormes que la science a réalisés, surtout depuis quelques siècles, n'auraient pas pu avoir lieu sans l'emploi de la méthode quantitative, ainsi qu'on l'a dit bien des fois. (C'est Galilée qui, le premier, l'a utilisée avec précision; d'autres avant lui s'étaient servi de cette méthode, naturellement, mais il fut le premier à en exposer explicitement les règles.) La physique essaie d'introduire des concepts quantitatifs partout où c'est possible. | Dans les 108
dernières décennies, d'autres sciences ont suivi le même chemin. Nul doute qu'il n'y ait à cela de grands avantages, mais il est intéressant de savoir plus précisément quels sont ces avantages.

Tout d'abord – mais ce n'est là qu'un avantage mineur – l'efficacité de notre vocabulaire s'en trouve accrue. Avant l'introduction d'un concept quantitatif, nous sommes obligés d'employer des douzaines de termes qualitatifs ou d'adjectifs différents si nous voulons décrire les divers états que peut revêtir un objet du point de vue de la grandeur considérée. Si nous ne disposons pas du concept de température, par exemple, nous sommes obligés de dire qu'un objet peut être « brûlant », « très chaud », « chaud », « tiède », « frais », « froid », « très froid », etc. Ce sont tous là des concepts que nous avons appelés concepts classificatoires. Si nous disposions de quelques centaines de termes similaires, peut-être ne serait-il pas nécessaire, en tout cas pour la plupart des tâches courantes, d'introduire le concept quantitatif de température. Au lieu de dire : « Il fait 25 degrés aujourd'hui », nous aurions un bon petit adjectif désignant précisément cette température-là ; et pour 30 degrés nous aurions un autre adjectif, et ainsi de suite.

Quel serait l'inconvénient de ce système ? D'abord, il exigerait de notre mémoire un travail trop lourd. Il faudrait connaître non seulement un grand nombre d'adjectifs différents, mais aussi garder en mémoire leur hiérarchie, afin de savoir reconnaître aussitôt si tel terme est plus ou moins haut placé sur l'échelle par rapport à tel autre. Mais introduisons le concept unique de température, qui permet de mettre en corrélation avec des nombres les divers états thermiques d'un corps et du coup nous n'avons plus qu'un seul terme à nous rappeler. La place sur l'échelle nous est immédiatement donnée par l'ordre des nombres. Évidemment, ceci implique qu'il nous a fallu apprendre par cœur cet ordre de succession des nombres, mais, une fois cette connaissance acquise, elle sert chaque fois qu'il est question d'une grandeur quantitative. Avec le précédent système, il aurait fallu apprendre une série d'adjectifs correspondant à chaque grandeur, plus leur ordre respectif. Voilà donc déjà deux avantages mineurs en faveur de la méthode quantitative.

L'avantage majeur, comme nous l'avons vu dans les chapitres précédents, consiste en ce que les concepts quantitatifs nous permettent de formuler des lois quantitatives. De telles lois sont beaucoup plus efficaces, tant pour expliquer les phénomènes déjà observés que pour en prédire de nouveaux. Même à l'aide d'un langage qualitatif enrichi qui surchargerait notre mémoire avec des centaines d'adjectifs qualificatifs, nous éprouverions les plus grandes difficultés à exprimer des lois, fussent-elles des plus simples.

Supposons par exemple que, dans les conditions d'une expérience, nous observions qu'une certaine grandeur *M* dépend d'une autre grandeur *P*. Nous figurons cette relation entre les deux grandeurs au moyen de la courbe représentée sur la figure 14. Sur la ligne horizontale de ce graphique; la grandeur *M* revêt successivement les valeurs x_1, x_2, ... Pour ces valeurs de *M*, la grandeur *P* revêt les valeurs y_1, y_2, ... Après avoir porté sur le graphique les points correspondant à chacune | de ces paires de 109
valeurs, nous essayons de tracer une courbe régulière qui relie ces points. Peut-être cette courbe va-t-elle se trouver être une ligne droite; dans ce cas, nous disons que *M* est une fonction linéaire de *P*, ce qui s'écrit par l'équation $P = aM + b$, dans laquelle *a* et *b* sont des paramètres qui demeurent constants dans les conditions de l'expérience. Si la courbe qui relie les points est une courbe du second degré, nous avons une fonction quadratique, exprimée par une équation du second degré. Peut-être *M* est-elle égale au logarithme de *P*; ou peut-être la fonction est-elle plus compliquée, de sorte qu'il faut combiner plusieurs fonctions simples pour l'exprimer. Une fois que nous avons opté pour la fonction qui nous paraît la plus vraisemblable, nous contrôlons par des observations répétées si nous avons bien trouvé là une fonction qui représente une loi universelle reliant les deux grandeurs.

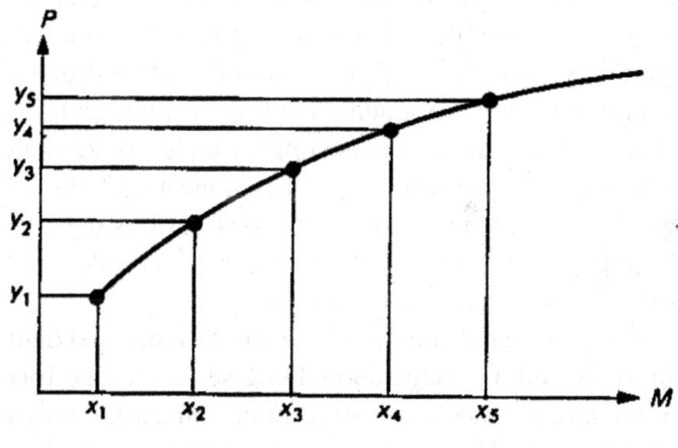

Figure 14

Qu'arriverait-il, dans cette situation, si nous ne disposions pas d'un langage quantitatif? Mettons que nous ayons un langage qualitatif beaucoup plus riche que l'anglais actuel. Ce langage ne comporterait aucun mot du genre de « température », mais pour chaque qualité, il nous offrirait une cinquantaine d'adjectifs rangés en bon ordre. Notre première observation ne se traduirait pas par $M = x_1$. Au lieu de cela, nous dirions que l'objet observé est ______, l'attribut étant un des cinquante adjectifs qui se

rapportent à la qualité *M*. Au lieu de $P = y_1$, nous aurions une deuxième phrase où figurerait l'un des cinquante adjectifs qui expriment la qualité *P*. Strictement parlant, les deux adjectifs ne correspondraient pas vraiment à des points situés sur les axes de notre graphique, car il serait impossible d'avoir *autant* d'adjectifs qu'il y a de points sur une ligne; ils correspondraient plutôt à des intervalles découpés le long des axes. L'un des adjectifs, par exemple, désignerait un intervalle qui contiendrait la valeur x_1. Les cinquante intervalles qu'on aurait découpés sur la longueur de l'axe figurant la qualité *M*, et qui correspondraient à nos cinquante adjectifs, auraient des limites indécises, et même pourraient parfois se recouvrir en partie. Avec ce langage, nous ne pourrions pas exprimer une loi simple prenant par exemple la forme suivante : $P = a + bM + cM^2$.
110 | Il nous faudrait spécifier exactement comment chacun des cinquante adjectifs relatifs à *M* est accouplé à l'un des cinquante adjectifs relatifs à *P*.

Donnons un exemple. Supposons que *M* corresponde à la chaleur et *P* aux couleurs. Une loi reliant ces deux qualités se présenterait sous la forme d'une série de cinquante phrases exprimées de façon conditionnelle telles que : « Si l'objet est très très chaud (ceci étant naturellement exprimé par un seul adjectif), alors il est rouge vif. » Nous possédons d'ailleurs en fait, dans la langue anglaise (ou française), un excellent assortiment d'adjectifs de couleur, mais c'est là presque la seule qualité pour laquelle nous soyons aussi bien outillés. Pour presque toutes les grandeurs étudiées par la physique, le langage qualitatif souffre d'une déplorable pauvreté en adjectifs. Par conséquent, une loi exprimée en termes quantitatifs est beaucoup plus courte et plus simple que les expressions interminables auxquelles il faudrait recourir pour l'énoncer en termes qualitatifs. Au lieu d'une brève et concise équation, nous aurions des douzaines de phrases du genre « si…, alors… », dont chacune accouplerait un prédicat d'une classe avec un prédicat d'une autre classe.

L'avantage le plus important de la loi quantitative, cependant, n'est pas sa concision, mais plutôt l'usage auquel elle se prête. Une fois que nous disposons d'une loi exprimée sous forme numérique, nous pouvons utiliser une partie de la logique déductive qui est particulièrement efficace et que nous appelons mathématiques. Nous arrivons ainsi à faire des prédictions. Bien entendu, avec le langage qualitatif, l'on pourrait aussi se servir de la logique déductive pour arriver à des prédictions. Nous pourrions partir de la prémisse : « Ce corps sera très, très chaud » pour en tirer la prédiction : « Ce corps sera rouge vif. » Mais le cheminement serait malaisé en comparaison des puissantes méthodes de déduction que nous enseignent les mathématiques. Tel est le principal avantage de la méthode quantitative.

Elle nous permet d'exprimer les lois sous forme de fonctions mathématiques qui conduisent à formuler des prédictions de la façon la plus précise et la plus efficace.

Ces avantages sont si considérables que nul aujourd'hui ne songerait à proposer l'abandon du langage quantitatif et le retour à un lange préscientifique et qualitatif. À des époques plus anciennes, cependant, lorsque Galilée calculait la vitesse de boules qui dévalaient des plans inclinés et la période d'oscillation d'un pendule, nombreux sans doute étaient ceux qui disaient : « À quoi bon tout cela ? En quoi cela va-t-il nous aider dans la vie de tous les jours ? Jamais je n'aurai à me préoccuper de ce qui peut bien arriver à de petits objets sphériques qui roulent sur une pente. Certes, quand j'écosse des petits pois, il arrive bien qu'ils aillent se perdre à l'autre bout d'une table bancale. Mais à quoi servirait de calculer leur accélération *exacte* ? Quelle utilité pratique cette connaissance pourrait-elle avoir ? »

Personne aujourd'hui ne parle ainsi, car nous utilisons journellement des dizaines d'instruments compliqués (automobile, réfrigérateur, télévision, ...) qui, nous le savons bien, n'auraient jamais pu être conçus sans le développement de la physique en science quantitative. J'ai un ami qui prit un jour le parti, sur le plan philosophique, de déplorer les progrès de la
science quantitative parce qu'ils | aboutissent à mécaniser la vie. Je lui **111**
répondis que, s'il voulait rester cohérent, il lui fallait renoncer à jamais se servir d'un téléphone, d'une voiture ou d'un avion. Abandonner la science quantitative, ce serait abandonner toutes les commodités fournies par la technique moderne ; peu de gens, je crois, formuleraient un tel souhait.

Nous nous heurtons ici à une autre critique qui vise la méthode quantitative ; elle n'est pas sans rapport avec la première, malgré quelques différences. Cette méthode nous aide-t-elle vraiment à *comprendre* la nature ? Bien entendu, nous pouvons décrire les phénomènes en termes mathématiques, faire des prédictions, inventer des machines complexes ; mais est-ce là la vraie manière de pénétrer dans l'intimité des secrets de la nature ? Cette critique de la méthode quantitative consiste à la comparer défavorablement avec une autre façon d'aborder la nature, plus directe, plus intuitive. Goethe, le plus grand des poètes allemands, adopta ce point de vue. Le lecteur ne connaît peut-être Goethe que comme dramaturge et poète, mais en fait, il s'est vivement intéressé à plusieurs sujets scientifiques en particulier à la biologie et à la théorie des couleurs. Il écrivit un gros livre sur celle-ci et crut à un certain moment que cet ouvrage était plus important que toute son œuvre poétique.

Une partie de son livre traite des effets psychologiques de la couleur. Elle est organisée de façon systématique et réellement fort intéressante. Goethe observait ses propres perceptions avec une sensibilité affinée et se trouvait ainsi en mesure d'étudier avec beaucoup de compétence l'influence qu'ont sur nos humeurs les couleurs environnantes. Ces effets sont connus, bien sûr, de tous les décorateurs. Une pièce d'habitation où il y a beaucoup de jaune et de rouge est stimulante. Les verts et les bleus ont un effet calmant. Nous tenons compte de ces effets psychologiques lorsque nous choisissons les couleurs de notre chambre ou de notre pièce de séjour. Le livre de Goethe s'attaque aussi à la théorie physique de la couleur. Il comprend une partie historique où il étudie les théories de ses prédécesseurs, particulièrement Newton. Un désaccord de principe l'oppose, dès le départ, à la méthode newtonienne. Goethe, en effet, soutient que tous les phénomènes lumineux, et surtout les manifestations de la couleur, doivent être observés uniquement dans les conditions les plus naturelles possibles. Ses recherches biologiques l'avaient amené à se rendre compte que, si vous désirez voir ce que c'est vraiment qu'un chêne ou un renard, il faut observer le chêne et le renard dans leur habitat naturel. Goethe transposa ce point de vue dans le domaine des sciences physiques. Le meilleur moyen d'observer un orage, c'est de sortir pendant un orage et de regarder le ciel. De même pour la lumière et les couleurs. Il faut les contempler telles qu'elles apparaissent dans la nature : la façon dont le soleil perce à travers un nuage, la façon dont les couleurs du ciel changent au coucher du soleil. Effectivement, des observations de ce genre permirent à Goethe de constater certaines régularités. Mais quand il lut dans le célèbre traité d'optique de Newton que la lumière blanche émise par le soleil est en fait composée de toutes les couleurs du spectre, Goethe fut scandalisé.

112 | Pourquoi? parce que Newton avait observé la lumière dans des conditions qui n'était pas naturelles. Il avait fait ses fameuses expériences en un lieu clos, avec un prisme. Newton avait fait l'obscurité dans son laboratoire et avait pratiqué une fente minuscule dans le volet de la fenêtre (voir fig. 15), une fente qui ne laissait entrer dans la pièce qu'un étroit rayon de soleil. Faisant passer ce rayon à travers un prisme, Newton observa qu'il projetait sur un écran une gamme de couleurs allant du rouge au violet. Il appela cette gamme le « spectre ». En mesurant les angles de réfraction au niveau du prisme, il s'aperçut que ces angles étaient différents selon les couleurs : petits pour le rouge, grands pour le violet. Ceci le conduisit à supposer que le prisme ne produit pas lui-même les couleurs, mais qu'il sépare simplement les diverses couleurs contenues dans le rayon de soleil. D'autres expériences confirmèrent son hypothèse.

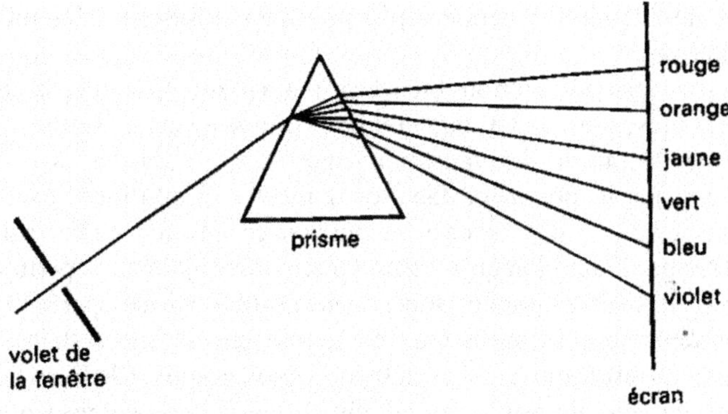

Figure 15

À l'occasion de cette expérience, Goethe formule plusieurs critiques sur la manière dont Newton aborde la physique de façon générale. D'abord, dit-il, lorsque nous cherchons à comprendre la nature, nous devrions nous fier à l'impression immédiate reçue par nos sens plutôt qu'à une analyse théorique. Puisque la lumière blanche paraît à notre œil tout à fait simple et incolore, nous devons l'accepter comme telle au lieu de la dépeindre comme constituée de plusieurs couleurs diverses. Goethe trouvait également fallacieux d'observer dans des conditions expérimentales artificielles un phénomène naturel tel que la lumière solaire. Si vous tenez à comprendre ce que c'est que la lumière, ne commencez pas par vous enfermer dans le noir et par étrangler les rayons dans une fente minuscule. Allez en plein air, sous la voûte céleste, et contemplez toutes les manifestations les plus frappantes des phénomènes liés à la couleur, tels qu'ils apparaissent dans leur contexte naturel. Enfin, Goethe ne croyait guère à l'utilité de la méthode quantitative. Mesurer exactement des angles, des distances, des vitesses, des poids et ainsi de suite, se livrer à des calculs mathématiques sur les résultats de ces mesures, cela pourrait être de quelque utilité à des fins techniques; mais quant à procurer une | réelle 113
connaissance des voies de la nature, il doutait fort que ces procédés fussent le meilleur moyen d'y réussir.

Aujourd'hui, bien entendu, nous savons que dans la controverse entre la méthode analytique, expérimentale et quantitative de Newton et l'attitude phénoménologique, qualitative et directe de Goethe, c'est la première qui non seulement a eu le dessus en physique, mais gagne du terrain de plus en plus dans les autres domaines scientifiques, y compris les sciences sociales. Il devient évident, surtout en physique, que les énormes progrès des siècles derniers n'auraient pas pu être réalisés sans les méthodes quantitatives.

En revanche, nous ferions bien de ne pas négliger l'intérêt considérable que peut présenter une attitude intuitive comme celle de Goethe lorsqu'il s'agit de découvrir des faits nouveaux et d'échafauder des théories nouvelles, particulièrement dans les domaines scientifiques encore peu explorés. Les dons de Goethe en ce qui concerne l'imagination artistique, renforcés par l'attention qu'il mettait à ses observations, lui permirent de découvrir des faits importants touchant la morphologie comparée des organismes végétaux et animaux. On s'est aperçu plus tard que certaines de ces découvertes ouvraient la voie à la théorie évolutionniste de Darwin. (Ceci fut mis en lumière par le grand physicien et physiologiste allemand Hermann von Helmholtz, lors d'une conférence qu'il donna en 1853 sur les activités scientifiques de Goethe. Helmholtz se répandit en éloges sur les recherches biologiques de Goethe, mais il critiqua sa théorie des couleurs. Dans un addendum qu'il ajouta en 1875 au texte de sa conférence, il reconnut qu'entre-temps certaines des hypothèses de Goethe avaient été confirmées par la théorie de Darwin[1].)

Il peut être intéressant de mentionner que, vers le milieu du siècle passé, le philosophe Arthur Schopenhauer écrivit un petit traité sur la vision et les couleurs (*Über das Sehn und die Farben*) dans lequel il prenait franchement le parti de Goethe contre Newton dans leur controverse historique. Schopenhauer condamnait non seulement l'application des mathématiques à la science, mais même la technique de la preuve mathématique. Il appelait celle-ci un « piège à souris », en citant comme exemple la démonstration du célèbre théorème de Pythagore. Cette preuve, disait-il, est solide; personne ne peut la réfuter ni lui reprocher d'être fausse. Mais elle représente une manière de raisonner entièrement artificielle. Chacune de ses étapes est convaincante, pourtant lorsque vous arrivez au
114 bout vous avez l'impression | d'avoir été attrapé dans un piège à souris.

1. Le livre de Goethe *Die Farbenlehre* (*Théorie des couleurs*), publié en Allemagne en 1810, était un gros ouvrage en trois volumes. Une traduction anglaise de la première partie par Charles Eastlake fut publiée à Londres en 1840. La conférence de Helmholtz « À propos des recherches scientifiques de Goethe » parut pour la première fois dans ses *Popular Lectures on Scientific Subjects, First Series* (New York, Longmans, Green, 1881), et fut réimprimée avec ses *Popular Scientific Lectures* (New York, Dover, 1962). Pour d'autres critiques du même genre adressées à Goethe, voir « Goethe's *Farbenlehre* », une conférence de John Tyndall publiée dans ses *New Fragments* (New York, Appleton, 1892); et une conférence faite en 1941 par Werner Heisenberg, « The Teachings of Goethe and Newton in the Light of Modern Physics », recueillie dans *Philosophic Problems of Nuclear Science* (Londres, Faber and Faber, 1952).

Le mathématicien vous a contraint à admettre la vérité de son théorème, mais vous n'avez pas réellement compris quoi que ce soit. C'est comme si on vous avait tenu par la main pour vous faire traverser un labyrinthe. Vous vous trouvez tout soudain hors du labyrinthe et vous vous dites : « Oui, me voilà ici, mais je ne sais vraiment pas comment j'y suis parvenu. » Ce point de vue n'est pas sans intérêt en ce qui concerne l'enseignement des mathématiques. Nous devrions donner plus d'attention à la compréhension intuitive de chacune des étapes d'une démonstration et essayer de comprendre pourquoi nous passons de l'une à l'autre. Mais ceci n'est qu'une digression.

Afin de répondre clairement à la question posée par certains philosophes qui pensent qu'en décrivant le monde avec des chiffres nous laissons de côté quelque chose d'important, il nous faut établir une distinction bien nette entre deux emplois du langage : un langage qui laisse effectivement de côté certaines qualités des objets qu'il décrit, et un langage qui semble en laisser de côté, mais en réalité n'en laisse pas. Je suis convaincu qu'il y a dans la pensée de ces philosophes une confusion qui vient de ce qu'ils ont omis de faire cette distinction.

J'emploie ici le mot « langage » dans un sens exceptionnellement large. Par ce terme, j'entends tout procédé servant à transmettre une information relative au monde extérieur : mots, dessins, images, diagrammes, et ainsi de suite. Prenons un langage qui laisse de côté certains aspects des objets qu'il décrit. Vous voyez dans un illustré une photographie de Manhattan en noir et blanc. Le titre indique, mettons, qu'il s'agit d'une vue de New York prise de l'ouest. Cette image utilise le langage de la photographie en noir et blanc pour transmettre des informations concernant New York. Vous apprenez quelque chose sur la taille et la forme des gratte-ciel. L'image ressemble à l'impression visuelle immédiate que vous éprouveriez si vous vous teniez, les yeux fixés sur New York, à l'endroit même d'où la photo a été prise. Et c'est là ce qui vous permet de comprendre immédiatement cette image. Il n'y a pas ici de « langage », au sens ordinaire du terme : c'est un acte de langage seulement en ce sens qu'une information est effectivement transmise.

Pourtant il manque bien des choses à cette photographie. Elle est plate, sans profondeur. Elle ne nous dit rien de la couleur des gratte-ciel. Ceci ne signifie pas que nous soyons incapables de nous livrer à des conjectures exactes concernant la profondeur et la couleur du sujet. Quand vous regardez la photographie en noir et blanc d'une cerise, vous conjecturez que la cerise est probablement rouge. Mais ce n'est qu'une conjecture; l'image, quant à elle, ne vous transmet pas la couleur de la cerise.

Voyons maintenant le genre de situations où certaines qualités semblent être laissées de côté par un langage, alors qu'elles ne le sont pas. Prenez une partition musicale. La première fois que vous en avez vu une, dans votre enfance sans doute, vous avez peut-être demandé : « Qu'est-ce que c'est que ces signes bizarres ? Il y a cinq lignes en travers de la page, et par-dessus on a imprimé une quantité de taches noires dont certaines ont une sorte de queue. »

115 |On vous a répondu : « C'est de la musique. C'est une très belle mélodie. »

Là, vous protestez : « Mais je n'entends pas la moindre musique. » Et il est bien vrai que cette notation ne véhicule pas une mélodie au sens où, mettons, un disque de phonographe la véhiculerait. On n'entend rien. Mais en un certain sens la solution transmet quand même la hauteur et la durée de chaque note. Elle les transmet d'une manière qui est incompréhensible pour un petit enfant. Même un adulte ne percevra peut-être pas la mélodie tant qu'il ne l'aura pas jouée au piano ou fait jouer par quelqu'un d'autre ; cependant il ne fait aucun doute que les sons de la mélodie sont implicitement contenus dans la partition. Bien entendu, il faut disposer d'une sorte de clef pour traduire celle-ci. Il faut avoir les règles qui indiquent comment transformer en sons les notes écrites. Mais une fois que nous connaissons ces règles, nous pouvons affirmer que les qualités qui caractérisent chaque note : hauteur, durée et même variations d'intensité, sont bien représentées dans la partition. Un bon musicien sera même sans doute en mesure d'*entendre*, pour ainsi dire, dans sa tête la mélodie, « à livre ouvert ». Nous avons donc là un type de langage différent de celui que constitue la photographie en blanc et noir : car il était bien exact que la photographie laissait de côté les couleurs, tandis que la partition semble laisser de côté les sons, mais en réalité les représente.

En ce qui concerne le langage de tous les jours, nous sommes tellement habitués aux mots que nous oublions que ce ne sont pas des signes naturels. Quand vous entendez le mot « bleu », vous imaginez aussitôt la couleur bleue. Tout enfants, nous acquérons l'illusion que les mots qui désignent les couleurs dans notre langue maternelle représentent effectivement les couleurs. En revanche, lorsque nous lisons sous la plume d'un physicien qu'il se produit une vibration électromagnétique de telle intensité et de telle fréquence, nous n'imaginons pas aussitôt la couleur dont il parle. Cependant, pour qui connaît les clefs permettant de traduire ce langage, il n'est pas difficile de déterminer de quelle couleur il s'agit, et de le déterminer avec plus de précision peut-être que ne le permettrait le mot par lequel on nomme habituellement cette couleur. Si vous avez déjà travaillé au moyen d'un spectroscope, vous savez peut-être par cœur quelle couleur correspond à quelle fréquence, et dans ce cas vous comprendrez immédiatement que le physicien est en train, avec son langage à lui, de vous parler d'une couleur donnée, par exemple un bleu verdâtre.

Ces clefs pour la traduction peuvent être conçues de plusieurs manières. Par exemple, la gamme des fréquences du spectre visible peut être portée sur un tableau qui indique en regard de chaque fréquence le mot anglais (ou français) désignant approximativement la couleur correspondante. Ou alors il peut porter, au lieu de mots, de petits carrés coloriés. Dans les deux cas, vous pouvez, en vous référant au tableau, trouver de quelle couleur exactement le physicien, dans son énoncé quantitatif, est en train de parler. La qualité, c'est-à-dire en l'occurrence la couleur, n'est absolument pas laissée de côté par ce procédé de transmission des informations. Les choses se passent un peu comme dans le cas de la partition musicale : il existe une clef permettant de déterminer les qualités que tout d'abord la notation | avait semblé omettre. La situation n'est pas la même 116
que dans l'exemple de la photographie en blanc et noir, où certaines qualités étaient effectivement omises.

Les avantages du langage quantitatif sont si évidents qu'on est amené à se demander pourquoi tant de philosophes ont critiqué l'emploi qui est en fait dans les sciences. Le chapitre XII étudie certaines des raisons qui expliquent une méfiance aussi surprenante.

117 | CHAPITRE XII

LA CONCEPTION MAGIQUE DU LANGAGE

Si l'accent mis par la science sur le langage quantitatif déplaît à certains philosophes, j'ai l'impression que c'est en partie pour la raison suivante : notre attitude psychologique envers les mots d'un langage préscientifique, mots que nous avons appris dans l'enfance, diffère profondément de notre attitude envers les notations compliquées que nous rencontrons plus tard dans le langage de la physique. Il est aisé de comprendre pourquoi les enfants croient parfois que certains mots sont pour ainsi dire porteurs des qualités qu'ils désignent. Je ne voudrais me montrer injuste envers personne, mais je soupçonne que certains philosophes commettent parfois la même erreur en réagissant comme ils le font devant les mots et les symboles employés par la science.

Le livre bien connu de C. K. Ogden et I. A. Richards, *The Meaning of Meaning*[1] (*la signification de la signification*), contient des exemples excellents et parfois fort amusants de ce que les auteurs appellent la « magie verbale ». Beaucoup de gens ont une conception magique du
118 langage; ils pensent qu'il existe je ne sais | quelle connexion mystérieuse entre certains mots et le sens de ces mots (il s'agit seulement, bien sûr, des mots qui leur sont familiers !). Or la vérité est que le mot « bleu », par exemple, ne doit qu'à un accident historique d'avoir acquis, au cours de l'évolution de notre civilisation, le sens qui le lie à une certaine couleur. En Allemagne, la même couleur s'appelle « blau ». Dans d'autres langues, elle est associée à des sons tout à fait différents. Il est normal pour des

1. C. K. Ogden et I. A. Richards, *The Meaning of Meaning*, Londres, Kegan Paul, Trench, Trubner, 1923; 8e édition, revue : New York, Harcourt, Brace, 1946; New York, Harvest Books, 1960.

enfants de penser que *seul* le mot « bleu », qu'ils ont l'habitude d'entendre dans leur langue maternelle, a la propriété de désigner « naturellement » cette couleur, et que tous les autres mots qui la désignent dans les autres langues sont mal adaptés à ce sens, ou tout au moins bizarres. Avec l'âge, ils deviennent généralement plus tolérants et disent : « Il y a des gens qui emploient le mot *blau*, mais ce qu'ils entendent par là n'est autre que ce qui est, *en réalité*, bleu. » Un petit garçon pense qu'une maison est une maison, une rose une rose, et voilà tout. Puis un jour, il apprend que des créatures bizarres, les Anglais, appellent une maison « house ». Quelle idée que de dire « house » alors qu'on veut parler d'une maison ! Puisque c'est une maison, pourquoi ne pas l'appeler « maison » ? On lui répondra qu'en Angleterre, c'est la coutume de dire « house » ; cela fait des siècles que les Anglais s'expriment ainsi, et ce n'est pas une raison suffisante pour les croire déraisonnables ou fantaisistes. Le petit garçon finira par accepter l'idée que ce peuple étranger ait des coutumes étranges. Que les Anglais, s'ils y tiennent, emploient le mot « house » pour désigner ce qui continue de n'être *en fait* qu'une simple maison. Apparemment, beaucoup d'adultes ont autant de difficulté que les enfants à abandonner cette attitude condescendante et à se rendre compte qu'il n'y a aucune connexion nécessaire entre un mot et le sens qu'on lui attribue. Bien entendu, ils ne vont jamais jusqu'à déclarer ouvertement que le mot français est le seul mot juste, ni que les mots des autres langues sont mal adaptés, mais la conception magique enfantine reste présente de façon implicite dans leur pensée et souvent dans leurs paroles.

Ogden et Richards citent un proverbe anglais qui dit : « La Divinité a droit à son nom ». Ceci paraît signifier que la Divinité est réellement divine, et que lui donner ce nom de Divinité est donc un acte de justice. Or on peut bien avoir le sentiment qu'un mot convient particulièrement à une chose, mais ce proverbe n'a en fait aucun sens ; il est dépourvu de contenu. Et pourtant, il se trouve des gens pour le répéter avec émotion, car il leur semble exprimer je ne sais quelle intuition profonde relative à la nature de la Divinité.

De cette conception magique du langage on trouve un exemple un peu plus élaboré dans un livre de Kurt Riezler, *Physics and Reality, Lectures of Aristotle on Modern Physics at an International Congress of Science, 679 Olympiad, Cambridge, 1940 A. D.*[1]. L'auteur imagine qu'Aristote

1. Le livre de Riezler, *Physique et réalité, conférences d'Aristote sur la physique moderne lors d'un congrès scientifique international tenu à Cambridge en 1940 après J.-C., pendant la 679e Olympiade*, a été publié en 1940 par Yale University Press, Hew Haven. Nous le remercions de son autorisation de le citer.

119 revient sur terre à | notre époque et nous présente son point de vue sur la science moderne – c'est-à-dire le point de vue de Riezler et, je crois, de Riezler seul.

Aristote commence par faire l'éloge de la science moderne. Il éprouve une vive admiration pour l'importance de ses conquêtes. Puis il ajoute que, pour être franc, il ne peut s'empêcher de faire quelques remarques critiques. Ce sont elles qui nous intéressent ici. À la page 70 du livre de Riezler, Aristote déclare aux physiciens assemblés :

> Le temps qu'il fait aujourd'hui paraît froid à un Africain et chaud à un Esquimau. Vous les mettez d'accord en lisant sur votre thermomètre la température de 50° Fahrenheit.

Ce que veut dire ici Riezler, c'est que dans le langage qualitatif quotidien, nous n'avons aucun moyen de nous mettre d'accord sur le sens de termes tels que « chaud » et « froid ». Si un Esquimau du Groenland arrive à un endroit où règne une température de 50 °F (environ 10° centigrades), il dira : « Il fait plutôt chaud aujourd'hui. » Un Noir d'Afrique arrivant au même endroit dira : « Il fait froid aujourd'hui. » Les deux hommes ne sont donc pas d'accord sur le sens des termes « chaud » et « froid ». Riezler imagine qu'un physicien leur dit : « Ne nous occupons pas de ces mots, parlons en termes de température quantifiée, et nous pourrons tomber d'accord que la température aujourd'hui est de 50 °F. »

Aristote (alias Riezler) poursuit :

> Vous vous enorgueillissez d'avoir trouvé la vérité objective en éliminant…

Je demande au lecteur d'essayer de deviner ce que, d'après Riezler, le physicien vient d'éliminer. On pourrait supposer que la phrase continue ainsi : « … en éliminant les mots *chaud* et *froid*. » Non pas que le physicien, en fait, les élimine de quoi que ce soit, sinon du langage quantitatif de la physique : car dans le langage qualitatif quotidien il aura toujours besoin de tels mots. Ce langage qualitatif est d'ailleurs indispensable au physicien dans son travail, lorsqu'il s'efforce de décrire ce qu'il observe. Mais Riezler ne donne pas à sa phrase la conclusion que l'on attendrait; il la termine ainsi :

> … en éliminant à la fois l'Africain et l'Esquimau.

La première fois que j'ai lu ce passage, j'ai cru que ce n'était là qu'un effet de style, et qu'il voulait dire : le physicien élimine la façon de parler de l'Africain et celle de l'Esquimau. Mais en fait Riezler va beaucoup plus loin. Il finit par déclarer sans ambages qu'à son avis, la science moderne a éliminé l'homme lui-même, a oublié et négligé le plus important d'entre tous les sujets d'étude que notre recherche de la connaissance puisse se proposer : l'homme lui-même.

> Vous vous enorgueillissez d'avoir trouvé la vérité objective en éliminant à la fois l'Africain et l'Esquimau. Je vous accorde qu'il s'agit là d'un progrès important. Je vous accorde aussi que vous ne pourriez pas construire toutes ces merveilleuses machines si vous n'aviez pas éliminé l'Africain et l'Esquimau. Mais quels sont les rapports de la réalité et de la vérité ? Vous,
> vous | identifiez la vérité à la certitude. Il devrait pourtant être évident que 120
> la vérité doit se préoccuper de l'Être ou, si vous préférez, de quelque chose qu'on appelle « réalité ». Et la vérité peut bien avoir un degré de certitude très élevé, comme c'est le cas assurément pour les vérités mathématiques, avec en même temps un degré très faible de « réalité ». Ainsi pour vos 50 °F : comme cette température est vraie pour l'Africain et l'Esquimau à la fois, vous la décorez du nom de réalité objective. Mais pour une réalité cela me paraît bien mince et bien pauvre. Ce n'est jamais qu'une relation entre une propriété appelée température et la dilatation d'un peu de mercure. Cette réalité-ci n'a rien à voir avec l'Africain ni avec l'Esquimau. Elle n'existe que par rapport à un observateur anonyme, désincarné.

Et un peu plus loin il écrit :

> Bien entendu, vous vous rendez parfaitement compte que le froid et le chaud établissent une relation entre les 50° et l'Africain ou l'Esquimau. Vous affirmez que le système observé n'a besoin que d'être élargi pour qu'y soient inclus les phénomènes physiologiques qui se manifestent dans le corps de l'Africain et celui de l'Esquimau.

Là, je ne suis plus très sûr de savoir ce qu'il veut dire. Peut-être veut-il dire que, si l'on tient à faire comprendre à l'Africain et à l'Esquimau cette expression « 50° », il faut leur expliquer ce chiffre en terme de froid et de chaud.

Apparemment, c'est là ce que répondrait le physicien à qui l'on ferait le reproche suivant : « N'êtes-vous pas en train de négliger les sensations de froid et de chaleur qu'éprouvent respectivement l'Africain et l'Esquimau ? » Riezler semble croire que le physicien répondrait à peu près : « Non, nous ne négligeons pas ces sensations. Nous nous occupons aussi de décrire l'Africain et l'Esquimau en tant qu'organismes. Nous les analysons en tant que systèmes physiques : à la fois physiologiques et physiques. Nous décelons les phénomènes qui se manifestent au sein de leur corps, et ainsi nous arrivons à expliquer pourquoi ils éprouvent des sensations différentes qui les amènent à trouver la même journée l'un chaude et l'autre froide. » Le passage cité continue :

> Vous arrivez ainsi à être en présence de deux systèmes dans lesquels la température a des valeurs inverses : elle produit du froid dans un cas, de la chaleur dans l'autre. Mais ce ne sont pas encore un froid et une chaleur

> réels. L'Africain et l'Esquimau, dans vos deux systèmes, sont représentés par des combinaisons de phénomènes physiques ou chimiques; ils ne sont plus des êtres en eux-mêmes, ils sont ce qu'ils sont seulement par rapport à l'observateur anonyme; chacun d'eux n'est qu'une combinaison de phénomènes définie par les relations qui unissent des quantités mesurables. Je trouve que dans cette description ils sont représentés de façon bien maigre et bien schématique. Quant à vous, vous attribuez cela à la complexité extrême propre à un pareil système.

Par « système », Riezler entend ici l'organisme humain, qui est certes d'une extrême complexité lorsqu'on cherche à l'analyser en termes physiques. Il continue :

> Non, Messieurs, ce que vous faites, c'est coordonner des symboles; mais le froid en tant que froid et la chaleur en tant que chaleur, vous ne les décrivez pas.

121 | Nous y voici enfin : n'y a-t-il pas un soupçon de magie dans l'emploi qui est fait des mots ? Le physicien coordonne des symboles artificiels qui, en fait, ne véhiculent rien qui ressemble aux qualités visées. C'est regrettable, car cela l'empêche de décrire « le froid en tant que froid ». Apparemment, l'appeler « froid » permettrait de transmettre à l'interlocuteur une réelle sensation de froid. Nous nous mettrions à grelotter en imaginant combien il ferait froid. Ou encore, quelqu'un qui dirait : « Hier, il a fait terriblement chaud » nous ferait éprouver une réelle sensation de chaleur. Telle est en tout cas mon interprétation du texte de Riezler. Si le lecteur désire proposer une interprétation plus bienveillante, libre à lui.

Plus bas, p. 72, l'Aristote de Riezler fait une autre déclaration intéressante :

> Je reviens à mon argumentation. La réalité est la réalité des substances. Or vous ignorez quelles substances sont sous-jacentes aux phénomènes que votre thermomètre traduit lorsqu'il indique par exemple 50 °F. Mais l'Africain et l'Esquimau, vous les connaissez…

Riezler veut dire que vous les connaissez simplement parce que ce sont des hommes; homme vous-même, vous avez en commun avec eux certaines impressions sensorielles.

> Interrogez-les, interrogez-vous vous-mêmes, interrogez votre souffrance et votre joie, vos activités et celles que vous subissez. Dans ce domaine, au moins, vous savez ce que c'est que la réalité. Tout y est concret. Tout ce qui en fait partie, vous le savez, *existe* effectivement.

On ne peut appréhender, pense-t-il, la réalité *réelle* qu'en parlant de souffrance et de joie, de chaleur et de froid. Dès qu'on a recours aux symboles utilisés en physique, tels que la température, etc., la réalité se trouve appauvrie. Telle est l'opinion de Riezler. Je suis persuadé que ce n'était pas celle d'Aristote. Aristote est l'un des plus grands penseurs que l'humanité ait produits; personne en son temps n'a eu plus de respect que lui envers la science. Il pratiqua lui-même des observations empiriques et des expériences. S'il lui avait été donné de contempler le développement de la science jusqu'à nos jours, je suis certain qu'il se déclarerait avec enthousiasme en faveur des façons de penser et de parler qui sont celles des hommes de science. Il serait même sans doute devenu un scientifique de premier plan. Riezler, me semble-t-il, commet une injustice envers Aristote lorsqu'il lui impute de pareilles opinions.

Il se peut, je suppose, que Riezler ait simplement voulu dire que la science a tort d'accorder aux concepts quantitatifs une attention trop exclusive; cela lui fait négliger les innombrables aspects de la nature qui n'entrent pas aussi commodément dans des formules comprenant des symboles mathématiques. Si c'est cela qu'il a voulu dire, alors nous lui donnons bien volontiers raison. Par exemple, dans le domaine esthétique, les concepts quantitatifs n'ont pas pris un développement considérable. Mais il est toujours difficile de dire à l'avance dans quels | domaines les 122
mesures numériques s'avèreront utiles. Laissons cela aux spécialistes de chaque domaine particulier. S'ils estiment qu'elles pourraient servir, ils trouveront le moyen de les introduire. Ne décourageons pas leurs efforts avant même qu'ils n'aient commencé. Bien entendu, lorsque le langage est employé à des fins esthétiques, c'est-à-dire lorsqu'on s'en sert, non pas pour des recherches scientifiques portant sur des sujets d'esthétique, mais afin de procurer un plaisir d'ordre esthétique, alors il ne fait aucun doute que le langage quantitatif soit hors de propos. Quand nous cherchons à exprimer nos sentiments, dans une lettre à un ami ou dans un poème lyrique, naturellement nous choisissons un langage qualitatif. Il nous faut alors, en effet, des mots qui nous soient assez familiers pour évoquer aussitôt toute une pléiade de significations et d'idées associées.

Il est exact aussi qu'il arrive à un scientifique de négliger certains aspects importants des phénomènes mêmes qu'il étudie. Mais souvent c'est simplement une question de division du travail. Tel biologiste travaille entièrement en laboratoire; il regarde des cellules au microscope, pratique des analyses chimiques, etc. Un autre biologiste s'en va dans la nature observer comment poussent les plantes, dans quelles conditions les oiseaux bâtissent leur nid, etc. Ces deux hommes ne s'intéressent pas aux mêmes sujets, mais les connaissances qu'ils acquièrent chacun de son côté font toutes partie de la science au même titre. Aucun des deux ne doit se figurer que le travail de l'autre ne serve à rien. Si l'intention de Riezler est simplement de nous mettre en garde contre certaines omissions que la science risquerait de commettre, on peut prêter l'oreille à ses avis. Mais si vraiment il veut dire (comme il semble le faire) que le langage quantitatif de la science omet effectivement certaines qualités, alors mon opinion est qu'il a tort.

Permettez-moi de citer une critique du livre de Riezler parue sous la signature d'Ernest Nagel[1] : « Les théories de la physique ne sauraient tenir lieu de soleil, d'étoiles, des mille et une activités de l'univers concret. Mais pourquoi un homme s'attendrait-il raisonnablement à être réchauffé par des paroles ? »

Vous le voyez, Nagel donne de Riezler une interprétation encore moins charitable que je n'ai essayé de le faire. Il a peut-être raison, mais je n'en suis pas sûr. Riezler, d'après Nagel, reprocherait au langage des physiciens de ne pas véhiculer, au sens le plus fort du terme, des qualités telles que les couleurs (dont une photographie en couleurs nous donne effectivement la sensation). On pourrait, en ce sens, transmettre des informations relatives aux odeurs en vaporisant des extraits aromatiques, c'est-à-dire en donnant à percevoir les odeurs elles-mêmes au lieu de seulement les nommer. Peut-être (c'est en tout cas l'avis de Nagel) Riezler a-t-il voulu dire que la mission d'un langage consiste à véhiculer, au sens le plus fort de ce terme, les qualités, et qu'il doit par conséquent nous les donner effectivement à percevoir. Il semble en effet penser qu'un mot tel que « froid » porte en lui, d'une certaine manière, la qualité concrète du froid. Une telle opinion serait assurément un exemple de conception magique du langage.

1. *Journal of Philosophy*, 37, 1940, p. 438-439.

TROISIÈME PARTIE

LA STRUCTURE DE L'ESPACE

| CHAPITRE XIII 125

LE POSTULAT D'EUCLIDE SUR LES PARALLÈLES

Le statut exact et la place de la géométrie dans les sciences physiques constituent pour la philosophie des sciences un problème des plus importants, auquel je porte d'ailleurs un intérêt tout particulier. C'est lui qui fut le sujet de ma thèse de doctorat et, bien que j'aie publié peu de chose en ce domaine depuis lors, je n'ai pas cessé d'y consacrer une réflexion attentive.

Pourquoi donc est-il si important? D'abord, parce qu'il débouche sur une analyse du système spatio-temporel qui forme la structure de base de la physique moderne. Qui plus est, la géométrie mathématique et la géométrie des espaces physiques sont d'excellents exemples de deux méthodes fondamentalement différentes visant à l'acquisition de la connaissance : la méthode *a priori* et la méthode expérimentale. Une fois que nous aurons bien compris la distinction entre ces deux géométries, nous serons bien placés pour aborder des problèmes méthodologiques très importants que pose la théorie de la connaissance.

Considérons d'abord la nature de la géométrie mathématique. Nous savons déjà, bien entendu, que la géométrie a été l'un des premiers systèmes mathématiques élaborés par l'homme. De ses origines, nous
savons peu de choses. Le fait étonnant | est qu'elle ait déjà atteint un tel 126
degré de systématisation dès l'époque d'Euclide. Le caractère axiomatique de la géométrie d'Euclide – le fait de construire des théorèmes à partir d'axiomes et de postulats fondamentaux – était à lui seul, déjà, un progrès de la plus haute importance, qui joue encore un rôle fondamental dans les méthodes les plus modernes dont on se sert pour donner une forme rigoureuse aux systèmes mathématiques. Il est étonnant que cette méthode ait déjà été en honneur à l'époque d'Euclide.

L'un des axiomes d'Euclide, l'axiome des parallèles, a depuis bien des siècles donné aux mathématiciens de graves soucis. On peut l'exprimer comme suit : pour tout plan sur lequel il y a une droite L et un point P situé hors de cette droite, il existe dans ce même plan une droite L' et une seule qui passe par P et est parallèle à L (deux droites d'un même plan sont définies comme parallèles lorsqu'elles n'ont aucun point commun).

Cet axiome a paru si évident que, jusqu'au début du siècle dernier, personne n'a douté qu'il ne fût vrai. Ce n'était pas cela qui faisait problème, mais la question de savoir s'il était nécessaire en tant qu'*axiome*. Il avait en effet l'air d'être moins simple que les autres axiomes d'Euclide. Beaucoup de mathématiciens croyaient que ce pourrait bien être un *théorème*, susceptible d'être dérivé à partir des autres axiomes.

De nombreuses tentatives furent menées dans ce sens, et certains mathématiciens ont même prétendu avoir réussi à déduire l'axiome des parallèles à partir des autres. Nous savons aujourd'hui qu'ils se sont trompés. Il n'était pas facile, à l'époque, de trouver le défaut de ces déductions, parce qu'elles étaient généralement fondées sur un appel à l'intuition, comme il arrive d'ailleurs encore souvent pour les déductions qu'on trouve dans les manuels scolaires de géométrie. Nous traçons une figure ; cette figure, évidemment, est inexacte. Il n'existe pas de lignes parfaites ; toutes celles que nous traçons possèdent une épaisseur qui est précisément l'espace occupé par la craie sur le tableau ou par l'encre sur le papier. Mais la figure aide notre imagination. Elle nous aide à « voir » que ce que nous désirons prouver est vrai. La philosophie qui correspond à cette façon intuitive de procéder a été très bien systématisée par Kant. Ce qui est à l'abri de l'erreur, ce n'est pas l'impression sensorielle que nous recevons de la figure, mais l'intuition profonde des configurations géométriques qui réside en nous. Kant se prononce là-dessus sans équivoque. On ne peut jamais être absolument certain que deux segments tracés sur le tableau soient égaux ou qu'une figure à la craie représentant un cercle soit bien circulaire. Kant considérait ces figures comme des adjuvants psychologiques d'importance très secondaire. Mais il pensait que notre faculté d'imagination – ce qu'il appelait l'*Anschauung*, l'intuition – est infaillible. Pour lui, lorsque nous envisageons clairement une vérité géométrique, avec notre esprit et non pas seulement nos yeux, nous la saisissons avec une certitude absolue.

Quelle serait l'attitude kantienne devant cette proposition : que deux droites ne peuvent pas avoir plus d'*un* point commun ? Nous nous représentons mentalement la situation. Voici deux droites qui se croisent en un
127 point. Comment donc | ne pourraient-elles jamais se croiser aussi en
d'autres points ? Évidemment, elles ne le peuvent pas, puisqu'à mesure

qu'on s'éloigne de l'intersection, les deux droites s'écartent de plus en plus l'une de l'autre. Il semble donc tout à fait clair que deux droites, ou bien ont en commun tous leurs points (auquel cas elles se recouvrent pour n'en former qu'une seule), ou bien un seul point, ou bien encore elles n'ont aucun point commun. Nous *voyons* immédiatement, d'après Kant, ce genre de vérités géométriques simples. Nous en saisissons intuitivement la vérité. Comme nous n'avons pas besoin pour cela de recourir à des figures, Kant a été amené à supposer que nous pouvons nous fier entièrement aux vérités que nous percevons ainsi par intuition. Nous reviendrons sur cette opinion par la suite. Il n'en est question ici que pour aider le lecteur à comprendre comment les savants du début du XIXe siècle abordaient la réflexion géométrique. Car même ceux qui n'avaient pas lu une ligne de Kant partageaient ce point de vue. Qu'il soit dû à l'influence de Kant ou qu'il ait simplement fait partie de l'ambiance culturelle dont Kant développa les attentes, peu importe. Tout le monde tenait alors pour acquise l'existence de certaines vérités géométriques claires, simples, fondamentales et indubitables. À partir de ces vérités simples, appelées axiomes, on pouvait construire, par étapes successives, des vérités dérivées appelées théorèmes.

Comme nous l'avons dit, certains mathématiciens se croyaient en mesure de retrouver l'axiome des parallèles à partir des autres axiomes d'Euclide. Pourquoi les défauts que contenaient leurs raisonnements furent-ils si difficiles à déceler ? La réponse tient au fait qu'il n'existait pas alors de logique systématique suffisamment développée pour pouvoir donner à l'argumentation géométrique des règles logiquement strictes. Et ainsi un appel à l'imagination pouvait se glisser en quelque endroit du raisonnement, parfois de manière explicite, mais aussi parfois à couvert. La méthode qui permet de distinguer entre une dérivation purement logique et une dérivation faisant intervenir des éléments non logiques fondés sur l'intuition, ne put être mise en œuvre qu'une fois élaborée une logique vraiment systématique, c'est-à-dire dans la seconde moitié du siècle dernier. Le fait que cette logique utilisât des symboles dans ses formules en accroissait l'efficacité, sans pourtant être une caractéristique essentielle. Car l'essentiel était, premièrement, que les règles pussent s'énoncer avec une rigueur absolue, et, ensuite, que d'un bout à l'autre d'un raisonnement aucune proposition ne fût avancée qui ne pût s'extraire des prémisses (ou des conclusions déjà établies) par l'application des règles déductives que stipulait cette logique elle-même.

Avant le développement de la logique moderne, il n'existait aucune logique dont le système de règles fût applicable à la géométrie. La logique traditionnelle n'étudiait que des prédicats à une place, alors qu'en géométrie on étudie les relations qui unissent des éléments assez nombreux. Un point situé sur une droite, une ligne située sur un plan, voilà des exemples de relations à deux places; un point situé entre deux autres points illustre une relation à trois places. Nous pourrions considérer la congruence entre deux segments d'une droite comme une relation à deux places, mais comme il n'est point d'usage de traiter les segments de droite
128 | en éléments primitifs, il vaut mieux représenter chaque segment par une paire de points. La congruence entre deux segments de droite devient alors une relation entre deux paires de points, c'est-à-dire une relation à quatre places entre des points. Comme vous voyez, la géométrie exige une logique des relations, laquelle n'existait pas encore à l'époque dont nous parlons. Dès qu'elle apparut, les défauts logiques contenus dans ce qu'on avait cru être des démonstrations du postulat des parallèles furent mis en lumière. Chacune de ces argumentations, ici ou là, faisait appel à une prémisse fondée sur l'intuition et qui ne pouvait s'extraire logiquement des autres axiomes d'Euclide. Cela n'aurait pas manqué d'intérêt, n'eût été qu'à chaque fois la prémisse intuitive latente s'avéra être l'axiome des parallèles lui-même sous une forme déguisée.

Voici un exemple d'axiome déguisé, équivalent à celui des parallèles. S'il existe sur un plan une droite *L* et une courbe *M*, et si tous les points de *M* sont à la même distance de *L*, alors *M* est elle aussi une droite. C'est ce qu'on voit sur la figure 16, dans laquelle *a* est la distance constante entre *L* et chaque point de *M*. Cet axiome, qui d'un point de vue intuitif paraît vrai, a été quelquefois tenu pour acquis par implication, lorsqu'on tentait de démontrer l'axiome des parallèles. Et en effet, si on le tient pour acquis, on arrive à démontrer l'axiome des parallèles. Mais il ne peut lui-même être démontré que si nous supposons vrai l'axiome des parallèles ou un axiome équivalent.

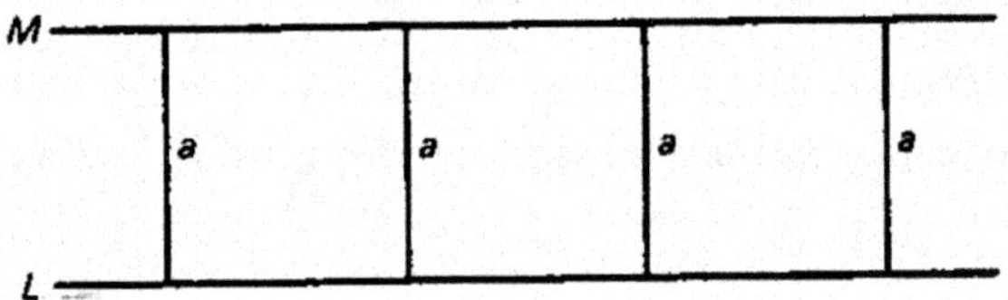

Figure 16

Un autre axiome équivalent, peut-être moins évident à l'intuition que le précédent, consiste à admettre que des figures géométriques de dimensions différentes peuvent être semblables entre elles. On dit par exemple de deux triangles qu'ils sont semblables lorsque leurs angles sont égaux deux à deux et que leurs côtés sont proportionnels. Dans la figure 17, la proportion $a : b$ est égale à la proportion $a' : b'$, et la proportion $b : c$ égale à la proportion $b' : c'$. Mettons que d'abord je trace seulement le triangle le plus petit, avec ses côtés *a, b* et *c*. Existe-t-il un triangle plus grand dont les angles soient les mêmes, et entre les côtés duquel (appelons-les *a', b'* et *c'*) règne la même proportion qu'entre *a, b* et *c*? Il semble évident que oui. Supposons que nous désirions construire le grand triangle de façon que ses côtés soient exactement deux fois plus longs que ceux du petit. C'est facile, comme le montre la figure 17. Nous nous contentons de prolonger le côté *a* par un segment de même longueur, puis nous agissons de même pour *c*, et nous relions entre eux les points atteints. Après un instant de réflexion, il paraît clair que le troisième côté aura une longueur égale à $2b$ et que le triangle obtenu sera semblable au petit. Si nous tenons pour vrai cet | axiome des triangles semblables, il nous permettra de démontrer l'axiome **129**
des parallèles ; mais, là encore, ce que nous tenons pour vrai implique déjà l'axiome des parallèles, sous une forme déguisée. La vérité est que nous ne pouvons pas démontrer que les deux triangles sont semblables sans utiliser l'axiome des parallèles ou un axiome équivalent. Toute utilisation de l'axiome des triangles semblables revient donc à utiliser le même axiome des parallèles que l'on est en train de chercher à établir.

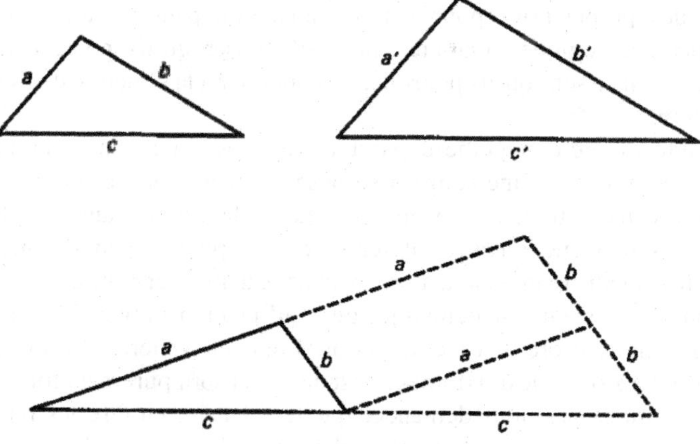

Figure 17

Il fallut attendre le XIXe siècle pour voir une démonstration logique rigoureuse du fait que l'axiome des parallèles est indépendant des autres axiomes d'Euclide. Il est impossible de l'obtenir à partir d'eux. Les propositions négatives comme celle-ci, exprimant une impossibilité, sont généralement beaucoup plus difficiles à démontrer que les propositions affirmatives. Une proposition affirmant que tel ou tel résultat *peut* être obtenu à partir de certaines prémisses se démontre simplement par l'exposé des étapes logiques de la déduction. Mais comment peut-on prouver que quelque chose *n'est pas* déductible ? Si, après des centaines de tentatives, vous n'arrivez toujours pas à le déduire, vous avez certes le droit d'abandonner, mais cela ne prouvera nullement que la tâche soit impossible. Car il restera possible que quelqu'un d'autre, peut-être grâce à un détour imprévu, trouve un jour le moyen d'arriver à la déduction voulue. Et pourtant, si difficile que ce fût, on a fini par établir la preuve formelle de l'indépendance de l'axiome des parallèles.

Quant à développer les conséquences de cette découverte, cela s'avéra une des tâches les plus passionnantes qui se proposèrent aux mathématiciens du XIXe siècle. Si l'axiome des parallèles est indépendant des autres axiomes d'Euclide, alors on peut mettre à sa place, sans logiquement contredire ces derniers, une proposition incompatible avec lui. En mettant ainsi à l'essai diverses propositions de remplacement, on a construit des
130 systèmes d'axiomes tout nouveaux, appelés | géométries non euclidiennes. Que fallait-il penser de ces nouveaux systèmes si étranges, pleins de théorèmes qui paraissent inacceptables aux yeux de l'intuition ? Fallait-il les considérer comme de simples amusettes logiques, une façon de jongler avec des propositions pour voir comment on peut les associer sans incohérence logique ? Ou bien fallait-il penser qu'ils pourraient être « vrais », en ce sens qu'ils pourraient s'appliquer à la structure de l'espace lui-même ?

Cette dernière hypothèse parut à l'époque tellement absurde que personne n'avait même songé à se poser sérieusement la question. Les quelques mathématiciens aventureux qui se lancèrent dans l'étude des systèmes non euclidiens hésitèrent même à publier leurs recherches. Il est trop facile, maintenant, d'en rire et de se demander comment la publication d'un système mathématique quel qu'il soit, peut bien donner lieu à des réactions d'ordre affectif. Aujourd'hui, en général, lorsque nous abordons un système d'axiomes, c'est dans un esprit purement formaliste. Nous n'allons pas nous demander quelles peuvent en être les interprétations et les applications, mais seulement si le système d'axiomes est cohérent sur le plan logique et si telle ou telle proposition peut se démontrer à partir de lui. Mais au XIXe siècle la plupart des mathématiciens prenaient une attitude toute différente. Pour eux, un « point » dans un système géométrique, cela voulait dire une position dans l'espace existant; une « ligne droite » dans le même système, cela voulait dire une ligne droite au sens ordinaire du terme. La géométrie n'était pas considérée comme une simple application de la logique; elle consistait en une recherche portant sur l'espace qui nous entoure, et non pas sur l'espace pris dans le sens abstrait où le prennent les mathématiciens actuels lorsqu'ils parlent d'espace topologique, d'espace métrique, d'espace à cinq dimensions, etc.

Carl Friedrich Gauss, l'un des plus grands mathématiciens du XIXe siècle et peut-être le plus grand, fut pour autant qu'on sache le premier à découvrir un système géométrique cohérent dans lequel l'axiome des parallèles fût remplacé par un axiome incompatible avec lui. Nous savons cela non pas par une de ses publications, mais seulement par une lettre qu'il avait adressée à un ami. Dans cette lettre, il dit qu'il a étudié un tel système et y a démontré quelques théorèmes intéressants. Il ajoute qu'il ne se soucie pas de publier ces résultats, de peur du « tollé que cela soulèverait parmi les Béotiens ». Le lecteur sait sans doute que, dans la Grèce antique, les habitants de la province de Béotie passaient pour des lourdauds. Nous pourrions dire dans un langage plus moderne : « Tous ces rustres vont s'esclaffer et me traiter de fou. » Par « rustres », Gauss n'entendait point désigner les gens sans instruction, mais un certain nombre de professeurs de mathématiques et de philosophie dont il savait bien qu'ils le croiraient fou d'avoir pris au sérieux une géométrie non euclidienne.

Si nous renonçons à l'axiome des parallèles, que pouvons-nous mettre à sa place ? La réponse à cette question, l'une des plus importantes qui se soient posées dans l'histoire de la physique moderne, sera étudiée en détail dans les chapitres XIV à XVIII.

LES GÉOMÉTRIES NON EUCLIDIENNES

Si nous cherchons un axiome à mettre à la place de l'axiome euclidien des parallèles, nous pouvons nous orienter, au choix, dans deux directions opposées. Nous pouvons :

1° Poser que, dans un plan déterminé, étant donné un point situé hors d'une droite, il ne passe par ce point *aucune* parallèle à cette droite (Euclide dit qu'il en passe une et une seule).

2° Poser qu'il passe *plus d'une* parallèle. (On démontre que, s'il en passe plus d'une, il en passera un nombre infini.)

De ces directions divergentes, la première a été explorée par le mathématicien russe Nicolaï Lobachevski, la seconde par le mathématicien allemand Georg Friedrich Riemann. Dans le schéma de la figure 18, j'ai disposé les deux géométries non euclidiennes de part et d'autre de la géométrie euclidienne, afin de souligner qu'en se séparant de la structure euclidienne, elles partent dans des directions opposées.

Type de géométrie	Nombre de parallèles	Somme des angles d'un triangle	Proportion entre la circonférence d'un cercle et son diamètre	Mesure de la courbure
Lobachevski...	∞	< 180°	$> \pi$	< 0
Euclide...	1	180°	π	0
Riemann...	0	> 180°	$< \pi$	> 0

Figure 18

La géométrie dite de Lobachevski a été découverte de façon indépendante et presque simultanée par Lobachevski qui a publié son travail en 1835, et par le mathématicien hongrois Johann Bolyai, qui publia ses
résultats trois ans plus | tôt. La géométrie de Riemann ne fut découverte 132
qu'une vingtaine d'années après. Si vous désirez en savoir davantage au sujet des géométries non euclidiennes, il existe en anglais plusieurs ouvrages intéressants. L'un est *Non-Euclidean Geometry*, du mathématicien italien Roberto Bonola. Il contient les deux articles de Bolyai et de Lobachevski, qu'il est intéressant de lire sous leur forme originale.

Parmi les livres qui étudient la géométrie non euclidienne à partir du point de vue que j'adopte ici, c'est-à-dire en s'attachant avant tout à l'intérêt qu'elle présente pour la philosophie de la géométrie et de l'espace, le meilleur est, je crois, *Philosophie der Raum-Zeit-Lehre*, de Hans Reichenbach, publié en 1928 et qui existe maintenant en traduction anglaise sous le titre *The Philosophy of Space and Time*. Si le point de vue historique vous intéresse, il y a le livre de Max Jammer, *Concepts of Space : The History of Theories of Space in Physics*. Il arrive à Jammer de se laisser entraîner à des débats un peu métaphysiques. Je ne sais pas si cela vient de lui ou si cela résulte des théories dont il parle ; en tout cas, c'est l'un des rares livres qui étudie en détail le développement historique de la philosophie de l'espace.

Regardons de plus près les deux géométries non euclidiennes. Dans celle de Lobachevski, que le langage technique appelle géométrie hyperbolique, il existe un nombre infini de parallèles. Dans celle de Riemann, appelée géométrie elliptique, il n'y a aucune parallèle. Comment une géométrie peut-elle se constituer sans droites parallèles ? Nous pouvons le comprendre par l'intermédiaire d'un modèle qui n'est pas exactement identique à celui d'une géométrie elliptique, mais qui en est un parent proche : un modèle de géométrie sphérique. Ce modèle consiste simplement en la surface d'une sphère. Nous décidons de regarder cette surface comme analogue à un plan. Les lignes droites d'un plan sont ici représentées par les « grands cercles » de la sphère. En termes plus généraux, nous disons que dans toute géométrie non euclidienne les lignes qui correspondent aux droites euclidiennes sont des « lignes géodésiques ». Elles ont en commun avec les droites la propriété qui consiste à être le plus court chemin d'un point à un autre. Sur notre modèle, la surface de la
sphère, le chemin le plus court entre deux points, | la géodésique, est un arc 133
de grand cercle. Un grand cercle est la courbe que l'on obtient en coupant la sphère par un plan passant par son centre. Sur notre globe terrestre, l'équateur et les méridiens sont des exemples familiers de grands cercles.

Dans la figure 19, on a tracé deux méridiens perpendiculaires à l'équateur. En géométrie euclidienne, on s'attendrait à ce que deux lignes perpendiculaires à une troisième soient parallèles entre elles; or, ici, les deux méridiens se rencontrent, au pôle nord et au pôle sud. Sur une sphère, il n'arrive jamais que deux droites, ou plutôt quasi droites (en l'occurrence, ce sont des grands cercles) ne se rencontrent pas. Nous avons donc ici un modèle qu'il n'est pas difficile d'imaginer et qui illustre le cas d'une géométrie dépourvue de parallèles.

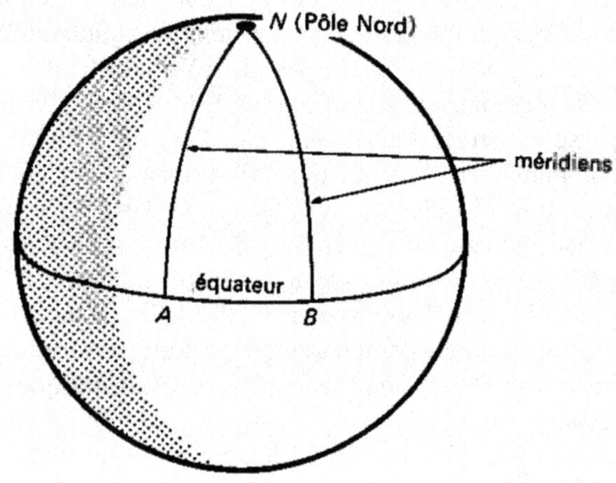

Figure 19

Un autre trait distinctif des deux géométries non euclidiennes est la somme des angles d'un triangle. Ce trait distinctif est important du point de vue des recherches expérimentales sur la structure de l'espace. Gauss fut le premier à voir clairement que seule une recherche expérimentale sur la structure de l'espace peut déterminer quel type de géométrie nous offre la meilleure description de l'espace. Une fois que nous avons admis qu'une géométrie peut être logiquement cohérente sans être euclidienne, nous ne pouvons plus décider sans des contrôles expérimentaux quelle est la géométrie valable pour le monde existant. En dépit des préjugés kantiens qui régnaient à son époque, Gauss a peut-être tenté une expérience à cette fin.

Il est aisé de voir que les triangles se prêtent mieux que les parallèles à de tels contrôles expérimentaux. Des lignes qui semblent parallèles pourraient ne se rencontrer qu'après des milliards de kilomètres, tandis que la mesure des angles d'un triangle ne requiert qu'une portion d'espace assez réduite. En géométrie euclidienne la somme des angles de tout
134 triangle est égale à deux angles droits, | soit 180°. Dans la géométrie

hyperbolique de Lobachevski, la somme des angles de tout triangle est inférieure à 180°. Dans la géométrie elliptique de Riemann, la somme est supérieure à 180°.

Il est facile, quant à cette dernière, de voir grâce à notre modèle sphérique, comment on peut dépasser les 180°. Considérons le triangle *NAB* dans la figure 19; il est formé par des arcs de deux méridiens et de l'équateur. Les deux angles situés près de l'équateur sont de 90° chacun, si bien que nous en arrivons déjà à une somme de 180°; et il reste encore à ajouter l'angle situé au pôle nord. Si nous écartons les méridiens de façon qu'ils se coupent à angle droit, chacun des angles du triangle sera droit, et leur somme sera égale à 270°.

Nous savons que Gauss envisagea de mesurer la somme des angles d'un triangle extrêmement grand constitué par des étoiles, et on dit qu'il effectua lui-même une mesure similaire, à l'échelle terrestre, en faisant la triangulation de trois sommets de montagnes. Il était professeur à Göttingen, en Allemagne, et on assure qu'il choisit une hauteur proche de la ville et deux cimes de montagnes que l'on aperçoit de cette hauteur. Il avait déjà fait de fort importants travaux sur l'application de la théorie des probabilités aux erreurs de mesure, et une telle expérience lui aurait fourni l'occasion de mettre en pratique cette application. La première étape aurait consisté à mesurer les angles à partir de chaque sommet par des moyens optiques, en répétant chaque mesure un grand nombre de fois. En prenant la moyenne de ces observations, il aurait pu – moyennant certains ajustements – déterminer pour chacun des angles sa valeur la plus probable, et ensuite la valeur la plus probable de leur somme. À partir de la dispersion des résultats (l'étendue des différences entre les mesures), il aurait pu calculer l'erreur probable, c'est-à-dire l'étendue d'une certaine gamme de valeurs situées autour de la valeur moyenne, telle que la valeur vraie ait autant de chances d'être comprise dans cette gamme que de ne pas l'être. On raconte que Gauss se livra effectivement à ces opérations et constata que la somme des angles n'était pas exactement de 180 degrés, la différence étant cependant si petite qu'elle restait inférieure à l'erreur probable. Un tel résultat indiquerait soit que l'espace est euclidien, soit que, s'il ne l'est pas, il s'en rapproche beaucoup (assez pour que l'erreur de mesure probable soit supérieure à la différence).

Même si, comme l'indiquent des recherches historiques récentes, Gauss ne s'est pas en fait livré à une telle expérience, la légende elle-même constitue une des grandes dates de l'histoire de la méthodologie scientifique. Gauss fut certainement le premier à poser cette question révolutionnaire : que trouverons-nous si nous faisons une étude expérimentale de la structure géométrique de l'espace ? Personne avant lui n'avait songé à

entreprendre une telle recherche. Et même on eût trouvé cela absurde, un peu comme s'il s'agissait de chercher par une méthode empirique le produit de sept par huit. Imaginons que nous avons devant nous sept paniers dont chacun contient huit balles. Nous comptons toutes les balles, et nous refaisons le compte un grand nombre de fois. La plupart du temps, nous obtenons 56, mais parfois 57 ou 55. Nous calculons alors la moyenne
135 de ces résultats | afin de savoir combien font en réalité sept fois huit.
Le mathématicien français P. E. B. Jourdain a suggéré, par plaisanterie, que la meilleure méthode serait de ne pas s'atteler soi-même au décompte; nous ne sommes guère experts à ce genre de travail. Ceux qui s'y connaissent, ce sont les garçons de café, qui passent leur temps à additionner et multiplier des chiffres. Il faudrait réunir un congrès de tous les garçons de café les plus expérimentés et leur demander combien font sept fois huit. Dans ce cas, ils répondraient tous à peu près la même chose, mais pour des chiffres plus élevés, mettons vingt-trois fois vingt-sept, on observerait une certaine dispersion dans leurs réponses. On ferait la moyenne, pondérée grâce à un coefficient représentant le nombre de garçons de café ayant donné chaque réponse, et sur cette base on obtiendrait une estimation scientifique du produit de 23 par 27.

C'est à un pareil degré d'absurdité que semblait atteindre, aux yeux des contemporains de Gauss, toute tentative de recherche expérimentale concernant un théorème géométrique. Ils mettaient la géométrie sur le même plan que l'arithmétique. Ils pensaient avec Kant qu'en matière de géométrie l'intuition ne trompe pas. Lorsqu'un axiome correspond à la façon dont notre imagination « voit » les choses, il correspond forcément à la réalité. Aller mesurer les angles d'un triangle, non pas pour s'amuser ou pour contrôler la qualité d'un instrument d'optique, mais pour savoir vraiment combien cela fait, voilà qui leur paraissait complètement absurde. Tout le monde voit bien, moyennant quelques rudiments de géométrie euclidienne, que cela *doit* faire 180°. C'est pourquoi, dit-on, Gauss ne divulgua pas qu'il s'était livré à une telle expérience, ni même qu'il l'estimait utile. Néanmoins, à force de réfléchir sur les géométries non euclidiennes, de nombreux mathématiciens commencèrent à se rendre compte qu'elles posaient effectivement un problème dans le domaine empirique. Gauss ne trouva pas de solution définitive lui-même, mais il exerça une influence déterminante en faveur d'une réflexion non kantienne sur le problème de la structure de l'espace naturel.

Pour voir plus clairement comment les diverses géométries non euclidiennes diffèrent entre elles, revenons à notre image de la sphère. Comme nous l'avons vu, c'est un modèle commode qui permet de se représenter intuitivement la structure géométrique d'un plan dans l'espace riemannien.

(Par « espace riemannien », on entend ici « espace elliptique ». Le terme d'espace riemannien s'emploie aussi dans un sens plus général que nous définirons par la suite.)

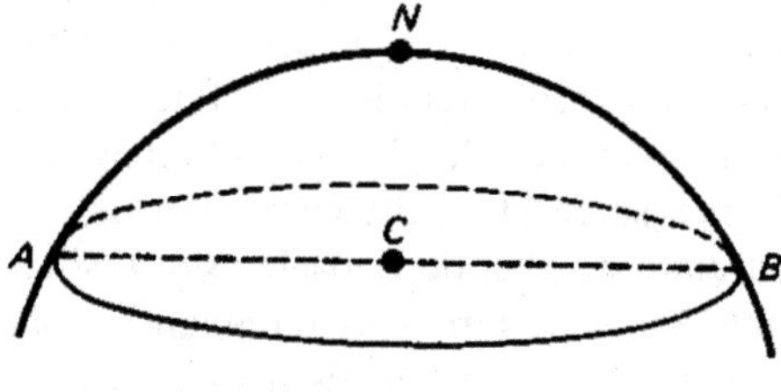

Figure 20

| Il faut prendre garde à ne pas s'exagérer la portée de cette analogie 136
entre le plan riemannien et la surface d'une sphère : en effet, dans l'espace riemannien, deux droites sur un plan n'ont qu'un seul point commun, tandis que les lignes qui sur une sphère correspondent à des droites, les grands cercles, se coupent toujours *deux* fois. Prenons par exemple deux méridiens : ils se rencontrent au pôle nord *et* au pôle sud. Strictement parlant, notre modèle ne correspond à un plan riemannien que si nous nous restreignons à une partie de la surface de la sphère qui ne contienne pas de points diamétralement opposés comme le sont les pôles. Si au contraire nous prenons comme modèle la sphère tout entière, il nous faut supposer que chaque point de l'espace riemannien est représenté sur la sphère par une paire de points opposés. Partir du pôle nord pour arriver au pôle sud sur la terre correspondrait chez Riemann au fait de partir d'un point donné, de décrire une ligne droite et de revenir au même point. Dans l'espace riemannien, toutes les géodésiques ont la même longueur, laquelle est finie, et se referment sur elles-mêmes comme la circonférence d'un cercle. L'irréconciliable opposition entre ce fait et notre intuition explique sans doute pourquoi cette géométrie a été découverte plus tard que celle de Lobachevski.

Grâce à notre modèle sphérique, nous voyons aisément que, dans l'espace riemannien, le rapport de la circonférence au diamètre pour un cercle est toujours inférieur à π. La figure 20 représente un cercle tracé sur le globe terrestre et ayant le pôle nord pour centre. Ce cercle correspond à un cercle situé sur le plan riemannien. Il n'a pas pour rayon le segment *CB*, puisque celui-ci ne se trouve pas sur la *surface* de la sphère qui est notre modèle. Il a pour rayon l'arc *NB* et pour diamètre l'arc *ANB*. Or nous savons que le rapport entre la circonférence du cercle et le segment *ACB* est égal à π. Puisque l'arc *ANB* est plus long que ce segment *ACB*, il devient évident que le rapport entre le périmètre du cercle et *ANB* (qui en constitue le diamètre chez Riemann) doit être inférieur à π.

Il est moins aisé de se rendre compte que, dans l'espace de Lobachevski, c'est le contraire : le rapport de la circonférence au diamètre doit être supérieur à π. Un autre modèle permettra peut-être au lecteur de s'en apercevoir. Ce modèle, que représente la figure 21, ne peut pas servir
137 d'équivalent pour l'ensemble | du plan de Lobachevski, et encore moins pour l'espace lobachevskien à trois dimensions ; mais il peut correspondre à une portion restreinte du plan de Lobachevski. Il s'agit d'une sorte de selle, qui ressemble à un col entre deux montagnes. Soit *A* le sommet de l'une, *B* celui de l'autre, et *C* le col. Essayez de vous représenter cette surface. Il y a une courbe, disons un sentier, qui passe par le point *F* situé de l'autre côté du col, franchit le col au point *C*, puis redescend de ce côté-ci par le point *D*. L'ensellure, qui comprend les points *C, D, E, F* et *G*, peut être considérée comme un modèle de la structure d'un plan selon Lobachevski.

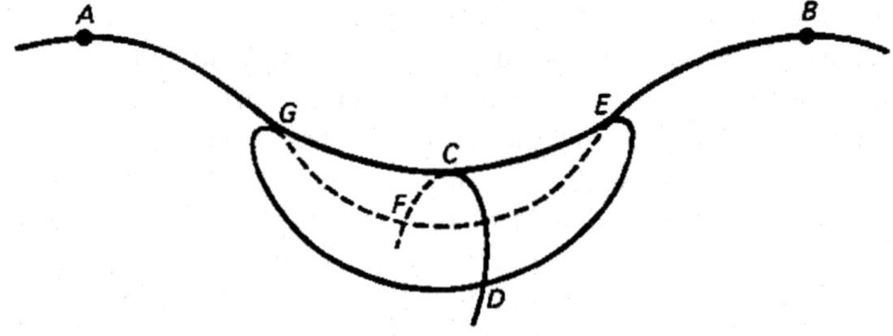

Figure 21

Quelle forme prendra un cercle dans un tel modèle ? Mettons qu'il ait son centre en *C*. La courbe *DEFGD* constitue la circonférence, et par conséquent tous ses points sont situés à la même distance du centre *C* ; si vous vous trouvez en *D*, vous voyez que vous êtes plus bas que le centre ; si vous allez le long de la circonférence jusqu'à *E*, vous vous retrouvez plus haut. Il est bien clair que ce trajet montueux, qui constitue l'équivalent lobachevskien d'un simple cercle plat, doit être plus long qu'un cercle ordinaire ayant *CD* pour rayon dans un plan euclidien. Puisqu'il est plus long, son rapport circonférence-diamètre (l'arc *FCD* ou l'arc *GCE* étant des diamètres) doit être supérieur à π.

Un modèle plus exact, qui dans toutes ses dimensions correspond fidèlement à une partie d'un plan lobachevskien, peut se construire si l'on prend une certaine courbe qu'on appelle une tractrice (l'arc *AB* dans la figure 22) et qu'on la fasse tourner autour de l'axe *CD*. La surface engendrée par cette rotation s'appelle une pseudosphère. Vous en avez peut-être déjà vu des maquettes en plâtre. En étudiant une telle maquette, vous constatez que les triangles dessinés à sa surface ont pour la somme de leurs angles une valeur inférieure à 180 degrés, et que les cercles ont un rapport circonférence-diamètre supérieur à π. Sur une telle surface, plus un cercle est grand et plus ce rapport sera supérieur à π. Ceci ne doit pas nous faire accroire que π ait cessé d'être une constante. π exprime le rapport entre la circonférence d'un cercle et son diamètre, dans un plan euclidien. Cette définition reste vraie même s'il existe des géométries non euclidiennes où le rapport circonférence-diamètre (pour un cercle) devient une variable qui se trouve dans certains cas inférieure à π et, dans d'autres, supérieure.

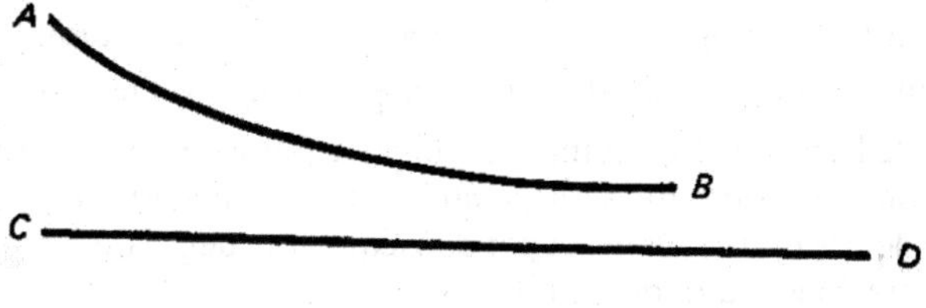

Figure 22

En tout point d'une surface, qu'elle soit euclidienne ou non, on peut déterminer la mesure de ce qu'on appelle la « courbure » de cette surface en ce point. La géométrie de Lobachevski se caractérise par le fait que, dans tout plan et en tout point, la courbure du plan est négative et constante.
Il existe ainsi un nombre | infini de géométries de Lobachevski, dont 138
chacune se caractérise par un paramètre fixe, exprimé par un nombre négatif qui représente le degré de courbure de tout plan dans cette géométrie-là.

Vous pourriez m'objecter que, si c'est un plan, il ne saurait posséder de courbure. Mais le lot « courbure » est un terme technique, qu'il ne faut pas prendre ici en son sens habituel. En géométrie euclidienne, on mesure la courbure d'une ligne à un point donné en prenant l'inverse de son « rayon de courbure ». « Rayon de courbure » signifie le rayon d'un cercle qui, pour ainsi dire, coïncide sur le point en question avec une portion infinitésimale de cette ligne. Si une courbe est presque droite, son rayon de courbure est long. Si elle prend un tournant très accentué, le rayon est court.

Comment mesurer la courbure d'une surface en un point donné ? Nous commençons par mesurer la courbure de deux géodésiques qui se croisent en ce point et, à partir de lui, s'en vont dans deux directions qu'on appelle les « directions principales » de la surface en ce point. L'une des directions donne la courbure maximale que peut posséder en ce point une géodésique, et l'autre la courbure minimale. Nous définissons alors la courbure de la surface en ce point comme étant le produit de l'inverse des rayons de courbure des deux géodésiques. Prenons par exemple le col représenté sur la figure 21. Comment allons-nous mesurer la courbure de cette surface au point *C* ? Nous voyons qu'une géodésique, l'arc *GCE*, décrit une courbe concave (aux yeux d'un observateur posté au-dessus de la surface), tandis qu'une autre géodésique perpendiculaire au premier, l'arc *FCD*, décrit une courbe convexe. Ces deux géodésiques nous donnent la courbure maximale et la courbure minimale de la surface en ce point *C*. Bien entendu, pour un observateur placé au-dessous de la surface, l'arc *GCE* paraît convexe et *FCD* concave. Peu importe de quel côté l'on regarde la surface, peu importe laquelle des deux courbes on appellera convexe ou concave. Par convention, on appellera l'un des côtés « positif » et l'autre « négatif ». Le produit de l'inverse des deux rayons, $\frac{1}{R_1 R_2}$, nous donne la mesure de la courbure de l'ensellure au point *C*. En chaque point de l'ensellure, l'un des deux rayons de courbure sera positif et l'autre négatif. Le produit de l'inverse de ces deux rayons, et par conséquent le degré de courbure de la surface, sera donc toujours négatif.

Il en va autrement pour une surface complètement convexe, comme celle d'une sphère ou d'un œuf. Dans ce cas, les deux géodésiques correspondant aux directions principales se recourbent dans le même sens. L'une aura peut-être une courbe plus accentuée que l'autre, mais accentuée dans le même sens. Peu importe, ici encore, si l'on regarde la surface d'un côté de façon que les deux rayons de courbure apparaissent positifs, ou de l'autre côté de façon qu'ils apparaissent négatifs. Le produit de l'inverse des deux rayons restera de toute façon positif. Donc, sur une surface complètement convexe comme celle d'une sphère, la mesure de la courbure sera positive quel que soit le point considéré.

139 | La géométrie de Lobachevski, que nous avons représentée au moyen de ce modèle en forme de selle, peut se caractériser de la façon suivante : pour tout espace de Lobachevski, il existe une certaine valeur négative qui exprime la mesure de la courbure en tout point de tout plan appartenant à cet espace. La géométrie de Riemann, représentée par la surface sphérique, peut se caractériser d'une façon similaire : pour tout espace de Riemann, il existe une certaine valeur positive qui exprime la mesure de la courbure

en tout point de tout plan appartenant à cet espace. Les espaces de ces deux catégories sont des espaces à courbure constante, c'est-à-dire que pour chacun d'eux la mesure de la courbure est la même pour tous les points et tous les plans.

Soit k le degré de courbure. Dans l'espace euclidien, qui, lui aussi, possède une courbure constante, on a $k = 0$. Dans l'espace de Lobachevski, $k < 0$. Dans l'espace de Riemann, $k > 0$. Ces valeurs numériques ne sont pas déterminées par les axiomes de chacune de ces géométries. On obtient différents espaces riemanniens en faisant varier la valeur – toujours positive – de k, et différents espaces lobachevskiens en en faisant varier la valeur négative. La valeur paramètre k mise à part, tous les espaces de Lobachevski sont régis par des théorèmes identiques ; et tous les espaces de Riemann par d'autres théorèmes également identiques entre eux. Bien entendu, entre un groupe d'espaces et l'autre, les théorèmes sont profondément différents.

Il est important de se rendre compte que le mot de « courbure », en son sens originel et littéral, ne s'applique qu'aux surfaces d'un *modèle euclidien* correspondant à un plan non euclidien, et non pas à ce plan lui-même. La sphère et la pseudosphère sont en ce sens des surfaces courbes. Mais l'expression « mesure de la courbure », lorsqu'on l'applique à un plan non euclidien, ne signifie nullement que ce plan soit « courbe » au sens ordinaire du terme. La généralisation du mot « courbure » et son application aux plans non euclidiens sont justifiées par le fait que la structure géométrique interne d'un plan riemannien est semblable à la structure de la surface d'une sphère euclidienne ; de même il y a une ressemblance entre la structure d'un plan dans l'espace de Lobachevski et celle de la surface de la pseudosphère euclidienne. Il arrive souvent aux scientifiques de reprendre un terme existant pour lui donner un sens plus étendu. Ceci ne créait aucune ambiguïté au XIXe siècle, car alors seuls les mathématiciens étudiaient les géométries non euclidiennes. Les ennuis commencèrent lorsque Einstein utilisa la géométrie non euclidienne dans sa théorie de la relativité généralisée. Par là, il la fit sortir du domaine des mathématiques pures et l'introduisit dans celui de la physique où cette géométrie devenait une description du monde existant. Comme le public désirait comprendre les recherches d'Einstein, on écrivit des livres entiers destinés à expliquer celles-ci aux non-spécialistes. Dans ces livres, il était parfois question de « plans courbes » et d'espace « courbe ». C'était là une façon de parler assez trompeuse et tout à fait regrettable. Il aurait fallu dire : « Il y a une certaine valeur k que les mathématiciens appellent mesure de la courbure, sans que

140 cette expression signifie grand-chose; et cette valeur k est | positive à l'intérieur du soleil, mais négative dans le champ gravitationnel de celui-ci. À mesure que l'on s'éloigne du soleil, la valeur négative de k se rapproche de zéro. »

Au lieu de s'exprimer ainsi, les vulgarisateurs proclamèrent qu'Einstein avait découvert que les plans situés dans notre espace sont courbes. Cela ne pouvait que jeter la confusion dans l'esprit du public. Les lecteurs se demandaient comment on peut parler de plans courbes : s'ils sont courbes, on ne devrait pas les appeler « plans » ! Toutes ces histoires d'espace courbe firent croire aux gens que tout ce qui se trouve dans notre espace est fléchi ou tordu. Parfois les vulgarisateurs de la théorie de la relativité déclaraient même que la force de la gravitation « gauchit » les plans; ils racontaient cela dans le style le plus pittoresque, comme si cela ressemblait à ce qui se passe quand on courbe une plaque de tôle. Cette façon de se représenter les choses finit par aboutir à des conséquences bizarres, et il y eut des auteurs pour en faire grief à la théorie d'Einstein. Tous ces malentendus auraient pu être évités si on avait commencé par laisser de côté ce terme de « courbure ».

Par ailleurs, il n'est jamais facile de remplacer par un autre mot un terme mathématique d'usage déjà courant. Le mieux sera donc d'accepter « courbure » comme terme technique, tout en gardant présent à l'esprit que cet emploi n'a rien à voir avec les acceptions que ce terme reçoit dans la vie de tous les jours. Ne vous représentez pas un plan non euclidien comme « incurvé » suivant une surface qui ne soit pas plane. Un tel plan n'a pas la même structure interne qu'un plan euclidien, mais c'est bien un plan en ce sens que sa structure est exactement la même sur ses deux faces. On aperçoit bien ici le danger qu'il y a à présenter la sphère euclidienne comme modèle d'un plan riemannien : c'est que, quand l'on pense à une sphère, on se représente l'intérieur comme tout à fait différent de l'extérieur. Vue de l'intérieur, sa surface apparaît en effet concave, tandis que de l'extérieur elle semble convexe. Ceci n'est pas vrai pour un plan appartenant à l'espace de Lobachevski ou à celui de Riemann. Dans chacun de ces deux espaces, les deux faces d'un plan sont, et paraissent, identiques. Si nous nous plaçons à quelque distance d'une des faces, nous n'observerons pas autre chose qu'en regardant l'autre face. Mais la structure interne du plan est telle que nous pouvons, grâce au paramètre k, mesurer son degré de « courbure ». Rappelons-nous que « courbure » n'est ici qu'un terme technique; il est différent de notre perception intuitive de la courbure dans l'espace euclidien.

Une autre confusion terminologique plus aisée à corriger concerne les deux sens de l'expression « géométrie riemannienne », dont il a été question au début du présent chapitre. Lorsque Riemann inventa sa géométrie à courbure positive constante, celle-ci reçut le nom de « riemannienne » par opposition à l'espace précédemment découvert par Lobachevski, dans lequel la courbure est constante mais négative. Plus tard, Riemann élabora une théorie générale des espaces à courbure variable, espaces qui n'ont pas été traités sous forme axiomatique. (Les formes axiomatiques de géométrie non euclidienne, qui conservent tous les | axiomes d'Euclide sauf celui de la parallèle, se limitent à l'étude 141
des espaces à courbure constante.) Dans la théorie généralisée de Riemann, on peut envisager n'importe quel nombre de dimensions, et dans tous les cas la courbure peut varier continûment d'un point à l'autre.

Lorsqu'un physicien parle de « géométrie riemannienne », il veut dire la géométrie généralisée dont la première géométrie de Riemann et la géométrie de Lobachevski (aujourd'hui appelées respectivement géométrie elliptique et géométrie hyperbolique), ainsi que la géométrie euclidienne, ne sont que les cas particuliers les plus simples. Outre ces cas particuliers, la géométrie généralisée de Riemann contient un généreux assortiment d'espaces à courbure variable. C'est l'un de ces derniers qu'Einstein choisit pour support de sa théorie de la relativité généralisée.

142 | CHAPITRE XV

POINCARÉ CONTRE EINSTEIN

Henri Poincaré, célèbre mathématicien et physicien français, auteur de nombreux ouvrages de philosophie des sciences antérieurs pour la plupart à l'époque d'Einstein, s'intéressa vivement au problème de la structure géométrique de l'espace. Il eut à ce sujet une idée qu'il est indispensable de connaître pour comprendre la physique moderne et que nous étudierons donc d'assez près[1].

Supposons, dit Poincaré, que les physiciens s'aperçoivent que la structure de l'espace réel diffère de celle de la géométrie euclidienne. Ils auraient alors à choisir : ou bien accepter la géométrie non euclidienne comme description de l'espace physique, ou bien conserver la géométrie euclidienne en adoptant de nouvelles lois d'après lesquelles tout solide subirait certaines contractions et dilatations. On a vu dans un des chapitres précédents qu'afin de prendre des mesures précises au moyen d'une baguette d'acier, il faut faire des corrections pour tenir compte des contractions et dilatations d'origine thermique subies par la baguette.
143 De même, d'après Poincaré, si l'observation indiquait que l'espace | est non euclidien, les physiciens seraient libres de conserver l'espace euclidien, à condition d'introduire dans leurs théories des forces nouvelles capables, dans certaines circonstances déterminées, de dilater ou de contracter les solides.

1. Les idées de Poincaré sur ce sujet sont développées de la façon la plus explicite dans son livre *La Science et l'hypothèse*.

Il faudrait aussi introduire de nouvelles lois en optique, parce que les rayons lumineux sont un des moyens qui servent à l'étude de la géométrie des espaces physiques. On les suppose rectilignes. Le lecteur se souvient que les côtés du triangle de Gauss, qui avait des montagnes pour sommets, n'étaient pas constitués par des tiges rigides, les distances étant beaucoup trop grandes, mais par des rayons lumineux. Supposons, dit Poincaré, qu'on s'aperçoive que dans un triangle très grand de ce genre la somme des angles n'est pas égale à 180 degrés. Au lieu d'abandonner la géométrie euclidienne, nous pourrions imputer la différence à un gauchissement des rayons lumineux. Si nous introduisons de nouvelles lois régissant le gauchissement des rayons lumineux, nous arriverons toujours à conserver la géométrie euclidienne.

C'était là une idée d'une importance extrême. J'essaierai par la suite de montrer quel sens précis Poincaré voulait lui donner et de quelle façon il est possible de la justifier. Allant plus loin, Poincaré prédisait que les physiciens choisiraient toujours le second terme de l'alternative. Ils préféreront toujours, dit-il, conserver la géométrie euclidienne, parce qu'elle est beaucoup plus simple que les autres. Il ignorait encore, bien entendu, la conception nouvelle de l'espace, complexe et non euclidienne, qu'Einstein allait bientôt proposer. Il pensait sans doute simplement aux espaces non euclidiens à courbure constante, autrement il aurait estimé encore plus improbable que les physiciens abandonnent jamais Euclide. Il estimait justifié d'apporter quelques modifications aux lois concernant les solides et les rayons lumineux afin de préserver la simplicité euclidienne. Une ironie du sort fit que, quelques années seulement après, en 1915, Einstein allait élaborer sa théorie de la relativité généralisée, dans laquelle il adoptait une géométrie non euclidienne.

Il est important de bien comprendre le point de vue adopté par Poincaré, parce que l'on saisira mieux pourquoi Einstein l'a récusé. Nous essaierons de faire comprendre cela par un appel à l'intuition plutôt qu'au moyen de calculs et de symboles, et de donner du problème une représentation visuelle. À cette fin nous emploierons un procédé utilisé par Hermann von Helmholtz, le grand physicien allemand, bien des années avant que Poincaré ne se fût intéressé à la question. Helmholtz cherchait à montrer que Gauss avait eu raison de voir dans la structure géométrique de l'espace un problème empirique. Imaginons, proposa-t-il, un univers à deux dimensions seulement, dans lequel se déplacent des êtres à deux dimensions capables également de faire glisser des objets. Ces êtres eux-mêmes et tous les objets de leur univers sont plats, absolument plats, comme les créatures à deux dimensions du conte si amusant d'Edwin A. Abbott, *Flatland* (*Platpays*). Ces êtres selon Helmholtz habitent non pas

un plan, mais la surface d'une sphère. Celle-ci est gigantesque en comparaison de leur propre taille; eux-mêmes sont petits comme des
144 fourmis et la sphère est comme la Terre. Elle est | si grande qu'ils ne peuvent jamais en faire le tour; leurs déplacements sont confinés à une certaine partie de la surface. Le problème est le suivant: ces créatures peuvent-elles, uniquement par des mesures effectuées sur la surface bi-dimensionnelle qui leur est accessible, déterminer si elles se trouvent sur un plan, sur une sphère ou sur quelque autre type de surface?

D'après Helmholtz, elles le peuvent. Elles peuvent en effet délimiter un très grand triangle et en mesurer les angles. Si la somme dépasse 180 degrés, les êtres bi-dimensionnels sauront qu'ils se trouvent sur une surface à courbure positive; s'ils observent en tous les points de leur continent la même courbure positive, ils sauront qu'ils habitent une sphère ou une portion de sphère. (Savoir si la sphère est complète ou non, c'est un autre problème.) Il serait raisonnable de leur part de conjecturer que leur univers tout entier est une surface sphérique. Nous, évidemment, nous voyons du premier coup d'œil que c'est une surface sphérique, mais nous avons l'avantage de posséder trois dimensions et d'avoir du recul. Cependant les êtres bi-dimensionnels eux-mêmes, comme l'a clairement montré Helmholtz, ont la possibilité de calculer le degré de courbure en chaque point de la surface qu'ils habitent: il leur suffit de mesurer les angles d'un triangle, ou la proportion entre un cercle et son diamètre, ou diverses autres quantités. Gauss avait donc raison de penser pouvoir, grâce à des mesures, déterminer si notre espace à trois dimensions possède une courbure négative ou positive. Si l'on imagine notre espace enclavé dans un univers à plus de trois dimensions, on a le droit de l'appeler courbe ou fléchi, car il apparaîtrait effectivement tel aux yeux de créatures à quatre dimensions.

Examinons de plus près la question. Supposons que les êtres bi-dimensionnels s'aperçoivent que, lorsqu'ils mesurent des triangles avec leurs baguettes graduées, tous les triangles de même taille manifestent en tout point de leur continent la même courbure positive. Il y a au nombre de ces êtres deux physiciens P_1 et P_2. Le physicien P_1 soutient une théorie T_1 d'après laquelle la région où il habite avec ses congénères fait partie d'une surface sphérique S_1. Son collègue le physicien P_2 soutient une théorie T_2 d'après laquelle la région serait une surface plate S_2. Dans la figure 22 ces deux surfaces sont représentées de profil. Mettons qu'il existe sur S_1 des corps bi-dimensionnels rigides et susceptibles d'être déplacés sans changer de forme ou de dimensions; les êtres en question et leurs baguettes graduées feraient partie de ces corps. Pour tout corps situé sur S_1 il existe sur
145 | S_2 un corps correspondant plat qui est la projection du premier, projection

construite par exemple au moyen de lignes parallèles entre elles et perpendiculaires au plan S_2 (ces parallèles sont en pointillé sur la figure). Si un corps situé sur S_1 se déplace de la position A_1 à la position A'_1, le corps correspondant en S_2, qui se comporte en somme comme son ombre, se déplace de A_2 en A'_2. Nous avons admis que les corps situés sur S_1 sont rigides ; donc la longueur A_1 doit être égale à la longueur A'_1. Mais s'il en est ainsi A'_2 doit être inférieure à A_2.

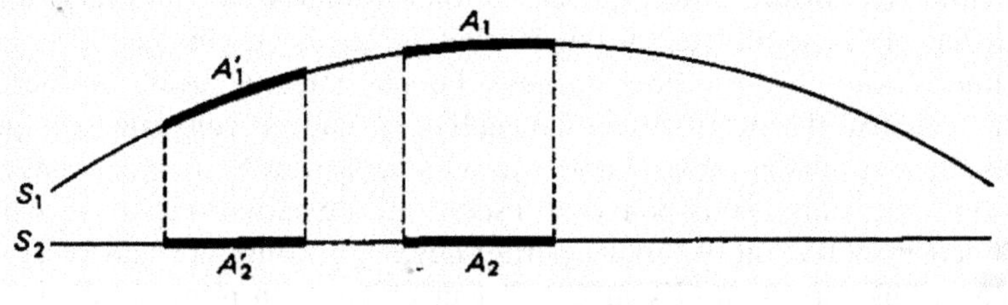

Figure 22

Helmholtz a fait remarquer que, lorsque nous mesurons quelque chose à l'aide d'une baguette graduée, nous n'observons en fait rien d'autre qu'une série de coïncidences entre des points. C'est ce qu'on vérifiera en relisant, au début du chapitre IX, la description de la façon dont on mesurerait le bord d'une barrière.

Tournons-nous à nouveau vers la figure 22. La projection de S_1 sur S_2 porte le nom de correspondance bi-univoque. (Elle ne pourrait pas être réalisée si S_1 était une sphère complète, mais nous avons supposé que S_1 n'est qu'une région limitée sur la surface d'une sphère.) Pour tout point de S_1 il existe un point correspondant sur S_2, et un seul. Ainsi, lorsque des êtres se déplacent sur S_1 en observant des coïncidences de points entre leurs baguettes graduées et les objets à mesurer, leurs « ombres » en S_2 font exactement les mêmes observations sur les objets de S_2. Comme les objets de S_1 sont censés être rigides, les objets correspondants en S_2 ne peuvent pas être rigides. Ils subissent forcément des contractions et dilatations dont nous avons tenu compte dans notre figure.

Revenons maintenant à nos deux physiciens P_1 et P_2, et à leurs théories concernant la forme de leur univers à deux dimensions. P_1 affirme que cet univers doit faire partie d'une sphère. P_2 affirme que c'est un plan, mais que les objets se dilatent et se contractent (de manière prévisible) en se déplaçant. Par exemple, ils se dilatent en se rapprochant de la partie centrale de S_2, et se contractent en s'éloignant du centre. P_1 affirme que les rayons lumineux sont des géodésiques sur la surface courbe S_1, c'est-à-dire qu'ils décrivent des arcs de grands cercles. Ces arcs, projetés sur S_2, y prendront la forme d'arcs elliptiques. P_2, afin de défendre sa théorie suivant laquelle l'univers serait plat, sera donc obligé d'échafauder des théories optiques selon lesquelles les rayons lumineux décriraient des trajets elliptiques.

Comment les deux physiciens vont-ils se départager ? Eh bien, ils ne pourront pas. Le physicien P_1 soutient que leur univers fait partie de la surface d'une sphère et que les objets ne subissent point d'autres contractions ni dilatations que celles, bien connues, qui sont dues à la chaleur, à l'élasticité, etc. (ou plutôt celles qui constituent les analogues bi-dimensionnels de ces phénomènes). Le physicien P_2 décrit le même univers, mais il le décrit différemment. Il pense que c'est un plan, mais que les objets se dilatent ou se contractent en s'y déplaçant. Nous, qui vivons en trois dimensions, nous pouvons observer de l'extérieur cet univers bi-dimensionnel et voir si c'est une portion de sphère ou un plan, mais les deux physiciens, eux, sont prisonniers de leur univers. En principe, ils n'ont
146 | aucun moyen de déterminer laquelle des deux théories est la bonne. C'est pourquoi, d'après Poincaré, rien ne sert de soulever la question : les deux théories ne sont que deux manières différentes de décrire le même univers.

Le nombre des descriptions que des physiciens qui habiteraient la sphère pourraient donner de leur univers est infini, et d'après Poincaré le choix entre ces descriptions est affaire de pure convention. Un troisième physicien pourrait parfaitement soutenir la théorie bizarre selon laquelle l'univers aurait la forme suivante :

Figure 23

Rien ne l'empêcherait de défendre cette théorie en introduisant dans la mécanique et l'optique des lois encore plus compliquées qui la rendraient compatible avec les faits observés. Des raisons pratiques font que nul physicien habitant la sphère n'irait proposer une telle théorie. Mais, affirme Poincaré, il ne saurait y avoir de raison d'ordre *logique* qui l'en empêche.

Nous pouvons imaginer quelque physicien bi-dimensionnel disant aux autres, comme Poincaré à ses contemporains : « Il n'y a pas là de quoi se disputer. L'ensemble des faits reste identique, vous en donnez seulement des descriptions différentes. » Leibniz, notre lecteur s'en souvient sans doute, avait jadis défendu un point de vue similaire. S'il n'existe, en principe, aucun moyen sûr de choisir entre deux propositions, nous n'avons pas, disait-il, le droit d'affirmer qu'elles ont des significations différentes. Si tous les objets compris dans l'univers venaient à doubler de taille pendant notre sommeil, est-ce que nous remarquerions quoi que ce soit de changé en nous réveillant? Non, assure Leibniz. Notre corps lui-même ayant doublé de taille comme le reste, nous n'aurions aucun point de repère qui nous permette de nous en apercevoir. De même, si l'univers tout entier venait à se déplacer de dix kilomètres vers la gauche, nous n'aurions aucun moyen de le savoir. Et donc, cela n'aurait aucun sens d'affirmer ou de nier que ce déplacement ait eu lieu. Poincaré a repris à son compte l'opinion de Leibniz et l'a appliquée à la structure géométrique de l'espace. Nous pouvons bien trouver quelque résultat expérimental qui semble indiquer que l'espace réel est non euclidien, mais il nous est toujours loisible de conserver l'espace euclidien, plus simple, à condition que nous soyons prêts à en payer le prix. Et, comme on l'a vu, Poincaré pensait que ce prix ne serait jamais excessif.

Il y a deux idées fondamentales que nous avons voulu mettre en lumière grâce à cette image de l'univers plat et qui intéressent l'univers existant. D'abord, l'emploi des procédés de mesure auxquels nous sommes habitués pourrait fort bien aboutir à montrer que notre espace possède une structure non euclidienne. Certains philosophes récents, comme Hugo Dingler, ne s'en sont pas rendu compte. Ils soutiennent que nos procédés de mesure utilisent des instruments qui ont été fabriqués conformément à l'hypothèse euclidienne, et ne sauraient donc donner que des résultats euclidiens. Cette opinion est certainement erronée. | Nos instruments occupent des portions 147
d'espace si restreintes que dans leur fabrication il est inutile de tenir compte de la possibilité selon laquelle notre espace diffèrerait de l'espace euclidien. Considérons par exemple l'instrument qui sert à un géomètre-arpenteur à mesurer les angles. Il comporte un cercle divisé en 360 parties égales, mais ce cercle est si petit que, même si la différence entre l'espace réel et la norme euclidienne était aussi nette que celle que Gauss espérait mesurer (or la différence admise par la théorie de la relativité est encore beaucoup plus petite), on ne pourrait pas en tenir compte dans la fabrication d'un tel cercle. Pour des portions d'espace restreintes, la géométrie euclidienne resterait valable, même alors, et avec une approximation très suffisante. On exprime parfois la même opinion en disant que l'espace non euclidien possède une structure euclidienne dans les régions de petites dimensions. D'un point de vue strictement mathématique, c'est une question de limite : plus une portion d'espace est petite, plus sa structure se rapproche du type euclidien. Nos instruments de laboratoire occupent des portions d'espace si restreintes que nous pouvons nous permettre de ne

tenir aucun compte, dans leur fabrication, de ce que l'espace a peut-être de non euclidien.

Et même s'il était tellement non euclidien que la somme des angles d'un petit triangle, tracé par exemple sur une planche à dessin, était nettement différente de 180 degrés, le fait serait certainement susceptible d'être décelé au moyen d'instruments fabriqués selon nos méthodes habituelles. Supposons que les habitants de la surface sphérique S_1 (voir fig. 22) fabriquent un rapporteur en découpant un disque régulier et en divisant la circonférence de celui-ci en 360 parties égales. Si l'on utilise ce rapporteur pour mesurer les angles d'un triangle constitué, comme dans un des exemples précédents, par deux demi-méridiens et un quart de l'équateur, on y lira que chacun des angles est de 90 degrés et que leur somme est donc égale à 270 degrés.

La deuxième idée fondamentale que met en lumière notre image d'un univers à deux dimensions est la suivante : si des preuves empiriques nous montrent que l'espace est non euclidien, nous pouvons conserver la géométrie euclidienne, à condition d'être prêts à compliquer quelque peu les lois qui régissent les corps solides et les rayons lumineux. Lorsque nous considérons des surfaces situées dans l'espace existant, telles qu'une surface sur laquelle chemine une fourmi, nous pouvons avoir intérêt à nous demander si cette surface est plane, si elle fait partie d'une sphère, d'un cône, etc. Au contraire, lorsque nous considérons l'ensemble de l'espace qui constitue notre univers, espace que nous ne sommes pas en mesure d'observer « avec du recul » comme s'il était enclavé dans un autre univers plus grand encore, cela n'a aucun sens de se demander si l'espace est non euclidien et s'il va falloir changer les lois de la physique afin de conserver la géométrie euclidienne. Les deux hypothèses, euclidienne et non euclidienne, ne sont que des descriptions différentes appliquées à des faits identiques. Nous avons le droit de les renvoyer dos à dos, puisqu'elles aboutissent à des prédictions rigoureusement identiques en ce qui concerne
148 les événements observables. Les | deux théories diffèrent sans doute nettement quant à leur structure logique, mais si leurs formules et leurs lois aboutissent toujours à des prédictions identiques concernant les événements observables, nous avons le droit de dire que ce sont des théories équivalentes.

Il convient d'établir ici une distinction bien marquée entre le sens qu'on attribue parfois à l'expression « théories équivalentes » et celui que nous lui donnons. Il arrive que deux physiciens proposent deux théories différentes pour rendre compte du même ensemble de faits. Chacune explique de façon satisfaisante cet ensemble, mais par rapport aux faits qui n'ont pas encore été observés, il peut y avoir entre les deux théories une différence considérable. Elles peuvent très bien contenir des prédictions tout à fait divergentes concernant les observations qui pourraient avoir lieu dans l'avenir. Dans ce cas, elles doivent être considérées comme des théories physiques essentiellement différentes, même si chacune des deux fournit une explication complète des faits observés à ce jour.

Il n'est pas toujours facile de concevoir des expériences capables de départager deux théories qui ne sont pas équivalentes. Un exemple classique nous est offert par deux théories de la gravitation, celle de Newton et celle d'Einstein. Les différences entre les résultats prédits par ces deux théories sont si minuscules qu'il a fallu des expériences d'une ingéniosité extrême et des mesures très précises avant qu'on pût déterminer laquelle des deux aboutissait aux prédictions les plus justes. Par la suite, lorsqu'Einstein proposa sa théorie unitaire du champ, il avoua qu'il se sentait incapable d'imaginer une expérience « cruciale » susceptible d'emporter la décision entre les autres théories et la sienne. Il sut montrer clairement que sa théorie n'équivalait à aucune des théories préexistantes, mais il l'avait exposée de façon si abstraite qu'il resta hors d'état de déduire d'elle des conséquences qui puissent être décelées, du moins dans l'état actuel du niveau de précision atteint par nos instruments les plus perfectionnés. Il pensait que, si l'on continuait les recherches sur sa théorie unitaire du champ, ou si on perfectionnait davantage les instruments, il serait possible quelque jour de faire une observation décisive. Il faut bien comprendre que l'expression « théories équivalentes », au sens où nous la prenons ici, désigne une ressemblance beaucoup plus profonde que celle qu'il y a entre deux théories qui satisfont toutes les observations connues. Ici, nous lui donnons le sens que voici : les deux théories aboutissent à des prédictions rigoureusement identiques dans tous les cas concevables, ainsi que le font les théories avancées par les deux physiciens dans l'univers « plat » imaginé plus haut.

Dans les deux chapitres suivants, on verra en détail comment Poincaré, en s'apercevant que les théories euclidienne et non euclidienne de l'espace sont équivalentes en tout ce qui touche aux faits observables, nous a permis de mieux comprendre ce qu'est la structure de l'espace dans la théorie de la relativité.

149 | CHAPITRE XVI

L'ESPACE DANS LA THÉORIE DE LA RELATIVITÉ

Selon la théorie einsteinienne de la relativité, dont il a été question dans les précédents chapitres, l'espace possède une structure qui, dans les champs gravitationnels, s'écarte de la structure décrite par la géométrie euclidienne. La différence est d'ailleurs difficile à observer, sauf là où il s'agit d'un champ gravitationnel extrêmement puissant. Par exemple, celui de la Terre est si faible que même les instruments les plus perfectionnés ne peuvent déceler dans son voisinage la moindre déviation par rapport à la structure euclidienne. Mais quand on envisage des champs gravitationnels beaucoup plus puissants, comme celui du soleil ou d'une étoile dont la masse est encore plus importante, alors il devient possible d'observer régulièrement certaines déviations.

Les ouvrages de vulgarisation qui portent sur la théorie de la relativité, ainsi que bien d'autres où la question est seulement abordée, contiennent parfois des formulations susceptibles d'égarer le lecteur. On commence par dire que la théorie d'Einstein attribue à l'espace pris dans un champ gravitationnel une structure non euclidienne. Dans la page ou dans le paragraphe qui suit, on vous dit que d'après la théorie de la relativité une
150 baguette située dans un champ gravitationnel | se contracte. (Il ne s'agit pas ici de la contraction dite « contraction de Lorentz », qui affecte les baguettes en mouvement, mais d'une contraction qui affecterait une baguette au repos dans un champ gravitationnel.)

Il faut bien voir que ces deux assertions ne sont pas compatibles. Ce n'est pas qu'aucune des deux puisse être taxée de fausseté. L'auteur a raison dans les deux cas. Mais les deux assertions ne devraient pas être accolées, ni présentées dans le même chapitre. Elles ne sont pas rédigées dans le même langage, et il incombait à l'auteur de décider lequel des deux langages il préférait utiliser pour son exposé sur la relativité. S'il choisit de s'exprimer en termes euclidiens, il a entièrement raison de dire qu'une baguette soumise à un champ gravitationnel se contracte. Mais alors il s'interdit de parler d'une structure non euclidienne de l'espace. En revanche, il lui serait loisible d'adopter un langage non euclidien, mais celui-ci lui interdirait de parler de contractions. Chacun des deux langages permet de s'exprimer avec cohérence sur le sujet des champs gravitationnels, mais à mélanger les deux langages dans le même chapitre on risque d'égarer gravement le lecteur.

On se souvient sans doute qu'en proposant notre image d'un univers « plat », nous avions imaginé d'y faire habiter deux physiciens qui soutenaient des théories divergentes sur la nature de leur univers. Nous avions montré que ces deux théories étaient en réalité équivalentes et consistaient seulement en deux descriptions différentes s'appliquant au même ensemble de faits. Eh bien, la situation est la même en ce qui touche la théorie de la relativité. Il y a une description non euclidienne que nous appellerons T_1, et une description euclidienne T_2.

Si l'on choisit d'employer le langage T_1, non euclidien, les lois de la mécanique et de l'optique restent les mêmes que dans la physique d'avant Einstein. Les corps solides restent rigides, exception faite de certaines déformations : allongements et contractions sous l'action de forces extérieures et limités à la marge d'élasticité du corps étudié, dilatation thermique, modifications dues au magnétisme, etc. Ces déformations sont bien connues de la physique classique, qui en tient compte en introduisant divers correctifs dans sa définition de la longueur. Par exemple, on a décidé de prendre pour étalon de longueur une certaine baguette. Comme on sait que cette baguette se dilate sous l'action de la chaleur, on dira qu'elle ne représente l'unité de longueur qu'à une certaine température dite « normale », T_0. Évidemment, la baguette peut avoir à tel ou tel moment une autre température T différente de T_0. Alors, pour trouver la longueur de la baguette-étalon à la température T, il faudra en multiplier la longueur « normale » l_0 par un coefficient de correction, ainsi qu'on l'a expliqué au chapitre IX. Dans ce chapitre, on utilisait la formule : $1 + \beta\ (T - T_0)$, où β est une quantité qui dépend de la substance dont est faite la baguette. On arrive ainsi à définir la longueur (l) de la façon suivante :

$$l = l_0\ [l + \beta\ (T - T_0)]$$

On suivra la même méthode pour tenir compte des diverses autres forces qui peuvent modifier la longueur de la baguette, mais la gravitation
151 n'est pas | au nombre de ces forces. Car en ce qui concerne la lumière, le langage adopté par T_1 pose en principe que les rayons lumineux dans le vide sont toujours rectilignes et ne sont jamais courbés ni infléchis par les champs gravitationnels. L'autre description, T_2, conserve la géométrie euclidienne. Pour rendre compte de toutes les observations qui feraient penser à un espace non euclidien, elle modifie les lois classiques de l'optique et de la mécanique.

Pour voir comment ces deux descriptions s'appliquent à la structure d'un plan dans l'espace physique selon la théorie einsteinienne de la relativité, considérons un plan S qui passe par le centre du soleil. D'après la théorie de la relativité, l'expérience (si elle était possible) montrerait qu'un triangle situé dans ce plan, mais en dehors du soleil lui-même, présente des angles dont la somme n'atteint pas 180 degrés. De même un cercle, dans le plan mais hors du soleil, aurait entre sa circonférence et son diamètre un rapport supérieur à π. Au contraire, si l'on pouvait prendre des mesures *à l'intérieur* du soleil, elles révèleraient des déviations en sens opposé.

Afin de rendre intuitivement plus claire la structure de ce plan et de montrer comment elle peut être décrite au moyen de l'un ou de l'autre langage (T_1 ou T_2), nous utiliserons un modèle pris dans l'espace euclidien et susceptible d'être mis en corrélation, point par point, avec l'espace en question (non euclidien). Ce modèle est une certaine surface courbe S' dont nous allons expliquer le mode de construction[1].

Dans le système de coordonnées R-Z (voir fig. 24), la courbe DBC est un arc d'une parabole qui a Z pour directrice. (La courbe est engendrée par un point qui se déplace de façon que sa distance perpendiculairement à la directrice soit à tout moment égale à sa distance par rapport au point F, lequel est le foyer de la parabole). V est le sommet de la parabole, et la distance α est proportionnelle à la masse du soleil. L'arc AB est un arc de cercle. Son centre E se trouve sur l'axe Z, placé de façon que l'arc se branche sans à-coup sur la parabole, ce qui implique qu'au point B la tangente au cercle et la tangente à la parabole se confondent. (B est donc un point d'inflexion de la courbe ABC.) Supposons que cette courbe continue ABC se déplace autour de l'axe Z pour produire une surface

1. Pour cette construction, voir L. Flamm, *Physikalische Zeitschrift*, Leipzig, 17, 1916, p. 448-454, qui s'appuie sur le compte rendu de K. Schwarzschild, *Sitzungsberichte der Preussischen Akademie der Wissenschaften*, Berlin, Verlag der Königlichen Akademie der Wissenschaften, 1916, p. 189-196 et p. 424-434.

semblable à celle d'une colline. C'est la surface S', qui servira de modèle euclidien pour le plan non euclidien qui passe par le centre du soleil.

La portion de cette surface qui est la plus proche du sommet, $B'AB$, est sphérique et convexe. Elle correspond à la partie du plan située à l'intérieur du soleil. Dans cette partie, la courbure est constante et positive. (C'est là un point que l'on voit rarement mentionné dans les ouvrages sur la théorie de la relativité, parce que peu de physiciens s'intéressent à la structure géo-
métrique de l'espace | à l'intérieur d'une masse aussi énorme que le soleil. 152
Mais c'est un point important sur le plan théorique, et nous en reparlerons au moment d'étudier un triangle de rayons lumineux à l'extérieur du soleil.) Exception faite de ce sommet de colline, sphérique, la surface est concave comme celle d'une selle. Sa courbure est alors négative, bien entendu, mais non pas constante comme elle l'est dans la géométrie de Lobachevski. À mesure que l'on s'éloigne du sommet de la colline, la parabole devient de plus en plus semblable à une ligne droite. C'est seulement aux endroits peu éloignés de la partie sphérique que la courbure diffère sensiblement de zéro. Cette portion de surface à la courbure négative correspond à la partie du plan qui est située à l'extérieur du soleil. Au voisinage immédiat du soleil, la courbure négative diffère sensiblement de zéro; mais à mesure qu'on s'en éloigne, elle se rapproche de zéro, sans toutefois jamais atteindre cette valeur. En un point suffisamment éloigné du soleil, elle est pratiquement égale à zéro. Dans notre figure, le degré de courbure a été considérablement exagéré. Si l'échelle choisie était plus proche de la réalité, la courbe ressemblerait si fort à une ligne droite que sa courbure ne serait pas même perceptible. Nous donnerons par la suite la mesure exacte de la courbure.

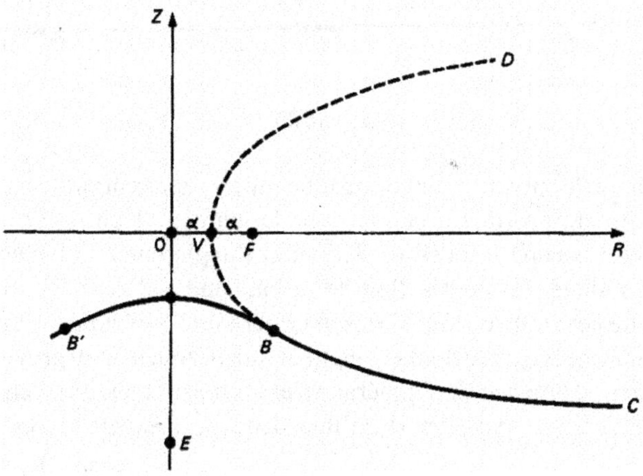

Figure 24

Nous pouvons à présent comparer comment les théories T_1 et T_2, la non euclidienne et l'euclidienne, s'appliquent à la structure du plan qui traverse le centre du soleil. Nous mènerons cette comparaison comme l'a fait Helmholtz, par l'intermédiaire du modèle que constitue notre surface courbe en forme de colline. Antérieurement, nous avons défini cette surface comme une surface euclidienne, mais à partir d'ici elle va nous
153 servir de modèle pour un plan non | euclidien. Nous en avons dessiné le profil dans la figure 25, et la ligne droite S_2 tracée immédiatement au-dessous représente un plan euclidien ordinaire. Comme plus haut, tous les points de S_1 sont projetés sur S_2 au moyen de lignes parallèles (en pointillé). Remarquez que, si une baguette se déplace de la position P_1 à la position P'_1, c'est-à-dire d'une position éloignée du soleil vers une position proche de lui, cette baguette ne se contracte pas, puisque l'événement est décrit dans le langage de la géométrie non euclidienne. Mais si l'on emploie le langage euclidien de la théorie T_2, langage qui correspond au plan S_2, on est obligé de dire que la baguette se contracte en allant de P_2 à P'_2. Et il faut alors ajouter des lois nouvelles qui proclament que toute baguette, lorsqu'on la rapproche du soleil, subit une contraction dans le sens radial, c'est-à-dire dans le sens orienté vers le centre du soleil.

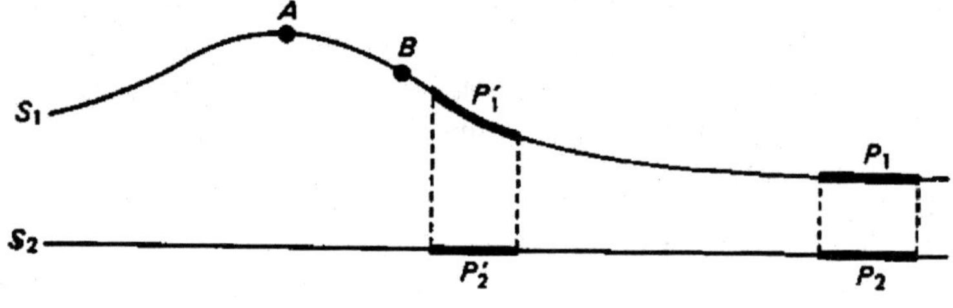

Figure 25

La figure 26 montre la situation telle qu'elle apparaîtrait vue d'en haut et non plus de profil. Le cercle dont le centre est en A est le soleil. La baguette occupe la position P. Soit φ l'angle entre la baguette et la direction radiale. La contraction de la baguette, selon la théorie T_2, est fonction de cet angle et peut s'exprimer par une loi générale. Cette loi dit que, lorsqu'une baguette dont la longueur loin de tout champ gravitationnel est l_0 se trouve amenée (la température et les autres conditions demeurant inchangées) à une position P qu'une distance r sépare du corps b de masse m, l'angle par rapport à la direction radiale étant φ, cette baguette après contraction sera réduite à une longueur ainsi exprimée :

$$l_0 \left[l - C \left(\frac{m}{r} \cos^2 \varphi \right) \right]$$

où C représente une quantité constante. Comme il s'agit là d'une loi générale, aussi générale que celle de la dilatation thermique, elle doit être prise en considération lorsqu'on cherche à définir la longueur d'une baguette

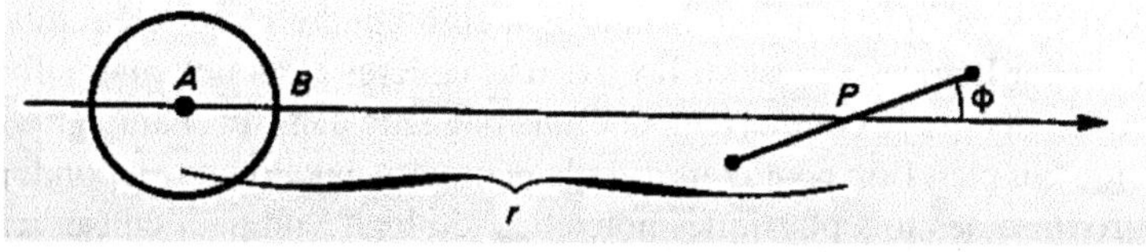

Figure 26

destinée à servir | d'étalon de mesure. Il faudra donc introduire dans 154
l'équation dont on se sera servi pour définir la longueur l une correction. On obtiendra alors la définition :

$$l = l_0 \left[1 + \beta \left(T - T_0 \right) \right] \left[1 - C \left(\frac{m}{r} \cos^2 \varphi \right) \right]$$

Gardons constante la distance r et faisons varier l'angle φ. Si la baguette est orientée selon une direction radiale, de façon que $\varphi = 0$, alors le cosinus de l'angle est égal à 1 et l'expression « $\cos^2 \varphi$ » peut être laissée de côté. Dans ce cas, la contraction a atteint sa valeur maximale. Si φ est un angle droit, le cosinus est égal à zéro, et la valeur de la correction est nulle. En d'autres termes, la baguette ne subit aucune contraction lorsqu'elle est disposée perpendiculairement à une direction radiale. Dans les autres positions qu'elle peut occuper, le degré de contraction varie entre zéro et un maximum.

La valeur de la constante C est très petite. Si l'on mesure toutes les grandeurs selon le système *CGS* (centimètre, gramme, seconde), cette valeur est égale à $3,7 \times 10^{-29}$. Ceci revient à dire qu'après un zéro et la virgule, il y a 28 zéros suivis du chiffre 37. Il est donc évident que C est tout à fait minuscule. Même si la masse considérée est aussi grande que celle du soleil (1,98 × 10^{33} grammes) et si on réduit la distance r en se rapprochant du soleil jusqu'à ce que cette distance soit égale au rayon AB du soleil (6,95 × 101^{10} centimètres), l'effet produit sur la baguette reste petit.

En fait, la contraction relative d'une baguette ainsi placée près de la surface du soleil selon une direction radiale est égale à :

$$C\frac{m}{r_0} = 0{,}0000011$$

Il devient dès lors évident que les courbes portées sur les figures 24 et 25 sont très exagérées. La structure d'un plan qui passe par le centre du soleil est pratiquement la même que celle d'un plan euclidien ; mais il y a de menues différences et, comme on le verra plus tard, il existe des procédés expérimentaux qui permettent d'observer ces différences.

L'argument important qu'il faut bien comprendre et qui a été mis en lumière par Poincaré, c'est qu'il y a deux manières essentiellement divergentes de décrire le comportement d'une baguette dans un champ gravitationnel. Ou bien l'on peut conserver la géométrie euclidienne à condition d'introduire des lois physiques nouvelles, ou bien l'on peut conserver le principe de la rigidité des corps à condition d'adopter une géométrie non euclidienne. Nous sommes libres de choisir, pour décrire l'espace physique, celle des deux géométries qui nous plaît, à condition d'apporter aux lois physiques toutes les modifications nécessaires. Ces modifications ne concernent pas seulement les lois qui régissent les corps solides, mais aussi les lois de l'optique.

Leur application aux lois de l'optique se comprend sans peine si l'on considère le trajet suivi par un rayon de lumière qui, parti d'une étoile lointaine, passe tout près du soleil avant d'arriver à la Terre. La figure 27
155 représente, à gauche, | la Terre, et au centre le disque solaire. Lorsque le soleil ne se trouve pas dans la position indiquée, la lumière qui vient de l'étoile *S* (cette étoile serait située très loin vers la droite, hors de la page) arrive normalement jusqu'à la Terre en suivant la ligne droite L_1. Mais, lorsque le soleil se trouve dans la position indiquée, cette lumière subit une déviation au point *C*, et suit alors le trajet L_2. L'étoile *S* est si éloignée qu'on peut considérer comme parallèles les trajets L_1 et L_2 (pour la partie de ce dernier située à droite de *C*). Mais si un astronome venait à mesurer l'angle α_2 entre l'étoile *S* et une autre étoile *S'*, il constaterait qu'il est légèrement plus petit que l'angle α_1, qui est celui qu'il a observé en d'autres saisons lorsque la position du soleil n'était pas proche de celle de l'étoile *S*. Il aurait donc l'impression que l'étoile *S*, vue de la Terre, s'est légèrement rapprochée de l'étoile *S'*. Il s'agit là d'une observation empirique qui constitue en fait l'une des principales confirmations expérimentales de la théorie d'Einstein.

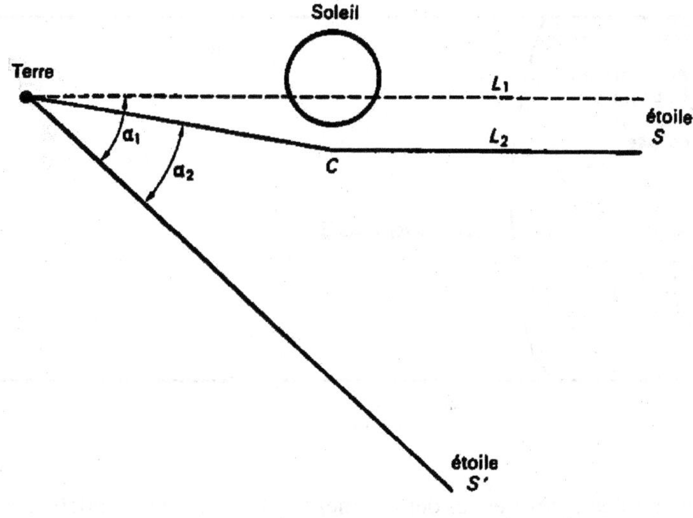

Figure 27

La lumière du soleil est si vive que les étoiles proches de son limbe ne peuvent être vues ou photographiées que pendant une éclipse de soleil. Le dessin de la figure 28 représente (grossièrement) une partie d'une photographie prise dans ces conditions. La position de l'étoile *S* y est indiquée par un point. D'autres étoiles, dont *S'*, sont représentées par les autres points. L'angle entre les rayons lumineux venus de *S* et de *S'* s'évalue par la mesure de la distance qui sépare les points *S* et *S'* sur la plaque photographique. On compare alors cette distance avec celle qu'on avait observée sur des photos prises à d'autres moments de l'année, lorsque le soleil occupait une position différente. Ces expériences, d'une importance historique, faites pour la première fois en 1919 et répétées lors de maintes éclipses plus récentes, ont indiqué un très léger déplacement de la position
| apparente des étoiles les plus proches du disque solaire. Ces déplacements **156**
ont confirmé la prédiction d'Einstein selon laquelle les rayons de lumière qui passent près du soleil seraient « déviés » par la puissance du champ gravitationnel de cet astre.

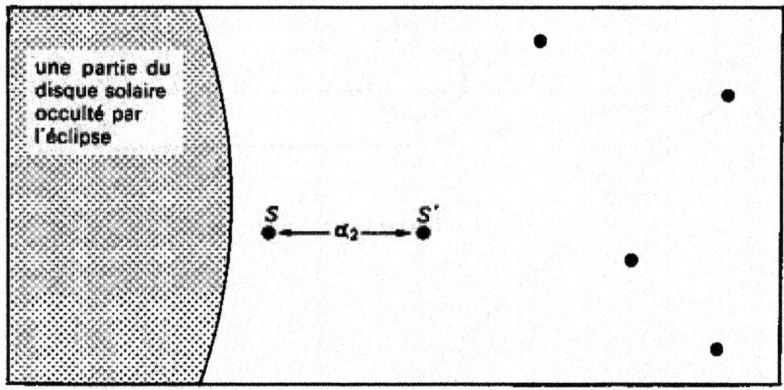

Figure 28

Le premier à mesurer ces déplacements fut Findlay Freundlich, dans la tour Einstein de l'observatoire de Potsdam près de Berlin. J'habitais alors Vienne; et je me souviens qu'une fois où j'étais allé séjourner quelque temps avec Hans Reichenbach à Berlin, nous partîmes ensemble faire une visite à Freundlich qui travaillait dans le sous-sol de la tour. Il passait des journées entières à mesurer avec le plus grand soin les distances entre les positions apparentes des étoiles sur des clichés photographiques d'environ vingt-cinq centimètres de côté. Armé d'un microscope, il mesurait et re-mesurait inlassablement les coordonnées de chaque étoile, puis calculait la moyenne de ces mesures afin d'obtenir la meilleure approximation possible pour le repérage exact de l'étoile. Il refusait de confier cette tâche à un de ses assistants; il faisait tout lui-même, parce qu'il se rendait compte de l'importance historique de ce contrôle expérimental. Il s'avéra en effet que le déplacement, quoique petit, était observable, et la théorie d'Einstein reçut ainsi une confirmation frappante.

En ce qui concerne la déviation des rayons lumineux sous l'action d'un champ gravitationnel, il se passe à peu près la même chose que pour la contraction apparente des corps solides. Ici aussi, il faut choisir entre deux théories pour expliquer les résultats des expériences. Une théorie T_2 permet de conserver la géométrie euclidienne, mais oblige à inventer des lois optiques nouvelles pour rendre compte des déviations subies par la lumière dans les champs gravitationnels. Une autre théorie T_1, au prix de l'adoption d'une géométrie non euclidienne, respecte l'hypothèse classique selon laquelle, dans l'espace vide, la lumière n'est pas déviée par les champs gravitationnels. Nous expliquerons tout cela dans le chapitre suivant.

| Il est important de bien comprendre la nature de ce choix avant de 157
poser la question de la structure géométrique de l'espace. Je crois que l'ambiguïté de cette question et la manière elliptique dont Poincaré ou d'autres ont formulé leurs réponses ont suscité des interprétations (celle de Reichenbach, par exemple) qui défiguraient la thèse proposée. Poincaré a dit que le physicien est libre de choisir entre la géométrie euclidienne et n'importe quelle forme de géométrie non euclidienne. Selon lui, c'est une affaire de convention; aussi sa thèse a-t-elle reçu l'étiquette de « conventionnaliste ». À mon avis, il a voulu dire que le physicien opérait son choix *avant* de décider quelle méthode il allait utiliser pour la mesure des longueurs. Puis, son choix une fois fait, il *ajusterait* sa méthode de mesure de façon qu'elle aboutisse au type de géométrie choisi. Car, une fois qu'on a opté pour telle ou telle méthode de mesure, la question de la structure de l'espace devient une question empirique, qu'il incombe à l'observation de résoudre. Certes, Poincaré n'a pas toujours été très explicite sur ce point, mais le contexte d'ensemble, la totalité de son œuvre, indiquent que c'est là ce qu'il voulait dire. Dès lors, à mon avis, il n'y a plus de divergence entre Reichenbach et Poincaré sur cette question. Il est vrai que Reichenbach a reproché à Poincaré d'exagérer l'aspect conventionnel et de ne pas voir le côté empirique de la question en ce qui touche la structure géométrique de l'espace; c'est parce que Poincaré s'était exprimé de façon trop elliptique et avait omis de préciser qu'il parlait seulement du choix opéré par le physicien tout au début entre deux types de géométrie. Mais les deux savants ont vu clairement qu'une fois adoptée une méthode de mesure appropriée, la question de la structure géométrique de l'espace devient un problème empirique qu'il faut résoudre en effectuant des observations.

L'aspect empirique du problème est bien mis en relief par une question assez intéressante, que l'on ne se pose plus guère aujourd'hui, mais qui suscita maintes controverses dans les premiers temps de la théorie de la relativité. La totalité de l'espace de l'univers est-elle finie ou infinie? On a mentionné plus haut qu'Einstein, à un certain moment, proposa un modèle du cosmos qu'on pourrait considérer comme analogue à la surface d'une sphère. Pour des créatures à deux dimensions qui habitent à la surface d'une sphère, cette surface serait à la fois finie et non limitée. Elle serait finie, puisqu'il serait possible de l'explorer en totalité; elle serait non limitée en ce sens qu'il serait toujours possible de se déplacer dans n'importe quelle direction à partir de n'importe quel point sans jamais rencontrer de limite. Dans le modèle d'Einstein, l'espace à trois dimensions, considéré du point de vue d'un être à quatre dimensions, possèderait une courbure d'ensemble positive, c'est-à-dire qu'il se refermerait sur lui-même comme la surface d'une sphère. Un astronef qui se déplace «en ligne droite» dans une direction quelconque finirait par revenir à son point de départ, comme le fait un avion qui suit un grand cercle autour du globe terrestre. On s'est même demandé s'il ne serait pas possible de voir une galaxie en dirigeant un télescope très puissant dans la direction exactement opposée à celle où elle paraît se trouver.

Comment Einstein a-t-il pu concevoir le cosmos comme possédant une
158 | courbure positive, alors que, d'après lui, les champs gravitationnels possèdent toujours une courbure négative? Encore aujourd'hui, c'est là une question qui ferait réfléchir plus d'un physicien à qui on la poserait de but en blanc. La réponse n'est pas tellement difficile à trouver, mais quelqu'un qui n'a pas beaucoup médité sur ces problèmes-là peut fort bien rester perplexe. Considérez la surface de la Terre. Elle présente une courbure d'ensemble positive. Cependant, elle est parsemée de vallées qui présentent chacune une courbure négative accentuée. De la même façon, le modèle du cosmos selon Einstein contient des «vallées» à courbure négative, qui sont les champs gravitationnels intenses, mais ces vallées sont compensées, et au-delà, par les courbures positives plus accentuées encore qui règnent *à l'intérieur* des objets dont la masse est très importante, tels que les étoiles fixes. Ces étoiles, si nous reprenons l'analogie avec la surface terrestre, correspondent à la courbure positive accentuée que présentent les dômes montagneux. On a calculé que le cosmos ne pourrait avoir une courbure d'ensemble positive que si sa densité moyenne était suffisamment élevée. De nos jours, l'hypothèse de l'univers en expansion, ainsi que certains calculs récents portant sur la quantité totale de matière contenue dans l'univers, ont rendu assez peu vraisemblable le modèle fini et clos que proposait Einstein. Peut-être est-ce là une question encore indécise, car il reste encore bien des incertitudes relativement à la mesure de masses et de distances aussi énormes; il est également possible qu'il y ait de l'hydrogène réparti de façon très diffuse dans ce que l'on avait pris pour le « vide absolu » de l'espace, ce qui relèverait la densité moyenne du cosmos. En tout cas, il est certain que la séduisante conception d'Einstein qui nous dépeint un univers fermé mais non limité paraît actuellement moins vraisemblable qu'à l'époque où il l'a proposée. Le point qui nous intéresse ici, c'est que les preuves qu'on peut avancer pour ou contre ce modèle du cosmos sont des preuves empiriques. Aujourd'hui, bien qu'un accord assez général règne en faveur de la géométrie non euclidienne postulée par la théorie de la relativité, il n'existe pas de modèle du cosmos qui rassemble l'unanimité des suffrages parmi les astronomes et les physiciens.

Comme nous l'avons vu, les physiciens auraient pu conserver la géométrie euclidienne (comme Poincaré l'avait prédit à tort) et rendre compte de ces observations nouvelles en introduisant dans les lois de l'optique et de la mécanique de nouvelles corrections. Au lieu de cela, ils ont préféré suivre Einstein et abandonner la géométrie euclidienne.

Sur quelle base cette décision a-t-elle été prise ? Est-ce que le facteur décisif a été celui de la simplicité ? Et si oui, au nom de la simplicité de quoi ? Le système euclidien présente une géométrie beaucoup plus simple, mais des lois physiques plus compliquées. Le système non euclidien présente une géométrie beaucoup plus compliquée, mais des lois physiques nettement simplifiées. Comment arriver à choisir entre ces deux systèmes dont chacun est sous quelque aspect plus simple que l'autre ? Dans le chapitre suivant nous tenterons de répondre à cette question.

159 | CHAPITRE XVII

LES AVANTAGES D'UNE THÉORIE NON EUCLIDIENNE DES ESPACES PHYSIQUES

Lorsqu'on cherche sur quelle base on pourrait choisir entre une structure euclidienne ou une structure non euclidienne pour la géométrie des espaces physiques, on est tenté, au premier abord, de choisir le système qui offre la méthode la plus simple pour la mesure des longueurs. Autrement dit, l'on cherche à éviter autant que possible d'avoir à introduire des corrections dans les méthodes de mesure. Malheureusement, si l'on suivait à la lettre cette règle de conduite, on aboutirait à des conséquences fort bizarres. La façon la plus simple, en effet, de mesurer des longueurs consisterait à choisir une baguette-étalon et à définir comme unité de longueur la longueur de cette baguette, sans introduire aucune espèce de correction. La baguette devient alors l'unité de longueur, sans qu'on tienne compte de sa température ni de l'action éventuellement exercée sur elle par le magnétisme ou par une force mécanique extérieure, et sans qu'on tienne compte non plus de l'intensité forte ou faible du champ gravitationnel où elle se trouve placée. Comme on l'a montré plus haut, le choix d'une telle
160 unité de longueur | n'entraîne aucune contradiction logique; il ne peut non plus en aucune manière être exclu par suite d'une observation des faits. Mais c'est un choix qui se paie très cher; il aboutit à une vision du monde incroyablement bizarre et compliquée. Il impliquerait, par exemple, l'affirmation que, si l'on échauffe la baguette avec une flamme, tous les autres objets contenus dans l'univers, y compris les galaxies les plus lointaines, se trouvent *ipso facto* contractés. Il n'y a pas un seul physicien qui soit prêt à accepter les conséquences d'une telle affirmation et les lois

physiques compliquées qui découleraient du choix de cette unité de longueur la plus simple possible.

Alors, sur quoi se sont fondés Einstein et ses successeurs lorsqu'ils ont opté en faveur de la géométrie non euclidienne malgré sa complication intrinsèque? La réponse est qu'ils ne se sont pas fondés sur le degré de simplicité qui caractérise tel ou tel aspect partiel de la situation, mais plutôt sur la simplicité d'ensemble du système de lois physiques qui se développe à partir de cette option. De ce point de vue global, il faut bien admettre en effet avec Einstein qu'il y a un gain de simplicité si l'on adopte la géométrie non euclidienne. Pour conserver la géométrie euclidienne, la physique aurait été obligée d'élaborer un bizarre échafaudage de lois portant sur la dilatation et la contraction des corps solides et sur la déviation des rayons lumineux. L'adoption du système non euclidien, au contraire, devait par comparaison simplifier considérablement les lois de la physique. D'abord, il ne serait plus nécessaire d'introduire des lois nouvelles portant sur la contraction des corps solides et la déviation des rayons lumineux. Qui plus est, les anciennes lois régissant les déplacements de certains corps, telles que celles qui définissent la révolution d'une planète autour du soleil, s'en trouveraient nettement simplifiées. Même la gravitation universelle, en un sens, disparaîtrait. Car, au lieu d'une « force », on ne constaterait plus que le déplacement d'un objet le long de sa « ligne d'univers » naturelle, comme le requiert la géométrie non euclidienne du système spatio-temporel.

| Le concept de ligne d'univers peut s'exposer comme suit. Mettons que **161**
vous vouliez représenter sur un plan *M* le trajet suivi par votre voiture lors d'un déplacement dans Los Angeles. La figure 29 montre un plan de ce genre. Le trajet suivi par la voiture est indiqué par la ligne *ABCD*. Cette ligne représente exactement l'itinéraire parcouru, mais elle ne nous renseigne en rien, évidemment, sur la vitesse de la voiture : l'élément de temps est complètement absent.

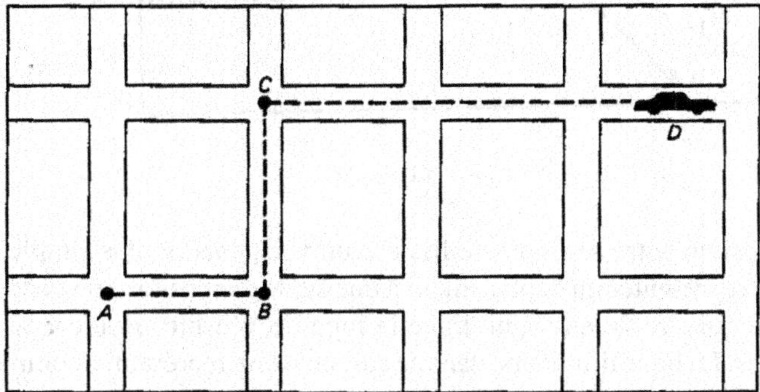

Figure 29

Comment faire pour représenter le déplacement de la voiture de façon à tenir compte du temps et de la vitesse ? Il suffit de prendre une série de plans M_1, M_2, …, dont chacun sera imprimé sur une feuille de plastique transparent, comme on le voit sur la figure 30. Sur le plan M_1 vous porterez le point A_1 (qui correspond au point A du plan M de la figure 29), qui est celui où se trouvait la voiture au premier instant, T_1, de la période considérée. Sur M_2, vous porterez la position B_2 atteinte par la voiture à un instant ultérieur T_2 (mettons 20 secondes après T_1). Sur M_3 et M_4 sont indiquées les positions C_3 et D_4 atteintes par la voiture aux instants T_3 et T_4. Vous placez alors les plans dans un dispositif qui les maintient parallèles, l'un au-dessus de l'autre, séparés par des intervalles de, disons vingt-cinq centimètres, ce qui revient à utiliser une échelle où une distance verticale de 2,5 centimètres représente un laps de temps de deux secondes. Si maintenant vous reliez vos quatre points au moyen d'un fil, ce fil figurera la *ligne d'univers* du déplacement de la voiture. Il indiquera non seulement la position de la voiture à chaque instant, mais aussi sa vitesse entre tel point et tel autre.

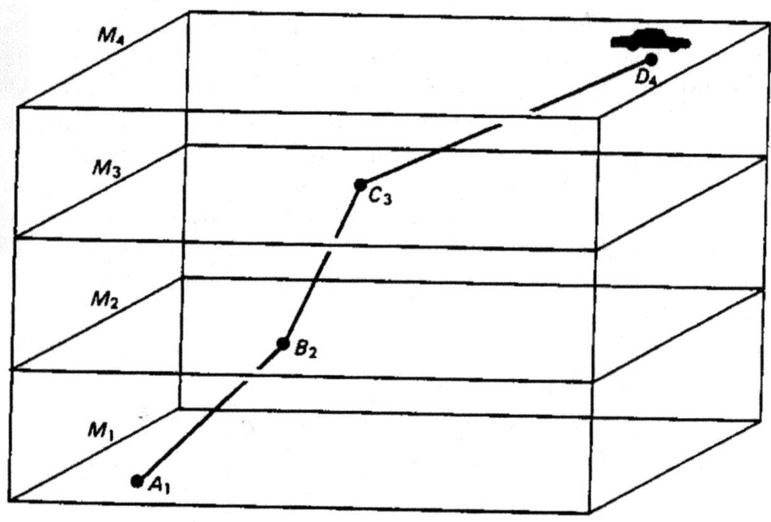

Figure 30

Voici un autre exemple de ligne d'univers, encore plus simple. Vous voulez représenter un déplacement à une seule dimension, soit celui d'une
162 voiture qui | roule en droite ligne le long de Wilshire Boulevard, à Los Angeles. La ligne d'univers, dans ce cas, peut être représentée comme on le voit sur la figure 31, dans laquelle l'axe horizontal indique la distance

parcourue et l'axe vertical la durée écoulée (exprimée en minutes). La voiture part de la position A_1 à l'instant M_1. Pendant les trois premières minutes, elle se déplace à une vitesse constante, allant de la position A_1 à la position D_4. De D_4 à E_5 la vitesse est également constante, mais elle est plus élevée que précédemment, puisqu'une distance plus considérable est couverte pendant la même durée d'une minute. Sur le côté droit de la figure, on a représenté la ligne d'univers d'un homme qui s'est tenu immobile en un point G pendant la même période de quatre minutes. Comme il ne s'est pas déplacé, sa ligne d'univers apparaît absolument verticale. Il est évident que, sur un graphique de ce genre, plus la vitesse d'un objet est grande, plus sa ligne d'univers s'écartera de la verticale. Si la vitesse n'est pas constante, la ligne d'univers sera courbe au lieu d'être rectiligne. Ainsi, elle représente fidèlement tous les aspects du déplacement tel qu'il se produit dans la réalité; même si la vitesse augmente ou diminue, la ligne d'univers nous renseigne sur ce qu'est à chaque moment la vitesse atteinte.

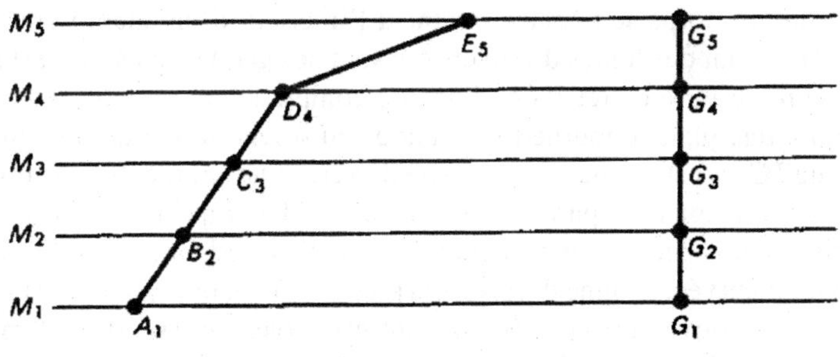

Figure 31

La ligne d'univers d'un objet ne peut être représentée sur un plan que si l'objet considéré se déplace suivant une seule dimension. Si le déplacement a lieu dans deux dimensions, comme dans notre premier exemple, on aura besoin d'une maquette en trois dimensions pour figurer sa ligne d'univers. Et de même, la ligne d'univers d'un objet qui se déplace dans l'espace à trois dimensions ne peut être représentée que par une série de maquettes à trois dimensions, série qui constitue un système à quatre dimensions en vertu du même principe selon lequel notre pile de plans en plastique transparent (bi-dimensionnels) constituait un système à trois dimensions. Il est impossible de construire sous une forme tangible un tel système à quatre dimensions représentant une ligne d'univers à quatre dimensions, mais cette ligne d'univers peut cependant être décrite en termes mathématiques. Il existe une métrique spéciale, élaborée par Hermann Minkowski, qui aboutit à une formule d'une exceptionnelle

simplicité. Lorsqu'on applique cette formule aux lois qui concernent les
163 rayons lumineux et les corps | en mouvement tels que les planètes, les lignes d'univers correspondant aux trajets suivis par les uns et par les autres se trouvent être des géodésiques. Comme on l'a expliqué plus haut, une géodésique est la ligne « la plus directe » possible qui soit concevable dans un système spatial donné. Il n'est pas nécessaire que ce système spatial possède une courbure constante. Par exemple, sur la surface de la Terre, malgré les formes irrégulières de ses montagnes et de ses vallées, il est toujours possible de trouver une ou plusieurs géodésiques qui représentent le chemin le plus court entre deux points quelconques. Les géodésiques sont l'équivalent de ce qu'est sur un plan euclidien une ligne droite.

Dans la théorie de la relativité, les lignes d'univers des planètes et des rayons lumineux sont des géodésiques. De même que, dans la physique classique, on dit qu'un corps sur lequel n'agit aucune force extérieure se déplace à cause de son inertie en ligne droite et à vitesse constante, et donc suivant une ligne d'univers rectiligne, de même dans la physique relativiste on dit que ce corps se déplace (même à l'intérieur d'un champ gravitationnel) suivant des lignes d'univers qui sont des géodésiques. Il n'est pas nécessaire de faire entrer ici en ligne de compte le concept de « force ». Pourquoi une planète tourne-t-elle autour du soleil au lieu de prendre la tangente ? Ce n'est pas parce que le soleil exerce une « force » qui « attire » la planète vers lui, mais parce que la masse du soleil imprime une courbure négative à la structure non euclidienne de l'espace-temps. Dans cette structure incurvée, la ligne d'univers la plus directe pour la planète, sa géodésique, se trouve être la ligne que suit effectivement son déplacement autour du soleil. L'orbite elliptique de la planète n'était pas une géodésique dans l'espace à trois dimensions, mais sa ligne d'univers, dans le système à quatre dimensions constitué par l'espace-temps non euclidien, est bien une géodésique. Elle est en effet le trajet le plus direct que puisse emprunter la planète. Et, de la même façon, la lumière parcourt l'espace-temps suivant des lignes d'univers qui sont des géodésiques.

D'un point de vue non euclidien, dans la théorie de la relativité, il n'existe pas de force gravitationnelle au sens où l'on parle de forces mécaniques ou électromagnétiques. La gravitation en tant que force disparaît de la physique, pour laisser place à la structure géométrique d'un système spatio-temporel à quatre dimensions. Ce changement est si révolutionnaire qu'on n'a pas de peine à comprendre pourquoi beaucoup de gens l'ont mal accepté. On a quelquefois affirmé qu'une partie de la physique, la théorie de la gravitation, avait été remplacée par de la géométrie pure, ou qu'une partie de la physique s'était transformée en mathématiques. Certains auteurs ont spéculé sur la possibilité que, un jour,

la physique tout entière vienne à se transformer en mathématiques. C'est là, je crois, une erreur. Les auteurs qui s'efforcent d'expliquer la théorie de la relativité au lecteur moyen aiment à utiliser un langage excitant et paradoxal. Ce langage ajoute certes à l'attrait de leurs ouvrages, mais il donne parfois une idée fausse de la réalité. Dans ce cas particulier, j'ai l'impression qu'il favorise une confusion entre la géométrie, au sens mathématique du terme, et la géométrie au sens physique. | La physique de **164**
la gravitation est effectivement remplacée, dans la théorie de la relativité, par une géométrie de l'espace physique ou plus précisément du système spatio-temporel. Mais cette géométrie elle-même fait encore partie de la physique et non pas des mathématiques pures. C'est une géométrie *physique*, et non pas mathématique.

La géométrie mathématique est purement logique, alors que la géométrie physique est une théorie empirique. Dans la théorie de la relativité selon Einstein, la gravitation ne fait que changer de forme. On passe d'une théorie physique de la gravitation à une autre, également physique. Le concept de force ne s'applique plus, mais la théorie relativiste de la gravitation fait encore partie de la physique et non point des mathématiques. On continue à y étudier des grandeurs non mathématiques (les diverses distributions des degrés de courbure dans l'espace-temps). Ces grandeurs sont d'ordre physique. Le point à bien comprendre, ici, est qu'on a été tenté de considérer à tort la théorie gravitationnelle d'Einstein comme une partie des mathématiques, sous prétexte qu'on lui a donné le nom de géométrie. Mais la géométrie physique n'est pas une mathématique, c'est une théorie portant sur l'espace physique. Elle n'est pas une pure abstraction. Elle constitue une théorie physique qui concerne le comportement des corps et des rayons lumineux, ce qui l'exclut du domaine des mathématiques pures. On a déjà dit qu'il fallait prendre *cum grano salis* la fameuse phrase de Galilée selon laquelle le livre de la nature est écrit dans le langage des mathématiques. Il est trop facile de mal la comprendre. Galilée voulait dire que la nature peut être décrite au moyen de concepts mathématiques, non pas que le langage de la physique tout entier consistât en symboles mathématiques. Il est absolument impossible de définir un concept tel que ceux de « masse » ou de « température » en mathématiques pures comme on y définit le concept de logarithme ou celui d'une fonction mathématique quelconque. Il faut bien se rendre compte qu'il y a une différence fondamentale entre les symboles physiques qu'on trouve dans l'expression d'une loi physique (par exemple « m » pour la masse, « T » pour la température) et les symboles mathématiques qu'on peut trouver dans la même loi (par exemple le chiffre « 2 », ou encore « √ », « log », « cos »).

La grande simplicité des équations einsteiniennes concernant les corps en mouvement et les rayons lumineux milite indubitablement en faveur de la préférence d'Einstein pour un système non euclidien; le système euclidien compliquerait les équations, car il faudrait y introduire diverses corrections. Mais nous sommes encore loin d'avoir découvert une espèce de principe général qui nous indiquerait comment le choix initial de tel ou tel système permet de donner à la physique tout entière le maximum de simplicité. Ce qu'il nous faudrait, c'est une règle générale susceptible de guider notre choix dans toutes les situations qui pourront se présenter. Le choix fait par Einstein ne serait alors qu'une application particulière de cette règle générale. On admet bien entendu dès le départ que, pour l'ensemble de la physique, le système le plus simple sera le meilleur; mais la question n'est pas là. Il s'agit de déterminer, entre deux systèmes, lequel
165 aboutit | à la plus grande simplicité d'ensemble. Quand il y a rivalité entre deux systèmes, il se trouve souvent que chacun est, par tel ou tel aspect, plus simple que l'autre. Comment faire alors pour évaluer la simplicité d'ensemble de chacun ?

Reichenbach a eu le mérite de proposer une règle générale de ce genre. Peut-être sa règle n'est-elle pas absolument générale, mais elle couvre une classe de situations fort étendue; d'où son intérêt. Il me semble qu'elle n'a pas reçu l'accueil qu'elle méritait. La règle se fonde sur une distinction entre les « forces différentielles » et les « forces universelles ». « Forces » est le mot employé par Reichenbach, mais il vaudra mieux ici distinguer, pour plus de généralité, deux sortes d'« effets » (rien ne nous empêche d'introduire ensuite des forces pour rendre compte de ces effets). La distinction est la suivante. Lorsqu'un effet diffère selon les substances affectées, c'est un *effet différentiel*. Lorsqu'il reste quantitativement le même quelle que soit la nature de la substance, c'est un *effet universel*.

Cela deviendra plus clair avec des exemples. Lorsqu'on chauffe une tige de fer, elle se dilate. Si on a choisi justement une tige de fer pour arriver à une définition de la longueur, cet effet de dilatation thermique est pris en considération, comme on l'a montré plus haut, grâce à l'introduction d'une correction :

$$l = l_0 \, [l + \beta \, (T - T_0)]$$

La lettre grecque β dans cette formule représente le coefficient de dilatation thermique. C'est une constante, mais qui n'est valable que pour tous les objets faits d'une substance donnée. Elle a une certaine valeur si la tige est en fer, et une autre valeur lorsque la tige est en cuivre, en or, etc. La dilatation thermique subie par la tige est donc évidemment un effet différentiel, parce qu'elle varie suivant sa matière.

Considérons la définition de la longueur après qu'on y a introduit une deuxième correction, qui, elle, exprime l'influence de la gravitation sur la longueur de la tige. La formule, on se le rappelle peut-être, prend cette forme :

$$l = l_0 \, [1 + \beta \, (T - T_0)] \left[1 - C \frac{m}{r} \cos^2 \varphi \right]$$

Le C de cette deuxième formule est une constante universelle, qui est la même dans tout champ gravitationnel et quel que soit le corps affecté. Entre les crochets situés à droite, on ne trouve aucun paramètre qui change d'une matière à l'autre comme le fait, entre les crochets de gauche, le paramètre β. La correction tient compte de la masse m du soleil, de la distance r entre le soleil et la tige-étalon, et de l'angle φ entre la tige et une ligne radiale allant du soleil à elle. Elle ne mentionne pas la substance – fer, cuivre, etc. – dont est faite la tige. Elle exprime donc un effet universel.

Reichenbach ajoutait parfois que les effets universels sont ceux dont aucun écran concevable ne saurait empêcher l'action. On peut par exemple protéger une tige de métal contre les effets thermiques en l'entourant d'une paroi de fer. | Mais il n'existe aucun moyen de la protéger contre les effets **166**
de la gravitation. À mon avis, il n'est pas nécessaire de parler d'écrans si l'on veut distinguer entre effets différentiels et effets universels. Car cette notion est déjà impliquée par la distinction précédemment établie. Lorsqu'on érige un mur de fer afin de protéger un appareil contre l'influence d'un aimant puissant situé dans la pièce voisine, cet écran n'est efficace que parce que le fer dont il est constitué subit l'influence du magnétisme autrement que ne le fait l'air ambiant. Sans cela, la présence de l'écran ne changerait rien. La notion d'écran ne s'applique donc qu'aux effets qui agissent différemment selon les matières. Si nous définissons un effet universel en disant qu'il est le même pour toutes les matières, il s'ensuit qu'aucun écran ne peut s'interposer efficacement contre cet effet.

Dans une analyse détaillée des effets différentiels et universels, Reichenbach attire tout spécialement l'attention sur le fait suivant[1]. Supposons que quelqu'un affirme avoir découvert un effet inconnu qui ne varie pas d'une matière à l'autre. On examine la loi relative à cet effet, et il apparaît que l'affirmation précédente est exacte : la loi ne contient aucun paramètre qui varie suivant les substances. Lorsqu'il en est ainsi, soutient Reichenbach, il est toujours possible de changer la formulation de la théorie de façon à faire disparaître l'effet en question.

1. Voir le chap. VI, « The distinction between universal and differential forces », *in* H. Reichenbach, *The Philosophy of Space and Time*, New York, Dover, 1958.

Il n'existe aucun moyen de ce genre permettant de faire disparaître un effet différentiel comme la dilatation thermique. L'assertion selon laquelle il n'y a pas de dilatation thermique est facile à réfuter. Il suffit de disposer côte à côte deux tiges semblables faites de matières différentes, de les chauffer à la même température et d'observer la différence de longueur qui en résulte. Il est clair que quelque chose a changé, et il n'y a pas moyen de rendre compte de ce changement sans introduire le concept de dilatation thermique. En revanche, on *peut* rendre compte d'un effet universel comme l'influence de la pesanteur sur la longueur des tiges en adoptant une théorie dans laquelle il disparaisse totalement en tant que manifestation particulière. C'est justement ce qui se passe dans la théorie de la relativité d'Einstein. L'adoption d'un système spatio-temporel non euclidien adéquat fait qu'il n'est plus nécessaire de dire que les corps se dilatent et se contractent dans les champs gravitationnels. Les corps que l'on déplace à l'intérieur de ces champs ne subissent pas de changement dans leurs dimensions ; la théorie se contente d'affirmer que la structure de l'espace-temps est différente. Et là, contrairement au cas de la dilatation thermique, il n'existe aucun moyen de montrer qu'il est impossible d'éliminer cet effet gravitationnel ; car les champs gravitationnels ont exactement le même effet sur toutes les substances. Si deux tiges sont disposées l'une à côté de l'autre et orientées dans des directions variables, elles conserveront exactement la même longueur respective l'une par rapport à l'autre.

167 | Compte tenu de ces considérations, Reichenbach a proposé la règle suivante pour simplifier la théorie physique : lorsqu'il existe un système de lois physiques dans lequel un certain effet universel est exprimé par une loi qui spécifie dans quelles conditions et avec quelle intensité l'effet se produit, il faut modifier la théorie jusqu'à ce que la manifestation de l'effet soit réduite à zéro. C'est à ce résultat qu'Einstein est parvenu en ce qui concerne la contraction et la dilatation des corps dans les champs gravitationnels. Du point de vue euclidien, ces manifestations ont effectivement lieu, mais on constate qu'elles sont des effets universels. En revanche, une fois adopté le système spatio-temporel non euclidien, elles sont ramenées à zéro. Certes, on voit alors apparaître d'autres effets : par exemple, la somme des angles d'un triangle n'est plus égale à 180 degrés. Mais quant à des contractions et dilatations gravitationnelles affectant les corps rigides, il n'en est plus question. Reichenbach soutient que tout effet universel ainsi constaté en physique peut toujours être éliminé de façon similaire moyennant une modification de la théorie ; et que, d'ailleurs, cette modification est souhaitable, parce qu'elle entraîne pour l'ensemble de la physique un progrès vers la simplicité. C'est là un principe général utile, qui mérite plus d'attention qu'il n'en a reçu. Il s'applique non seulement à

la théorie de la relativité, mais aussi aux situations qui pourraient se présenter, à l'avenir, si d'autres effets universels étaient découverts. Faute d'adopter cette règle, il devient impossible de donner à la question : « quelle est la structure de l'espace ? » une réponse unique. Cette règle est en effet le seul moyen que nous ayons de lever l'ambiguïté de cette question.

Quand Einstein pour la première fois proposa de décrire l'espace selon une géométrie non euclidienne, des objections assez fortes furent soulevées. Nous avons déjà mentionné l'objection, formulée par Dingler entre autres, selon laquelle la géométrie euclidienne serait indispensable parce qu'elle se trouve déjà présupposée au stade de la construction même des instruments de mesure; nous avons montré que cette objection est certainement fallacieuse. Une autre objection, plus répandue, et qui part d'un point de vue plus philosophique, a consisté à dire que la géométrie non euclidienne ne doit pas être adoptée parce qu'elle ne peut pas être imaginée. Elle est contraire à nos habitudes de pensée et à notre intuition. Cette objection a été exprimée parfois en style kantien, parfois en style phénoménologique (la terminologie diffère), mais en général l'argumentation revenait à dire que l'esprit humain fonctionne de telle façon que nous sommes incapables de nous représenter visuellement la structure d'aucun espace non euclidien.

Cet argument aussi a été discuté par Reichenbach[1]. Je crois qu'il a raison d'y voir un problème psychologique et de dire qu'il n'y a aucune raison de supposer que nos intuitions aient été préformées selon un cadre euclidien. Il existe au contraire d'excellentes raisons de penser que l'espace visuel, et tout au moins l'espace visuel de l'enfant, est non euclidien. « L'intuition spatiale », comme on l'appelle, constitue moins l'intuition d'une structure métrique que l'intuition | d'une structure topo- **168**
logique. Nos perceptions nous disent que l'espace possède trois dimensions, qu'il est continu, et que chaque point possède exactement les mêmes propriétés topologiques que n'importe quel autre. Mais dès qu'il s'agit des propriétés métriques de l'espace, nos intuitions ne sont plus que des guides nébuleux et inexacts.

Le caractère non euclidien de la perception spatiale apparaît si l'on considère le fait, assez surprenant, que l'esprit est capable de s'adapter à n'importe quel type d'image formée sur la rétine. Un individu très astigmate, par exemple, reçoit sur la rétine de chacun de ses yeux des images fortement déformées. L'image rétinienne qu'il reçoit d'un double-

1. *The Philosophy of Space and Time*, *op. cit.*, chap. IX à XI.

décimètre peut, par exemple, être plus longue si celui-ci est disposé verticalement que s'il est horizontal; mais l'astigmate ne se rend pas compte de cette disparité, puisque tous les objets placés dans son champ visuel subissent la même modification de leur longueur. La première fois qu'un tel individu sera équipé de verres correctifs, son champ visuel lui apparaîtra déformé pendant plusieurs jours, ou même des semaines, jusqu'à ce que son cerveau se soit réadapté en fonction des images, maintenant normales, que lui fournit sa rétine. De même, un individu doué d'une vue normale peut porter des lunettes spéciales qui déforment les images suivant une dimension; après quelque temps, il s'accoutume aux images ainsi modifiées, et son champ visuel lui paraît normal. Helmholtz a décrit des expériences de ce genre, qu'il a parfois lui-même réalisées, et en a conclu que l'espace visuel peut avoir une structure non euclidienne. Helmholtz pensait, et il existe à mon avis des arguments sérieux en faveur de son opinion, que si un enfant ou même un adulte était suffisamment accoutumé à des expériences dans lesquelles les corps se comportent comme dans un espace non euclidien, il serait en mesure de se représenter visuellement une structure non euclidienne avec la même facilité qu'il le fait pour une structure euclidienne.

Même si Helmholtz a tort sur ce point, il y a un argument plus solide qui milite contre l'objection consistant à refuser la géométrie non euclidienne sous prétexte qu'elle est impossible à imaginer. La capacité de représentation visuelle concerne la psychologie; elle n'a absolument pas à intervenir dans la physique. La construction des théories physiques n'a pas à accepter les limites qui restreignent notre aptitude à la « visualisation »; en fait, la physique moderne ne cesse de s'éloigner de plus en plus de tout ce qui peut être observé et imaginé directement. Même si la théorie de la relativité s'écartait de l'intuition bien plus encore qu'elle ne le fait, et s'il s'avérait que notre intuition spatiale possède définitivement une structure euclidienne, nous aurions cependant le droit d'utiliser en physique n'importe quelle structure géométrique.

Au XIXe siècle, en Grande-Bretagne plus que sur le continent, il se manifesta dans les sciences physiques une importante tendance à construire des modèles et des représentations visuelles. On représentait l'éther comme une espèce de substance bizarre, une sorte de gelée transparente capable de vibrer et de transmettre des ondes électromagnétiques.
169 Au fur et à mesure des progrès de la physique, | ce modèle devint de plus en plus compliqué et finit même par acquérir des propriétés qui semblaient incompatibles. Ainsi, on était obligé de dire que l'éther était complètement dépourvu de densité, parce qu'il n'opposait aucune résistance observable aux déplacements des planètes et de leurs satellites; et pourtant, on s'était

aperçu que les ondes lumineuses sont, plutôt que longitudinales, transverses, comme on s'y attendrait dans le cas d'un corps de densité, au contraire, très élevée. Bien que ces propriétés ne fussent pas incompatibles en stricte logique, elles rendaient très difficile l'élaboration d'un modèle de l'éther qui fût satisfaisant pour l'intuition. Les divers modèles de l'éther finirent par devenir si complexes qu'ils ne servaient plus à rien. C'est pourquoi Einstein jugea préférable d'abandonner entièrement la notion d'éther. Il s'aperçut qu'il était plus simple d'accepter tout bonnement les équations (de Maxwell et de Lorentz) et de s'en servir pour les calculs, plutôt que d'essayer d'échafauder un modèle qui serait trop bizarre pour aider à « visualiser » la structure de l'espace.

Ce n'est pas seulement l'éther qu'il a fallu abandonner. La tendance (caractéristique du XIXe siècle) à construire des modèles visuels s'est affaiblie de plus en plus à mesure que la physique du XXe siècle se développait. Les théories les plus récentes étaient si abstraites qu'il fallait les comprendre dans leur propre langage ou ne pas les comprendre du tout. Les fonctions psi, qui représentent les divers états d'un système physique tel qu'un atome, sont trop compliquées pour aboutir à des modèles qui soient faciles à « voir ». Bien entendu, il est souvent possible à un professeur ou à un écrivain scientifique, lorsqu'ils sont doués d'une certaine habileté, d'utiliser un diagramme qui aide à faire mieux comprendre tel ou tel aspect d'une théorie abstruse. Un tel diagramme constitue un procédé pédagogique parfaitement légitime. Le point à souligner, c'est qu'on n'avance pas une objection valable à l'encontre d'une théorie nouvelle en physique lorsqu'on dit qu'elle est plus difficile à représenter visuellement que la théorie précédente. C'est pourtant là le genre d'objection que l'on opposa souvent à la théorie de la relativité dans les premiers temps. Je me souviens d'une conversation que j'eus à Prague avec un physicien allemand, vers 1930, sur la théorie de la relativité. Il était fort abattu.

« C'est affreux, disait-il. Regardez ce qu'Einstein a fait de notre belle physique ! »

« Affreux ? », répondis-je d'un ton sceptique. Car j'étais un partisan enthousiaste de la physique nouvelle. Avec simplement quelques principes généraux décrivant un certain type d'invariants, et grâce à l'adoption de cette géométrie non euclidienne si intéressante, tant de choses s'expliquaient qui jusqu'alors étaient restées inintelligibles ! Mais ce physicien éprouvait une si forte répulsion affective à l'encontre des théories difficiles à représenter visuellement que les changements révolutionnaires introduits par Einstein lui avaient quasiment fait perdre tout goût pour la physique. La seule chose qui le consolait était l'espoir que quelque jour – avant sa mort, espérait-il – viendrait un « chef de file » contre-révolutionnaire qui

170 restaurerait l'antique ordonnance de l'édifice classique, | dans lequel il pourrait enfin respirer à son aise et se sentir à nouveau chez lui.

Une révolution du même genre se produisit en physique atomique. Longtemps le modèle de Niels Bohr représentant l'atome parut élégant et satisfaisant pour l'esprit; c'était une sorte de système planétaire, avec un noyau au milieu et les électrons qui circulaient tout autour sur leurs orbites. Mais ce modèle s'avéra être une simplification excessive. Le physicien nucléaire d'aujourd'hui n'essaie même pas de construire un modèle d'ensemble. S'il lui arrive de se servir d'un modèle, il reste conscient que celui-ci ne représente que certains aspects du réel et en laisse d'autres de côté. Personne ne songe plus à exiger du système de la physique dans son ensemble que toutes ses parties puissent être représentées visuellement. Telle est la raison fondamentale pour laquelle l'argument psychologique selon lequel il est impossible de se représenter visuellement la géométrie non euclidienne (si même il en est vraiment ainsi, ce dont je doute), ne constitue pas une objection valable contre l'adoption d'un système physique non euclidien.

Le physicien doit toujours se prémunir contre la tentation de prendre un modèle visuel pour autre chose qu'un outil pédagogique ou un aide-mémoire de fortune. Mais il doit aussi garder présente à l'esprit la possibilité qu'un modèle visuel soit littéralement exact, ce qui s'est déjà parfois révélé être le cas. Il arrive en effet à la Nature de nous réserver de ces surprises. Longtemps avant que la physique ne se fasse une idée claire de la manière dont les atomes sont associés les uns aux autres au sein d'une molécule, la pratique consistant à figurer la structure de la molécule par un dessin schématique était déjà courante. Les atomes étaient représentés par des lettres majuscules et reliés entre eux de diverses manières par des traits correspondant aux valences. Je me souviens d'une conversation avec un chimiste qui déplorait l'usage de tels diagrammes.

« Mais ne sont-ils pas pédagogiquement fort utiles ? », demandai-je.

« Oui, dit-il, mais nous avons le devoir de mettre en garde nos étudiants : il ne faut pas qu'ils aillent s'imaginer que ces diagrammes représentent la configuration spatiale réelle des molécules. En réalité, nous ne savons encore rien de ce qu'est la structure spatiale d'une molécule. Ces diagrammes ne sont que de simples figures, comme la courbe qui sert à illustrer par un graphique l'accroissement de la population ou la production de fonte. Nous savons tous qu'une telle courbe n'est qu'une métaphore. Spatialement parlant, on ne peut pas dire que la population ou la fonte soient en train de "s'élever" dans je ne sais quel espace. Eh bien, les figures représentant des molécules ne doivent pas davantage être prises littéralement. Personne ne sait quelle est en fait la structure spatiale d'une molécule. »

J'acquiesçai, mais tout en lui rappelant qu'il était tout au moins *possible* que les atomes fussent disposés dans la molécule précisément de la façon indiquée par les figures; d'autant plus qu'on venait de découvrir l'existence des stéréo-isomères, qu'il était bien commode de concevoir
comme des molécules dont | l'une est disposée comme le reflet de l'autre, 171
« en miroir ». Si une certaine espèce de sucre polarise la lumière dans le sens des aiguilles d'une montre, tandis qu'une autre espèce la polarise en sens inverse, cela paraît bien donner une indication sur la disposition spatiale des atomes dans leurs molécules respectives, et suggérer au moins que cette disposition est susceptible d'avoir une forme « droitière » ou « gauchère » (dextrogyre ou lévogyre).

« Il est vrai, me répondit-il, que les faits connus suggèrent l'existence d'une disposition de ce genre. Mais nous n'avons pas la preuve que les choses sont vraiment ainsi ».

Il avait raison. À cette époque, les structures moléculaires étaient si mal connues qu'il aurait été prématuré de croire que le progrès des connaissances dans ce domaine continuerait à permettre de représenter les molécules au moyen de modèles à trois dimensions. On pouvait très bien imaginer que des observations plus poussées requerraient des structures à quatre, cinq ou six dimensions. Les diagrammes, par rapport à ce qu'on savait alors, n'étaient effectivement que des figures commodes.

Mais peu de temps après, surtout quand Max von Laue eut déterminé la structure des cristaux par le moyen de la diffraction des rayons X, il fallut reconnaître que les atomes d'une molécule sont en fait disposés dans l'espace de la façon qui est indiquée par le diagramme. Le chimiste d'aujourd'hui n'hésite pas à affirmer que dans la molécule d'une protéine tels atomes se trouvent ici, tels autres là, et que ces atomes sont disposés en hélice. Les modèles qui représentent en trois dimensions la disposition des atomes sont pris au pied de la lettre. On n'a pas trouvé de résultats expérimentaux qui puissent autoriser un doute à ce sujet, et il y a au contraire d'excellentes raisons de penser que le modèle tri-dimensionnel d'une molécule en représente la configuration spatiale réelle. Plus récemment, nous avons connu encore une autre surprise du même genre. L'expérience a montré que la parité n'est pas conservée dans les interactions nucléaires faibles. On avait cru, jusqu'ici, que les particules et les anti-particules n'étaient « en miroir » les unes par rapport aux autres que dans un sens purement métaphorique; mais il semble maintenant qu'il y ait bien, entre la conformation spatiale des unes et des autres, le même genre de ressemblance qu'entre une image et son reflet.

Donc, la mise en garde contre l'acceptation littérale d'un modèle, si elle est justifiée en principe, s'avère parfois sans objet par la suite. Il arrive qu'une théorie prenne ses distances par rapport aux modèles visuels, puis, dans une phase ultérieure du progrès des connaissances, revienne aux mêmes modèles visuels dont on avait douté. Dans le cas des modèles moléculaires, ce sont les physiciens surtout qui ont eu des doutes. La représentation traditionnelle de la disposition spatiale des atomes dans la molécule est si commode que la plupart des chimistes n'ont jamais cessé de la prendre à la lettre ; et pourtant les physiciens avaient raison de dire que cette interprétation littérale était encore prématurée.

Il ne faut pas confondre les modèles, au sens de « représentations
172 visuelles » | dans l'espace, avec les modèles au sens que ce mot a pris dans les mathématiques modernes. C'est devenu aujourd'hui une pratique courante, chez les mathématiciens, les logiciens et les scientifiques, de parler de « modèle » pour désigner une structure conceptuelle abstraite et non pas une maquette de laboratoire faite de billes et de tringles. Un « modèle » ainsi conçu peut consister simplement en une équation ou un ensemble d'équations. Il constitue une description simplifiée d'une structure physique, économique, sociologique ou autre; peu importe pourvu que, dans cette structure, les rapports entre divers concepts abstraits puissent s'exprimer mathématiquement. Ce qui simplifie ce genre de description, c'est qu'elle omet un grand nombre de facteurs qui, sans cela, compliqueraient le modèle. L'économiste, par exemple, parle d'un certain modèle applicable à l'économie libérale ou économie de marché, d'un autre modèle pour l'économie planifiée, etc. Le psychologue parle d'un modèle mathématique des processus d'apprentissage, et de l'enchaînement entre divers états psychologiques, modèle qui fait entrer en jeu certaines probabilités transitionnelles de manière à constituer ce qu'on appelle en mathématiques une chaîne de Markov. Ces modèles-là sont entièrement différents des modèles élaborés par la physique du XIXe siècle. Leur but n'est pas de donner une représentation visuelle, mais de proposer une structure formelle. Ils sont purement hypothétiques. On y introduit des paramètres auxquels on fait subir divers ajustements jusqu'à ce que le modèle s'adapte le mieux possible aux faits observés. À mesure que les observations s'accumulent, il peut arriver qu'il finisse par être nécessaire non seulement de corriger les paramètres, mais de modifier les équations fondamentales elles-mêmes. Autrement dit le modèle lui-même est alors remplacé par un autre. L'ancien modèle a servi de façon satisfaisante pendant quelque temps, mais il en faut à présent un nouveau.

Les modèles de la physique du XIXe siècle n'étaient pas des « modèles » en un sens aussi abstrait. Chacun prétendait constituer la représentation spatiale d'une structure spatiale, de même qu'une maquette de navire ou d'avion représente un navire ou un avion bien réels. Certes, le chimiste ne s'imagine pas que les molécules soient faites de boules colorées et de tringles : il y a dans son modèle (au sens ancien) bien des aspects à ne pas prendre littéralement. Mais, dans sa configuration spatiale d'ensemble, il est considéré comme une représentation adéquate de la façon dont les atomes sont disposés dans l'espace à l'intérieur d'une molécule réelle. Comme on l'a montré, il existe parfois d'excellentes raisons d'accepter littéralement un tel modèle : un modèle du système solaire, par exemple, ou d'un cristal, ou d'une molécule. Même quand une telle interprétation littérale n'est pas solidement justifiée, un modèle visuel peut rendre de grands services. L'esprit fonctionne aussi intuitivement ; et même chez un scientifique, les images visuelles apportent souvent une aide réelle à la réflexion. Cependant, il faut toujours rester conscient des limites qui sont celles d'un modèle. La construction d'un modèle visuel élégant ne garantit nullement la solidité de la théorie qu'il incarne, et on aurait tort également de rejeter une théorie sous prétexte qu'elle ne propose pas de modèle visuel.

173 | CHAPITRE XVIII

KANT
ET LE JUGEMENT SYNTHÉTIQUE *A PRIORI*

La connaissance peut-elle être à la fois synthétique et *a priori* ? Telle est la fameuse question que Kant a posée et à laquelle il a répondu par l'affirmative. Il est important de comprendre exactement quel sens Kant donnait à cette question et pourquoi les empiristes contemporains n'approuvent pas la réponse qu'il a proposée.

Dans la question kantienne se trouvent impliquées deux distinctions importantes : la première entre *analytique* et *synthétique*, et la seconde entre *a priori* et *a posteriori*. Diverses interprétations ont été proposées pour l'une et pour l'autre. Selon moi, la première est d'ordre logique et la seconde d'ordre épistémologique.

Commençons par considérer la première. La logique a essentiellement pour objet de déterminer la vérité ou la fausseté d'un énoncé en fonction des significations attribuées aux termes de cet énoncé. Soit la définition suivante du terme « chien » : « X est un chien si et si seulement X est un animal doué de certains caractères ». Être un animal fait partie de la signification du terme « chien ». L'affirmation « tous les chiens sont des
174 animaux » répond donc dans ces conditions | à la définition que Kant donne du jugement analytique. Elle ne suppose rien de plus que les relations de signification entre les termes qui la composent. Quoique dans un langage un peu différent, Kant ne dit pas autre chose. Par contre, un énoncé synthétique tel que « la lune tourne autour de la terre » a un contenu actuel. Il est synthétique, comme la plupart des énoncés scientifiques, parce qu'il va plus loin que les significations assignées à ses termes. Il dit quelque chose à propos de la nature du monde.

La distinction entre *a priori* et *a posteriori* est quant à elle une distinction d'ordre épistémologique entre deux genres de connaissance. Par *a priori*, Kant entend une connaissance indépendante de l'expérience, mais cette indépendance ne doit pas être prise dans un sens génétique ou psychologique. Il savait bien que toute connaissance humaine dépend génétiquement de l'expérience. Sans expérience, il n'y aurait évidemment aucune connaissance d'aucun genre. Mais il existe des genres de connaissance où le rôle que joue l'expérience a une importance particulière. Prenez, par exemple, l'énoncé analytique: « tous les chiens sont des animaux ». Il n'est pas nécessaire d'observer des chiens pour le formuler; en fait, il n'est même pas nécessaire que des chiens existent. Il suffit de pouvoir se donner la notion d'un objet tel qu'un chien, dont la propriété d'être un animal entre dans la définition que nous en avons donnée. Tous les énoncés analytiques sont *a priori* en ce sens. Il est inutile de se rapporter à l'expérience pour les justifier. Assurément, notre expérience des chiens a pu nous amener à conclure que les chiens sont des animaux. Au sens large du mot expérience, toutes nos connaissances reposent sur elle. L'important est que, pour justifier la vérité d'un énoncé analytique, il n'est jamais nécessaire de s'y rapporter. Il n'est pas besoin de dire : « Hier, j'ai observé quelques chiens et quelques non-chiens, puis quelques animaux et non-animaux; et de ces observations j'ai fini par conclure que tous les chiens sont des animaux ». Au contraire, l'énoncé: « tous les chiens sont des animaux » trouve sa justification dans le fait d'indiquer que la signification du terme « chien », tel qu'on l'entend dans notre langage, inclut la propriété d'être un animal. Il se justifie de la même manière que la vérité analytique de l'énoncé : « la licorne n'a qu'une corne sur la tête ». La vérité de l'énoncé dérive des significations attribuées à ses termes, en dehors de toute observation du monde.

À l'opposé, se trouvent les énoncés *a posteriori* dont la justification exige qu'on se rapporte à l'expérience. Soit l'énoncé: « la lune tourne autour de la terre ». On ne justifiera pas sa vérité en donnant la signification des termes tels que « lune », « terre », et « tourner autour ». Il est vrai que littéralement parlant, « *a priori* » et « *a posteriori* » veulent dire « à partir de ce qui est le premier » et « à partir de ce qui vient ensuite », mais Kant a toujours clairement laissé entendre que le sens temporel était à exclure. Il ne voulait pas dire que, dans le cas d'une connaissance *a posteriori*, l'expérience *a précédé* l'acquisition de la connaissance; en ce sens, bien sûr, l'expérience est temporellement antérieure à *toutes* les connaissances. Ce qu'il a voulu dire, c'est que l'expérience constitue une raison essentielle pour affirmer une connaissance *a posteriori*. Faute de certaines | expériences spécifiques (comme diverses observations astronomiques **175** dans le cas de la révolution de la lune autour de la terre), on ne peut légitimer un énoncé *a posteriori*. Une connaissance *a posteriori* est, grosso modo, ce que de nos jours on appellerait une connaissance empirique. C'est une connaissance qui dépend essentiellement de l'expérience. Une connaissance *a priori*, au contraire, est indépendante de l'expérience.

On a reconnu plus haut que tous les énoncés analytiques sont évidemment *a priori*. Mais une importante question se pose : la limite qui sépare l'*a priori* et l'*a posteriori* se confond-elle avec celle qui sépare l'analytique et le synthétique ? Si oui, on peut utiliser le diagramme de la figure 32. Mais il se peut que les limites ne coïncident pas. La limite entre *a priori* et *a posteriori* ne peut se situer alors à gauche de la frontière entre analytique et synthétique (puisque tous les énoncés analytiques sont également *a priori*) ; elle peut, par contre, se situer à sa droite comme le montre la figure 33. Si on admet ce schéma, on constate qu'il existe une région intermédiaire où le synthétique empiète sur l'*a priori*.

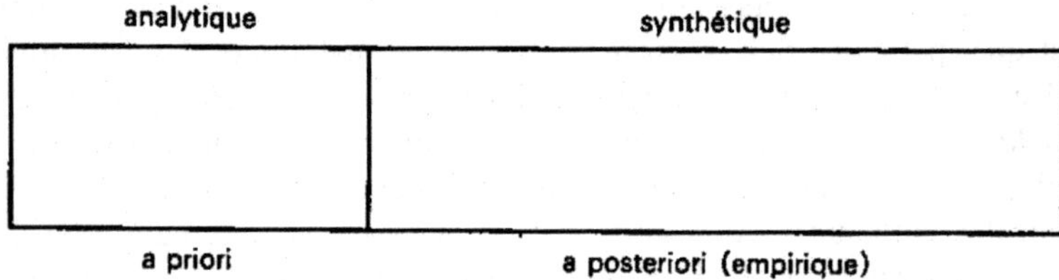

Figure 32

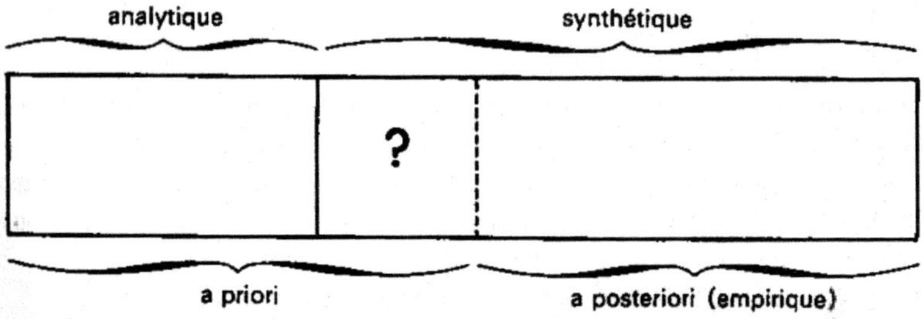

Figure 33

C'est bien ainsi que le conçoit Kant. Il soutient en effet qu'il y a un domaine de la connaissance qui est à la fois synthétique et *a priori*. Synthétique, parce qu'il dit quelque chose sur le monde ; et *a priori*, parce qu'il peut être connu avec une certitude qui ne réclame aucune justification expérimentale. Mais un tel domaine existe-t-il ? C'est une des questions les plus controversées dans l'histoire de la philosophie des sciences. On peut, comme l'a un jour remarqué Moritz Schlick, définir l'empirisme comme la conception qui soutient que le synthétique à priori n'existe pas. C'est une façon parmi d'autres de résumer l'empirisme.

| Kant a trouvé dans la géométrie son meilleur exemple de connaissance **176**
synthétique *a priori*. Son raisonnement était le suivant : si on considère les axiomes de la géométrie (de la géométrie euclidienne, bien sûr, puisqu'on n'en connaissait pas d'autre à l'époque), il est impossible d'imaginer qu'ils ne soient pas vrais. Lorsque nous disons, par exemple, qu'il ne passe par deux points qu'une droite et une seule, l'intuition nous donne une certitude absolue. Il est possible d'imaginer une droite qui relie deux points, mais toute autre ligne passant par ces deux points serait courbe et non pas droite. Kant en conclut que nous pouvons accepter en toute confiance la totalité des axiomes de la géométrie. Et puisque les théorèmes sont tous logiquement dérivés des axiomes, nous sommes en droit d'admettre avec une égale confiance la vérité des théorèmes. On voit donc que le mode de certitude dont jouit la géométrie rend toute justification par l'expérience inutile. Il est inutile de faire des points sur une feuille de papier, puis de tracer différentes lignes pour établir qu'une droite et une seule relie deux points. L'intuition suffit à elle seule. On démontrera de la même manière un théorème géométrique, même très compliqué et pas du tout évident, en procédant à partir des axiomes par étapes logiques dont la certitude s'impose intuitivement. Bref la géométrie est tout entière *a priori*.

Pourtant, dit Kant, les théorèmes de la géométrie disent quelque chose à propos du monde. Considérons par exemple le théorème : la somme des angles intérieurs d'un triangle est de 180 degrés. Il est aisé de le dériver logiquement des axiomes euclidiens. Sa vérité peut donc être connue *a priori*. Mais il est également vrai que si l'on dessine un triangle et qu'on en mesure les angles, on constate que leur somme est bien de 180°. Si leur somme s'écarte de ce chiffre, un examen plus scrupuleux de la construction ne manquera pas de révéler que le tracé des côtés n'était pas parfaitement rectiligne, ou que, peut-être, les mesures étaient inexactes. Les théorèmes de la géométrie sont donc plus que des énoncés *a priori*. Ils décrivent la structure réelle du monde. Il faut, par conséquent, les considérer comme également synthétiques. Il est cependant clair qu'ils ne sont pas *a posteriori* à la manière des lois scientifiques. Une loi scientifique, on le sait, doit être justifiée par l'expérience. Il n'est pas difficile d'imaginer que demain pourrait être observé un événement qui contredirait telle ou telle loi scientifique. Aucune n'est à l'abri. On peut admettre comme possible que la terre tourne autour de la lune au lieu du contraire. Nul ne peut être assuré que les découvertes de la science de demain n'exigeront pas une modification des connaissances qu'on tenait pour vraies.

Rien de tel en ce qui concerne les lois géométriques. On ne saurait concevoir que de nouvelles découvertes en géométrie altèrent la vérité du théorème de Pythagore, tant la géométrie euclidienne est intuitivement certaine, indépendante de l'expérience. Kant était convaincu que la géométrie nous fournit un paradigme de l'union de la connaissance synthétique et de la connaissance *a priori*.

D'un point de vue contemporain, les choses se présentent tout autrement. On ne peut en vouloir à Kant de son erreur. On ne savait rien, à son époque, de la géométrie non euclidienne. Il ne pouvait donc juger
177 la géométrie en d'autres | termes que les siens. En fait, pendant tout le XIXe siècle, les mathématiciens eux-mêmes ont accepté le point de vue kantien, à l'exception de quelques individus particulièrement audacieux comme Gauss, Riemann et Helmholtz. Mais de nos jours la source de l'erreur de Kant est facile à voir. Il est tout simplement passé à côté de la distinction entre deux types de géométrie fondamentalement différents : la géométrie mathématique et la géométrie physique.

La géométrie mathématique relève des mathématiques pures. En termes kantiens, elle est à la fois analytique et *a priori*. Mais il n'est pas possible de dire qu'elle est également synthétique. Elle n'est en effet rien d'autre qu'un système déductif qui repose sur certains axiomes, axiomes qui n'ont pas à recevoir d'interprétations par référence à un monde existant. On peut le démontrer de diverses façons. L'ouvrage de Bertrand Russell, *The Principles of Mathematics*[1] (à ne pas confondre avec les *Principia Mathematica* qui sont postérieurs) nous en suggère une. Russell montre comment on peut définir l'espace euclidien entièrement comme un système de relations primitives douées par hypothèse d'un certain nombre de propriétés structurales : par exemple une relation est symétrique et transitive, une autre est asymétrique, etc. On peut alors dériver logiquement un ensemble de théorèmes pour l'espace euclidien, théorèmes dans l'énoncé desquels la géométrie euclidienne se trouve tout entière contenue. Cette géométrie ne nous livre aucune information sur le monde. Elle dit simplement que si l'on attribue certaines propriétés structurales à

1. Voir la 6e partie des *Principles of Mathematics* (Cambridge, CUP, 1903 ; 2e éd. avec une nouvelle introd. : Londres, Allen et Unwin, 1938 ; New York, Norton, 1938).

un système de relations donné, le même système possèdera d'autres caractéristiques déterminées qui découlent logiquement de la structure posée au départ. La géométrie mathématique est une théorie de structure logique. Elle est complètement indépendante des recherches scientifiques expérimentales puisqu'elle ne traite que des implications logiques d'un ensemble donné d'axiomes.

En revanche, la géométrie physique traite de l'application de la géométrie pure au monde. Ici les termes de la géométrie euclidienne gardent leur sens ordinaire. Un point est bien ce qui occupe une position réelle dans l'espace physique. Certes, un point géométrique n'est pas perceptible. On peut néanmoins obtenir quelque chose d'approchant en traçant une minuscule tache d'encre sur une feuille de papier. De la même façon, c'est-à-dire grâce à des approximations, nous pouvons observer et utiliser des lignes, des plans, des cubes, etc. Ces termes renvoient donc à des structures réelles de notre espace physique tout en faisant partie du langage de la géométrie mathématique. La confusion que le XIXe siècle a commise en ce qui concerne la géométrie trouve là son origine principale. Du fait que le scientifique et le mathématicien pur utilisent les mêmes mots, on avait conclu à tort qu'ils pratiquaient le même genre de géométrie.

Dans le célèbre ouvrage de David Hilbert sur les fondements de la | géo- 178
métrie[1], la distinction entre les deux géométries a été exposée de façon très claire. Hilbert écrit : « Nous pensons ici à trois systèmes distincts d'objets. Ceux du premier système, nous convenons de les appeler "points", ceux du second, "droites" et ceux du troisième "plans". » Mais bien que les noms de « points », « lignes » et « plans » soient là pour désigner ces entités, Hilbert ne leur suppose aucune signification quelconque. Au fond, ce sont des termes qui nous sont familiers et qu'il est commode d'utiliser pour cette raison, sans compter qu'ils donnent au lecteur le moyen de visualiser une interprétation possible des termes. Mais le système géométrique conçu par Hilbert n'est lié à aucune interprétation. « Points », « droites » et « plans » peuvent désigner trois classes d'entités quelconques qui satisfont aux relations énoncées par les axiomes. Au lieu de représenter ces trois termes par des points, des droites et des plans de l'espace physique, on peut par exemple interpréter le terme « point » comme un triplet ordonné de nombres réels, celui de « droite » comme une classe de triplets ordonnés de nombres réels qui satisfont à deux équations linéaires et celui de « plan » comme une classe de triplets ordonnés qui satisfont à une équation linéaire.

1. *Cf.* les *Grundlagen der Geometrie* de Hilbert ont été publiés pour la première fois en Allemagne en 1899, puis par Severus Verlag, Hamburg, 2014 ; trad. fr. *Les « Fondements de la Géométrie »*, Paris, Dunod, 1972 ; rééd. Sceaux, J. Gabay, 2000.

En géométrie pure, ou mathématique, on n'emploie pas les notions de « points », de « droites » et de « plans », par exemple, dans leur acception courante. Elles ont une infinité d'interprétations possibles.

Une fois qu'on s'est bien pénétré de la distinction entre géométrie pure et géométrie des espaces physiques, il est aisé de voir comment la conception kantienne et, avec elle, celles de la quasi-totalité des philosophes du XIXe siècle, ont pu comporter une confusion grave entre deux domaines foncièrement distincts. Quand nous disons : « la géométrie est assurément *a priori* ; la vérité de ses théorèmes ne fait aucun doute », c'est à la géométrie mathématique que nous pensons. Mais supposez que nous ajoutions : « Elle a aussi l'avantage de nous donner des informations sur le monde. Grâce à elle, nous sommes en mesure de prédire les résultats que nous obtiendrons en mesurant des structures géométriques réelles ». Voici que sans y prendre garde, nous avons glissé d'une géométrie à l'autre. Ce dont il s'agit à présent, c'est de la géométrie physique, de la structure de l'espace réel. Or la géométrie mathématique est *a priori* et la géométrie physique synthétique. Et il n'existe pas de géométrie qui soit les deux à la fois. Si on accepte le point de vue empiriste, d'ailleurs, on ne peut concevoir de connaissance qui soit à la fois *a priori* et synthétique.

La distinction entre les deux sortes de géométrie est maintenant universellement acceptée. Elle est fondamentale pour ce qui est de la connaissance propre à la géométrie. Si l'on vous cherche noise au sujet de la nature de cette connaissance, la première question à poser est celle-ci : « Quel type de géométrie avez-vous en tête ? Parlez-vous de la géométrie mathématique ou de la géométrie physique ? » Une mise au clair ici s'impose si
179 l'on veut éviter toute confusion et | comprendre quelque chose aux progrès révolutionnaires accomplis dans le domaine de la théorie de la relativité.

Cette distinction a été formulée avec une clarté et une précision remarquables par Einstein, à la fin d'une conférence intitulée « Géométrie et expérience »[1]. Il y parle de « mathématiques », mais en se référant à la géométrie dans les deux sens où elle peut être comprise. « Dans la mesure où les théorèmes mathématiques s'appliquent au réel, dit-il, ils ne sont pas certains ». Cela veut dire, transposé en termes kantiens : pour autant qu'ils sont synthétiques, ils ne sont pas *a priori*. « Et dans la mesure où ils sont certains, ils ne s'appliquent pas à la réalité ». En termes kantiens : pour autant qu'ils sont *a priori*, ils ne sont pas synthétiques.

1. Cette conférence d'Einstein fut publiée séparément sous le titre « Geometrie und Erfahrung » (Berlin, Springer, 1921). Elle fut ensuite traduite et publiée en même temps que d'autres textes dans *Sidelights on Relativity* du même auteur (New York, Dutton, 1923).

Kant soutenait que la connaissance *a priori* est une connaissance certaine, et que l'expérience ne peut témoigner contre elle. La théorie de la relativité a clairement montré, du moins à tous ceux qui la comprenaient, qu'ainsi entendue *a priori,* la géométrie ne nous dit rien de la réalité. Il n'est pas en effet d'énoncé qui, doué d'une certitude de caractère logique, puisse nous renseigner également sur la structure géométrique du monde.

QUATRIÈME PARTIE

CAUSALITÉ ET DÉTERMINISME

| CHAPITRE XIX 183

LA CAUSALITÉ

Le concept de causalité, un des principaux thèmes de la philosophie des sciences contemporaine, n'a cessé de retenir l'attention d'éminents philosophes, de l'antiquité grecque jusqu'à nos jours. Dans le passé, il faisait partie de ce qui portait alors le nom de philosophie de la nature. Ce domaine recouvrait aussi bien l'investigation de la nature que l'élucidation philosophique de la connaissance qui en résultait. Aujourd'hui, il apparaît de plus en plus clairement que l'acquisition de connaissances sur la nature est la tâche des chercheurs des sciences expérimentales et non celle des philosophes en tant que tels.

Un philosophe, naturellement, peut être à la fois un philosophe et un scientifique. S'il se trouve avoir cette double vocation, il doit savoir que les questions qu'il peut poser sont de deux genres fondamentalement différents. Des questions telles que : « Comment les cratères de la lune se sont-ils formés ? » ou « Y a-t-il une galaxie composée d'antimatière ? », s'adressent à des astronomes et des physiciens. Mais si, par contre, les questions qu'il pose concernent l'analyse des concepts fondamentaux d'une science et non pas la nature du monde, alors il s'agit de questions propres à la philosophie des sciences.

Les philosophes croyaient jadis en une métaphysique de la nature.
Ils pensaient | accéder, grâce à elle, à un niveau de connaissance plus 184
approfondi et plus radical que n'importe quelle science empirique. Le philosophe se devait d'exposer des vérités métaphysiques. Mais les philosophes qui réfléchissent aujourd'hui sur les sciences n'accordent plus aucun crédit à tout cela. À l'ancienne philosophie de la nature s'est maintenant substituée la philosophie des sciences. Ce n'est plus la découverte des faits et des lois (qui est de la compétence des chercheurs) ni même

la construction d'une synthèse métaphysique qui intéressent cette philosophie nouvelle, mais la science elle-même : l'appareil conceptuel qu'elle utilise, ses méthodes, les résultats auxquels elle peut parvenir, la forme de ses énoncés et les types de logique qu'on peut lui appliquer. En d'autres termes, elle s'occupe du genre de problèmes dont traite ce livre. La « nature de l'esprit » ne concerne plus guère le philosophe des sciences ; ce qu'il étudie, ce sont les fondements philosophiques (c'est-à-dire logiques et méthodologiques) de la psychologie. De même, le philosophe des sciences humaines a délaissé l'étude de la « nature de la culture » pour celle des fondements philosophiques de l'anthropologie. Ce qui passe au premier plan, c'est l'étude des concepts et des méthodes de chaque domaine scientifique.

Certains philosophes ont suggéré qu'il ne fallait pas exagérer la coupure entre la tâche des scientifiques dans un domaine donné et celle du philosophe des sciences dont la réflexion porte sur le même domaine. D'une certaine façon, cette mise en garde est opportune. En effet, bien que le travail du scientifique et celui du philosophe des sciences constituent deux tâches théoriquement distinctes, dans la pratique leurs champs d'étude interfèrent très souvent. Ainsi, un physicien professionnel rencontre constamment des questions d'ordre méthodologique : « Quelle sorte de concepts utiliser ? À quelles règles ces concepts obéissent-ils ? Par quelle méthode logique les définir ? Comment les faire entrer dans des énoncés et comment, avec ceux-ci, composer un système ou une théorie dont l'articulation soit correcte sur le plan logique ». Autant de questions auxquelles il aura à répondre en tant que philosophe des sciences, car l'expérience ne lui fournit aucune réponse. On conçoit mal, en revanche, qu'un philosophe des sciences fasse œuvre significative s'il n'est pas très au fait des découvertes scientifiques de son temps. Dans le présent ouvrage, par exemple, il a fallu s'étendre quelque peu sur certains aspects caractéristiques de la théorie de la relativité. D'autres détails relatifs à cette théorie ont été laissés de côté parce qu'ils ne contribuaient pas à éclairer la distinction importante entre géométrie empirique et géométrie pure ou mathématique. Quiconque étudie la philosophie des sciences ne peut prétendre soulever des questions de fond touchant les concepts et les méthodes d'une science, s'il n'a pas une connaissance approfondie de celle-ci.

La distinction entre la tâche du philosophe des sciences et les préoccupations métaphysiques de son prédécesseur, le philosophe de la nature, m'a paru digne d'intérêt pour l'analyse de la causalité, qui fait l'objet du présent chapitre. Les philosophes du passé étudiaient la nature métaphysique de la causalité elle-même tandis que notre objet est d'examiner

l'usage que les scientifiques font de ce concept | afin de préciser ce qu'ils 185
mettent sous les mots lorsqu'ils disent que « ceci est cause de cela ». Que signifie au juste la relation de cause à effet ? L'usage qu'on fait de cette expression, dans la vie courante, est vague à souhait. Même dans les sciences, on ne voit pas toujours clairement ce que veulent dire les scientifiques quand ils déclarent qu'un événement a causé un autre événement. Une des plus importantes tâches de la philosophie des sciences est d'analyser le concept de causalité et d'en dégager clairement le sens.

Il n'y a pas jusqu'à l'origine historique de ce concept qui ne soit quelque peu floue. Il semble qu'il ait surgi comme une sorte de projection de l'expérience humaine dans le monde de la nature. Quand on pousse une table, on éprouve une tension dans les muscles. Lorsqu'on observe un phénomène comparable, dans la nature, tel que le choc d'une boule de billard contre une autre, il est facile d'attribuer à l'une des boules une sensation analogue. Tout se passe en effet comme si la première boule, celle qui vient frapper l'autre, était l'agent du choc, comme si son « *action* » sur la seconde avait pour effet de la mouvoir. Il est aisé d'imaginer comment les hommes des cultures primitives en sont venus à supposer que les éléments naturels étaient animés, tout comme eux-mêmes, par des âmes douées d'intentions. On comprend d'autant mieux leur attitude en face de désastres naturels. C'est ainsi qu'ils rendaient responsable une montagne d'un glissement de terrain, ou une tornade du sinistre d'un village.

On ne s'attend plus à trouver, de nos jours, cette attitude anthropomorphique devant la nature chez les hommes civilisés et, à plus forte raison, parmi les scientifiques. On constate pourtant que la pensée animiste a tendance à persister sous diverses formes. Voilà qu'une pierre brise une vitre. La pierre l'a-t-elle voulu ? Assurément non, répondra le scientifique. Une pierre n'est qu'une pierre. Elle ne peut vouloir quoi que ce soit. Mais beaucoup de gens, et même des scientifiques, diront sans hésiter que l'événement *b*, le bris du carreau, a été *causé* par l'événement *a*, la collision de la pierre et de la vitre. Que veut dire un scientifique, lorsqu'il déclare que l'événement *b* a été causé par l'événement *a*? Peut-être dira-t-il que l'événement *a* a « engendré » l'événement *b*, ou qu'il l'a « produit ». Ainsi, voyez-vous, lorsqu'il cherche à expliquer le sens du mot « cause », il se retranche derrière des expressions telles que « amener », « engendrer », « créer » ou « produire ». Or ce sont là des termes métaphoriques, empruntés à l'activité humaine. Il est légitime de dire que l'activité humaine engendre, crée et produit, à proprement parler, divers événements : mais l'usage littéral de ces vocables se conçoit mal dans le cas d'une pierre. Ils ne fournissent pas une réponse très satisfaisante à la question : « Que veut-on dire lorsque l'on déclare qu'un événement a causé un autre événement ? ».

Il est donc important d'entreprendre l'analyse de cette notion vague de causalité, afin de la purifier des éléments non scientifiques qui y entrent encore. Mais qu'un point soit clair : il n'y a aucune raison, selon moi, de rejeter le concept de causalité. David Hume, au dire de certains philosophes, aurait voulu, dans sa fameuse critique de la causalité, rejeter ce
186 concept *in toto*. Tel n'est pas mon avis. | Son intention n'était pas tant de le rejeter que de le purifier. J'y reviendrai ; mais pour le moment, je veux indiquer que ce qu'il a refusé d'admettre est l'idée de nécessité incluse dans le concept de causalité. En ce sens, il était dans la bonne voie, bien que, selon certains philosophes des sciences contemporains, il se soit arrêté en chemin et qu'il n'ait pas été suffisamment clair dans son analyse. J'estime qu'il n'est pas nécessaire de considérer le concept de causalité comme un concept préscientifique, métaphysique au sens péjoratif du terme, et de l'abandonner totalement. Une analyse menée jusqu'au bout révélera justement que quelque chose d'irréductible demeure qui mérite d'être appelé causalité. Et ce quelque chose justifie l'usage séculaire de ce concept aussi bien dans les sciences que dans la vie courante.

Commençons par nous demander quelles sortes d'entités sont reliées par la relation de causalité. La cause d'un événement n'est pas à proprement parler une *chose*, mais un processus. Dans la vie de tous les jours, nous disons que certaines choses causent des événements. Nous voulons dire, en réalité, que des processus ou événements déterminés sont la cause d'autres processus ou événements. Ainsi nous disons que le soleil est la cause de la croissance des plantes ; en fait nous voulons dire que la radiation solaire, qui est un processus, est cause de cette croissance. Mais si nous considérons les « processus » ou « événements » comme les entités impliquées dans les relations de cause à effet, ces termes doivent être entendus dans un sens extrêmement large, si large qu'ils doivent pouvoir désigner également ce qu'ils *ne* désignent *pas* dans le langage courant, à savoir des processus statiques.

Prenons par exemple une table. Rien de ce que j'observe en elle ne change. Il se peut qu'hier on l'ait déplacée, ou que demain on l'abîme ou on la détruise. Il n'empêche qu'à l'instant où je la considère, je ne perçois aucune modification. On peut supposer que sa température, sa masse et même la réflexion de la lumière sur sa surface etc. demeurent provisoirement inchangées. Cet événement, à savoir l'existence sans changement de la table, est également un processus, mais un processus *statique* dont les grandeurs ne varient pas dans le temps. S'il est vrai que des processus ou des événements interviennent dans des relations de causalité, il faut compter parmi eux les processus statiques. Ainsi ils comprendront toute succession d'états d'un système physique, qu'il y ait ou non des changements entre ces états successifs.

On entend souvent dire que des *circonstances* ou des *conditions* sont causes ou effets. Je n'ai pas d'objection contre cette manière de parler. On ne risque pas, ici, de prendre ces termes dans une acception trop étroite étant donné qu'une condition statique ou constante est encore une condition. Supposons que nous voulions déterminer la cause d'une collision entre deux véhicules sur une grand-route. Nous devons tenir compte non seulement des conditions variables (telles que le déplacement des véhicules, le comportement des conducteurs, etc.), mais aussi des conditions qui, lors de la collision, sont demeurées invariables. Il nous faut déterminer l'état de la route : était-elle mouillée ou sèche ? L'un des deux conducteurs avait-il le soleil dans les yeux ? Des questions comme celles-là peuvent avoir | de l'importance quand on recherche les causes de **187**
l'accident. L'analyse des causes, pour être vraiment satisfaisante, exige que nous cherchions à déterminer l'ensemble des conditions d'une situation, tant constantes que variables. Il peut d'ailleurs apparaître que plusieurs conditions différentes ont joué un rôle important dans la production du résultat final.

Quand un homme meurt, un médecin doit établir la cause de la mort. Il écrira peut-être « tuberculose », comme si la mort était due à une seule cause. C'est ainsi que dans la vie quotidienne l'on recherche souvent une cause unique à un événement – *la* cause de la mort, *la* cause de la collision. Pourtant, un examen un peu attentif de la situation montre que bien des réponses peuvent être données ; tout dépend en effet de quel point de vue l'on pose la question. Un ingénieur des Ponts-et-Chaussées dira : « J'ai déjà constaté plus d'une fois que le revêtement de cette route était dans un piteux état, quand on pense que c'est là une route à grande circulation. Aussitôt mouillée, elle devient très glissante. La preuve : un accident de plus ! » Pour lui, qui est ingénieur, la cause de l'accident est la surface glissante de la route ; il voit l'événement de *son* point de vue. À ses yeux, cette cause est *la* cause. D'une certaine façon, il a raison. Si son conseil avait été écouté, la route aurait été refaite et aurait été moins glissante. Toutes choses étant égales d'ailleurs, l'accident aurait alors pu ne pas se produire. Bien qu'on puisse rarement, dans tel ou tel cas précis, être sûr de ce point, il n'est pas impossible que l'ingénieur ait raison. Lorsqu'il soutient que « cette cause est la vraie », il veut dire qu'il s'agit d'un facteur d'une telle importance que, sans lui, l'accident aurait pu ne pas se produire.

Demandez à d'autres la cause de l'accident, ils invoqueront probablement des circonstances différentes. La police de la route cherchera à savoir si l'un des conducteurs a enfreint aucune des règles du code de la route. Son rôle est en effet d'avoir l'œil sur ce genre de comportement afin de déterminer les causes des accidents de circulation; s'il y a eu une infraction aux règles, elle la considèrera comme la cause de l'accident. Le psychologue qui interroge l'un des conducteurs allèguera, de son côté, l'état d'anxiété dans lequel celui-ci se trouvait. Ses soucis l'absorbaient au point que, distrait, il a à peine remarqué qu'un autre véhicule débouchait au croisement. C'est donc, dira le psychologue, l'état de perturbation psychologique du sujet qui est à l'origine de la catastrophe; il retient, parmi tous les facteurs possibles, celui qui l'intéresse au premier chef. C'est pour lui la seule cause qui compte, celle qui est déterminante. Lui aussi, il peut avoir raison : l'accident aurait pu ne pas se produire si l'homme n'avait pas été plongé dans un tel état, disons même qu'il ne se serait probablement pas produit. Un ingénieur en construction automobile dira encore autre chose : il allèguera un défaut de fabrication dans l'une des voitures. Un mécanicien garagiste fera peut-être remarquer que les garnitures de freins de l'une d'elles étaient usées. Chacun considère de son point de vue l'ensemble de la situation et invoque une circonstance déterminée qui lui permet de dire, de façon justifiée, que sans elle, l'accident n'aurait peut-être pas eu lieu.

188 | Pourtant aucun de ces hommes n'a vraiment répondu à la question plus générale : quelle est *la* cause de l'accident? Nous n'avons obtenu d'eux qu'une série de réponses partielles dont chacune privilégiait certains facteurs plutôt que d'autres. On n'a isolé aucune cause qui soit *la* cause de l'accident; et en fait, il est évident qu'il n'existe rien qui soit *la* cause. Toute situation un peu complexe se trouve, en effet, composée d'un faisceau de circonstances, dont chacune a contribué à la production de l'accident puisque, sans l'une d'elles, la catastrophe aurait pu ne pas arriver. S'il existe une relation causale entre l'accident et un événement antécédent, cet événement comprend nécessairement la situation *tout entière* qui a précédé l'accident en question. Dire que cette situation préalable a «*causé*» l'accident, c'est signifier que si l'on avait possédé toutes les données de la situation globale dans leurs multiples détails, ainsi que la totalité des lois mises en jeu, l'on aurait pu prévoir l'accident. Bien entendu, nul ne connaît (et ne peut connaître) effectivement les faits et les lois en question dans leur *totalité*. La prévisibilité de la collision ne vaut que dans *l'hypothèse* où ce serait possible. Les «lois en question» comprennent non seulement des lois de la physique et de la technologie (relatives au frottement sur la route, au déplacement des véhicules, au freinage, etc.), mais aussi des lois physiologiques et psychologiques. On ne peut parler d'une issue prévisible sans

présupposer la connaissance de l'ensemble de ces lois en même temps que celle des faits particuliers de la situation.

Le résultat de cette analyse peut se résumer en une formule : *relation causale signifie prédictibilité*. Je ne veux pas dire prédictibilité réelle, puisqu'il n'est donné à personne de posséder effectivement la connaissance de l'ensemble des faits et des lois mises en jeu, mais seulement prédictibilité en ce sens que, *si* la situation antécédente avait été connue totalement, l'événement aurait pu être prédit. J'entends donc « prédictibilité » dans un sens assez métaphorique, puisqu'elle n'implique pas que quelqu'un ait le pouvoir effectif de prédire l'événement. C'est une prédictibilité plus potentielle que réelle, que je formulerais de la manière suivante : si l'ensemble des faits et lois naturelles impliqués dans l'événement avait été connu, il aurait été possible de prédire ce dernier avant qu'il ne survienne. La prédiction apparaît comme une conséquence logique des faits et des lois. Autrement dit, il existe une relation logique entre la description exhaustive des circonstances antérieures, la connaissance des lois pertinentes et la prédiction de l'événement.

Les faits isolés impliqués dans la situation antécédente peuvent, en principe, être connus. (Nous laissons de côté, ici, la difficulté pratique qu'il y a à déterminer la totalité des faits, ainsi que les limites que la théorie quantique assigne en principe à la connaissance de cette totalité au niveau subatomique). C'est plutôt la connaissance des lois qui fait problème. Qu'entend-on par « lois » lorsque, pour définir une relation de causalité, nous disons qu'un événement peut être inféré logiquement d'un ensemble de faits et de lois ? Il est tentant de répondre que ces lois sont celles qui se trouvent exposées dans les manuels traitant des sciences correspondantes ; plus précisément, l'ensemble des lois pertinentes connues au moment de l'événement. En langage formel, un événement *Y* ayant lieu, à l'instant *I*,
est causé par | l'événement antécédent *X* si et seulement si *Y* peut être déduit 189
de *X* à l'aide des Lois L_T connues à l'instant *T*.

Il est facile de voir que cette définition de la relation causale ne nous est pas d'un grand secours. Examinons le contre-exemple suivant : l'histoire rapporte qu'un événement passé *B* a succédé à un événement *A*. À l'époque T_1, personne n'était en mesure d'expliquer *B*. Maintenant que l'on connaît certaines lois déterminées L^*, on peut expliquer *B* en montrant que *B* découle logiquement de *A* et de L^*. Mais à l'époque T_1, ces lois n'étaient pas connues et il était alors impossible d'expliquer l'événement *B* comme un effet de l'événement *A*. Supposons qu'à l'époque T_1 un scientifique ait avancé, à titre d'hypothèse, que l'événement *B* a été causé par l'événement *A*. Pour nous, rétrospectivement, son hypothèse est vérifiée. Pourtant, le scientifique ne pouvait en apporter la preuve, parce que les lois

L_{T1}, qui étaient alors connues de lui, ne comprenaient pas encore les lois L^* qui sont indispensables pour administrer la preuve. Il nous faudra donc dire, si l'on admet la définition de la relation causale proposée dans le paragraphe précédent, que la proposition de notre scientifique est fausse, fausse parce qu'il ne pouvait pas déduire *B* de *A* et de L_{T1}. En d'autres termes, on doit la considérer comme fausse même si elle est reconnue pour vraie aujourd'hui.

Le caractère inadéquat de notre définition de la causalité apparaît également quand on pense que la connaissance que nous avons de nos jours des lois scientifiques est loin d'être achevée. Les scientifiques d'aujourd'hui en savent plus que ceux d'hier, mais sûrement moins que ceux du siècle prochain (à moins que la civilisation ne soit d'ici là détruite par une conflagration générale). La science n'a jamais une connaissance complète de toutes les lois de la nature. Si toutefois l'on veut obtenir une définition adéquate de la causalité, c'est, comme nous l'avons montré plus haut, au système entier des lois qu'il faut se référer, et non pas aux lois dont la découverte est liée à une époque donnée.

Que signifie alors l'énoncé : l'événement *B* est causé par l'événement *A* ? Qu'il existe dans la nature certaines lois dont on peut déduire logiquement l'événement *B*, à condition de les conjuguer avec la description exhaustive de l'événement *A*. Il importe peu que ces lois *L* puissent ou non être effectivement énoncées ; à moins, bien sûr, que ne soit exigée une preuve que l'affirmation en question est *vraie*. Mais l'énoncé conserve un *sens* même si sa vérité n'est pas prouvée. D'où la difficulté de l'analyse de la causalité, et son caractère précaire. Quand nous faisons mention d'une relation causale, nous faisons toujours implicitement référence à des lois naturelles non spécifiées. D'un autre côté, ce serait demander l'impossible que d'exiger que soit explicitée la totalité des lois en jeu toutes les fois que l'on affirme que « *A* a causé *B* ». L'usage courant n'en demande pas tant. Bien entendu, la preuve de cette affirmation est fournie si l'on est en mesure d'expliciter la totalité de ces lois. Mais on ne peut demander cette démonstration qu'après avoir reconnu que l'énoncé est doué de sens.

Imaginez qu'on fasse le pari suivant : à partir d'aujourd'hui, il y aura quatre semaines ininterrompues de pluie. Personne ne sait si cette
190 prédiction est juste | ou non. Il faudra attendre quatre semaines pour le savoir. Pourtant, il est clair que la prédiction a un sens. Les empiristes ont raison de dire qu'un énoncé n'a de sens qu'à partir du moment où il existe, du moins en principe, une possibilité de trouver des indices capables de confirmer ou d'infirmer l'énoncé. Mais cela n'implique pas qu'un énoncé n'ait de sens que si (et seulement si) l'on peut décider de sa vérité

aujourd'hui même. En effet, l'énoncé qui prédit la pluie a un sens, même si l'on ne peut pas décider dans l'instant même de sa vérité ou de sa fausseté.

L'affirmation que *A* est la cause de *B* a aussi un sens, même si son auteur n'est pas en mesure de préciser les lois indispensables à sa démonstration. Elle signifie que l'occurrence de *B* pourrait être vraiment prédite *si* l'ensemble des faits qui touchent de près ou de loin à l'événement *A* était connu en même temps que la totalité des lois en jeu.

Une question délicate se pose alors : cette définition d'une relation de cause à effet implique-t-elle que l'effet s'ensuive nécessairement de la cause ? La définition ne parle pas de nécessité. Elle dit seulement que l'événement *B* pourrait être prédit si l'on connaissait la totalité des faits et lois en jeu. Mais peut-être s'agit-il là d'une pétition de principe ; et le métaphysicien qui désire introduire l'idée de nécessité dans la définition de la causalité pourra faire une objection : « Le terme de “nécessité” n'est pas mentionné, mais il est question de lois et les lois énoncent des consécutions nécessaires. Par conséquent, tout bien pesé, l'idée de nécessité y est incluse. Elle est un élément indispensable de tout énoncé relatif à la relation causale ».

Dans le prochain chapitre, nous nous demanderons comment il est possible de répondre à cet argument.

191 | CHAPITRE XX

LA CAUSALITÉ IMPLIQUE-T-ELLE LA NÉCESSITÉ ?

Les lois impliquent-elles la nécessité ? Les empiristes formulent parfois leur position dans les termes suivants : une loi est simplement un énoncé conditionnel universel. L'énoncé est universel parce qu'il exprime une généralité : « Si, en n'importe quel lieu et à n'importe quel instant, un corps ou un système physique se trouve dans tel état déterminé, il doit alors s'ensuivre, pour ce corps ou ce système, un autre état également déterminé ». C'est là un énoncé en « si – alors » dont la forme est générale relativement à l'espace et au temps. Ce point de vue est parfois appelé « conditionnalisme ». Le propre d'une loi causale est de poser que pour toute occurrence d'un événement de l'espèce *P* (entendons par *P* non pas un événement isolé, mais une classe d'événements), un événement de l'espèce *Q* doit s'en suivre. En langage symbolique :

(1) $$(x)\ (Px \supset Qx)$$

Cet énoncé affirme que pour tout point *x* de l'espace-temps, si *P* est réalisé, la condition *Q* est réalisée.

Certains philosophes protestent avec vigueur et objectent qu'une loi naturelle affirme bien plus qu'un simple énoncé conditionnel universel de
192 forme « si-alors ». | Pour comprendre cette objection, il faut rappeler avec exactitude ce que signifie un énoncé de forme conditionnelle. Considérons, au lieu de l'énoncé universel (1), une de ses instances particulières, celle qui concerne le point *a* de l'espace-temps :

(2) $$Pa \supset Qa$$

Le sens de cet énoncé : « si *P* se produit en *a*, alors *Q* se produit en *a* », est donné par sa table de vérité. Il y a quatre combinaisons de valeurs de vérité possibles pour les deux composants de l'énoncé :

1. « *Pa* » vrai, « *Qa* » vrai
2. « *Pa* » vrai, « *Qa* » faux
3. « *Pa* » faux, « *Qa* » vrai
4. « *Pa* » faux, « *Qa* » faux

Le signe en fer à cheval « $\supset$ » pour l'implication est à comprendre de telle manière que (2) affirme que la seconde répartition de valeurs de vérité n'est pas réalisée. Mais il ne nous dit rien quant à une relation de causalité entre *Pa* et *Qa*. L'énoncé conditionnel est vrai si « *Pa* » est supposé faux, quel que soit « *Qa* ». Et si « *Qa* » est vrai, l'énoncé conditionnel est vrai quel que soit « *Pa* ». Autrement dit, le seul cas où l'énoncé manque à être réalisé est celui où « *Pa* » est vrai et « *Qa* » faux.

Il est, certes, difficile de voir là une interprétation vraiment satisfaisante d'une loi. Quand on dit, par exemple, que le fer se dilate quand on le chauffe, ne veut-on rien dire de plus que la succession de deux événements ? On pourrait tout aussi bien dire que la terre tourne si l'on chauffe du fer. Nous avons, là aussi, un énoncé conditionnel; mais, à la différence du précédent, on ne lui donne pas le nom de loi, parce qu'il n'y a aucune raison de croire que la rotation de la terre a un rapport quelconque avec l'échauffement d'une barre de fer. D'autre part, quand une loi est énoncée sous forme conditionnelle, ne comprend-elle pas aussi l'affirmation d'une certaine connexion entre les deux événements, connexion dont le contenu dépasse largement le simple fait que si l'un se produit, l'autre s'ensuit ?

Il faut reconnaître que, habituellement, l'on met quelque chose de plus dans l'affirmation d'une loi; mais il est difficile d'analyser la nature exacte de ce « quelque chose de plus ». Le problème qui se pose à nous est de déterminer avec précision ce qui définit le « contenu cognitif » d'un énoncé exprimé dans notre langue. Le contenu cognitif d'un énoncé est ce qui est affirmé par cet énoncé, et plus précisément ce qui est susceptible d'être soit vrai soit faux. Mais il est souvent extrêmement difficile de faire la part de ce qui, dans un énoncé, appartient à son contenu cognitif, et de ce qui, dans le même énoncé, fait partie des éléments de signification non cognitive, éléments dont l'existence est incontestable mais qui n'ont rien à voir avec la signification cognitive de l'énoncé.

Pour illustrer cette ambiguïté, imaginons le cas d'un témoin en justice qui dit : « Par malheur, le camion a renversé M. Dupont et lui a fracturé la hanche gauche ». Là-dessus, un autre témoin révèle à tous qu'en vérité le premier témoin ne conçoit pas le moindre regret et qu'il se félicite plutôt

193 que M. Dupont ait été | blessé. A-t-il ou non menti en prononçant l'expression « par malheur » ? S'il est prouvé que le témoin n'a nullement déploré l'accident, il faut conclure qu'il a employé le terme de « malheur » afin de tromper son monde. Dans cette optique, on pourra considérer qu'il a menti. Mais le point de vue de la justice est autre. Celle-ci part en effet du principe que le témoignage a été produit sous serment ; et il est difficile de dire si le témoin a commis ou non un parjure. Le juge se dira peut-être que l'emploi de l'expression « par malheur » ne concerne pas le contenu réel de l'énoncé. Le camion a heurté M. Dupont et provoqué une fracture de la hanche, le témoin a parlé de « malheur » pour avoir l'air de compatir, alors qu'il n'en est rien. Mais cela importe peu : le fond de sa déclaration n'en est pas affecté.

Si le témoin avait dit « M. Dupont a été frappé par un camion et je déplore vivement cet accident », l'expression de son regret aurait paru plus explicite et la question du parjure méritait davantage d'être posée. Quoiqu'il en soit, il apparaît souvent difficile de déterminer ce qui fait partie du contenu cognitif d'une assertion et ce qui ne fait que s'inscrire parmi ses composantes non cognitives. Notre langue est régie par une grammaire dont les règles ne nous permettent pas de préciser ce qui, dans un énoncé, ne mérite pas d'être interprété en termes de valeurs de vérité. Si quelqu'un dit « malheureusement », alors qu'il n'éprouve dans son for intérieur, aucun sentiment de regret, devra-t-on considérer son énoncé comme faux ? Nul dictionnaire, nulle grammaire de la langue française ne nous soufflera jamais la réponse. Quant aux linguistes, que peuvent-ils faire de plus que décrire l'usage qu'une culture donnée fait de certains énoncés ? Ils ne sont pas en mesure de définir des règles qui permettent de trancher dans tous les cas. Puisque de telles règles nous font défaut, nous sommes incapables d'entreprendre une analyse rigoureuse du contenu cognitif de certains énoncés ambigus.

Nous nous heurtons exactement à la même difficulté lorsque nous cherchons à savoir si une expression de la forme « $(x)\ (Px \supset Qx)$ » est une formulation adéquate d'une loi, ou si, au contraire, elle laisse de côté quelque chose d'essentiel. L'usage par les philosophes des sciences du symbole « $\supset$ » (connecteur de l'« implication matérielle ») pour formuler des lois n'a pas cessé de soulever des critiques. Parler d'une « loi de la nature », c'est, d'après certains philosophes, exprimer davantage que la simple succession de deux événements. Une loi implique, en effet, que le second événement doit s'ensuivre. Il y a une connection nécessaire qui lie P et Q. Mais qu'entendent-ils par « nécessaire » ? Telle est la première question qu'il nous faut résoudre. Nous nous demanderons ensuite si la signification qu'ils donnent à ce terme relève du contenu cognitif de l'énoncé d'une loi.

Mainte tentative a été faite, du côté des philosophes, pour cerner le sens du mot « nécessité » dans son application aux lois de la nature. Un auteur allemand, Bernhard Bavink, est même allé jusqu'à dire (dans son ouvrage intitulé *Ergebnisse und Probleme der Naturwissenschaften*[1]) que la nécessité exprimée dans les lois de la nature est une nécessité logique. La plupart des philosophes des sciences ne seraient pas d'accord avec lui. Quant à moi, je pense que c'est une erreur complète, car « nécessité logique » veut dire « validité logique ». Un énoncé n'est logiquement | valide que s'il ne 194
dit rien à propos du monde. Il est alors vrai uniquement en vertu du sens des termes qui y figurent. Or les lois de la nature sont contingentes, ce qui veut dire qu'étant donnée une loi, quelle qu'elle soit pourvu qu'elle soit une loi, il est toujours possible de décrire, sans se contredire, une séquence d'événements qui la viole.

Considérons la loi suivante: « Le fer se dilate quand on le chauffe ». Une autre loi dit: « Le fer se contracte quand on le chauffe ». Cette dernière loi ne souffre d'aucune contradiction logique; du point de vue de la logique pure, elle n'est pas plus inconsistante que la première. Si on admet la première de préférence à la seconde, c'est uniquement parce qu'elle décrit une régularité *observée dans la nature*. Le logicien peut découvrir les lois de la logique en restant assis à son bureau et en traçant des signes sur une feuille, ou simplement en réfléchissant, les yeux clos. Ce n'est pas de cette façon qu'on découvre une loi de la nature: il faut observer le monde et décrire ses régularités. Puisqu'une loi affirme qu'une certaine régularité se manifeste en tout temps, elle ne saurait être définitive. Elle risque toujours d'être réfutée par une observation future. Rien de tel pour les lois de la logique. Elles valent dans toutes les situations concevables. S'il existe une nécessité dans les lois de la nature, cette nécessité n'est assurément pas d'ordre logique.

Alors, qu'est-ce qu'un philosophe peut bien vouloir dire lorsqu'il parle de la nécessité d'une loi naturelle? Il répondra peut-être ceci: « Ce que je veux dire, c'est que si P se produit, il n'est pas possible que Q ne se produise pas. Il *doit* en être ainsi; il ne peut pas en être autrement. » Mais des expressions comme « doit être », « il ne peut en être autrement » ne sont que d'autres façons de parler de « nécessité »; et ce que le philosophe veut dire n'en devient pas plus clair. Il ne rejette pas d'ailleurs, l'énoncé conditionnel « $(x)\,(Px \supset Qx)$ ». Il l'accepte, mais il estime qu'il constitue une

1. Leipzig, Hirzel, 1914.

formulation trop faible. Il cherchera donc à le renforcer en lui ajoutant quelque chose.

Je m'explique. Supposons deux physiciens qui possèdent la même connaissance des faits et s'accordent également pour adopter le même système de lois. Le physicien I fait une liste de ces lois en donnant à chacune d'elles la forme de l'énoncé conditionnel universel: $(x)(Px \supset Qx)$. Après quoi, satisfait, il estime inutile d'ajouter quoi que ce soit. De son côté, le physicien II fait la même liste, en donnant aux lois la même forme conditionnelle, avec la seule différence qu'il ajoute, pour chacune d'elles, cette mention : « et cette relation a un caractère de nécessité ». Nous obtenons ainsi les deux listes suivantes :

PHYSICIEN I

Loi 1 : $(x)\ (Px \supset Qx)$
Loi 2 : $(x)\ (Rx \supset Sx)$
...
...
...
...

195 | PHYSICIEN II

Loi 1 : $(x)\ (Px \supset Qx)$, et cela nécessairement
Loi 2 : $(x)\ (Rx \supset Sx)$, et cela nécessairement
...
...
...

Y a-t-il une quelconque différence entre ces deux systèmes de lois, du point de vue de leur signification cognitive ? Il nous faut, pour répondre à cette question, chercher à savoir s'il existe un test expérimental qui permette d'établir la supériorité de l'un sur l'autre. Cela revient, en fin de compte, à savoir si un système est plus efficace que l'autre pour prédire des événements observables.

Supposons que les deux physiciens soient d'accord sur l'état présent du temps. Ils ont tous deux accès aux mêmes bulletins météorologiques diffusés par les mêmes stations. Munis de l'information qui leur est parvenue, ils vont, chacun à l'aide de son propre système de lois, prédire le temps qu'il fera demain à Los Angeles. Leurs prédictions seront identiques, puisqu'ils utilisent les mêmes données et les mêmes lois. Mais les prédictions du physicien II seront-elles plus nombreuses ou plus sûres sous prétexte qu'à chacune des lois il a ajouté : « et cela, nécessairement » ?

Évidemment non. Ses mentions complémentaires ne nous apprennent strictement rien sur aucun aspect observable d'aucun événement prédit.

Le physicien I dira: « si *P*, alors *Q*. Or aujourd'hui, il y a *P*; donc demain ce sera *Q*. » Le physicien II dira: « si *P*, alors *Q*; et cela nécessairement. Or aujourd'hui il y a *P*, donc demain ce sera *Q*, soit un orage. Non seulement cet orage aura lieu demain à Los Angeles, mais il *devra* se produire ». Le lendemain arrive. Si l'orage a lieu, les deux physiciens se félicitent de leur réussite. Si l'orage ne se produit pas, ils se tiendront ce discours : « Essayons de trouver la source de notre erreur. Les données dont nous sommes partis étaient peut-être incomplètes ou erronées. Ou alors, c'est qu'une de nos lois est fausse ». Mais y a-t-il une quelconque raison pour que le physicien II fasse une prédiction que le physicien I ne peut pas faire ? Évidemment non. Les énoncés complémentaires que le second physicien a ajoutés à sa liste de lois n'ont absolument aucun effet sur son aptitude à faire des prédictions. Il croit que ses lois sont plus fortes, qu'elles disent plus que celles de son rival. En fait, elles sont plus fortes seulement en ce sens qu'elles suscitent chez le second physicien une sorte de sentiment intérieur de la nécessité. Pour ce qui est de leur signification cognitive, elles n'ont aucune supériorité, car la signification cognitive d'une loi repose sur son aptitude à fonder des prédictions.

Non seulement le physicien II ne peut pas faire davantage de prévisions vérifiables grâce à ses lois, mais il y a une impossibilité de principe à ce qu'il prédise davantage. On aura beau supposer des conditions météorologiques à titre de simples conjectures (des conditions bizarres qui ne se réalisent jamais sur terre, mais qu'on peut imaginer), les prédictions des deux physiciens seront encore identiques sur la base de faits eux-mêmes identiques et avec l'aide de leurs deux listes | de lois. C'est la raison pour **196**
laquelle l'empiriste moderne considère que le second physicien n'a rien ajouté à la signification de ses lois.

Telle est, pour l'essentiel, la position de D. Hume au XVIIIe siècle. Dans sa célèbre critique de la causalité, il refuse tout fondement à l'idée d'une « nécessité » intrinsèque à toute séquence causale observée. Ce que vous observez, c'est d'abord l'événement *A*, puis l'événement *B*. Il n'y a là qu'une suite temporelle d'événements; l'un succède à l'autre. Aucune « nécessité » n'a été observée. Puisqu'elle ne tombe pas sous l'observation, alors, dit Hume, ne la posez pas. Cela n'ajoute rien à la description de vos observations. Hume, selon moi, a raison pour l'essentiel, même si l'analyse qu'il fait de la causalité manque peut-être de clarté ou de justesse dans le détail. En outre, il a eu le grand mérite d'attirer l'attention des philosophes postérieurs sur les insuffisances de l'analyse de la causalité telle qu'on la faisait avant lui.

Depuis lors, la conception conditionnaliste de Hume n'a cessé d'être corroborée toujours davantage par les importantes analyses de la causalité dues à Mach, Poincaré, Russell, Schlick, pour ne citer que ceux-là. Un énoncé sur une relation causale est un énoncé conditionnel. Il décrit une régularité observée dans la nature, et rien de plus.

Passons maintenant à un autre aspect important de la causalité, qui distingue la relation causale des autres relations. Lorsque nous cherchons à déterminer l'existence d'une relation *R* entre un événement ou objet *A* et un événement ou objet *B*, nous nous contentons le plus souvent d'examiner *A* et *B* avec soin et de vérifier si la relation *R* est réalisée entre eux. Le bâtiment *A* est-il plus élevé que le bâtiment *B* ? Nous examinons les deux bâtiments. Le papier mural *C* est-il d'un bleu plus sombre que le papier *D* ? Il est inutile de considérer d'autres papiers pour répondre. Nous étudions *C* et *D* sous un éclairage normal et nous formulons un jugement, étant entendu que nous savons ce qu'il faut comprendre par « un bleu plus sombre ». *E* est-il le frère de *F* ? Peut-être ne savent-ils pas eux-mêmes qu'ils sont frères. En ce cas, il nous faut étudier leur histoire. Nous enquêtons sur leur passé et nous essayons de savoir s'ils sont nés des mêmes parents. Le point important, c'est qu'il est inutile d'étudier d'autres cas que le leur. Nous examinons seulement le cas en question pour déterminer si une certaine relation existe. La tâche est parfois aisée, parfois très difficile, mais elle n'exige jamais que l'on recoure à d'autres cas pour répondre à la question.

Il en va autrement pour la relation de causalité. Pour savoir si une relation causale déterminée est réalisée entre *A* et *B*, il ne suffit pas de définir la relation puis d'examiner le couple d'événements qu'elle est supposée relier. On veut dire que c'est insuffisant du point de vue théorique; car dans la pratique effective, il peut arriver que nous possédions un ensemble de connaissances relatives à d'autres événements et que cela nous dispense de passer par l'étude d'autres cas pour nous prononcer sur l'existence d'une relation causale entre *A* et *B*. Les lois qui régissent cette relation peuvent en effet présenter une évidence telle, être si familières, qu'elles sont tacitement admises. Nous oublions alors que ces
197 lois n'ont pu être | admises qu'au terme d'observations répétées faites sur des cas où cette relation causale était réalisée.

Imaginez que je voie une pierre se diriger vers une fenêtre et frapper le carreau; la vitre se brise en mille morceaux. Le bris du carreau est-il dû au choc causé par la pierre ? Je réponds que oui. Vous me demandez alors d'où je tire ma certitude. C'est évident, dis-je : j'ai vu la pierre heurter la fenêtre. Quoi d'autre aurait pu casser le carreau ? Remarquez le « quoi d'autre », qui soulève une question à propos de la connaissance d'autres événements semblables à celui dont il s'agit. Depuis notre enfance, nous avons souvent constaté qu'un choc un peu violent brisait un carreau. C'est une séquence d'événements qui nous est devenue si familière que lorsque nous voyons une pierre projetée dans la direction d'une fenêtre nous anticipons le bris du carreau avant même qu'il se produise. La pierre heurte le carreau. Le carreau se brise. Nous admettons que le choc de la pierre a joué le rôle de cause.

Songez pourtant combien il est facile de se laisser tromper par les apparences. Vous regardez un western à la télévision. Le bandit braque son pistolet sur un autre homme et actionne la gâchette. Vous entendez le son du coup de feu; et l'homme tombe raide. Pourquoi tombe-t-il? Parce qu'une balle l'a atteint. Mais il n'y avait pas de balle. Le bruit du coup de feu a même pu être introduit après coup dans la sonorisation du film. La séquence causale que vous croyez observer est parfaitement fictive. Il n'y a pas de séquence causale du tout.

Dans le cas de la pierre lancée contre une fenêtre, il se peut que la pierre ait heurté une surface dure de plastique invisible posée devant la fenêtre. Cette surface ne s'est pas brisée. Cependant quelqu'un, à l'intérieur de la maison, a cassé la vitre par quelque autre moyen afin de vous tromper. Il est donc possible d'être abusé, de croire à l'existence d'une relation causale alors qu'il n'y en a pas. Toutefois, dans le cas que nous examinons, on peut éliminer l'hypothèse de telles illusions comme très improbable. L'expérience d'événements analogues dans le passé rend vraisemblable qu'il s'agit d'un nouvel exemple de vitre brisée par un projectile. Si quelque chose vous dit que vous êtes abusés, alors vous y regardez de plus près.

Le point essentiel est celui-ci : que l'on conclue, au terme d'une observation superficielle, que la vitre a bel et bien été brisée par la pierre, ou que, doutant de l'authenticité du fait, nous le soumettions à un examen plus minutieux, nous allons toujours au-delà de l'examen du seul cas considéré. Une multitude de cas analogues rencontrés dans le passé apparaissent en surimpression à l'occasion de celui-ci; il n'est jamais possible d'affirmer une relation causale à partir de l'observation d'un cas unique. Dès notre enfance, nous voyons les phénomènes se succéder dans le temps. Avec les années, graduellement, certaines régularités qui se manifestent dans notre expérience s'imposent à nous. Un verre tombe à terre; il se casse. Une balle heurte la vitre d'une voiture; la vitre se fêle. S'ajoutent à ces cas mille autres semblables où un matériau qui a la fragilité du verre, une soucoupe de porcelaine par exemple, se casse sous l'effet d'un choc. Sans des expériences | de ce genre, on n'interpréterait pas le cas de la pierre et du carreau **198**
comme une relation causale.

Supposez qu'un jour vienne où les carreaux de fenêtre seront fabriqués avec une résistance telle que seul un son de très haute fréquence pourra les briser. Si notre expérience repose désormais sur la connaissance de ce fait, et si nous voyons un carreau se briser quand une pierre le frappe, nous nous exclamerons: «quelle étrange coïncidence! Quelqu'un qui se trouvait dans la maison a émis un son de très haute fréquence et brisé le carreau à l'instant même où la pierre l'atteignait.» Il apparaît donc qu'une des caractéristiques de la relation causale, considérée dans sa spécificité, est qu'elle ne peut être établie sur la base d'un unique cas concret observé. Seule une loi générale, elle-même fondée sur l'observation répétée de la nature, autorise à la poser.

Lorsque nous disons que *A* est la cause de *B*, cela signifie en réalité que nous avons là une instance particulière d'une loi générale qui vaut universellement dans l'espace et dans le temps. On a constaté, en d'autres points de l'espace et du temps, que la relation était vérifiée pour des couples d'événements analogues. On admet donc qu'elle vaut en tout lieu et en tout temps. C'est un jugement extrêmement fort, puisqu'on saute audacieusement d'une série de cas individuels à la conditionnelle universelle : pour tout *x*, si *Px* alors *Qx*. Ainsi l'observation de *Pa*, conjointe à cette loi, implique logiquement *Qa*. La loi n'aurait pu être affirmée sans de nombreuses observations préalables; nous touchons là du doigt ce qui constitue la différence fondamentale entre la relation de causalité et les autres types de relation. Soit l'énoncé relationnel : «l'objet *x* est contenu dans la boîte *y*». Il suffit d'examiner une fois l'intérieur d'une boîte donnée *b* pour se prononcer sur l'existence d'un objet donné *a* à l'intérieur de *b*. Mais pour savoir si dans un cas particulier il existe une relation de cause à effet, l'examen de ce seul cas est insuffisant. Il faut commencer par poser une loi appropriée et cela requiert l'observation répétée de cas semblables.

J'estime qu'on a intérêt à remplacer la totalité du débat sur la signification de la causalité par une enquête sur les différentes sortes de lois qu'on rencontre dans les sciences. L'étude de ces lois équivaut à une étude des diverses relations causales qui ont pu être observées. On gagne certainement en clarté et en précision si l'on procède à l'analyse logique des lois plutôt que de discuter la signification de la causalité.

On a avantage à considérer l'origine historique du concept de causalité si on veut le comprendre dans cette perspective moderne. Bien que je n'aie pas fait personnellement de recherches dans cette direction, j'ai lu avec intérêt que ce Hans Kelsen a écrit sur ce sujet[1]. Avant de venir s'installer aux États-Unis, Kelsen a enseigné pendant un temps le droit constitutionnel et international à l'Université | de Vienne. Il fut l'un des principaux 199
auteurs de la nouvelle constitution républicaine lorsque, un an après la révolution de 1918, on créa la république autrichienne. En analysant des problèmes philosophiques soulevés par le droit, il semble qu'il ait été amené à étudier les origines historiques du concept de causalité.

On dit souvent que les hommes ont tendance à projeter leurs propres sentiments dans la nature, et à supposer que des phénomènes naturels comme la pluie, le vent ou les éclairs sont animés et agissent avec des intentions semblables à celles des humains. Faut-il y voir l'origine de la croyance en l'existence de « forces » et de « causes » dans la nature ? Kelsen acquit la certitude que, derrière cette apparence plausible, se profile une conception par trop individualiste de l'origine de la notion de causalité. Il ressort de ses travaux sur l'apparition de ce concept dans la Grèce antique que le modèle qui inspira primitivement les Grecs est l'ordre social, non pas l'individu. Cela est suggéré par le fait que, depuis les origines et même aujourd'hui, les régularités de la nature sont appelées « lois naturelles », comme si elles étaient comparables aux lois au sens politique du terme.

Kelsen l'expliquait ainsi : lorsque les Grecs entreprirent l'observation systématique de la nature et relevèrent diverses régularités causales, ils ont dû sentir que derrière les phénomènes régnait une sorte de nécessité.

Ils la regardèrent comme une nécessité d'ordre moral pareille à celle qui régit les relations interpersonnelles. Tout se passe donc comme si un événement déterminé *A* dans la nature devait entraîner un événement *B* comme sa conséquence afin de rétablir l'harmonie de l'univers, de même que la mauvaise action appelle un châtiment et que la bonne action appelle une récompense. Ainsi, le rafraîchissement de l'automne, auquel succède enfin le froid de l'hiver, constitue-t-il en quelque sorte un déséquilibre. Il faut alors pour rétablir l'équilibre, l'ordre des choses, que le temps devienne désormais de plus en plus chaud. Malheureusement, l'autre extrême est atteint avec les grandes chaleurs, et le cycle doit se dérouler à nouveau dans l'autre sens. Lorsque la nature dépasse un certain seuil, l'harmonieux équilibre de l'univers, pareil à celui de la société, se rompt ;

1. Le point de vue de Kelsen se trouve exprimé dans son article « Causality and Retribution », *Philosophy of Science*, 8, 1941, et a été exposé avec plus de détails dans son ouvrage *Society and Nature*, Chicago (Ill.), University of Chicago Press, 1943.

il faut alors qu'un mouvement opposé le rétablisse. Le concept d'ordre naturel ou d'harmonie reflète donc chez les Grecs le culte de l'ordre social et de l'harmonie, l'amour de la mesure en toutes choses en même temps que leur répugnance à tout excès.

Considérons à présent le principe selon lequel la cause et l'effet doivent, d'une certaine manière, être égaux. Ce principe est incarné dans de nombreuses lois physiques, telles que celle de l'égalité de l'action et de la réaction formulée par Newton. Cela a été souligné par plusieurs philosophes. Kelsen y voit l'expression d'une croyance sociale d'après laquelle la peine doit égaler le crime. Plus le crime est atroce, plus la peine est sévère ; et la récompense est d'autant plus grande que l'action est meilleure. Cette conviction a ses racines dans une structure sociale définie et c'est elle qui, projetée dans la nature, devient un principe fondamental de la philosophie naturelle. Les philosophes du Moyen Age le formulèrent ainsi : « *causa aequat effectum* ». Ce principe joue encore un grand rôle chez les métaphysiciens d'aujourd'hui.

200 | Cela me rappelle une discussion que j'ai eue un jour avec quelqu'un qui me soutenait que la théorie darwinienne de l'évolution pouvait être complètement rejetée à l'aide d'arguments métaphysiques. Selon lui, rien ne permettait aux organismes inférieurs, doués d'un mode d'organisation très primitif, de se développer de façon à engendrer des organismes supérieurs doués d'une organisation plus complexe. Il voyait dans ce développement une violation du principe de l'égalité de la cause et de l'effet. L'évolution ne peut s'expliquer que si l'on fait intervenir la volonté divine. Il croyait si fortement au principe « *causa aequat effectum* » que, s'il supposait qu'une théorie scientifique le violait, il rejetait immédiatement la théorie. Plutôt que de contester la théorie de l'évolution en se référant aux témoignages de l'expérience, il la condamnait simplement pour des raisons métaphysiques. Ainsi, il ne concevait pas que l'organisation puisse procéder de la non organisation, parce que les causes doivent égaler les effets. Il fallait invoquer un Être supérieur pour expliquer l'évolution des organismes.

Revenons-en à Kelsen. À l'appui de sa thèse, il cite un certain nombre de propos significatifs tenus par des philosophes grecs. Héraclite, par exemple, disait du soleil qu'il parcourait le ciel conformément à des « mesures ». Il entendait par là les limites qui étaient prescrites à son parcours. « Le soleil ne devra pas transgresser ces mesures », écrit-il, « sinon les Erinnyes, les servantes de Dikè, se retourneront contre lui ». Les Erinnyes sont les trois représentantes de la vengeance et Dikè la déesse de la justice humaine. On voit donc la régularité du parcours du soleil expliquée en termes d'obéissance : le soleil doit respecter une loi morale dont l'ordre vient des dieux. S'il ne s'y conforme pas, s'il franchit les limites prescrites, il s'expose à des mesures de rétorsion.

Il existe par ailleurs quelques philosophes grecs dont l'opinion est tout opposée. Démocrite, par exemple, considérait les régularités de la nature comme totalement impersonnelles, sans rapport aucun avec des ordres divins. Ces lois devaient être probablement douées, à ses yeux, d'une nécessité intrinsèque de caractère métaphysique; il abandonnait néanmoins l'idée d'une nécessité personnalisée dans des décrets divins, et c'était un grand pas en avant que d'y substituer celle d'une nécessité impersonnelle et objective. De nos jours, la science a éliminé de l'idée de loi naturelle l'idée de nécessité métaphysique. Mais la conception de Démocrite représentait, à son époque, un sérieux progrès par rapport à celle d'Héraclite.

Dans son ouvrage sur la causalité, *Das Kausalgesetz und seine Grenzen*[1] (publié à Vienne en 1932), Philipp Frank fait remarquer qu'il est souvent fort instructif de lire les préfaces des manuels scientifiques. Dans le corps de l'ouvrage, l'auteur pourra être strictement scientifique, soucieux d'éviter toute métaphysique. Mais la préface exprime davantage la personnalité de l'auteur. Si celui-ci éprouve quelque nostalgie pour l'ancienne conception métaphysique du monde, il peut juger que la préface est une bonne occasion pour expliquer aux lecteurs quelle est | la nature **201**
réelle de la science. C'est là que vous pouvez découvrir quelles sont les idées philosophiques de l'auteur, le cadre de pensée qui a présidé à l'élaboration de son livre. Frank tire ainsi, de la préface d'un ouvrage de physique contemporain, la citation suivante: « La nature ne viole jamais les lois ». Cette formule est apparemment bien innocente, mais, si on l'analyse de plus près, elle a de quoi surprendre. Ce n'est pas tant la croyance en la causalité que la façon dont elle se trouve exprimée qui peut étonner. L'auteur ne dit pas qu'il y a parfois des miracles qui font exception à la loi de causalité. En fait, il nie explicitement les miracles. Mais il les récuse en disant que la nature ne *viole* jamais les lois; il a l'air de prêter à la nature un certain pouvoir de choisir. Certaines lois sont données à la nature. Elle pourrait, de temps en temps, violer l'une d'elles; mais en bonne citoyenne, respectueuse des lois, elle s'abstient de le faire. Il faut croire que si elle se risquait à user de ce pouvoir, les Erinnyes se précipiteraient aussitôt pour la remettre dans le droit chemin. Vous constatez donc que les lois sont encore conçues ici comme des commandements. Pourtant ce serait offenser l'auteur que de lui attribuer la vieille conception

1. *Le principe de causalité et ses limites*, trad. fr. J. du Plessis de Grénédan, Paris, Flammarion, 1937, disponible en PDF, Éditions Vigdor.

métaphysique selon laquelle la nature a reçu des lois qu'elle a le pouvoir de respecter ou d'enfreindre. Il n'empêche que le choix de ses mots trahit un attachement persistant à cette croyance.

Supposez que vous visitez une ville pour la première fois. Vous utilisez un plan pour vous orienter. Soudain, vous découvrez que le plan ne correspond pas du tout à la disposition des rues de la ville. Vous ne dites pas : « les rues désobéissent à la loi du plan ». Au lieu de cela, vous dites : « la carte est fausse ». Telle est précisément la situation du scientifique vis-à-vis de ce qu'on appelle les « lois de la nature ». Les lois constituent un plan de la nature dressé par les physiciens. Si l'on constate un désaccord quelque part, on ne se demande pas si *la nature* a désobéi, mais seulement si *les physiciens* ont fait une erreur.

Peut-être serait-il préférable d'éviter définitivement le terme de « loi » en physique. Mais si son usage persiste, c'est qu'il manque un terme sur lequel tous s'accordent pour désigner le type d'énoncé universel dont le scientifique se sert comme base pour la prédiction et l'explication. Quoi qu'il en soit, il devrait être clair que, lorsqu'un scientifique parle d'une loi, il ne fait que se référer à la description d'une régularité observée. Cette description peut être exacte ou erronée. S'il lui arrive d'être erronée, ce n'est pas à la nature mais au savant qu'il faut s'en prendre.

| CHAPITRE XXI 202

LA LOGIQUE DES MODALITÉS CAUSALES

Avant d'analyser de façon plus serrée la nature des lois scientifiques, j'aimerais préciser quelques-unes des brèves remarques qui viennent d'être faites à propos de Hume. J'estime que Hume a raison de ne voir dans la relation de causalité aucune nécessité intrinsèque. Je ne nie pas, cependant, qu'il soit possible d'introduire le concept de nécessité, pourvu que son usage ne dépasse pas les limites de la logique modale et qu'on ne lui donne pas un sens métaphysique. La logique modale est une logique qui introduit dans la logique à deux valeurs des notions supplémentaires comme celles de nécessité, de possibilité et d'impossibilité. Mais il importe de distinguer entre les modalités logiques (logiquement nécessaire, logiquement possible, etc.) et les modalités causales (causalement nécessaire, causalement possible, etc.), sans compter plusieurs autres espèces de modalités. Seules les modalités logiques ont fait l'objet de recherches approfondies. Le travail le plus connu en ce domaine est celui entrepris par C.I. Lewis sur le système de l'implication stricte. J'ai moi-même publié autrefois un article sur ce sujet. Mais le problème de la relation de causalité nous renvoie non pas à la modalité logique, mais à la modalité causale.

Selon moi, il est possible d'édifier une logique des modalités causales. C'est un projet qui, à ma connaissance, a inspiré fort peu de gens. C'est
Arthur W. Burks | qui semble le premier avoir cherché à développer un 203
système de ce type[1]. Le système axiomatique qu'il propose est un système extrêmement faible. En fait, il ne spécifie pas à quelles conditions un

1. Voir l'article de A. W. Burks : « The Logic of Causal Proposition », *Mind*, 60, 1961, p. 363-382.

énoncé universel peut être considéré comme causalement nécessaire. Le même problème a été affronté par d'autres, mais dans une terminologie différente de la sienne. Je pense au petit ouvrage de Hans Reichenbach : *Nomological Statements and Admissible Operations*[1]. De nombreux articles ont abordé le problème des « conditionnelles contraires aux faits » ("*counterfactual conditionals*"), qui est étroitement lié au nôtre.

Une conditionnelle contraire aux faits est une proposition qui affirme que si un événement donné ne s'était pas produit, alors un événement autre déterminé aurait eu lieu. Il est évident que le sens de cette assertion ne peut être exprimé symboliquement par l'opérateur de la conditionnelle (« $\supset$ ») utilisé dans son sens habituel de fonction de vérité. Mille difficultés surgissent dès que l'on cherche à analyser le sens des conditionnelles contraires aux faits. Roderick M. Chisholm (1946) et Nelson Goodman (1947) sont parmi les premiers à avoir traité cette question[2]. Puis leurs écrits en ont entraîné d'autres.

Quel rapport y a-t-il exactement entre le problème des conditionnelles contraires aux faits et celui d'une logique modale capable d'inclure le concept de nécessité causale ? La réponse est à chercher dans le fait qu'il faut distinguer entre deux sortes d'énoncés universels. Il existe en effet d'un côté ce qu'on peut appeler des lois véritables, celles de la physique, par exemple, qui décrivent des régularités qui valent universellement dans l'espace et dans le temps. Mais il existe aussi des énoncés universels qui ne sont pas des lois véritables. Bien des appellations ont été proposées ; on les a parfois appelées des universelles « accidentelles ». En voici un exemple : « Toutes les pièces de monnaie qui se trouvaient dans ma poche le 1er janvier 1958 étaient en argent ». Or l'intelligence de cette distinction essentielle entre énoncés universels peut être fournie par l'examen des énoncés contraires aux faits qui s'y rapportent.

1. H. Reichenbach, *Nomological statements and Admissible Operations*, Amsterdam, North-Holland, 1954 ; voir le compte rendu qu'en a fait C. G. Hempel : *Journal of Symbolic Logic*, 20, 1956, p. 50-54.

2. Voir l'article de R. M. Chisholm, « The Contrary-to-Fact Conditional », *Mind*, 55, 1946, p. 289-307, reproduit *in* H. Feigl et W. Sellars (eds.), *Readings in Philosophical, Analysis*, New York, Appleton Century Crofts, 1953, ainsi que celui de N. Goodman. « The problem of Counterfactual Conditionals », *Journal of Philosophy*, 44, 1947, p. 113-128 reproduit dans le recueil du même auteur : *Fact, Fiction, and Forecast*, Cambridge, Harvard University Press, 1955. On trouvera dans *The structure of Science* d'Ernest Nagel, New York, Harcourt, Brace and World, 1961, p. 68-73, une discussion sur ce sujet ainsi que des références plus récentes.

Considérons tout d'abord une loi véritable, celle de la gravitation. Elle me permet d'affirmer que si je lâche une pierre, celle-ci tombe à terre avec une certaine accélération. Je peux exprimer la même chose sous la forme d'un énoncé contraire aux faits : « Hier, je tenais une pierre dans ma main. Mais si je ne l'avais pas tenue, c'est-à-dire si ma main s'en était dessaisie, la pierre serait tombée par terre. » | Je décris, par ces mots, non **204**
pas ce qui s'est effectivement produit, mais ce qui serait arrivé si je n'avais pas retenu la pierre. Mon affirmation trouve sa justification dans la loi de la gravitation. Celle-ci peut ne pas être explicitement évoquée, mais elle est alors tacitement admise. En l'énonçant, je donne les raisons de mon adhésion au contenu de l'énoncé contraire aux faits. Si j'y crois, ce n'est évidemment pas parce que j'ai vu l'événement se produire, puisqu'il ne s'est pas produit. Mais il est raisonnable d'affirmer l'énoncé contraire aux faits parce qu'il est fondé sur une véritable loi physique. Cette loi est considérée comme une justification suffisante pour la conditionnelle contraire aux faits.

Peut-on en dire autant du second type d'énoncé universel, l'universelle accidentelle ? Il saute aux yeux que ce serait absurde. Soit l'énoncé : « si j'avais eu cette pièce de monnaie en poche le 1er janvier 1958, elle aurait été en argent ». Assurément, le métal de la pièce ne dépend pas du fait que j'aie pu ou non l'avoir dans ma poche à des dates déterminées. L'énoncé universel : « Toutes les pièces de monnaie qui se trouvaient dans ma poche le 1er janvier 1958 étaient en argent », ne fournit pas une base adéquate pour affirmer un énoncé contraire aux faits. Il existe donc certains énoncés universels qui fournissent une base raisonnable pour des énoncés de ce genre, et d'autres qui ne la fournissent pas. En effet, nous ne saurions considérer un énoncé universel accidentel comme une loi, même si nous étions convaincus de sa vérité. Cette distinction doit donc rester présente à l'esprit lorsqu'on analyse le sens des énoncés contraires aux faits : et l'on doit également en tenir compte dans l'étude des modalités non logiques, c'est-à-dire causales.

Voici comment j'attaquerais le problème. Imaginons que quelqu'un avance un énoncé en le présentant comme une nouvelle loi de la physique. Nous ne savons pas s'il est vrai ou faux, car nous ne disposons pas encore de données d'observation suffisantes ; c'est cependant un énoncé universel, car il dit que si un événement déterminé se produit en un temps ou lieu quelconques, il s'ensuivra alors un autre élément déterminé. Il suffit d'inspecter la *forme* de cet énoncé pour savoir s'il mériterait d'être appelé une loi véritable *dans l'hypothèse* où il serait vrai. Il est indifférent, en l'occurrence, que cette loi soit ou ne soit pas vraie ; l'on se demande seulement si elle possède la *forme* d'une loi véritable. Par exemple, supposons que quelqu'un propose une loi de la gravitation disant que la force de la pesanteur est inversement proportionnelle au cube de la distance. C'est évidemment faux ; cet énoncé ne se vérifie pas dans notre univers. Il n'est pas cependant difficile de concevoir un univers où il puisse s'appliquer. Je propose donc de ranger les énoncés, abstraction faite de leur vérité, en deux classes :

1° les énoncés qui ont la forme d'une loi (qu'on appelle parfois « forme nomique ») ;

2° les énoncés qui n'ont pas cette forme.

Cette classification me paraît préférable à la classification en énoncés nomologiques ou lois véritables (ce qui implique qu'ils sont vrais) et énoncés non nomologiques. Chacune des classes (1) et (2) comprend
205 des énoncés vrais et des énoncés faux. | Ainsi, l'énoncé : « la pesanteur est inversement proportionnelle au cube de la distance » appartient à la première. Il a en effet la forme d'une loi, bien qu'il ne soit pas vrai, et que, en conséquence, il ne soit pas une loi. En revanche, l'énoncé : « Le 1er janvier 1958, tout le monde, à Los Angeles, portait des cravates violettes » appartient à la seconde. Même si cela a été le cas, l'énoncé décrit un état de choses de caractère accidentel et situé à une époque particulière ; il ne saurait exprimer une loi.

Je suis convaincu qu'il est possible de définir clairement la distinction que nous venons de faire entre les deux classes d'énoncés. Personne n'a encore entrepris de le faire. Pourtant, j'ai l'intuition (sans plus !) que, si on y parvenait, elle se présenterait comme une distinction purement sémantique. Je m'explique. Supposez que quelqu'un soumette à mon appréciation un énoncé universel *S*. Il est inutile que je procède à des expériences pour déterminer à quelle classe d'énoncés il appartient, du moment que j'ai opéré de façon suffisamment claire la distinction entre les deux sortes d'énoncés. La seule question que je me poserais serait : si le monde était tel que *S* soit vrai, considérerais-je cet énoncé comme une loi ? Plus précisément : le regarderais-je comme une loi *fondamentale* ? Je reviendrai plus loin sur les raisons qui m'amènent à faire cette distinction. Pour l'instant, je souhaite seulement élucider ce que j'entends par « posséder la forme d'une loi fondamentale possible », ou, sous une forme plus brève, par : « posséder une *forme nomique* ».

James Clerk Maxwell, qui, au siècle dernier, élabora la théorie classique de l'électromagnétisme, énonça clairement la première condition à laquelle un énoncé doit satisfaire pour avoir une forme « nomique ». Il remarqua que les lois fondamentales de la physique ne parlent pas d'une situation particulière dans l'espace ou le temps. Elles valent de manière générale pour tout point de l'espace et du temps. C'est là un caractère qui n'appartient qu'aux lois *fondamentales*. Il est évident que bien des lois techniques et pratiques importantes ne partagent pas ce caractère. Intermédiaires entre les lois fondamentales et les lois accidentelles, elles ne sont cependant pas entièrement accidentelles. Ainsi « Tous les ours du Pôle Nord sont blancs » ne constitue pas une loi fondamentale, parce qu'il pourrait en être tout à fait autrement. Mais cet énoncé n'est pas non plus une loi purement accidentelle; il est certainement moins accidentel que le fait que toutes les pièces contenues dans ma poche à une date précise étaient en argent. En effet, l'énoncé concernant les ours polaires dépend de diverses lois fondamentales qui déterminent divers facteurs : le climat au voisinage du Pôle nord, l'évolution des ours, etc. Ainsi la couleur de leur fourrure n'est pas pur accident. D'un autre côté, le climat peut se modifier durant les prochains millions d'années. Il se peut que de nouvelles espèces d'ours, à la fourrure d'une couleur différente, se développent à proximité du pôle ou migrent dans cette région. On ne peut donc pas considérer l'énoncé sur les ours comme une loi fondamentale.

Parfois une loi considérée est comme fondamentale, mais plus tard on découvre qu'elle ne vaut que pour un lieu ou un temps limité, ou dans certaines conditions. | C'est ainsi que les économistes du XIXe siècle **206**
parlaient des lois de l'offre et de la demande comme si c'étaient des lois économiques générales. Puis vinrent les marxistes : ils soumirent ce point de vue à la critique, et montrèrent que ces lois n'étaient vraies que pour un certain type d'économie de marché, mais qu'elles ne pouvaient absolument pas être considérées comme des lois naturelles. En bien des domaines (biologie, sociologie, anthropologie, économie), certaines lois ont à première vue l'apparence de la généralité pour la simple raison que celui qui les a formulées n'a pas su voir au-delà des limites de son pays, de son continent ou de la période historique où il a vécu. Ainsi des lois dont on croyait qu'elles exprimaient une conduite morale universelle ou des formes universelles de culte religieux se sont avérées n'être que des lois limitées quand on découvrit que d'autres cultures se comportaient différemment. À notre époque, on se demande s'il n'y a pas de la vie sur d'autres planètes. Si c'est le cas, mainte loi de la biologie, universellement applicable à tout ce qui vit sur terre, risque de n'être plus valable pour les formes de vie existant ailleurs dans la galaxie. Il semble qu'il y ait de nombreuses lois qui ne sont pas accidentelles mais qui ne valent que pour certaines régions bien délimitées de l'espace-temps et non pas universellement. Il faut les distinguer des lois universelles. Les lois qu'on appelle lois de la physique sont, croit-on, partout valables. Maxwell, quand il formula ses équations pour l'électromagnétisme, était convaincu qu'elles étaient

valables non seulement dans son laboratoire, mais dans n'importe quel autre laboratoire, et non pas seulement sur notre globe, mais aussi dans l'espace, sur la lune et sur Mars. Dans son esprit, les lois qu'il formulait étaient universelles; elles s'appliquaient partout dans l'univers. Bien que ses lois aient été quelque peu modifiées par l'apport de la mécanique quantique, elles ne furent précisément sujettes qu'à des modifications. Pour l'essentiel, on les considère encore comme universelles; et le physicien moderne qui énonce une loi fondamentale ne l'entend pas autrement. Il est donc nécessaire de distinguer ce genre de lois fondamentales des lois soumises à des limites spatio-temporelles et des lois dérivées valables seulement pour certains types de systèmes physiques, certaines substances, etc.

La question de savoir ce qu'il faut entendre exactement par forme nomique (à savoir la forme de toute loi fondamentale possible) n'a toujours pas été tranchée. Il ne fait guère de doute que la condition de Maxwell, selon laquelle la loi doit s'appliquer à tout point de l'espace et du temps, entrera dans une telle définition. Mais elle ne suffit pas. Plusieurs autres conditions ont été proposées sans que les philosophes des sciences se soient mis d'accord sur ce que devraient être ces conditions supplémentaires. Je propose donc de laisser de côté cette question non résolue et de supposer qu'il existe une définition rigoureuse de la forme nomique. Maintenant, je vais montrer comment, selon moi, cette forme nomique peut fournir une base pour la définition d'autres concepts importants.

En premier lieu, je définis une *loi fondamentale* de la nature comme un énoncé qui a la forme nomique et qui, de plus, est vrai. Peut-être le lecteur admet-il difficilement une telle définition. Certains de mes amis
207 soutenaient qu'un empiriste | ne devrait jamais parler de loi vraie; nul n'est en mesure de savoir avec certitude si une loi a ou non une valeur universelle, puisqu'elle se réfère à une infinité de cas dans l'espace et le temps. Cela, je le reconnais. Mais il faut clairement distinguer entre certitude et vérité. Bien sûr, on n'a jamais aucune certitude. En fait, la certitude relative à l'énoncé d'une loi fondamentale est moindre que celle qui se rapporte à un fait singulier. Je suis beaucoup plus sûr que ce stylo particulier vient de tomber de mes mains sur le bureau que je ne le suis de l'universalité des lois de la gravitation. Cela n'empêche cependant pas que l'on puisse parler, en toute cohérence, d'une loi vraie ou non vraie. Il n'y a pas de raison de ne pas utiliser le concept de vérité lorsque l'on cherche à définir ce qu'on *entend* par « loi fondamentale ».

Mes amis prétendaient qu'il était préférable de parler de loi « fortement confirmée » plutôt que de loi « vraie ». Reichenbach, dans son ouvrage *Nomological Statements and Admissible Operations* cité plus haut, parvient à la même conclusion bien qu'autrement formulée. Par « vrai », il entend « bien établi » ou « fortement confirmé sur la base des données d'observation disponibles à un moment déterminé du temps passé, présent ou futur ». Mais ce n'est pas, j'imagine, ce que les scientifiques entendent *signifier* par loi fondamentale de la nature. « Loi fondamentale », cela signifie pour eux quelque chose qui vaut effectivement dans la nature, indépendamment de la connaissance qu'un humain peut ou non en avoir. Je suis convaincu que c'est le sens que lui donnaient la plupart des auteurs du passé et que lui donnent encore de nos jours la majorité des scientifiques lorsqu'ils parlent de loi de la nature. La définition de la notion de « loi fondamentale » n'a donc rien à voir avec le degré de confirmation de telle ou telle loi; de toute façon, une telle confirmation n'est jamais assez forte pour fournir la certitude. Le problème dont il s'agit concerne seulement le sens que les scientifiques donnent au concept de loi fondamentale dans leur discours.

Bien des empiristes éprouvent de la gêne à traiter de cette question. Ils estiment qu'un empiriste devrait éviter à tout prix d'employer un terme aussi redoutable que « vrai ». Otto Neurath, par exemple, disait que ce serait pécher contre l'empirisme que de dire que des lois sont vraies. Certains pragmatistes américains, dont William James et John Dewey, affectent la même défiance. Selon moi cette attitude s'explique par le fait qu'ils ont manqué à distinguer clairement deux concepts différents : (1) celui du degré de confirmation d'une loi à un certain moment et (2) le concept sémantique de vérité d'une loi. Dès lors qu'on a fait cette distinction et qu'on tient compte du fait que la sémantique peut fournir une définition de la vérité, plus rien ne nous retient d'utiliser le terme de « vérité » pour définir ce qu'est une loi « fondamentale de la nature ».

Voici la définition que je propose : un énoncé est *causalement vrai*, ou C-vrai, s'il est une conséquence logique de la classe de toutes les lois fondamentales. Les lois fondamentales sont définies comme étant des énoncés vrais et possédant une forme nomique. Les énoncés que nous appelons C-vrais ont une forme universelle et sont des lois au sens large, c'est-à-dire soit des lois fondamentales, soit des lois dérivées. Les lois dérivées comprennent celles dont l'application | est limitée dans l'espace et **208**
le temps, comme par exemple les lois de la météorologie terrestre.

Considérons les deux énoncés suivants : « Dans la ville de Brookfield, tout au long du mois de mars 1950, tous les jours où la température descendait au-dessous de 0 de minuit à 5 heures du matin, l'étang de la ville était couvert de glace à 5 heures du matin. » Cet énoncé exprime une loi dérivée. Comparons-le avec ce second énoncé, en tous points semblable au premier sauf à la fin : « ... et ensuite, dans l'après-midi, un match de football se déroulait au stade ». Cet énoncé est également vrai. Un match de football, en effet, avait lieu tous les samedis ; et les conditions atmosphériques requises ne furent remplies que deux fois au cours du mois de mars 1950, et toujours un samedi matin. Ainsi, le second énoncé, bien que vrai et identique au premier par sa forme logique, ne constitue pas une loi. Il n'est qu'une universelle accidentelle. Cet exemple montre que parmi les énoncés restreints de forme universelle (et même si on les suppose vrais), il est impossible de distinguer entre les lois (en l'occurrence dérivées) et les universelles accidentelles en se fondant exclusivement sur l'analyse sémantique des énoncés en question. On ne peut faire, à mon avis, cette distinction qu'indirectement, à l'aide du concept de loi fondamentale. Une loi dérivée est en effet une conséquence logique de la classe des lois fondamentales, tandis que ce n'est pas le cas pour l'énoncé accidentel. Je crois cependant possible de faire une distinction entre la forme des lois fondamentales et celle des universelles accidentelles par une analyse purement sémantique, sans recourir à la connaissance des faits.

Dans mon livre intitulé *Meaning and Necessity*[1], je soutiens le point de vue selon lequel la meilleure façon d'interpréter les modalités logiques est de les considérer comme des propriétés des propositions, analogues aux propriétés sémantiques des énoncés exprimant ces propositions. Supposons qu'un énoncé S_1 appartenant à un langage L exprime la proposition P_1 ; alors P_1 est une proposition logiquement nécessaire si et seulement si S_1 est L-vrai dans le langage L (L-vrai signifie « logiquement vrai »). Il y a donc équivalence entre les deux énoncés suivants :

S_1 est L-vrai (dans L). (1)

p_1 est logiquement nécessaire. (2)

1. R. Carnap, *Meaning and Necessity : A Study in Semantics and Modal Logic*, Chicago, University of Chicago Press, 1947 ; éd. revue avec une nouvelle préface, 1956 et 1960.

En d'autres termes, dire d'une proposition qu'elle est logiquement nécessaire revient à dire que tout énoncé exprimant cette proposition est L-vrai. Les L-concept sémantiques (L-vérité, L-fausseté, L-implication, L-équivalence) peuvent être définis pour des langages dont la force est suffisante pour embrasser la totalité des mathématiques et de la physique. Le problème de l'interprétation de la nécessité *logique* se trouve ainsi résolu. Quant aux autres types de modalités, notamment les modalités causales, la meilleure approche doit être, à mon sens, analogue à celle-ci.

| Voici un exemple pour éclairer ma pensée. Considérons la différence **209**
entre les énoncés (1) et (2) mentionnés ci-dessus. « S_1 » est le *nom* d'un énoncé ; (1) est donc un énoncé formulé dans le métalangage. Quant à (2), c'est un énoncé du langage-objet, bien que cette langue-objet ne soit pas extensionnelle. C'est un langage-objet dont les connecteurs ne sont pas des fonctions de vérité. Écrivons (2) sous forme symbolique :

$$N(p_1) \qquad (3)$$

Cela veut dire : « p_1 est une proposition logiquement nécessaire ».

Je définirai, de manière analogue, « forme nomique » d'abord, puis « loi fondamentale » et, pour finir, *C*-vrai (causalement vrai). Ces concepts sont tous sémantiques. Si nous avons l'énoncé :

$$S_1 \text{ est C-vrai} \qquad (4)$$

je dirai que la proposition exprimée par S_1 est nécessaire au sens causal du terme. Cela s'écrira :

$$p_1 \text{ est causalement nécessaire} \qquad (5)$$

soit symboliquement :

$$\mathrm{N}_c(p_1) \qquad (6)$$

Selon mes définitions, la classe des propositions causalement nécessaires est très large. Elle contient les propositions logiquement nécessaires. C'est à mon sens une façon plus commode que d'autres de définir les mêmes termes ; mais bien sûr, tout cela n'est qu'une affaire de commodité. Les modalités causales n'ont pas fait l'objet de beaucoup de recherches. Je préfère ne pas entrer ici dans les détails techniques du sujet, en raison de son ampleur et de sa complexité.

210 | CHAPITRE XXII

DÉTERMINISME ET LIBRE-ARBITRE

« Causalité » et « structure causale du monde » sont des expressions que je préfère utiliser dans un sens extrêmement large. Les lois causales sont celles qui permettent de prédire et d'expliquer des événements. L'ensemble de ces lois décrit la structure causale du monde.

Bien entendu, dans le langage de tous les jours, l'on ne dira de *A* qu'il est la cause de *B* que si *B* succède à *A* dans le temps et s'il existe entre *A* et *B* une chaîne causale d'événements qui les relie directement. Je vois l'empreinte d'un pas humain sur le sable et j'en déduis qu'un homme est passé par là. On ne dira pas que l'empreinte est *cause* du passage de cet homme, même s'il est possible, grâce à l'empreinte, d'inférer son passage en se fondant sur des lois causales. De la même façon, on ne dit pas que *A* est *cause* de *B* lorsque *A* et *B* sont les effets ultimes de longues chaînes causales qui procèdent d'une cause commune. En plein jour, l'arrivée de la nuit peut être prédite parce que le jour et la nuit ont une cause commune, mais on ne dit pas que le jour est cause de la nuit. On peut, horaire en main, prédire l'heure à laquelle un train doit arriver. Le chiffre qu'on lit sur l'horaire n'est pas pour autant considéré comme la cause de l'arrivée du train. Ici, encore, ces deux faits doivent être rapportés à une cause commune. C'est à la direction de la Compagnie des Chemins de fer que
211 revient l'initiative d'avoir constitué | deux chaînes distinctes d'événements reliés entre eux par une relation causale qui aboutissent à *A* et à *B*. Lorsque nous consultons l'horaire, nous faisons une inférence causale qui remonte une chaîne d'événements et descend l'autre; mais c'est un tel détour que nous ne disons pas que *B* est causé par *A*. Pourtant, nous procédons bel et bien à une inférence causale. Rien ne nous empêche donc d'utiliser l'expression de « loi causale » dans un sens large qui vaut pour toutes les

lois permettant de prédire et d'expliquer des événements déterminés en se fondant sur d'autres événements, indépendamment du fait que nos inférences remontent ou descendent le temps suivant les cas.

Dans cette perspective, que peut-on dire sur la signification de la notion de déterminisme ? À mon avis, le déterminisme est une thèse particulière sur la structure causale du monde ; elle attribue à cette structure une force telle qu'il est possible, à partir d'une description complète de l'état global du monde à un instant déterminé, de calculer, à l'aide des lois, n'importe quel événement passé ou futur. Telle était la conception mécaniste de Newton dont Laplace a fourni une analyse détaillée. La description d'un état instantané du monde comprend, bien entendu, outre une description de la position de chaque particule dans le monde, celle de sa vitesse. Ce n'est que *si* la structure causale du monde est assez forte pour autoriser cette thèse (thèse que j'ai énoncée dans les mêmes termes que Laplace), que l'on peut attribuer à ce monde non seulement une structure causale, mais, plus spécifiquement, une *structure déterministe*.

Dans la physique contemporaine, la mécanique quantique a une structure causale que la plupart des physiciens et des philosophes des sciences décriraient comme non déterministe. Cette structure est en quelque sorte plus faible que celle de la physique classique parce qu'elle contient des lois fondamentales de caractère essentiellement probabiliste. Il est impossible de leur donner une forme déterministe comme celle-ci : « Si telles grandeurs ont certaines valeurs, alors telles autres grandeurs ont certaines autres valeurs exactement spécifiées. » Une loi statistique ou probabiliste dit en effet que pour des valeurs déterminées de grandeurs données, il existe une distribution probabilitaire spécifique des valeurs d'autres grandeurs. Or l'existence de lois probabilistes signifie l'effondrement de la thèse déterministe. La majorité des physiciens d'aujourd'hui n'acceptent pas le déterminisme au sens strict où nous l'avons défini ci-dessus. Il n'y a guère qu'une petite minorité d'entre eux qui croit que la physique y reviendra un jour. Einstein lui-même n'a jamais abandonné cet espoir. Il a cru fermement pendant toute sa vie que le rejet du déterminisme en physique n'était que provisoire. On ne saurait dire, à ce jour, s'il était ou non dans le vrai.

Dans l'histoire de la philosophie, on le sait, le problème du déterminisme est rattaché étroitement à celui du libre-arbitre. Un homme peut-il choisir entre différents actes possibles, ou bien le sentiment qu'il a d'être libre de choisir est-il une illusion ? Cette question ne sera pas discutée ici en détail, car la réponse ne dépend pas, à mon avis, des théories ou des concepts fondamentaux des sciences. Je ne partage pas l'avis de Reichenbach lorsqu'il dit que si la physique avait | conservé la conception 212 classique du déterminisme strict, ce serait un non-sens de parler d'un acte de choix, de l'affirmation d'une préférence, de la formulation d'une décision rationnelle, de responsabilité, etc. Pour moi, ces expressions sont douées de sens même dans un univers déterministe au sens fort[1].

La position que je récuse – qui est celle de Reichenbach entre autres – revient à dire ceci : si Laplace a raison (c'est-à-dire s'il est vrai que la totalité du passé et de l'avenir du monde est déterminée par n'importe quelle coupe transversale donnant l'état du monde à un instant quelconque), alors la notion de « choix » est dénuée de sens ; et celle de libre-arbitre est une illusion. Nous pensons que nous opérons un choix, que nous prenons une décision ; mais en réalité tout événement est prédéterminé par ce qui l'a précédé, et même par ce qui est antérieur à notre naissance. C'est donc du côté de l'indéterminisme de la physique contemporaine qu'il faut regarder si l'on veut redonner un sens à la notion de « choix ».

Je m'oppose à ce raisonnement, car il me paraît reposer sur une confusion entre la détermination d'un événement au sens théorique, sens d'après lequel cet événement est déterminé par un événement antérieur en vertu de certaines lois (ce qui ne signifie rien d'autre que la possibilité de prédire des faits à partir de l'observation de régularités naturelles), et la contrainte. Oublions un instant que le déterminisme au sens fort est une thèse caduque pour le physicien d'aujourd'hui et replaçons-nous dans la perspective du XIXe siècle. On acceptait généralement la conception de la physique énoncée par Laplace. Étant donné un état instantané de l'univers, un homme possédant à la fois la description exhaustive de cet état et la connaissance de toutes les lois (je suppose seulement l'existence d'un tel homme, qui bien sûr n'existe pas) serait en mesure de calculer n'importe quel événement passé ou futur. Même si cette conception forte du déterminisme est valable, il n'en résulte pas que les lois contraignent tout un chacun à agir comme il le fait. Prédictibilité et contrainte sont deux choses totalement différentes. Pour illustrer cela, considérons un prisonnier dans sa cellule. Il voudrait s'évader, mais des murs épais l'entourent et la porte est verrouillée. Voilà une contrainte réelle. On dira qu'elle est négative parce qu'elle empêche le prisonnier d'agir comme il le

1. On peut consulter sur ce point l'article intitulé « Freedom of the will » paru dans le volume *Knowledge and Society* édité par l'Université of California Associates (New York, Appleton-Century, 1938). On y trouvera une analyse détaillée menée d'un point de vue auquel personnellement j'adhère. Les auteurs de cet article sont ceux-mêmes qui ont édité anonymement ce volume ; mais je crois savoir que feu Paul Marhenke a été le principal coauteur. Vu que cet article, pour l'essentiel, concorde avec les conceptions de Moritz Schlick, qui enseigna à Berkeley avant cette publication comme *visiting professor*, je crois que cet article reflète l'influence de ce dernier.

désire. Mais il existe aussi des contraintes positives. Je suis plus fort que vous et vous tenez un pistolet en main. Peut-être n'avez-vous pas l'intention de vous en servir. Mais si je saisis votre main, braque le pistolet sur quelqu'un et presse votre doigt pour le forcer à appuyer sur la gâchette, alors je vous ai obligé à tirer, à faire quelque chose contre votre propre gré. C'est moi qui serai, | devant la loi, responsable du coup, et non pas vous. 213
Nous avons là une forme positive de contrainte, au sens étroit de contrainte physique. Dans un sens plus large, une personne peut en contraindre une autre par toutes sortes de moyens non physiques, par exemple en la menaçant de représailles terribles.

Comparons maintenant la contrainte sous ses diverses formes avec la détermination telle qu'elle se manifeste dans les régularités de la nature. On sait que les êtres humains ont certains traits de caractère qui impriment à leur conduite une certaine régularité. J'ai un ami qui a une prédilection pour des compositions musicales de Bach qu'on interprète rarement. J'apprends qu'un ensemble de musiciens de qualité donnent une audition privée de Bach chez un autre ami et que certaines de ces compositions figurent au programme. L'on m'invite et l'on me fait savoir que je peux venir accompagné. J'appelle mon premier ami, l'amateur de Bach, en étant quasiment certain d'avance qu'il voudra venir. Sur quoi se fonde ma prévision? Sur la connaissance que j'ai des goûts de mon ami et de certaines lois psychologiques. Supposez maintenant qu'il m'accompagne comme prévu. A-t-il été contraint de venir? Non; il est venu de lui-même. Il n'est jamais plus libre, en fait, que devant un choix de ce genre.

Quelqu'un lui demande « Êtes-vous allé à ce concert de force? Quelqu'un a-t-il exercé sur vous une sorte de pression morale, en vous disant par exemple que ce serait offenser l'hôte ou les musiciens que de ne pas vous y rendre? » Il répond ceci : « Oh non, rien de tel. Je n'ai pas subi la moindre pression. Simplement, j'aime beaucoup Bach. J'ai donc tenu à me rendre à ce concert. Voilà pourquoi je suis venu ».

Le libre choix de cet homme n'est certainement pas incompatible avec la conception de Laplace. Supposez que l'univers nous soit entièrement connu et que ceci nous ait permis, avant que mon ami se soit décidé, de prédire qu'il assisterait au concert; ceci ne nous permettrait cependant pas de dire qu'il a agi par contrainte. Il n'y a contrainte que si des agents extérieurs le déterminent à agir contre son gré. Mais si l'acte découle de son caractère conformément aux lois de la psychologie, alors nous disons qu'il a agi librement. Je ne nie pas, bien sûr, que son caractère soit formé par son éducation, par toutes les expériences qu'il a vécues depuis sa naissance, mais cela ne nous empêche pas de parler de libre choix là où la décision émane de son caractère. Il se peut que cet homme, amateur fervent de Bach, apprécie aussi les promenades en soirée. Mais ce soir-là, il a préféré écouter du Bach plutôt que de faire une promenade. Il a agi conformément à son propre système de préférences; il a fait un choix libre. Nous avons ainsi fourni une réponse négative à la question posée; nous rejetons l'idée selon laquelle le déterminisme classique interdirait de donner un sens à l'expression de « choix humain libre ».

Mais la face positive de la question est également importante. À moins qu'il n'existe une régularité causale, qui n'a pas besoin d'être déterministe au sens fort mais qui peut en présenter une forme atténuée, – à moins, donc,
214 qu'il n'y | ait une certaine régularité causale, il n'est pas possible de faire un choix libre. Un choix implique qu'on opte délibérément pour une ligne de conduite plutôt que pour une autre. Or comment pourrait-on choisir s'il est impossible de prévoir les conséquences éventuelles de l'une et de l'autre? Il n'y a pas jusqu'aux choix les plus élémentaires qui ne requièrent la prévision de conséquences. Vous buvez de l'eau parce que vous savez, en vertu de certaines lois de la physiologie, qu'elle étanchera votre soif. Bien entendu, la connaissance des effets est plus ou moins probable. Et cela reste vrai même à l'intérieur d'un univers déterministe conforme à la vision classique. On ne dispose jamais d'informations suffisantes pour prédire avec certitude. L'homme imaginaire de Laplace peut faire des prédictions parfaites; mais un tel homme n'existe pas. Dans la pratique, notre connaissance du futur est de l'ordre du probable, que le déterminisme au sens fort soit vrai ou non. Mais le choix libre n'est pas concevable sans la possibilité d'apprécier à l'avance les effets probables des termes de l'alternative; il faut donc que la structure causale du monde présente une régularité suffisante. Sans elle, nul ne pourrait être jamais moralement ou légalement responsable. Quiconque est dans l'incapacité de prévoir les conséquences de ses actes ne saurait, en effet, être tenu pour responsable. Les parents, le professeur, le juge ne tiennent pour responsable un enfant que dans le cas où il a pu prévoir les conséquences de ses actes. Sans causalité dans le monde, l'éducation des hommes serait sans objet, ainsi que toute requête en matière de morale ou de politique. Tout cela n'a de sens que si l'on attribue au monde un certain degré de régularité causale.

Résumons-nous. Le monde a une structure causale; on ne sait si elle est déterministe au sens fort ou au sens faible. Dans l'un et l'autre cas, l'on peut compter sur un haut degré de régularité. Cette régularité est essentielle pour qu'on puisse parler de choix. Tout choix, du moment qu'il est fait, s'inscrit dans l'une des chaînes causales du monde. Si le choix est opéré en dehors de toute contrainte, c'est-à-dire s'il est motivé par la seule préférence de son auteur et est l'expression même de son caractère, il n'y a aucune raison pour ne pas lui donner le nom de choix libre. Il est vrai que le choix a été causé par

le caractère de son auteur et que le caractère, lui aussi, est conditionné par des causes antérieures. Ce n'est pas une raison, cependant, pour dire que son caractère l'a contraint à choisir comme il l'a fait. Le terme de « contrainte », en effet, renvoie par définition à l'action de facteurs causals externes. Certes, un psychotique peut avoir une crise aiguë, s'il commet un crime, il est possible de dire que c'est la nature qui l'y a contraint. On utilise alors le mot « contraindre » parce qu'on a le sentiment qu'un état pathologique l'a empêché de discerner les conséquences de sa conduite. Il se trouvait incapable de délibérer de façon rationnelle et de prendre une décision. C'est là d'ailleurs un sérieux problème : comment faire le départ entre la conduite préméditée, volontaire, et les actions dues à la « contrainte » d'états mentaux pathologiques ? De façon générale, cependant, le choix libre relève d'une décision prise par un homme qui peut prévoir les suites de son action et opter, devant une alternative, pour la conduite qu'il préfère. Il n'y a pour moi, en
tout cas, nulle contradiction | entre le choix libre ainsi compris et le déter- **215**
minisme, même s'il s'agit du déterminisme strict de type classique.

Ces dernières années, un certain nombre d'auteurs ont suggéré que les sauts quantiques indéterminés pouvaient jouer un rôle dans les décisions[1] ; or, aux yeux de la plupart des physiciens, ces sauts quantiques relèvent fondamentalement du hasard. Il est tout à fait vrai que, dans certaines conditions, une micro-cause telle qu'un saut quantique peut donner lieu à une macro-effet observable. Dans une bombe atomique, par exemple, une réaction en chaîne se déclenche à partir du moment où un nombre suffisant de neutrons se trouve libéré. Il peut se faire aussi que dans l'organisme humain, plus encore que dans la plupart des systèmes physiques inanimés, il y ait certains cas où un saut quantique isolé peut entraîner un macro-effet observable. Mais il n'est guère vraisemblable que ces cas soient ceux où se prennent les décisions humaines.

Imaginez un homme sur le point de prendre une décision. S'il se manifeste, à ce moment précis, un type d'indétermination pareil à celui que manifeste un saut quantique, il faudra dire que la décision prise à ce même moment est également due au hasard. L'idée d'un hasard de cette sorte n'est d'aucune aide pour donner un sens fort à l'expression de « libre arbitre ». Autant dire qu'il n'y a pas de choix du tout, qu'il s'agit d'un événement fortuit, d'une décision prise au hasard comme si elle résultait d'un coup de dé. Heureusement, la théorie quantique comporte une marge

1. Henry Margenau formule cette idée dans son *Open Vistas : Philosophical Perspectives of Modern Science* (New Haven, Yale University Press, 1961). Philip Frank, dans sa *Philosophy of Science* (Englewood (N.J.), Prentice-Hall, 1957), au chapitre X, section 4, cite des passages empruntés à de nombreux auteurs appartenant aux deux partis de la controverse.

d'indétermination très réduite. Si elle était beaucoup plus importante, il pourrait arriver qu'une table explose subitement ou qu'une pierre en train de tomber se mette spontanément à se déplacer à l'horizontale ou à remonter vers le haut. Il serait peut-être possible de survivre dans un tel monde, mais à coup sûr la possibilité de choix libres ne s'en trouverait pas accrue. Au contraire, ces choix deviendraient beaucoup plus difficiles, puisque les conséquences de nos actions seraient elles-mêmes plus difficiles à prévoir. Lorsqu'on lâche une pierre, on s'attend à ce qu'elle tombe par terre. Supposez qu'au lieu de cela, elle évolue en l'air en décrivant des spirales et finisse par heurter quelqu'un à la tête. On serait jugé responsable de cet effet, bien qu'il ne corresponde à aucune intention. Il apparaît que dans un pareil monde, il serait plus difficile d'anticiper les conséquences des actions que dans le nôtre; du même coup la probabilité de voir des effets escomptés se produire serait moindre. Ce serait une entrave considérable à une conduite morale délibérée. Il en serait de même pour les processus aléatoires de l'organisme humain. Dans la mesure où ils influencent les choix, ils ne feraient que les rendre encore plus aléatoires. Il y aurait *moins* de choix que jamais; et la thèse du libre choix pourrait être critiquée de façon encore plus décisive.

En ce qui concerne les aspects pratiques de la vie quotidienne, j'estime qu'il n'y a pas de différence entre la physique classique, déterministe au
216 sens fort, et la | physique quantique moderne avec ses micro-effets indéterminés. L'incertitude dont il est question dans la théorie quantique est extrêmement petite; elle est bien inférieure à l'incertitude qui, dans la vie courante, est due aux limites de nos moyens de connaissance. Voici un homme qui vit dans un monde conforme aux descriptions de la physique classique; et en voici un autre qui vit dans un monde conforme aux descriptions de la physique moderne. Entre les deux descriptions il n'y a aucune différence susceptible de modifier de manière significative les problèmes posés par le libre choix et par la conduite morale. Dans les deux cas, l'homme peut prédire les suites de ses actes non pas avec certitude, mais seulement avec un certain degré de probabilité. L'indétermination propre à la mécanique quantique n'a aucun effet observable sur la façon dont se comporte une pierre lorsqu'elle est lancée par un homme; cette pierre est en effet un énorme complexe de milliards de particules. Dans le monde macroscopique où se déroule la vie des hommes, l'indétermination quantique ne joue aucun rôle. C'est pourquoi l'idée qu'il faut tenir compte de l'indétermination des phénomènes subatomiques pour discuter de la décision libre me paraît erronée. Mais un certain nombre de scientifiques et de philosophes des sciences éminents pensent autrement, et je ne propose mon interprétation que comme une opinion personnelle.

CINQUIÈME PARTIE

LOIS THÉORIQUES ET CONCEPTS THÉORIQUES

| CHAPITRE XXIII 219

THÉORIES ET NON-OBSERVABLES

La distinction entre ce qu'on peut appeler (faute d'une terminologie généralement admise) lois empiriques et lois théoriques est l'une des plus importantes qu'on puisse faire entre deux types de lois scientifiques. Les lois empiriques sont des lois qui peuvent être directement confirmées par des observations empiriques. On appelle souvent « observable » tout phénomène accessible à l'observation directe. On peut donc dire que les lois empiriques sont des lois relatives à des observables.

Mais il convient de faire attention : les philosophes et les scientifiques emploient les termes d'« observable » et de « non-observable » de façon tout à fait différente. Le terme « observable » renvoie, pour un philosophe, à des propriétés comme le « bleu », le « dur », le « chaud ». Il l'emploie dans un sens très étroit pour désigner des qualités sensibles que l'on perçoit directement. Le même terme, employé dans un sens beaucoup plus large par le physicien, comprend toute grandeur quantitative qu'il est possible de mesurer d'une façon relativement simple et directe. Un philosophe n'appellerait pas observable une température de 80 degrés centigrades par exemple, ou un poids de 93 livres et demie, parce que ces grandeurs ne peuvent être directement appréhendées par les sens. Pour le physicien, toutes deux sont des observables parce qu'elles peuvent être mesurées de façon extrêmement simple. Il suffit de mettre l'objet que l'on veut peser sur
le plateau d'une balance, ou de | mesurer la température avec un thermo- 220
mètre. Par contre, la masse d'une molécule et *a fortiori* celle d'un électron n'est pas pour le physicien quelque chose d'observable. Elle réclame en effet des procédés de mesure beaucoup plus indirects et complexes. Mais le physicien appelle observables des grandeurs que l'on peut déterminer de manière relativement simple, telles que la longueur au moyen d'une règle,

le temps au moyen d'une horloge, ou la fréquence des ondes lumineuses au moyen d'un spectromètre.

Mais, objectera un philosophe, l'intensité d'un courant électrique n'est pas réellement observée. Ce que l'on observe, c'est la position de l'aiguille sur le cadran. On lira par exemple 5,3 au point d'arrêt de l'aiguille d'un ampèremètre relié au circuit électrique. L'intensité du courant n'est certainement pas observée mais *inférée* à partir de ce qui est observé.

Le physicien répondra que c'est vrai, mais que l'inférence n'est pas, ici, très complexe. Le procédé de mesure est si simple, il est établi sur des bases si solides, qu'il n'y a pas lieu de mettre en doute l'exactitude de la mesure indiquée par l'appareil. Voilà pourquoi on considère comme observable l'intensité du courant telle que la donne l'ampèremètre.

Il serait vain de chercher à savoir lequel des deux, du philosophe ou du physicien, fait un bon usage du terme d'« observable ». On passe de façon continue des observations sensibles directes aux observations réalisées à l'aide de méthodes extrêmement complexes et indirectes. Il est évident qu'on ne peut pas tracer dans ce continuum une ligne de démarcation qui soit nette ; c'est une question de degré. Un philosophe qui entend le son de la voix de son épouse à travers la pièce est sûr que ce son est un observable. Mais supposez qu'il l'écoute au téléphone. La voix de son épouse est-elle encore un observable ou non ? Un physicien dirait certainement que lorsqu'il regarde quelque chose à travers un microscope ordinaire, il fait une observation directe. En irait-il de même s'il utilisait un microscope électronique ? Quand il voit la trace d'une particule dans une chambre à bulles, observe-t-il le déplacement de cette particule ? De façon générale, le sens où le physicien emploie le terme « observable » est très large, comparé à celui où l'emploie le philosophe ; mais dans les deux cas, la frontière séparant l'observable du non-observable est hautement arbitraire. Il est bon de s'en souvenir chaque fois que l'on rencontre ces termes dans un ouvrage de philosophie ou de physique. Chaque auteur trace la frontière là où cela l'arrange le mieux. Tout dépend du point de vue qu'il adopte, et je ne vois pas pourquoi le privilège de ce choix lui serait refusé.

Dans mon vocabulaire, les lois empiriques sont celles qui contiennent des termes correspondant à des phénomènes soit directement observables par les sens, soit mesurables par des techniques relativement simples. Ces lois reçoivent parfois le nom de généralisations empiriques, qui rappelle que leur formulation repose sur la généralisation de résultats obtenus par des observations et des mesures. Elles comprennent, outre des lois quali-
221 tatives simples (telles que « tous les corbeaux | sont noirs »), des lois
quantitatives énoncées à partir d'opérations de mesure simples, telles que les lois qui relient la pression, le volume et la température des gaz. Un autre

exemple bien connu est la loi d'Ohm qui établit un rapport entre la différence de potentiel, la résistance et l'intensité du courant électrique. Le scientifique procède à des mesures répétées, découvre un certain nombre de régularités déterminées et exprime ces régularités dans une loi. Il obtient ainsi une loi empirique. Comme je l'ai mentionné précédemment, l'on utilise les lois empiriques pour rendre compte des faits déjà observés et pour prédire des événements qu'on pourra observer dans le futur.

Quant à ce que j'appelle *lois théoriques*, pour lesquelles il n'existe pas de terme généralement accepté, on les qualifie parfois de lois abstraites ou hypothétiques. L'attribut « hypothétique » n'est peut-être pas très bien choisi. Il suggère en effet que la distinction entre les deux types de lois repose sur leur degré de confirmation. Or une loi empirique peut n'être qu'une hypothèse expérimentale dont le degré de confirmation est encore faible. Elle n'en constitue pas moins une loi empirique, même si on peut dire qu'elle est assez « hypothétique ». La différence entre les lois théoriques et les lois empiriques ne réside pas dans le bien-fondé relatif de leurs énoncés, mais au fait qu'elles contiennent des termes de genres différents. Ainsi les termes d'une loi théorique renvoient non pas à des observables, même au sens large que le physicien donne à ce terme, mais à des entités telles que les molécules, les atomes, les électrons, les protons, les champs électromagnétiques et d'autres qui ne peuvent pas être mesurées par des procédés simples et directs.

Les physiciens appellent un champ statique de grandes dimensions, invariable d'un point à un autre, un champ observable, parce qu'il peut être mesuré au moyen d'un appareil simple. Mais si le champ varie pour des points très peu éloignés ou s'il varie très vite dans le temps, disons des milliards de fois par seconde, alors les techniques de mesure simples et directes s'avèrent insuffisantes et les physiciens ne considèrent plus ce champ comme un observable. Et c'est là souvent le critère même qu'un physicien adopte pour distinguer les observables des non-observables. Ainsi une grandeur qui demeure inchangée pour des intervalles d'espace ou de temps suffisamment grands et qui, de ce fait, se laisse mesurer directement au moyen d'un appareil, porte le nom de *macro-phénomène*. Au contraire, une grandeur qui subit des variations pour des intervalles d'espace et de temps extrêmement petits et qui est impossible à mesurer directement avec un appareil simple, porte le nom de *micro-phénomène*. (Les auteurs du passé disaient « microscopique » et « macroscopique », mais on emploie de préférence, aujourd'hui, la forme abrégée de « macro » et « micro ».)

Un microprocessus n'est rien d'autre qu'un processus se réalisant dans des limites très restreintes d'espace et de temps. C'est le cas, par exemple, pour l'oscillation d'une onde électromagnétique de lumière visible, dont aucun instrument de mesure n'est capable d'enregistrer directement les variations d'intensité. On considère parfois comme parallèles la distinction
222 entre macro- et micro-concepts | et la distinction entre observables et non-observables. Bien qu'il y ait une différence, c'est approximativement vrai. Les lois théoriques traitent en effet de non-observables qui, très souvent, sont des micro-processus. On les appelle alors parfois des micro-lois. Mais je préfère donner au terme de lois théoriques un sens plus large où se trouve inclus l'ensemble des lois comprenant des non-observables, qu'il s'agisse de micro-concepts ou de macro-concepts.

Il est vrai, comme nous l'avons montré, que les concepts d'« observable » et de « non-observable » ne sauraient admettre de définition bien tranchée étant donné qu'ils forment un continuum. Toutefois, dans la pratique, la différence est en général assez grande pour qu'il n'y ait pas grand risque de contestation. Les physiciens seraient unanimes à reconnaître que les lois reliant la pression, le volume, et la température d'un gaz, par exemple, sont des lois empiriques. La quantité de gaz est assez élevée pour que les grandeurs à mesurer demeurent assez constantes dans l'espace et le temps, de façon à rendre possibles des mesures simples et directes que l'on peut généraliser pour formuler des lois. Tous les physiciens seraient également d'accord pour dire que les lois concernant le comportement de molécules individuelles sont théoriques. Elles se rapportent en effet à un micro-processus au sujet duquel aucune généralisation ne saurait se fonder sur des mesures simples et directes.

Les lois théoriques sont, bien sûr, plus générales que les lois empiriques. Mais il est important de comprendre qu'elles ne s'obtiennent pas à partir de lois empiriques qu'on se serait contenté de généraliser un peu plus. Comment un physicien arrive-t-il à formuler une loi empirique ? Il commence par observer certains phénomènes dans la nature. Il relève une certaine régularité. Il la décrit en formulant une généralisation inductive. On pourrait alors croire qu'il n'a plus qu'à rassembler un groupe de lois empiriques, à y observer une sorte de structure générale et à opérer une généralisation inductive plus large ; c'est ainsi qu'il arriverait à formuler une loi théorique. Mais il n'en est rien.

Ceci sera plus clair avec un exemple. Nous prenons une barre de fer et nous observons qu'elle se dilate quand on la chauffe. Nous répétons l'expérience un grand nombre de fois ; si les résultats sont toujours les mêmes, nous généralisons la régularité du phénomène observé en disant que cette barre de fer se dilate quand on élève sa température. Nous avons là une loi empirique, même si son domaine est limité et si elle ne vaut que pour une barre de fer donnée. Renouvelons maintenant l'expérience en la faisant porter sur d'autres pièces de fer. Nous constatons que toutes les fois qu'on chauffe un objet de fer, celui-ci se dilate. Une loi plus générale peut alors être formulée, à savoir que tous les objets en fer se dilatent quand on les chauffe. On obtient, de la même façon, des lois encore plus générales, comme : « Tous les métaux... », puis : « Tous les corps solides... »

Ce sont des généralisations simples, chacune d'elles étant un peu plus générale que la précédente; mais toutes sont des lois empiriques. Pourquoi? Parce qu'à chaque fois, nous avons affaire à des observables (fer, cuivre, métal, corps solide) | et mesurons les accroissements de tempé- **223**
rature et l'allongement au moyen de techniques simples et directes.

Une loi théorique, en revanche, expliquerait ce phénomène en se référant au comportement des molécules de la barre de fer. Quel rapport y a-t-il entre ce comportement et le fait que sous l'effet d'une température élevée, la barre se dilate? Nous avons affaire ici, vous le voyez tout de suite, à des non-observables. Il nous faut introduire une théorie – la théorie atomique de la matière – et nous voici aussitôt plongés dans le domaine des lois atomiques, qui impliquent des concepts radicalement différents de ceux que nous avons utilisés jusqu'alors. Il n'y a guère qu'une différence de degré, il est vrai, entre les concepts théoriques et les concepts de longueur et de température: ceux-ci sont plus directement observables, ceux-là plus indirectement. Mais la différence est trop grande pour qu'il y ait lieu de mettre en question la nature radicalement distincte des lois susceptibles d'être formulées.

Les lois théoriques sont d'une certaine manière aux lois empiriques ce que ces dernières sont aux faits singuliers. Une loi empirique aide en effet à expliquer un fait déjà observé et à prédire un fait non encore observé; de même, une loi théorique aide à expliquer certaines lois empiriques déjà formulées et à dériver de nouvelles lois. De même que les faits singuliers, pris un à un, viennent s'inscrire dans un ensemble bien ordonné une fois qu'on les a généralisés sous forme d'une loi empirique, de même les lois empiriques isolées entrent dans le cadre ordonné d'une loi théorique. Ceci soulève l'une des questions capitales de la méthodologie des sciences: comment obtenir le type de connaissance qui justifiera l'affirmation d'une loi théorique? L'observation de faits singuliers peut justifier l'énoncé d'une loi empirique. Mais des observations comparables ne peuvent pas justifier une loi théorique, parce que les entités auxquelles les lois théoriques se rapportent sont des non-observables.

Avant d'entamer cette question, il faut rappeler certaines remarques faites dans un des chapitres précédents à propos de l'usage du mot « fait ». Elles méritent ici une attention particulière, parce qu'il y a des auteurs, notamment des scientifiques, qui, pour désigner des énoncés que je qualifierais de lois empiriques, emploient le terme de « fait » ou « fait d'expérience ». De nombreux physiciens, par exemple, invoqueront le « fait » que la chaleur spécifique du cuivre est de 0,090. Pour moi, il s'agit d'une loi, puisque, complètement formulé, cet énoncé s'avère prendre la forme d'une conditionnelle universelle : « pour tout *x* et pour tout instant *t*, si *x* est un solide en cuivre, alors la chaleur spécifique de *x* à l'instant *t* est de 0,090 ». On trouve même des physiciens pour parler de la loi de la dilatation thermique et de la loi d'Ohm, pour ne citer que celles-ci, en les appelant des « faits ». Bien sûr, ils peuvent toujours dire que les lois théoriques concourent à l'explication de pareils « faits », un peu comme je dis que les lois empiriques expliquent les faits. Mais le mot « fait » est employé en deux sens différents. Je préfère, quant à moi, restreindre l'usage de ce mot pour désigner les faits concrets, particuliers, qui peuvent être déterminés
224 dans l'espace et dans le temps. Ainsi j'appelle « fait » | non pas la dilatation thermique en général, mais la dilatation particulière de cette barre de fer observée ce matin à dix heures. Il convient de ne pas oublier l'usage étroit que je fais de ce terme. Si on reste dans l'ambiguïté, on gomme la différence importante qui concerne la façon dont les lois empiriques et les lois théoriques servent à expliquer.

Comment parvient-on à découvrir des lois théoriques? Nous ne pouvons pas dire : « Recueillons toujours davantage de données; et puis généralisons, au-delà des lois empiriques, jusqu'à obtenir des lois théoriques. » Aucune loi théorique n'a été obtenue de cette façon. Nous observons des pierres, des arbres et des fleurs; nous notons diverses régularités et nous les décrivons au moyen de lois empiriques. Mais nous aurons beau consacrer tous nos soins et tout notre temps à faire des observations de ce genre, jamais nous n'arriverons à observer directement une molécule. Le terme de « molécule » ne peut en aucun cas résulter de nos observations. C'est pourquoi une théorie des processus moléculaires ne naîtra jamais d'une accumulation de généralisations à partir des observations. Il faut donc s'y prendre autrement pour produire une telle théorie. Elle n'est pas énoncée comme une généralisation des faits, mais comme une hypothèse. L'hypothèse est alors testée expérimentalement, d'une façon qui rappelle par certains côtés le contrôle expérimental d'une loi empirique. On dérive de l'hypothèse certaines lois empiriques, lesquelles sont à leur tour confrontées à l'observation des faits. Il peut arriver que les lois empiriques dérivées de la théorie soient déjà connues et bien confirmées.

(Elles peuvent même avoir été à l'origine de la formulation de la loi théorique.) Mais peu importe si les lois empiriques dérivées sont connues et confirmées, ou si ce sont des lois nouvelles que l'on confirme par des observations nouvelles : leur confirmation, en tout cas, contribue indirectement à celle de la loi théorique.

Ce qu'il faut voir clairement, c'est ceci. Le scientifique ne commence pas par poser une seule loi empirique, par exemple celle de Boyle concernant les gaz, pour chercher ensuite une théorie moléculaire dont cette loi précise puisse être dérivée. C'est une théorie bien plus générale qu'il cherche à construire, telle que diverses lois empiriques puissent en être dérivées. La théorie sera d'autant plus forte et plus capable d'expliquer ces lois dérivées qu'elles seront plus nombreuses, plus variées et plus dénuées de rapports apparents les unes avec les autres.

Certaines de ces lois dérivées étaient peut-être déjà connues, mais la théorie peut aussi permettre d'en dériver de nouvelles, susceptibles d'être confirmées par de nouveaux tests expérimentaux. On dira, dans ce dernier cas, que la théorie a rendu possible la prédiction de nouvelles lois empiriques. On prend alors le terme de prédiction au sens hypothétique : si la théorie s'avère adéquate, certaines lois empiriques seront adéquates elles aussi. Chaque loi empirique ainsi prédite parle de relations entre observables ; nous sommes ainsi en mesure de procéder à des expériences pour en tester la valeur. Si elle est confirmée, la théorie, indirectement, l'est aussi. Certes, une loi, qu'elle soit empirique ou théorique, est seulement confirmée de façon partielle, jamais de façon absolue et complète. Mais la
| confirmation des lois empiriques est plus directe. La confirmation d'une **225**
loi théorique est indirecte, puisqu'elle n'est possible que grâce à la confirmation des lois empiriques qui en dérivent.

La valeur suprême d'une nouvelle théorie tient à ce qu'elle permet de prédire de nouvelles lois empiriques. L'explication de lois empiriques déjà connues est d'un intérêt certain, mais moindre. Un nouveau système théorique dont aucune loi nouvelle ne peut être dérivée est logiquement équivalent à l'ensemble de toutes les lois empiriques déjà connues. Ce sera peut-être une théorie élégante qui présente l'ensemble de ces lois sous une forme quelque peu simplifiée, mais probablement assez peu. Par contre, toute théorie qui a vraiment fait progresser la physique s'est avérée capable de fournir de nouvelles lois empiriques. Si Einstein s'était contenté de proposer sa théorie de la relativité comme une théorie neuve et élégante susceptible d'embrasser certaines lois déjà connues (peut-être en les simplifiant quelque peu), sa théorie n'aurait pas provoqué une telle révolution.

En réalité, la théorie de la relativité conduisit, on le sait, à de nouvelles lois empiriques grâce auxquelles on expliqua pour la première fois des phénomènes tels que le déplacement du périhélie de Mercure et la déflexion des rayons lumineux au voisinage du soleil. De telles prédictions ont prouvé que la théorie de la relativité était plus qu'une nouvelle façon d'exprimer les vieilles lois. De fait, c'était une théorie très féconde, et on est loin d'en avoir encore tiré toutes les conséquences. Celles qu'on en a tirées n'auraient pas pu être dérivées des théories antérieures. Il est rare qu'une théorie qui possède une telle force de prédiction manque d'élégance et ne tende pas à unifier les lois déjà connues. Elle est plus simple que l'ensemble de toutes ces lois réunies ; mais elle se distingue surtout par son pouvoir de suggérer des lois nouvelles qu'on peut confirmer expérimentalement.

| CHAPITRE XXIV 226

LES RÈGLES DE CORRESPONDANCE

Le moment est venu d'apporter à l'examen des lois et notions théoriques fait au chapitre précédent une précision importante : c'est une simplification abusive que de dire que des lois empiriques sont dérivées des lois théoriques. Il n'est pas possible d'opérer une dérivation directe, car une loi théorique contient des termes théoriques, tandis qu'une loi empirique ne contient que des termes observables. Il ne peut être question de déduire celle-ci et celle-là directement.

Afin de mieux comprendre, imaginez-vous au XIXe siècle. Vous vous apprêtez à formuler pour la première fois certaines lois théoriques concernant les molécules d'un gaz. Ces lois sont destinées à décrire le nombre de molécules par unité de volume de gaz, leurs vitesses, etc. Pour simplifier, nous supposerons que toutes les molécules ont une vitesse identique. (C'est d'ailleurs la supposition qui a d'abord été faite par les physiciens ; plus tard, ils lui préférèrent celle d'une distribution spécifique de la probabilité des vitesses.) Il faut aussi faire des conjectures relatives au comportement des molécules en collision. Nous ignorons la forme exacte des molécules ; supposons donc que les molécules soient de minuscules sphères. Comment ces sphères réagissent-elles quand elles se heurtent ? Il existe des lois sur la collision des sphères, mais elles ne concernent que
les sphères de grandes dimensions. | Puisque les molécules ne tombent pas 227
sous l'observation directe, nous supposons que leurs collisions sont analogues à celles des corps macroscopiques : peut-être se comportent-elles comme des boules de billard parfaites se déplaçant sur une table avec des forces de frottement nulles. Tout cela n'est évidemment que suppositions ; ce sont des conjectures suggérées par l'analogie avec des macrolois connues.

Mais nous voici devant un problème difficile. Nos lois théoriques traitent exclusivement du comportement de molécules, lesquelles échappent à notre perception. Comment en déduire, alors, une loi qui se rapporte à des propriétés observables comme la pression ou la température d'un gaz, ou bien encore les propriétés des ondes sonores qui le traversent ? Les lois théoriques ne contiennent que des termes théoriques. Ce que nous recherchons, ce sont des lois empiriques contenant des termes observables. Il faut donc que nous disposions d'autre chose, en plus des lois théoriques, si nous voulons en dériver des lois empiriques.

Ce quelque chose d'autre est un ensemble de règles reliant les termes théoriques aux termes observables. Les scientifiques et les philosophes des sciences en ont ressenti le besoin depuis longtemps et la nature de ces règles a déjà fait l'objet de fréquentes discussions. En voici un exemple : « S'il se produit une oscillation électromagnétique de fréquence déterminée, on observe une certaine teinte bleu-vert visible ». Cette règle relie quelque chose d'observable à un micro-processus non observable.

Voici un autre exemple : « La température (mesurée par un thermomètre et, de ce fait, observable au sens large que définit le chapitre précédent) d'un gaz est proportionnelle à l'énergie cinétique moyenne de ses molécules. » Cette règle relie un non-observable de la théorie moléculaire, l'énergie cinétique des molécules, à un observable, la température du gaz. Faute d'énoncés de ce genre, il serait impossible de déduire des lois empiriques concernant des observables à partir de lois théoriques se rapportant à des non observables.

Les règles portent différents noms selon les auteurs. Je les appelle « règles de correspondance », mais P.W. Bridgman les appelle règles opératoires, tandis que Norman R. Campbell leur donne le nom de « dictionnaire » [1]. L'usage de ces règles est en effet comparable à celui d'un dictionnaire anglais-français puisqu'en reliant un terme à un autre, elles nous font passer d'une terminologie à une autre. Que signifie le vocable anglais « horse » ? Consultez votre dictionnaire et vous trouverez qu'il signifie « cheval ». Bien sûr, relier des non-observables avec des observables n'est pas une opération aussi aisée. Néanmoins il y a une analogie, et Campbell, en parlant de « dictionnaire », évoque de façon suggestive le rôle des règles de correspondance.

1. Voir P. W. Bridgman, *The Logic of Modern Physics*, New York, MacMillan, 1927, et N. R. Campbell, *Physics : The Elements*, Cambridge, CUP, 1920. Ernest NAGEL examine les règles de correspondance dans *The Structure of Science*, New York, Harcourt, Brace and World, 1961, p. 97-105.

| On est parfois tenté de croire que cet ensemble de règles permet de définir des termes théoriques, alors que c'est l'inverse qui est vrai. 228
Un terme théorique ne peut jamais être explicitement défini à partir d'observables, bien qu'un observable puisse, dans certains cas, être défini en termes théoriques. Ainsi « fer » peut être défini comme une matière composée de petites parcelles cristallisées, dont chacune consiste en une certaine disposition d'atomes, chaque atome consistant, à son tour, en une configuration de particules d'un type défini. Il est possible d'exprimer par des termes théoriques le sens de l'observable « fer », mais la réciproque n'est pas vraie.

« Qu'est-ce exactement qu'un électron ? » Il n'y a pas de réponse à cette question. J'y reviendrai plus tard, parce que c'est le genre de question que les philosophes posent toujours aux scientifiques. Ils voudraient que le physicien puisse leur dire nettement ce qu'il entend par ces mots : « électricité, » « magnétisme », « pesanteur », « molécule ». Mais si le physicien se met à les expliquer en termes théoriques, il arrive que le philosophe soit déçu : « Ce n'est pas du tout ce que j'ai voulu demander », répondra-t-il ; « ce que je veux, c'est que vous me disiez, dans le langage de tout le monde, ce que ces mots signifient ». Parfois le philosophe écrit un livre où il évoque les grands mystères de la nature. « Nul n'a su jusqu'ici », écrit-il, « et peut-être nul ne saura jamais répondre sans détour à la question : Qu'est-ce que l'électricité ? Aussi l'électricité demeure-t-elle, à tout jamais, l'un des grands mystères insondables de l'univers. »

En fait il n'y a là aucun mystère spécial. Il n'y a qu'une question mal formulée. Il est vain d'exiger des définitions qui, vu la nature de l'objet, ne peuvent pas être données. À un enfant qui ignore ce qu'est un éléphant, nous pouvons répondre que c'est un animal énorme avec de grandes oreilles et une longue trompe, ou en montrer une image. Ce sont d'excellents moyens pour définir un éléphant en termes d'observables accessibles à un enfant. Par analogie, il est tentant de croire qu'un scientifique doit être également capable de définir en termes familiers les notions théoriques qu'il emploie. Mais ce n'est pas possible. Un physicien ne peut pas nous montrer une image de l'électricité comme il montre à son enfant l'image d'un éléphant. Alors qu'on arrive à représenter jusqu'à la cellule d'un organisme (bien qu'elle soit invisible à l'œil nu) parce qu'on peut l'examiner à travers un microscope, nous ne possédons pas d'image d'un électron. Nous serions bien en peine de dire à quoi il ressemble ou quelle est sa consistance puisqu'on ne peut ni le voir ni le toucher. Tout ce que nous pouvons dire, c'est que c'est un corps extrêmement petit qui se comporte d'une certaine manière. Cette description est analogue à celle d'un éléphant, me direz-vous, puisque nous pouvons décrire un éléphant comme un gros animal qui se comporte de telle ou telle façon. Pourquoi n'en dirait-on pas autant d'un électron ?

La réponse, c'est qu'un physicien ne peut décrire le comportement d'un électron qu'à l'aide de lois théoriques, lesquelles contiennent exclusivement des termes théoriques. Elles décrivent le champ produit par un électron, la réaction d'un électron placé dans un champ, etc. Un électron
229 qui se trouve dans un champ | électrostatique recevra une accélération définie. Malheureusement, l'accélération d'un électron n'est pas, comme celle d'une boule de billard, un observable qui peut être étudié par observation directe. Il n'y a aucun moyen de définir un concept théorique en termes d'observables. Il nous faut donc accepter qu'il est impossible de formuler pour les notions théoriques des définitions semblables à celles qu'admettent les observables.

Certains auteurs, il est vrai, tel Bridgman, ont parlé des règles de correspondance comme de « définitions opératoires ». Bridgman avait des raisons pour cela, car l'usage qu'il faisait de ces règles était, je crois, quelque peu différent de celui qu'en font la plupart des physiciens. C'était un grand physicien et il était certainement conscient de s'écarter de l'usage ordinaire de ces règles ; mais il était prêt à accepter certaines façons de parler inhabituelles, et c'est ce qui explique les particularités de son système. Dans un des chapitres précédents, on a vu que Bridgman préférait dire qu'il existe une douzaine de concepts plutôt qu'un seul pour désigner l'intensité du courant électrique. Chaque procédé qui permet de mesurer une grandeur fournit une définition opératoire de cette grandeur ; comme le courant admet différents procédés de mesure, il en existe également différents concepts. Lorsque le physicien emploie un seul concept de courant, c'est par souci de commodité. Il lui faudrait, selon Bridgman, pour être vraiment rigoureux, distinguer autant de concepts qu'il y a de procédés opératoires de mesure pour les définir.

Nous avons donc le choix entre deux langages physiques différents. Si l'on se conforme à l'usage courant des physiciens, on désignera le courant par un seul concept et non plusieurs. Mais cela implique que vous placiez ce concept dans vos lois théoriques, puisque les règles opératoires ne sont rien d'autre que ce que j'appelle des règles de correspondance qui relient les termes théoriques aux termes empiriques. Il faut alors abandonner tout espoir d'obtenir une définition opératoire des concepts théoriques. Bridgman pouvait parler de définition opératoire pour ses termes théoriques seulement parce qu'il ne se référait pas à un concept général. Il parlait de concepts partiels, dont chacun était défini par un procédé empirique différent.

Même dans le langage de Bridgman, la possibilité de formuler une définition adéquate des concepts partiels à l'aide des règles opératoires fait problème. Reichenbach parle souvent de ce qu'il appelle les « définitions corrélatives ». (Dans ses publications allemandes, on trouve l'expression *Zuordnungsdefinitionen*, de *zuordnen* qui veut dire « mettre en corrélation ».) Peut-être le terme de corrélation exprime-t-il mieux la fonction effective des règles de Brigman que celui de définition. Reichenbach fait remarquer qu'en géométrie, par exemple, un système axiomatique comme celui de David Hilbert est un système d'axiomes non interprété. Les concepts fondamentaux de point, droite et plan pourraient être tout aussi bien appelés « classe alpha », « classe bêta » et « classe gamma ». Il ne faut pas se laisser abuser par la résonance familière des termes de « point » et de « droite », et croire qu'on doive les prendre dans leur sens ordinaire.
Dans le système d'axiomes, ce sont des | termes non interprétés. Ce n'est 230
que lorsque la géométrie est appliquée à la physique qu'il faut les rattacher à des objets physiques. Nous pouvons dire, par exemple, que des rayons lumineux dans le vide ou des cordes tendues sont des représentations concrètes des droites de la géométrie. Pour relier les termes non interprétés aux phénomènes physiques observables, nous devons avoir des règles particulières.

Le choix d'un terme approprié pour désigner ces règles est naturellement une pure question de vocabulaire. Mieux vaut, cependant, éviter d'en parler comme de définitions, parce qu'elles ne sont pas des définitions au sens strict. On ne peut définir de manière vraiment adéquate le concept géométrique de « droite » par référence à un objet existant dans la nature. Les rayons lumineux, les cordes tendues, etc., ne sont qu'approximativement rectilignes ; de plus, ce ne sont pas des droites, mais des segments de droite. En géométrie, une droite s'étend à l'infini et est absolument rectiligne. Rien dans la nature ne présente l'une ou l'autre de ces propriétés. C'est pourquoi on ne peut pas formuler une définition opératoire, au sens strict, des concepts de la géométrie théorique. Cela est vrai de tous les autres concepts théoriques de la physique. Il n'existe pas à proprement parler de « définitions » de ce genre de concepts. Je préfère donc de ne pas utiliser l'expression de « définitions opératoires », ni même celle, employée par Reichenbach, de « définitions corrélatives ». Dans mes publications (je n'ai traité de cette question que dans des ouvrages récents), je les ai appelées « règles de correspondance ».

Campbell et d'autres parlent souvent des entités de la physique théorique comme d'entités mathématiques. L'idée est que les entités de la physique entretiennent entre elles des relations qu'on peut exprimer par des fonctions mathématiques. Mais il ne faut pas les confondre avec les entités mathématiques telles qu'on peut les définir dans les mathématiques pures. On peut définir, en mathématiques pures, diverses sortes de nombres, la fonction logarithmique, la fonction exponentielle et ainsi de suite. Mais il n'est pas possible de définir grâce aux mathématiques pures des termes tels qu'« électron » et « température ». Il faut, pour introduire des termes physiques, recourir à des constantes non logiques, qui reposent sur l'observation du monde réel. C'est là une différence essentielle entre un système axiomatique en mathématiques et un système axiomatique en physique.

Si on veut interpréter un terme d'un système d'axiomes mathématiques, on peut le faire en donnant une définition dans la logique. Considérons par exemple le terme de « nombre » tel qu'il est employé dans le système d'axiomes de Peano. La méthode de Frege-Russell, par exemple, nous permet d'en donner une définition en termes logiques. De cette façon, le concept de « nombre » reçoit une définition complète et explicite sur la base de la logique pure. Il n'est pas nécessaire de relier le nombre 5 à des observables tels que « bleu » et « chaud ». Les termes ont seulement une interprétation logique; il est inutile d'établir un rapport avec le monde existant. On appelle parfois un système d'axiomes en mathématiques une théorie. Les mathématiciens parlent ainsi de théorie des ensembles, de théorie des groupes, de théorie des matrices, de théorie de la probabilité.
231 Le mot « théorie » | est alors employé dans un sens purement analytique. Il désigne un système déductif dépourvu de toute référence au monde réel. Ce sens du mot « théorie » ne doit jamais être confondu avec le sens qu'il prend quand on l'emploie pour désigner des théories empiriques comme la théorie de la relativité, la théorie des quanta, la théorie psychanalytique ou la théorie économique de Keynes.

Un système de postulats en physique ne peut donc pas avoir le splendide isolement des théories mathématiques par rapport au monde. Les notions axiomatiques qu'il contient, telles qu'« électron », « champ », pour ne citer que celles-là, doivent être interprétées au moyen de règles de correspondances qui les relient à des phénomènes observables. Cette interprétation est nécessairement incomplète. Pour cette raison, le système reste ouvert : on peut y ajouter de nouvelles règles de correspondance. C'est ce qui se passe constamment dans l'histoire de la physique. Je ne pense pas ici aux révolutions parfois suscitées en physique par l'édification d'une théorie entièrement nouvelle, mais aux remaniements moins profonds qui modifient les théories existantes. La physique du XIXe siècle en offre un bon exemple; la mécanique et l'électromagnétisme classiques étaient bien établis et leurs lois fondamentales connurent relativement peu de modifications pendant plusieurs décennies. Le maintien des théories fondamentales de la physique n'empêchait pas cependant les scientifiques d'ajouter, sans discontinuer, de nouvelles règles de correspondance au fur et à mesure que de nouveaux procédés de mesure, applicables à telle ou telle grandeur, voyaient le jour.

Les physiciens courent toujours le risque, naturellement, d'élaborer des règles de correspondance qui se révèlent ensuite incompatibles entre elles ou avec les lois théoriques. Mais tant qu'une telle incompatibilité n'apparaît pas, ils sont libres d'ajouter de nouvelles règles de correspondance. C'est là un processus qui n'a pas de fin. Il est toujours possible d'introduire de nouvelles règles et, par là, d'accroître l'ensemble des interprétations correspondant aux termes théoriques ; aussi loin qu'on l'étende, ce travail d'interprétation n'est jamais achevé. Dans un système mathématique, il en est tout autrement. Là, une interprétation logique d'un terme axiomatique *est* complète. Nous avons ici une raison supplémentaire pour hésiter à dire des termes théoriques qu'ils sont « définis » par des règles de correspondance. Cela risque d'estomper la distinction qu'il importe de marquer entre la nature d'un système d'axiomes en mathématiques pures et celle d'un système d'axiomes en physique théorique.

Est-il vraiment impossible d'interpréter un terme théorique par des règles de correspondance de façon tellement complète qu'aucune autre interprétation ne serait possible ? Peut-être le monde réel est-il limité dans sa structure et ses lois. Il se pourrait qu'un jour l'on atteigne un point au-delà duquel on ne puisse plus renforcer l'interprétation d'un terme par de nouvelles règles de correspondance. Les règles ne fourniraient-elles pas, alors, une définition explicite et ultime de ce terme ? Soit, mais ce terme cesserait du même coup d'être théorique ; il s'intégrerait au langage d'observation. Rien dans l'histoire de la physique ne permet, jusqu'à maintenant, de supposer que la physique sera un jour achevée ; on constate
seulement | l'introduction continuelle de nouvelles règles de corres- **232**
pondance ainsi qu'une incessante modification de l'interprétation des termes théoriques. Nul ne saurait dire si c'est là un processus infini ou s'il parviendra un jour à une sorte de fin.

On peut voir les choses ainsi : il n'est pas interdit, en physique, de construire des règles de correspondance dont la force soit telle que le terme se trouve explicitement défini et cesse, par conséquent, d'être théorique. D'autre part, il n'y a aucune raison de supposer qu'il sera toujours possible d'introduire de nouvelles règles de correspondance. Comme l'histoire de la physique montre que les concepts théoriques n'ont jamais cessé d'être modifiés, la plupart des physiciens seraient plutôt opposés à l'idée d'élaborer des règles de correspondance si fortes qu'un terme théorique recevrait une définition explicite. De plus cette opération n'est nullement nécessaire; on n'y gagnerait rien. Il se pourrait même qu'elle ait l'effet contraire et qu'elle fasse obstacle au progrès.

Encore une fois, nous devons bien sûr reconnaître que la distinction entre observables et non-observables est une distinction de degré. Nous pourrions donner une définition explicite, au moyen de procédures empiriques, d'un concept comme celui de longueur, car sa mesure est directe et facile, et de nouvelles observations ne viendront vraisemblablement pas l'altérer. Mais il serait téméraire de chercher à déterminer des règles de correspondance assez fortes pour que le terme « électron » soit défini de manière explicite. Ce concept échappe tellement à l'observation simple et directe qu'il vaut mieux lui conserver son caractère théorique et le laisser ouvert à des modifications qui peuvent être suscitées par de nouvelles observations.

| CHAPITRE XXV 233

COMMENT DE NOUVELLES LOIS EMPIRIQUES SONT DÉRIVÉES DES LOIS THÉORIQUES

Nous avons examiné, au chapitre XXIV, les diverses façons d'utiliser les règles de correspondance pour relier les termes non observables d'une théorie avec les termes observables des lois empiriques. Nous comprendrons mieux, à la lumière de quelques exemples, comment on a effectivement procédé à la dérivation de lois empiriques à partir des lois d'une théorie.

Le premier exemple concerne la théorie cinétique des gaz. Son modèle (ou représentation schématique) décrit le gaz comme constitué de petites particules qu'on appelle molécules et qui sont en agitation perpétuelle. Dans sa forme primitive, la théorie considérait ces particules comme de petites boules de masse identique et, à température constante, de vitesse identique et constante. On découvrit plus tard que le gaz ne se maintiendrait pas dans un état stable si chaque particule avait la même vitesse; il était donc nécessaire de déterminer une distribution de probabilité des vitesses qui soit stable. On lui donna le nom de distribution de Boltzmann-Maxwell. Elle signifie que chaque molécule a une probabilité déterminée de se trouver dans un intervalle déterminé de l'échelle des vitesses.

| Bien des grandeurs en jeu dans les lois de la théorie cinétique étaient 234
encore inconnues à l'époque où cette théorie vit le jour. Nul ne connaissait la masse d'une molécule, ou le nombre de molécules dans un centimètre cube de gaz soumis à une température et à une pression déterminées. Pour exprimer ces grandeurs, l'on introduisit des paramètres dans les lois. Une fois les équations formulées, l'on élabora un dictionnaire de règles de correspondance. La connexion établie par ces règles entre les termes de la théorie et les phénomènes observables permit de déterminer,

indirectement, les valeurs des paramètres figurant dans les équations. On put alors dériver des lois empiriques. L'une des règles de correspondance énonce que la température du gaz correspond à l'énergie cinétique moyenne des molécules. Une autre relie la pression du gaz avec le choc des molécules contre la paroi interne d'un récipient. Bien qu'il s'agisse d'un processus discontinu mettant en jeu des molécules discrètes, l'effet total peut être considéré comme une force constante qui s'exerce contre la paroi. Les règles de correspondance nous fournissent ainsi le moyen d'exprimer en termes de mécanique statistique des molécules la pression qui est mesurée, au niveau macroscopique, par un manomètre (ou indicateur de pression).

Qu'est-ce que la densité du gaz ? La densité est la masse par unité de volume. Mais comment mesure-t-on la masse d'une molécule ? Nous consultons à nouveau notre dictionnaire – un dictionnaire très simple – et nous y trouvons la règle de correspondance qui permet de répondre à la question. La masse totale *M* du gaz est la somme des masses *m* des molécules. *M* est un observable (il suffit de peser le gaz), tandis que *m* est un terme théorique. Le dictionnaire des règles de correspondance indique la liaison entre ces deux termes. On peut, grâce à lui, tester expérimentalement diverses lois dérivées de la théorie. On se fonde sur cette théorie pour calculer ce qu'il advient de la pression du gaz lorsque son volume reste constant et que sa température s'accroît. On peut aussi calculer comment se comporte une onde sonore engendrée par un choc contre la paroi du récipient et ce qui se produit si l'on chauffe une partie seulement du gaz. Ces lois théoriques mettent en jeu divers paramètres qui figurent dans les équations de la théorie. On peut alors, en s'aidant du dictionnaire des règles de correspondance, traduire ces équations en lois empiriques ; dans ces dernières, les concepts sont mesurables, de sorte que des procédures empiriques permettent de déterminer les valeurs des paramètres. Si les lois empiriques peuvent être confirmées, cela fournit une confirmation indirecte de la théorie. Nombre de lois empiriques concernant les gaz étaient, bien sûr, connues avant que ne fût élaborée la théorie cinétique des gaz. Pour ces lois, la théorie a fourni une explication. De plus, elle a permis de formuler des lois empiriques inconnues jusqu'alors.

La théorie de l'électromagnétisme offre un exemple remarquable du pouvoir qu'a une théorie de prédire de nouvelles lois empiriques. Cette théorie fut construite vers 1860 par deux grands physiciens anglais, Michael Faraday et James Clerk Maxwell. (C'est Faraday qui a fait la plupart des recherches expérimentales, tandis que Maxwell s'occupa
235 essentiellement de l'élaboration mathématique de la | théorie.) La théorie
traite des charges électriques et de leur comportement dans des champs

électriques et magnétiques. Mais le concept d'électron – minuscule particule douée d'une charge électrique élémentaire – n'apparut que dans les toutes dernières années du XIXe siècle. La fameuse série des équations différentielles de Maxwell qui décrivent les champs électromagnétiques présupposait seulement des corpuscules discrets de nature inconnue, capables de porter une charge électrique ou de constituer un pôle magnétique. Que se passe-t-il lorsqu'un courant circule à travers un fil de cuivre ? Le dictionnaire de la théorie fait correspondre ce phénomène observable au mouvement dont sont effectivement animés les corpuscules chargés le long du fil. Il était désormais possible de dériver, à partir du modèle théorique de Maxwell (et grâce aux règles de correspondance), bon nombre de lois de l'électricité et de l'électromagnétisme déjà connues.

Mais le modèle permettait d'aller encore plus loin. Les équations de Maxwell contenaient en effet un certain paramètre c. D'après le modèle, une perturbation produite dans un champ électromagnétique doit se propager grâce à des ondes ayant la vitesse c. Les expériences montrèrent que c avait pour valeur approximativement 3×10^{10} centimètres par seconde. C'était la même valeur que celle de la vitesse de la lumière, et les physiciens se dirent qu'une telle coïncidence n'était certainement pas due au hasard. N'était-il pas possible que la lumière soit simplement un cas particulier de la propagation d'une vibration électromagnétique ? Il ne fallut pas attendre longtemps pour tirer des équations de Maxwell l'explication de lois optiques de toutes sortes : celles de la réfraction, de la vitesse de la lumière dans différents milieux, et bien d'autres.

Les physiciens auraient déjà été très contents de trouver dans le modèle de Maxwell l'explication des lois de l'électricité et du magnétisme antérieurement connues. Mais ce fut mieux encore : la théorie expliquait aussi les lois de l'optique. Et enfin le nouveau modèle permit de prédire et de formuler les lois empiriques jusqu'alors inconnues, ce qui prouvait sa fécondité.

Le physicien allemand Heinrich Hertz en fournit le premier exemple. Aux environs de 1890, il entreprit ses fameuses expériences pour voir si des ondes électromagnétiques de basse fréquence pouvaient être produites et détectées en laboratoire. La lumière est une oscillation électromagnétique qui se propage en ondes de très haute fréquence. Mais, selon les lois de Maxwell, ces ondes électromagnétiques pouvaient avoir *n'importe quelle* fréquence. Les expériences de Hertz aboutirent ainsi à la découverte de ce qui fut d'abord appelé les ondes hertziennes et qui porte à présent le nom d'ondes radio. Hertz parvint dans un premier temps à faire passer ces ondes d'un oscillateur à un autre situé non loin du premier, – d'abord à quelques centimètres, puis à un mètre ou plus. De nos jours une station radio-émettrice diffuse ses ondes à des milliers de kilomètres.

La découverte des ondes radio était seulement un commencement; on se mit à dériver d'autres lois nouvelles à partir du modèle théorique de Maxwell. Les rayons X furent découverts; et l'on pensa d'abord qu'il
236 s'agissait de particules | douées d'une vitesse et d'un pouvoir de pénétration énormes. Puis il apparut aux physiciens que, comme la lumière et les ondes radio, les rayons X pouvaient être des ondes électromagnétiques, mais de fréquence extrêmement élevée, plus élevée que celle de la lumière visible. Cette supposition se trouva plus tard confirmée, et les lois concernant les rayons X furent dérivées des équations fondamentales de Maxwell. La preuve fut faite que les rayons X étaient des ondes appartenant à une bande de fréquences déterminée, à l'intérieur de la bande beaucoup plus étendue correspondant aux rayons gamma. Les rayons X dont la médecine fait actuellement usage sont simplement des rayons gamma d'une certaine fréquence. Tout cela a pu, dans une large mesure, être prédit à partir du modèle de Maxwell. De l'ensemble des lois théoriques et des règles de correspondance qu'il renferme résulta donc une foule de nouvelles lois empiriques.

Des confirmations expérimentales furent obtenues dans des domaines nombreux et variés, ce qui renforça la valeur générale de la théorie de Maxwell. La constitution des différentes branches de la physique répondait initialement à des besoins d'ordre pratique. La plupart du temps, leur distinction reposait sur la diversité de nos organes sensibles. Nous appelons optiques les phénomènes de la lumière et de la couleur parce que nous les percevons par les yeux; nous appelons acoustique la branche de la physique qui traite des sons perçus par l'oreille; de même, parce que notre corps ressent la chaleur, nous possédons une théorie de la chaleur. Nous jugeons utile de construire, en nous fondant sur les mouvements des corps, des machines simples; et nous donnons à cette branche le nom de mécanique. Par contre, l'électricité et le magnétisme sont des phénomènes qu'on ne peut percevoir directement, mais leurs conséquences sont observables.

On considère toujours qu'à partir du moment où une branche de la physique peut être expliquée par une autre, un grand pas en avant est accompli dans l'histoire de la physique. L'acoustique, par exemple, s'avère n'être qu'une branche de la mécanique, parce que les ondes sonores sont simplement des ondes élastiques dans les solides, les liquides et les gaz. Nous avons vu plus haut comment les lois des gaz s'expliquent par la mécanique des molécules en mouvement. La théorie de Maxwell marqua encore un autre de ces bonds en avant vers l'unification de la physique.

On découvrit que l'optique était une partie de la théorie électromagnétique. De proche en proche, on en vint à penser que la totalité de la physique pourrait un jour être unifiée dans une seule grande théorie. Mais il subsiste aujourd'hui un énorme fossé entre l'électromagnétisme d'un côté et la gravitation de l'autre. Einstein fit divers essais pour construire une théorie unitaire du champ capable de combler ce fossé; plus récemment, Heisenberg et d'autres ont fait des tentatives analogues. Nul n'a su jusqu'à maintenant édifier une théorie qui soit entièrement satisfaisante ou qui fournisse de nouvelles lois empiriques susceptibles d'être confirmées.

La physique, à ses débuts, était une macrophysique descriptive riche d'une multitude de lois empiriques sans rapport apparent entre elles. Dans les débuts d'une science, les scientifiques peuvent être fiers d'avoir découvert des centaines | de lois. Mais c'est une situation que les scienti- 237
fiques apprécient de moins en moins à mesure qu'ils voient grossir le nombre de ces lois; ils se mettent alors à rechercher des principes sous-jacents capables de les unifier. La question des principes fondamentaux suscita au XIXe siècle de vives controverses. Les uns estimaient que la science se devait de découvrir de tels principes, sans quoi elle risquait fort de n'être qu'une simple description de la nature et non pas une explication réelle. D'autres, au contraire, critiquaient cette conception et estimaient que la recherche des principes fondamentaux était du ressort exclusif de la métaphysique. Pour eux, la tâche du scientifique consiste seulement à décrire, à déceler le *comment* de la production des phénomènes, et non le *pourquoi*.

De nos jours, cette alternative entre description et explication dont on parla tant fait un peu sourire. Non pas qu'il n'y ait rien à dire en faveur de l'un ou l'autre parti; mais la façon dont ils concevaient le débat était futile. Il n'y a pas entre explication et description de véritable opposition. Certes, si la description est entendue au sens étroit comme la pure description de ce que tel scientifique a fait tel jour avec tels équipements, alors les adversaires de la pure description ont tout à fait raison de demander davantage, à savoir une explication réelle. Mais nous savons aujourd'hui que la description définie au sens large comme l'activité par laquelle l'on situe les phénomènes dans le contexte de lois plus générales fournit le seul type d'explication possible pour les phénomènes. Il est également vrai que si les partisans de l'explication pensent à une explication métaphysique, non fondée sur des procédures empiriques, alors leurs adversaires avaient raison de souligner que la science doit seulement chercher à décrire. Chaque camp avait raison sur un point: la description et l'explication, correctement définies, sont également essentielles à la science.

Les premières tentatives d'explication, celles des philosophes de la nature ioniens, étaient sans aucun doute partiellement métaphysiques: pour eux, le monde est tout entier feu, ou tout entier eau, ou tout entier changement. On peut interpréter de deux façons différentes ces premières démarches vers une explication scientifique. La première consiste à dire: « Ce n'est pas de la science, mais de la pure métaphysique. Aucune confirmation expérimentale n'est possible, il n'y a pas de règles de correspondance qui relient la théorie aux phénomènes observables ». Mais une seconde réaction est possible: « Les théories ioniennes ne sont certainement pas scientifiques. Mais elles ont au moins l'avantage de proposer des théories sous la forme de visions, de tableaux. Ce sont les premières ébauches de la science. »

Il ne faut pas oublier que, dans l'histoire de la science comme dans celle, individuelle et psychologique, des recherches d'un scientifique, une théorie est souvent d'abord apparue comme une sorte de représentation visuelle, comme une vision qui inspire le scientifique longtemps avant qu'il ait découvert les règles de correspondance susceptibles de l'aider à confirmer sa théorie. Démocrite n'avait certainement pas la moindre confirmation de sa théorie lorsqu'il a dit que tout était composé d'atomes. Il n'empêche qu'il y avait là une intuition géniale, une vue profonde, puisque deux mille ans plus tard la physique lui donnait raison. Gardons-
238 nous, | par conséquent, de rejeter témérairement toute vision anticipée d'une théorie, pourvu que cette théorie puisse se prêter à d'éventuels tests expérimentaux. Mais nous avons des raisons solides pour refuser tout caractère scientifique à une hypothèse, à moins qu'il ne soit *possible* de la soumettre à un contrôle expérimental. Ce n'est pas qu'une hypothèse exige, pour être reconnue comme telle, d'être confirmée; mais il faut qu'il y ait des règles de correspondance qui permettent, en principe, de confirmer ou d'infirmer la théorie. Il est parfois extrêmement difficile d'imaginer des expériences qui puissent servir de tests pour la théorie; c'est par exemple le cas aujourd'hui avec les diverses théories du champ unifié qui ont été proposées. Mais il suffit que de telles expériences soient possibles en principe pour que la théorie puisse être considérée comme scientifique. Quand une théorie est proposée pour la première fois, nous n'avons pas à lui demander davantage.

La science s'est développée en se dégageant progressivement et par étapes de la philosophie qui l'a précédée. Il ne faut donc voir, chez les philosophes ioniens, rien de plus que des théories de forme très primitive. Par contraste, la pensée d'Aristote offre déjà plus de clarté et se fonde sur des bases scientifiques plus solides. Il a fait des expériences et il était conscient de leur importance, bien qu'à d'autres égards il ait été un aprioriste. Telle fut la science à ses débuts. Mais ce n'est pas avant l'époque de Galilée, vers 1600, que la méthode expérimentale commença vraiment à s'imposer de préférence aux raisonnements *a priori* sur la nature. Bien que Galilée ait employé plusieurs concepts qui avaient déjà été formulés au titre de concepts théoriques, il fut le premier à assurer à la physique théorique des fondements empiriques solides. La physique de Newton (vers 1670) présente certainement la première théorie générale et systématique où des non-observables possèdent le statut de concepts théoriques : la force universelle de gravitation, le concept général de masse, les propriétés théoriques des rayons lumineux, etc. Sa théorie de la pesanteur était d'une grande généralité. Entre deux corps quelconques, petits ou grands, s'exerce une force inversement proportionnelle au carré de leur distance. Avant que Newton ait avancé sa théorie, la science ne fournissait pas d'explication qui pût s'appliquer à la fois à la chute d'une pierre et aux mouvements des planètes autour du soleil.

Il nous est très facile, aujourd'hui, de nous étonner que personne avant Newton n'ait eu l'idée que la même force pouvait faire tomber une pomme et faire tourner la lune autour de la terre. En fait, il était fort improbable que pareille idée pût venir à l'esprit de quelqu'un. Ce n'est pas que la *réponse* fût si difficile à donner ; mais c'est que personne n'avait posé la *question*. C'est là le point décisif. Personne ne s'était demandé : « Quelle relation y a-t-il entre les forces que les corps célestes exercent les uns sur les autres et les forces terrestres qui causent la chute des corps sur le sol ? » Encore est-ce concevoir la nature comme divisée en deux régions fondamentalement distinctes que de parler en termes de « terrestre » et « céleste ». Il fallut la pénétration de Newton pour rompre avec cette façon de penser et pour affirmer qu'une telle séparation fondamentale n'existe pas. Il y a une seule nature, un seul monde. La loi de gravitation universelle formulée | par **239**
Newton fut la première loi théorique qui expliquait à la fois la chute d'une pomme et les lois de Kepler concernant le mouvement des planètes. Penser en termes aussi généraux, c'était, à l'époque de Newton, une aventure psychologiquement difficile et extrêmement audacieuse.

Plus tard, naturellement, des règles de correspondance permirent aux scientifiques de déterminer la masse des corps astronomiques. La théorie de Newton disait aussi que deux pommes placées l'une à côté de l'autre sur une table s'attirent mutuellement. Elles ne se dirigent pas l'une vers l'autre, parce que la force d'attraction est extrêmement petite et que les forces de frottement sur la table sont très grandes. Les physiciens réussirent par la suite à mesurer en laboratoire les forces de gravitation s'exerçant entre deux corps. Ils utilisèrent, à cet effet, une balance de torsion ; elle consiste en une barre aux extrémités de laquelle se trouvent deux boules de métal et qui est suspendue en son centre par un long fil attaché à un plafond élevé. (Plus le fil est long et fin, plus la barre tourne facilement.) Ils constatèrent qu'en fait la barre ne parvient jamais à s'immobiliser complètement et qu'elle oscille toujours un petit peu. Mais il était possible de déterminer la position moyenne de la barre en train d'osciller. Une fois que cette position fut déterminée avec précision, ils entassèrent des briques de plomb près de la barre. (On utilisait le plomb à cause de sa masse spécifique élevée ; celle de l'or est supérieure, mais les briques d'or coûtent cher.) Ils constatèrent que la position moyenne autour de laquelle oscillait la barre avait subi un très léger déplacement qui avait rapproché l'une des boules du tas de briques. L'écart ne mesurait guère qu'une fraction de millimètre, mais c'était assez pour qu'eût été ainsi réalisée en laboratoire la première observation d'un effet gravitationnel entre deux corps – effet prédit par la théorie newtonienne de la gravitation.

On n'avait pas attendu Newton pour découvrir qu'une pomme tombe par terre et que la lune tourne autour de la terre. Mais personne, avant lui, n'aurait pu prédire l'issue de l'expérience réalisée avec la balance de torsion. C'est un exemple classique du pouvoir qu'a une théorie de prédire un nouveau phénomène qu'on n'avait jamais observé.

| CHAPITRE XXVI 240

L'ÉNONCÉ DE RAMSEY

La théorie scientifique (au sens qui est le nôtre de postulats théoriques accompagnés de règles de correspondance qui relient les termes théoriques et les termes observables) a fait récemment l'objet d'analyses et de discussions approfondies de la part des philosophes des sciences. Beaucoup de ces travaux sont de si fraîche date qu'ils n'ont pas encore été publiés. Je parlerai, dans le présent chapitre d'une approche neuve et remarquable de ce sujet, due au logicien et économiste de Cambridge, Frank Plumpton Ramsey ; je me référerai pour cela à un article peu connu où il a présenté ses idées.

Ramsey, décédé en 1930 à l'âge de vingt-six ans, n'eut pas le temps d'écrire tout un livre. Mais après sa mort, Richard Bevan Braithwaite rassembla ses articles et les publia en 1931 sous le titre de : *The Foundations of Mathematics*[1]. On y trouve un court article intitulé « Theories ». J'estime que cet article n'a pas reçu toute l'attention qu'il mérite. Peut-être le titre du recueil n'a-t-il attiré que des | lecteurs s'inté- 241
ressant au problème des fondements logiques des mathématiques, si bien que d'autres articles importants, comme celui qui traite des théories, sont passés presque inaperçus.

Ramsey était intrigué par le fait que les termes théoriques – ceux qui désignent les objets, propriétés, forces et événements décrits dans une théorie – ne signifient pas de la même manière que les termes observables

1. F. P. Ramsey, *The Foundations of Mathematics*, London, Routledge and Kegan Paul, 1931, réimprimé en livre broché, Littlefield, Adams , 1960, trad. fr. P. Engel et M. Marion, *Logique, philosophie et probabilités*, Paris, Vrin, 2003.

tels que « tige de fer », « chaud » et « rouge ». Comment un terme théorique acquiert-il donc une signification ? Tout le monde est d'accord pour dire qu'il la tire du contexte de la théorie. La signification de « gène » découle de la théorie génétique ; le terme « électron » se trouve interprété par les postulats de la physique des particules. Pourtant nous nous heurtons à plusieurs questions épineuses et embarrassantes. Comment déterminer la signification *empirique* d'un terme théorique ? Quelle information une théorie donnée nous apporte-t-elle sur le monde existant ? Décrit-elle la structure du monde réel, ou bien n'est-elle qu'un appareil abstrait et artificiel qui sert à mettre de l'ordre dans la masse des expériences accumulées, un peu comme un système de comptabilité assure l'enregistrement ordonné des recettes et dépenses d'une société commerciale ? Peut-on dire d'un électron qu'il « existe » au sens où une barre de fer existe ?

On sait comment mesurer directement et simplement les propriétés d'une tige de fer. La détermination de son volume et de son poids peut atteindre un haut degré d'exactitude. Nous pouvons mesurer la longueur des ondes lumineuses émises par la surface d'une tige de fer chauffée et définir avec précision ce que nous voulons dire lorsque nous disons que la tige de fer est « rouge ». Mais quand il s'agit de déterminer les propriétés de termes théoriques, par exemple le « spin » d'une particule élémentaire, il faut, pour donner à ce terme une signification empirique, recourir à des procédés compliqués et indirects. Nous devons d'abord introduire « spin » dans le contexte d'une théorie de mécanique quantique hautement élaborée ; puis la théorie doit être reliée à des observables de laboratoire, à l'aide d'un autre ensemble complexe de postulats : les règles de correspondance. Le terme de spin ne renvoie manifestement pas à une expérience simple et directe comme c'est le cas lorsqu'on observe le rougeoiement d'une tige de fer sous l'effet de la chaleur. De quel type de connaissance relève-t-il donc ? Comment distinguer les termes théoriques, qui doivent être reliés d'une manière ou d'une autre au monde existant et soumis à des tests expérimentaux, des concepts métaphysiques qu'on rencontre si souvent dans la philosophie traditionnelle – et qui n'ont pas de signification empirique ? Comment un scientifique peut-il avoir le droit d'utiliser des concepts théoriques sans que du même coup le philosophe ait celui d'employer des notions métaphysiques ?

En explorant ces embarrassantes questions, Ramsey fit une suggestion originale. Il proposa de remplacer le système formé par l'ensemble des postulats théoriques et des postulats de correspondance de la théorie par ce qu'on appelle aujourd'hui « l'énoncé de Ramsey de la théorie ». L'énoncé de Ramsey, qui est équivalent aux postulats de la théorie, ne contient aucun
242 terme théorique. Autrement | dit, les questions embarrassantes se trouvent

purement et simplement écartées par l'élimination des termes même qui font problème.

Supposez que nous ayons affaire à une théorie dans laquelle figurent n termes théoriques : « T_1 », « T_2 », « T_3 », …, « T_n ». Ces termes sont introduits par les postulats de la théorie. Ils sont rattachés à des termes directement observables grâce aux règles de correspondance de la théorie. Ces règles contiennent à leur tour m termes observables : « O_1 », « O_2 », « O_3 », …, « O_m ». La théorie elle-même est une conjonction de tous les postulats théoriques et de tous les postulats de correspondance. Pour être complet, un énoncé de la théorie devra donc contenir une combinaison de l'ensemble des termes T et de l'ensemble des termes O : « T_1 », « T_2 », …, « T_n » ; « O_1 », « O_2 », …, « O_m ». Ramsey suggère de remplacer dans cet énoncé, qui est un énoncé complet de la théorie, tous les termes théoriques par des variables correspondantes : « U_1 », « U_2 », …, « U_n », et d'ajouter à la formule obtenue ce que les logiciens appellent des « quantificateurs existentiels » :

$$« (\exists\ U_1) », « (\exists\ U_2) », \ldots, « (\exists\ U_3) »$$

C'est ce nouvel énoncé qui, avec ses variables U et leurs quantificateurs existentiels, porte le nom d'« énoncé de Ramsey ».

Pour mieux saisir le déroulement des opérations, prenons l'exemple suivant : soit « Mol » le symbole désignant la classe des molécules. Au lieu de parler d'« une molécule », nous dirons : « un élément de Mol ». De la même façon, « Hymol » sera mis pour « la classe des molécules d'hydrogène » ; et nous emploierons, pour parler d'« une molécule d'hydrogène », l'expression : « un élément de Hymol ». On suppose qu'un système de coordonnées espace-temps a été fixé de telle manière qu'un point de l'espace-temps peut être représenté par ses quatre coordonnées : x, y, z, t. Soit « Temp » le symbole désignant le concept de température. Alors la phrase : « la température (absolue) du corps b, au temps t, est de 500 » s'écrit : « Temp $(b, t) = 500$ ». La température est ainsi exprimée comme une relation entre un corps, un point du temps et un nombre. De même, « la pression d'un corps b au temps t » s'écrit : « Press (b, t) ». Soit « Mass » le symbole désignant le concept de masse. « La masse du corps b (en grammes) est de 150 » devient : « Mass $(b) = 150$ ». La masse est une relation entre un corps et un nombre. Appelons « Vel » la vitesse d'un corps (qu'il soit un macro- ou un micro-corps). Soit l'expression : « Vel $(b, t) = (r_1, r_2, r_3)$ » où le membre droit de l'équation se réfère à un triplet de nombres réels qui sont, en l'occurrence, les composantes de la vitesse dans les directions x, y et z. Vel est alors une relation dont les termes sont un corps, une coordonnée temporelle et un triplet de nombres réels.

Généralement parlant, le langage de la théorie contient des « termes de classe » (tels que ceux employés pour désigner les macro-corps, les micro-corps et les événements) et des « termes de relation » (ceux qui désignent par exemple les diverses grandeurs physiques).

Soit *TC* une théorie. (« *T* » représente les postulats théoriques de la
243 théorie, | et « *C* » les postulats qui donnent les règles de correspondance.) Les postulats de cette théorie comprennent des lois de la théorie cinétique des gaz, des lois relatives aux mouvements des molécules, à leurs vitesses, à leurs chocs, etc. Il y figure des lois générales concernant tout gaz quel qu'il soit, et des lois spécifiques valables seulement pour l'hydrogène. S'ajoutent à ces lois celles de la théorie des gaz à l'échelle macroscopique, concernant la température, la pression et la masse totale d'une (macro-) quantité de gaz. Supposons que les postulats théoriques de notre théorie contiennent tous les termes mentionnés plus haut. Pour éviter les longueurs, nous n'écrirons que les termes théoriques et nous figurerons par des points les symboles qui les relient, ce qui nous dispensera d'écrire in extenso tous les postulats théoriques :

(*T*) … Mol… Hymol… Temp… Press… Mass… Vel…

Il faut, pour compléter la symbolisation de la théorie *TC*, tenir compte des postulats de correspondance pour certains termes théoriques, mais pas nécessairement pour tous. Ces postulats *C* peuvent consister en des règles opératoires pour mesurer la température et la pression (c'est-à-dire une description de la manière dont on construit un thermomètre et un manomètre, ainsi que des règles pour déterminer la température et la pression à partir des nombres lus sur l'échelle graduée des instruments de mesure). Les postulats *C* contiendront les termes théoriques « Temp » et « Press » ainsi qu'un certain nombre de termes observables : « O_1 », « O_2 », …, « O_m ». On peut exprimer plus brièvement les postulats *C* en écrivant :

(*C*) … Temp… O_1… O_2… O_3… Press… O_4… O_m…

Il est désormais possible de faire apparaître la théorie sous la forme suivante :

(*TC*) … Mol… Hymol… Temp… Press… Mass… Vel… ;
… Temp… O_1… O_2… O_3… Press… O_4… O_m…

La traduction de la théorie *TC* en son énoncé de Ramsey associé se fait en deux temps. D'abord, on remplace tous les termes théoriques (termes de classes et termes de relations) par des variables de classes et de relations arbitrairement choisies. C'est-à-dire qu'on substitue à « Mol » la variable

« C_1 » par exemple, et cela à toutes les occurrences de « Mol » dans la théorie; on substitue à « Hymol » une autre variable de classe telle que « C_2 », à toutes les occurrences de « Hymol » dans la théorie. On substitue au terme de relation « Temp » la variable de relation R_1, à toutes les occurrences de « Temp » (dans les deux parties T et C de la théorie). On remplace de la même façon « Press », « Mass » et « Vel » par trois autres variables de relation, « R_2 », « R_3 » et « R_4 », par exemple. Le résultat final sera de la forme :

$$\ldots C_1 \ldots C_2 \ldots R_1 \ldots R_2 \ldots R_3 \ldots R_4 \ldots ; \ldots R_1 \ldots O_1 \ldots O_2 \ldots O_3 \ldots R_2 \ldots O_4 \ldots O_m \ldots$$

Ce résultat (que nous devons nous représenter écrit in extenso plutôt que sous la forme abrégée que nous proposons ici en recourant aux points) n'est plus un énoncé (comme *T*, *C* et *TC*), mais une formule d'énoncé ouverte, ou encore, comme on dit parfois, une forme d'énoncé ou une fonction propositionnelle.

| La seconde étape consiste à transformer la formule d'énoncé ouverte 244
en l'énoncé de Ramsey, ^{R}TC, c'est-à-dire à préfixer à la formule les six quantificateurs existentiels qui correspondent chacun à l'une des six variables :

$$(^{R}TC)\ (\exists C_1)(\exists C_2)(\exists R_1)(\exists R_2)(\exists R_3)(\exists R_4)$$
$$[\ldots C_1 \ldots C_2 \ldots R_1 \ldots R_2 \ldots R_3 \ldots R_4 \ldots ;$$
$$\ldots R_1 \ldots O_1 \ldots O_2 \ldots O_3 \ldots R_2 \ldots O_4 \ldots O_m \ldots]$$

Une formule précédée d'un quantificateur existentiel affirme qu'il existe au moins une entité (du type que parcourt le quantificateur) qui satisfait la condition exprimée par cette formule. L'énoncé de Ramsey exhibé ci-dessus dit (grosso modo) qu'il existe (au moins) une classe C_1, une classe C_2, une relation R_1, une relation R_2, une relation R_3, et une relation R_4 telles que :

1° ces six classes et relations sont reliées d'une manière spécifiée (à savoir comme il est spécifié dans la première partie, soit la partie *T*, de la formule) ;

2° les deux relations R_1 et R_2 sont reliées avec les *m* entités observables, O_1, ..., O_m, d'une manière également spécifiée (à savoir comme il est spécifié dans la seconde partie, soit la partie *C*, de la formule).

Il est important de remarquer que l'énoncé de Ramsey ne comporte plus de termes théoriques et qu'à leur place figurent des variables. La variable « C_1 » ne se réfère à aucune classe particulière d'objets. L'énoncé de Ramsey affirme seulement qu'il existe au moins une classe qui satisfait aux conditions données. Un changement de variables arbitraire n'altère en rien la signification de l'énoncé. Par exemple, les symboles « C_1 » et « C_2 » peuvent être intervertis ou remplacés par d'autres variables arbitrairement choisies, telles que « X_1 » et « X_2 », sans que le sens de l'énoncé s'en trouve changé.

On pourrait penser que l'énoncé de Ramsey n'est rien de plus qu'une autre manière quelque peu détournée d'exprimer la théorie dont on est parti. En un sens, c'est vrai. Il est, en effet, aisé de montrer que tout énoncé sur le monde existant dépourvu de termes théoriques – c'est-à-dire tout énoncé susceptible d'être confirmé par l'expérience – qui dérive de la théorie dérive aussi de l'énoncé de Ramsey. Ce qui revient à dire que l'énoncé de Ramsey possède exactement le même *pouvoir d'explication et de prédiction* que le système de postulats dont on est parti. Cela, Ramsey fut le premier à le reconnaître, et c'était une intuition profonde, bien que ses collègues, à l'époque, n'y aient accordé dans l'ensemble qu'une attention distraite. Braithwaite, qui était un ami de Ramsey et édita ses articles, est un des rares à avoir souligné l'importance de cette découverte; il en a donné une analyse dans son ouvrage intitulé *Scientific Explanation* (1953).

L'important est que nous pouvons désormais formuler les théories sous une forme plus simple et éviter toutes les questions métaphysiques embarrassantes qui étaient dues à la formulation originale des théories. Nous avions au départ des termes théoriques tels qu'« électron », de la « réalité » desquels nous pouvions douter tant ils étaient éloignés du monde obser-
245 vable. Il fallait donc pour assigner | à ces termes une signification empirique, quelque partielle qu'elle soit, recourir au procédé indirect qui consiste à produire un système de postulats théoriques, et à établir, au moyen des règles de correspondance, la connexion de ces postulats avec les observations empiriques. Dans le langage que Ramsey utilise pour parler du monde extérieur, un terme comme « électron » disparaît. Cela ne veut nullement dire que les électrons eux-mêmes disparaissent, ou plus précisément que tout ce à quoi le terme « électron » se réfère dans le monde extérieur disparaisse aussi. L'énoncé de Ramsey continue à affirmer, par ses quantificateurs existentiels, qu'il existe quelque chose dans le monde extérieur dont les propriétés sont celles mêmes que les physiciens attribuent à l'électron. Il ne met pas en cause l'existence – la « réalité » – de ce quelque chose; il propose seulement une autre manière d'en parler. La question embarrassante qu'il parvient à contourner n'est pas:

« Les électrons existent-ils vraiment? », mais « Quelle est l'exacte *signification* du mot électron ? » Dans le langage de Ramsey, cette question ne se pose pas. Il n'est plus nécessaire de s'enquérir de ce que signifie « électron », puisque le mot lui-même n'apparaît pas dans le langage de Ramsey.

On ne peut pas dire – et c'est un point important sur lequel Ramsey n'a pas assez insisté – que l'approche de Ramsey exprime les théories dans le langage d'observation, si l'on entend par « langage d'observation » (comme c'est souvent le cas) un langage contenant exclusivement des termes observables et des termes de la logique et des mathématiques élémentaires. Les besoins de la physique moderne exigent des mathématiques d'un très haut niveau de complexité et d'élaboration. C'est ainsi que la théorie de la relativité fait appel à la géométrie non euclidienne et au calcul tensoriel, que la mécanique quantique recourt à des notions mathématiques également très raffinées. On ne peut donc pas dire qu'une théorie physique, traduite en un énoncé de Ramsey, est un énoncé exprimé dans un langage d'observation *simple*. Elle requiert en effet un langage d'observation *étendu*; c'est un langage « d'observation » parce qu'il ne contient plus de termes théoriques, mais il a été étendu de façon à inclure une logique complexe et très élaborée, qui comprend virtuellement la totalité des mathématiques.

Supposez que nous fassions figurer dans la partie logique de ce langage d'observation étendu, une série de domaines d'entités mathématiques $D_0, D_1, D_2, \ldots$ tels que :

1° le domaine D_0 contienne les nombres naturels (0, 1, 2, ...);
2° pour tout domaine D_n, le domaine D_{n+1} contienne toutes les classes formées d'éléments de D_n.

Le langage étendu contient alors des variables pour toutes ces espèces d'entités, ainsi que des règles logiques gouvernant leur emploi. Ce langage, selon moi, suffit non seulement à la formulation de toutes les théories actuelles de la physique, mais aussi à celle de toutes les théories futures, du moins pour longtemps. Non pas que nous soyons en mesure de prévoir les variétés de particules, de champs, d'interactions ou d'autres concepts que les physiciens seront peut-être amenés à | introduire dans le langage **246**
physique des siècles à venir; mais je crois que ces sortes de concepts théoriques, pour bizarres et complexes qu'ils puissent être, pourront être formulés grâce au procédé de Ramsey, dans un langage d'observation étendu qui sera le même, pour l'essentiel, que celui dont nous disposons à

présent, c'est-à-dire un langage comprenant les termes d'observation en association avec la logique et les mathématiques avancées[1].

D'autre part, Ramsey n'a certainement pas voulu dire – et personne n'a jamais suggéré – que les physiciens devaient renoncer à employer des termes théoriques lorsqu'ils parlent ou qu'ils écrivent. L'abandon de ces termes nécessiterait la formulation de propositions extrêmement compliquées. Dire par exemple qu'un objet déterminé a une masse de 5 grammes ne présente, dans le langage ordinaire, aucune difficulté. Cette assertion peut, dans la notation symbolique d'une théorie, et avant que celle-ci soit traduite en un énoncé de Ramsey, s'écrire :

« Mass (17) = 5 » (c'est-à-dire un objet déterminé n° 17 a une masse de 5 grammes). Toutefois, le terme théorique de « Mass » n'apparaît pas dans l'énoncé de Ramsey. Il n'y figure que la variable « R_3 » (pour reprendre l'exemple précédent). Comment traduire l'expression : « Mass (17) = 5 » dans le langage de Ramsey ? Il est évident que la formule « R_3 (17) = 5 » ne peut convenir ; elle ne constitue pas même un énoncé. Il faut y ajouter les postulats concernant la relation R_3 qui se trouvent spécifiés dans l'énoncé de Ramsey. Bien plus, on ne saurait se contenter de glaner parmi les formules qui expriment les postulats seulement celles qui contiennent « R_3 ». Car ce sont *tous* les postulats, sans exception, qu'il faut prendre. Par conséquent, malgré sa brièveté, notre assertion exige, pour être traduite dans le langage de Ramsey, une proposition démesurément longue qui contiendra les formules correspondant à tous les postulats théoriques, tous les postulats de correspondance, ainsi que leurs quantificateurs existentiels. Même en adoptant le système d'abréviation défini plus haut, la traduction qu'on obtient est bien longue :

$$(\exists\, C_1)\ (\exists\, C_2)\ \ldots\ (\exists\, R_3)\ (\exists\, R_4)\,[\ldots C_1 \ldots C_2 \ldots R_1 \ldots R_2 \ldots$$
$$R_3 \ldots R_4 \ldots ;$$
$$\ldots R_1 \ldots O_1 \ldots O_2 \ldots O_3 \ldots R_2 \ldots O_4 \ldots O_m \ldots \text{et}\, R_3\,(17) = 5]$$

La longueur de la formule montre combien il serait incommode de substituer le langage de Ramsey au discours habituel de la physique qui emploie les notions théoriques. Ramsey a simplement voulu mettre en évidence la *possibilité* de formuler toute théorie quelle qu'elle soit dans un

1. C'est un point de vue que j'ai longuement exposé, de façon plus détaillée et plus technique, dans mon article, « Beobachtungssprache und theoretische Sprache », *Dialectica*, 12, 1958, p. 236-248 ; réimprimé *in* W. Ackermann *et al.* (eds.), *Logica : Studia Paul Bernays dedicata*, Neuchâtel, Éditions du Griffon, 1959, p. 32-44.

langage qui n'exige pas ces notions et qui, pourtant, dit la même chose que le langage classique des physiciens.

En disant qu'il « dit la même chose », j'emploie une expression qui n'est correcte que pour autant qu'il s'agit de toutes les conséquences observables. | Elle ne signifie pas, bien sûr, que le langage de Ramsey dise *exac-* 247
tement la même chose que l'ancien. Ce dernier présuppose en effet que des notions théoriques comme celles d'« électron » et de « masse » désignent quelque chose *de plus* que ce que nous livre le contexte de la théorie elle-même. C'est ce que certains auteurs ont appelé le « surplus de sens » d'une notion. Il est certain que les deux langages cessent d'être équivalents si l'on prend en considération ce surplus de sens. L'énoncé de Ramsey représente le *contenu d'observation* tout entier d'une théorie. Le grand mérite de Ramsey est d'avoir vu que la théorie ne requiert, pour remplir sa fonction de théorie (c'est-à-dire pour expliquer des faits et en prédire de nouveaux), rien de plus que ce contenu d'observation.

Les physiciens, il est vrai, estiment beaucoup plus commode de s'exprimer dans un langage court qui inclut des termes théoriques comme « proton », « électron » et « neutron ». Mais si on leur demande si les électrons existent « réellement », ils répondront peut-être de différentes façons. Certains d'entre eux ne demanderont pas mieux que d'interpréter le terme « électron » de la même manière que Ramsey. Ils esquivent ainsi la question de l'existence en mettant en avant qu'il y a certains faits observables, dans des chambres à bulles ou ailleurs, qui peuvent être décrits à l'aide de certaines fonctions mathématiques dans le cadre d'un certain système théorique. Mais ils ne veulent rien affirmer de plus. Du point de vue de Ramsey, demander s'il *existe* réellement des électrons équivaut à demander si la physique quantique est vraie. Leur réponse sera donc la suivante : dans la mesure où la physique quantique a été confirmée empiriquement, nous sommes autorisés à dire qu'il existe des cas où se réalisent certains types d'événements qui, dans le langage de la théorie, portent le nom d'« électrons ».

Eu égard à la nature des théories et aux entités auxquelles elles réfèrent, l'on distingue actuellement deux grands points de vue appelés "instrumentalisme" et "réalisme" [1]. Le point de vue instrumentaliste est proche de la position défendue par Charles Peirce, John Dewey, et d'autres pragmatistes ainsi que par beaucoup d'autres philosophes de la science. Pour eux, les théories ne se rapportent pas à « la réalité ». Elles ne sont que des outils

1. On trouvera une discussion lumineuse de deux ou trois points de vue sur cette controverse dans l'ouvrage d'Ernest Nagel : *La structure de la science* (New-York, Harcourt, Brace and World, 1961), chap. VI : « Le statut cognitif des théories ».

linguistiques au moyen desquels les phénomènes observables de l'expérience sont ordonnés dans quelque modèle qui sera efficace pour prédire de nouveaux observables. Les termes théoriques sont des symboles commodes et les postulats qui les contiennent sont adoptés en vertu de leur utilité et non de leur « vérité » ; ils n'ont aucun « surplus de sens » au-delà de leur mode de fonctionnement à l'intérieur du système. Les expressions d'électron « réel » ou de champ électromagnétique « réel » sont, selon cette conception, dénuées de sens.

À l'opposé se situe la conception dite « descriptive » ou « réaliste » des théories. (Parfois on fait la distinction entre ces deux derniers attributs, mais il n'est pas nécessaire de se perdre ici dans ces nuances subtiles.) Les avocats de cette thèse trouvent à la fois commode et psychologiquement rassurant de concevoir les électrons et les champs magnétiques comme des entités réelles que la science cherche inlassablement à mieux connaître. Ils font remarquer qu'il n'y a pas de ligne de partage bien nette entre un observable (tel qu'une pomme) et un non observable (tel qu'un
248 électron). Une amibe n'est pas observable à l'œil | nu, mais elle l'est à travers un microscope ordinaire. Un virus n'est pas observable à travers un microscope ordinaire, mais on peut en discerner très nettement la structure grâce au microscope électronique. Un proton est inaccessible à ce genre d'observation directe, mais sa trace dans une chambre à bulles peut être observée. Si on a le droit de dire que l'amibe est « réelle », alors on doit pouvoir dire que le proton est également réel. Les variations auxquelles est sujette l'idée qu'on se fait de la structure des électrons, des gènes, etc. ne signifient pas qu'il n'y ait pas quelque chose, « ici », derrière chacun des phénomènes observables ; elles montrent seulement que la connaissance relative à la structure de ces objets s'accroît toujours davantage.

Les partisans du point de vue descriptif nous rappellent que les termes non observables ont coutume de passer du côté du domaine des observables à mesure que les instruments d'observation se perfectionnent et deviennent plus puissants. Il fut un temps où « virus » était une notion théorique, de même que « molécule ». Ernst Mach répugnait tant à concevoir une molécule comme une « chose » douée d'existence qu'il la qualifia, un jour, d'« image dépourvue de valeur ». On est aujourd'hui en mesure de photographier même des atomes dans un réseau cristallin en les bombardant de particules élémentaires ; en un sens, l'atome est devenu un observable. Les adeptes de cette conception font valoir qu'il est aussi justifié de parler de l'« existence » d'un atome que de dire qu'une étoile lointaine « existe », alors qu'on ne peut la percevoir que sous la forme d'une faible tache de lumière sur une plaque photographique ayant subi une exposition prolongée. Bien entendu aucune méthode comparable ne permet d'observer un électron. Mais ce n'est pas une raison pour récuser l'existence de ce dernier. Aujourd'hui, on sait encore peu de chose sur sa structure; demain on en saura sans doute beaucoup plus. Il est donc aussi légitime, soutiennent les avocats de la conception descriptive, de parler d'un électron comme d'une chose douée d'existence que de parler de pommes, de tables ou de galaxies comme d'objets existants.

Il est évident que l'instrumentaliste et le réaliste n'emploient pas les mots dans le même sens. Selon moi (mais je ne développerai pas ce point de vue ici), le conflit entre mes deux approches consiste essentiellement en ceci qui est d'ordre linguistique : je pense que la question ne devrait pas être discutée sous la forme interrogative suivante : « est-ce que les entités sont réelles », mais plutôt sous celle-ci : « préférerons-nous un langage physique (et de la science en général) qui contient des termes théoriques, ou un langage sans ces termes ? ». De ce point de vue, la question devient celle d'une préférence entraînant une décision pratique [1].

1. Selon moi, on gagne une plus grande clarté quand les discussions portant sur la question de savoir si les entités sont réelles, sont remplacées par des discussions sur la préférence pour des formes de langage. Je défends ce point de vue dans « Empirisme, sémantique et ontologie », publié dans la *Revue Internationale de Philosophie*, 4, 1950, p. 20-40. Cet article est reproduit dans P. Wiener, *Readings* (*cf.* bibliographie).

249 | CHAPITRE XXVII

LES ÉNONCÉS ANALYTIQUES DANS UN LANGAGE D'OBSERVATION

La dichotomie entre vérité analytique et vérité de fait est l'une des plus anciennes et des plus permanentes de l'histoire de la philosophie. On la trouve exprimée de bien des façons. Kant (comme nous l'avons montré au chapitre XVIII), l'introduisit sous forme d'une opposition entre ce qu'il appelait énoncés « analytiques » et énoncés « synthétiques ». Des auteurs plus anciens parlaient de vérité « nécessaire » et de vérité « contingente ».

Pour la philosophie des sciences, une distinction très nette entre analytique et synthétique est à mon avis de la plus haute importance. La théorie de la relativité, par exemple, n'aurait pas vu le jour si Einstein ne s'était pas aperçu qu'il est impossible de déterminer la structure de l'espace et du temps physiques sans recourir à l'expérimentation physique. Il a vu clairement la frontière qui sépare d'un côté les mathématiques pures, avec leurs divers types de géométries logiquement non contradictoires, et de l'autre la physique, où seules l'expérimentation et l'observation ont le pouvoir de décider lesquelles d'entre les géométries sont susceptibles d'être le plus utilement appliquées au monde physique. Cette distinction entre la vérité analytique (qui comprend la vérité logique et mathématique)
250 | et la vérité empirique garde encore de nos jours toute son importance dans la théorie quantique, à mesure que les physiciens explorent la nature des particules élémentaires et cherchent une théorie du champ capable de faire le lien entre la mécanique quantique et la relativité. Dans ce chapitre et dans le suivant, nous nous demanderons comment définir avec précision cette ancienne distinction dans le langage entier de la science moderne.

Depuis des années, on juge commode de répartir les termes d'un langage scientifique donné en trois catégories principales :

I. Les termes logiques, y compris tous ceux des mathématiques pures.
II. Les termes observables, ou encore termes-O.
III. Les termes théoriques, ou encore termes-T (parfois appelés termes « construits » ; en anglais : *constructs*).

Certes nous avons vu qu'on ne peut tracer une séparation tranchée entre les termes-O et les termes-T. Le choix d'une limite exacte n'échappe pas à un certain arbitraire. Mais, dans la pratique, cette distinction est généralement évidente. Tout le monde admettrait que des termes de qualités comme « bleu », « dur », « froid », et des termes de relation comme « plus chaud », « plus lourd », « plus brillant » sont des termes-O, tandis que « charge électrique », « proton », « champ électromagnétique » sont des termes-T, qui se réfèrent à des entités qu'on ne peut observer de manière relativement simple et directe.

On retrouve, au niveau des énoncés du langage scientifique, une tripartition analogue :

1° Les énoncés logiques, qui sont exempts de termes descriptifs.

2° Les énoncés d'observation, ou énoncés-O, qui contiennent des termes-O mais aucun terme-T.

3° Les énoncés théoriques, ou énoncés-T, qui contiennent des termes-T. Ces énoncés sont de deux types :

a) les énoncés mixtes, qui contiennent à la fois des termes-O et des termes-T ;
et
b) les énoncés purement théoriques, qui contiennent des termes-T mais aucun terme-O.

Il est commode de diviser en deux parties le langage entier de la science, *L*. Chaque partie contient la totalité de la logique (mathématiques comprises). Elles ne diffèrent que par leurs éléments descriptifs, non logiques :

1° Le langage d'observation, ou langage-O (L_o), contenant des énoncés logiques et des énoncés-O, mais aucun terme-T.

2° Le langage théorique, ou langage-T (L_T) contenant des énoncés logiques et des énoncés-T (avec ou sans termes-O en plus des termes-T).

Les termes-T sont introduits dans le langage de la science par une théorie *T*, qui repose sur deux sortes de postulats : les postulats théoriques,
251 ou postulats-T, | et les postulats de correspondance, ou postulats-C. Les postulats-T sont les lois de la théorie. Ce sont de purs énoncés-T. Les postulats-C, c'est-à-dire les règles de correspondance, sont des énoncés mixtes qui combinent ensemble des termes-T et des termes-O. Comme nous l'avons montré plus haut, ils constituent ce que Campbell a appelé le dictionnaire : ils servent à relier le langage d'observation et le langage théorique. Reichenbach les appelait définitions corrélatives; et dans la terminologie de Bridgman, on peut les appeler postulats opératoires ou règles opératoires.

Revenons à présent au problème posé par la distinction entre vérité analytique et vérité de fait à l'intérieur du langage d'observation.

La vérité logique, ou « vérité-L », est le premier type de vérité analytique. Une proposition est L-vraie lorsqu'elle est vraie en vertu de sa forme et du sens des termes logiques qui y figurent. Ainsi l'énoncé : « Si aucun célibataire n'est un homme heureux, alors aucun homme heureux n'est célibataire » est L-vraie parce qu'il suffit de connaître le sens, c'est-à-dire l'usage, des termes logiques « si », « alors », « aucun… ne » et « est » pour en reconnaître la vérité, sans même qu'il soit nécessaire de connaître la signification des mots descriptifs « célibataire », « heureux », et « homme ». Tous les énoncés (principes et théorèmes) de la logique et des mathématiques possèdent ce caractère. (Frege et Russell ont montré que les mathématiques pures peuvent être réduites à la logique, bien que cette réduction soit encore, sur certains points, sujette à controverse. Nous n'examinerons pas cette question ici.)

D'autre part nous savons aussi, grâce à Willard V.O. Quine, que le langage d'observation est riche en énoncés qui sont analytiques en un sens beaucoup plus large que celui de L-vrai. Ces énoncés ne peuvent pas être décrits comme étant soit vrais soit faux tant que le sens de leurs termes descriptifs, de même que celui de leurs termes logiques, n'est pas connu. L'exemple bien connu de Quine est le suivant : « Aucun célibataire n'est marié ». La vérité de cet énoncé ne dépend manifestement pas des faits contingents qui se produisent dans le monde; et pourtant, l'on ne peut le qualifier de vrai à cause de sa forme logique seulement. La connaissance de la signification de « aucun… ne » et de « est » ne suffit pas ; il est également nécessaire de savoir ce que « célibataire » et « marié » veulent dire. Dans le cas présent, toute personne parlant le français conviendra que « célibataire » signifie la même chose que « un homme qui n'est pas marié ». Une fois que l'on s'est entendu sur le sens de ces expressions, d'emblée l'énoncé apparaît vrai, non pas à cause de la nature du monde, mais à cause du sens que notre langage attribue aux mots descriptifs. Il n'est même pas nécessaire de connaître complètement leurs significations. Il faut seulement savoir que les deux mots ont des sens incompatibles : un homme ne peut pas être décrit comme étant célibataire et marié à la fois.

Je suis d'accord avec Quine pour employer « analytique » comme équivalent de « logiquement vrai » au sens large où cet attribut s'applique à la
fois | aux énoncés du type de ceux que l'on vient d'examiner et aux énoncés 252
L-vrais. J'appelle « vérité-A » la vérité analytique dans ce sens large. Par conséquent, tous les énoncés logiquement vrais sont A-vrais, bien que tous les énoncés A-vrais ne soient pas L-vrais. Un énoncé L-vrai est vrai en vertu de sa seule forme logique. Un énoncé A-vrai, mais non pas L-vrai, est vrai en vertu de la signification attribuée à ses termes descriptifs et aussi de celle attribuée à ses termes logiques. En revanche, la vérité ou la fausseté d'un énoncé synthétique n'est pas déterminée par la signification des termes qui le composent, mais par une information factuelle sur le monde physique. « Les objets tombent sur le sol avec une accélération de 9,81 m/s/s » est un énoncé dont on ne peut déterminer la vérité ou la fausseté en se contentant d'examiner sa signification. Il faut qu'il soit mis à l'épreuve de l'expérience. Un énoncé de ce genre a un « contenu factuel » (*factual content*) ; il nous dit quelque chose sur le monde réel.

Aucune langue naturelle (comme le français) n'est assez précise pour que chacun des mots soit compris de la même façon par tous. Aussi est-il facile de formuler des énoncés dont le caractère analytique ne peut être affirmé sans ambiguïté ; pour déterminer s'ils sont analytiques ou synthétiques, un examen serré est nécessaire.

Soit l'affirmation : « tous les piverts à tête rouge ont la tête rouge ». Est-elle analytique ou synthétique ? Peut-être votre premier mouvement sera-t-il de répondre qu'elle est, de toute évidence, analytique. « Piverts à tête rouge », cela ne signifie-t-il pas en effet : « piverts dont la tête est rouge » ? Par conséquent, l'énoncé revient à affirmer que tous les piverts à tête rouge ont la tête rouge. Un tel énoncé n'est pas seulement A-vrai, il est aussi L-vrai.

Vous avez raison *si* « piverts à tête rouge » veut dire qu'« avoir une tête rouge » est une composante essentielle de sa signification. Mais est-ce bien le cas ? Un ornithologue aura peut-être sur ce point un avis différent. Il se peut que, pour lui, cette expression désigne une espèce d'oiseaux définie par une certaine morphologie caractéristique, par la forme du bec et par certains comportements habituels. Il n'est pas impossible que cette espèce d'oiseaux, dans quelque région isolée du globe, ait subi une mutation à la suite de laquelle la couleur de la tête se soit modifiée, par exemple de rouge en blanc. Il persistera cependant à donner à ces oiseaux le nom de piverts à tête rouge même si leur tête n'est pas rouge, pour des raisons d'ordre taxonomique tout à fait valables. Ces piverts à tête blanche peuvent n'être qu'une variante de l'espèce considérée. Peut-être même se référera-t-il à ces oiseaux comme à des « piverts à tête rouge à tête blanche ». Si, par conséquent, l'expression « pivert à tête rouge » reçoit une interprétation telle qu'avoir une tête rouge *ne constitue pas* un élément essentiel de sa signification, l'énoncé devient synthétique. Un inventaire empirique de tous les piverts à tête rouge est indispensable pour déterminer s'il est vrai que tous les piverts à tête rouge possèdent effectivement une tête rouge.

Même l'énoncé « Si M. Dupont est célibataire, il n'a pas d'épouse »
253 peut | être considéré comme synthétique par quiconque donne à ces mots une interprétation non orthodoxe. Par exemple, il se peut qu'un homme de loi prenne la notion d'épouse dans un sens large qui inclut la femme vivant en l'état dit de « concubinage notoire ». Si par ailleurs « célibataire » signifie pour lui « homme qui, légalement, n'est pas marié », il est clair que cette interprétation jointe à celle d'épouse au sens large confère à l'énoncé un caractère synthétique. Toute personne soucieuse de déterminer la vérité ou la fausseté de l'énoncé devra donc enquêter sur la vie privée de M. Dupont.

Le problème de l'analyticité peut être étudié en se référant à un langage d'observation construit de toutes pièces à partir de règles précises. Sans expliciter la signification entière de tous les mots descriptifs du langage en question, ces règles auxquelles j'ai jadis donné le nom de « postulats de signification » et que je préfère désormais appeler plus simplement « postulats-A » (postulats d'analyticité) doivent toutefois mettre en évidence les relations de signification qui existent entre certains mots. Il est aisé d'imaginer le haut degré de précision auquel *pourrait* atteindre l'exposé de ces relations pour tous les mots descriptifs du langage considéré. Prenons par exemple « animal », « oiseau » et « pivert à tête rouge » ; la signification de ces mots pourrait être spécifiée à l'aide des règles de désignation que voici :

(D_1) Le terme « animal » désigne la conjonction des propriétés suivantes : (1)…, (2)…, (3)…, (4)…, (5)… (ici figurerait la liste complète des propriétés définitionnelles).

(D_2) Le terme « oiseau » désigne la conjonction des propriétés suivantes : (1)…, (2)…, (3)…, (4)…, (5)… (comme en D_1), plus les propriétés additionnelles : (6)…, (7)…, (8)…, (9)…, (10)… (ici figureraient toutes les propriétés nécessaires pour spécifier la signification de « oiseau »).

(D_3) Le terme « pivert à tête rouge » désigne la conjonction des propriétés suivantes : (1)..., (2)..., ..., (5)... (comme en D_1), plus (6)..., (7)..., ..., (10)..., (comme en D_2), plus les propriétés additionnelles (11)..., (12)..., (13)..., (14)..., (15)... (ici figureraient toutes les propriétés nécessaires pour spécifier la signification de « pivert à tête rouge »).

Écrire *in extenso*, à la place des points, la liste de toutes les propriétés requises aurait évidemment pour effet de surcharger notre texte de règles interminables. Cette tâche ne s'imposerait vraiment que dans le cas où l'on insisterait pour que nous explicitions jusqu'au bout la signification de tous les termes descriptifs qui figurent dans notre langage artificiel. Il est heureusement possible de s'épargner de telles longueurs. Les postulats-A peuvent se borner à spécifier les *relations de signification* qui existent entre les termes descriptifs du langage considéré. Ainsi, en ce qui concerne les trois termes mentionnés ci-dessus, on n'a besoin que de deux postulats-A :

(A_1) Tous les oiseaux sont des animaux,

(A_2) Tous les piverts à tête rouge sont des oiseaux.

| On voit clairement qu'à partir du moment où l'on se donne les trois **254**
règles-D, il est possible d'en dériver ces deux postulats-A. Mais les règles-D sont si encombrantes qu'il n'est pas nécessaire de les formuler s'il s'agit seulement de mettre en lumière la structure analytique d'un langage. L'énoncé des postulats-A suffit. Avec eux, on gagne en simplicité et on dispose d'une base suffisante pour distinguer dans ce langage les énoncés analytiques des énoncés synthétiques.

Supposez que ce langage artificiel soit élaboré à partir d'une langue naturelle qui est le français. Nous voulons déterminer des postulats-A qui permettent à coup sûr de déterminer si un énoncé donné de ce langage est analytique. En certains cas, il nous suffira de consulter un dictionnaire du français courant pour avoir les postulats-A. Prenez l'énoncé suivant : « Une bouteille qu'on jette par la fenêtre est une bouteille défenestrée. » Est-il analytique ou synthétique ? Le postulat-A qui dérive de la définition du dictionnaire dit : « *x* est défenestré si et seulement si *x* est jeté par la fenêtre ». Il est tout de suite évident que l'énoncé est A-vrai. Il est inutile de faire l'expérience pour s'en assurer. La vérité de l'énoncé est une conséquence des relations de signification entre les mots descriptifs qu'il contient telles que le postulat-A les a spécifiées.

Il est des énoncés pour lesquels un dictionnaire d'usage courant peut suffire, mais pour d'autres il s'avèrera de peu de secours. Considérons par exemple les assertions suivantes dont l'ambiguïté est bien connue : « tous les hommes sont des animaux rationnels » et « tous les hommes sont des bipèdes sans plumes ». La principale difficulté vient précisément de l'ambiguïté de ce qu'on peut entendre par « hommes ». Dans notre langage artificiel il n'y a pas de difficulté, parce que la liste de nos postulats-A règle la question par une convention que nous avons nous-mêmes déterminée. Si nous désirons interpréter « hommes » en sorte que « rationalité » et « animalité » en constituent des attributs essentiels, alors « tous les hommes sont rationnels » et « tous les hommes sont des animaux » font partie des postulats-A ; et l'énoncé : « Tous les hommes sont des animaux rationnels » est A-vrai en vertu des postulats-A en question. Mais si les postulats-A relatifs à la signification du terme « hommes » ne se rapportent qu'à la constitution physique de l'homme, alors l'énoncé : « Tous les hommes sont des animaux rationnels » est synthétique. Si les expressions « sans plumes » et « bipèdes » ne sont pas mentionnées dans des postulats-A analogues, c'est que, dans notre langage, les attributs « sans plumes » et « bipède » ne sont pas considérés comme des composantes essentielles de la signification de « homme ». De ce fait, l'affirmation : « Tous les hommes sont des bipèdes sans plumes » est également synthétique. Un unijambiste porterait encore, dans notre langage, le nom d'homme ; il en irait de même pour un homme à qui des plumes pousseraient sur la tête.

L'important est de comprendre que plus la liste des postulats-A est précise, plus il est aisé de distinguer, dans notre langage, les énoncés analytiques et les énoncés synthétiques. Au contraire, pour autant que les règles demeurent vagues, le langage que nous avons construit contiendra des énoncés dont le caractère analytique ou non analytique sera flou. Toute
255 imprécision subsistante – et c'est | là un point essentiel – devra être attribuée non pas au fait que nous n'aurions pas clairement saisi la dichotomie entre analytique et synthétique, mais au fait que nous comprenons de façon nébuleuse la signification des termes descriptifs du langage considéré.

Il ne faut pas oublier que les postulats-A, malgré l'apparence, ne disent rien à propos du monde réel. Considérons par exemple l'expression « plus chaud ». Peut-être choisirons-nous de formuler un postulat-A aux termes duquel la relation désignée par « plus chaud » est asymétrique. Nous aurons alors : « Pour tout x et tout y, si x est plus chaud que y, alors y n'est pas plus chaud que x ». Si quelqu'un prétend avoir découvert deux objets A et B

tels que *A* est plus chaud que *B* et *B* plus chaud que *A*, nous n'allons pas nous exclamer : « Surprenant ! Quelle merveilleuse découverte ! » Nous lui répondrons plutôt : « Vous et moi, nous ne comprenons sûrement pas l'expression "plus chaud" de la même façon. Pour moi, elle désigne une relation asymétrique; par conséquent, la situation que vous avez rencontrée ne peut pas être décrite comme vous le faites ». Le postulat-A qui spécifie la propriété d'asymétrie de la relation « plus chaud » ne concerne que le sens de cette expression telle qu'elle est employée dans notre langage. Il ne dit strictement rien sur la nature du monde.

L'idée d'une distinction tranchée entre énoncés analytiques et énoncés synthétiques a été depuis quelques années, fortement attaquée par Quine, Morton White et d'autres auteurs[1]. J'ai exposé mes positions dans deux articles qui ont été réimprimés dans l'appendice de la seconde édition (1956) de mon ouvrage *Meaning and Necessity* (que j'ai cité plus haut). Le premier de ces articles, « Meaning Postulates », répond à Quine ; j'y montre d'une manière formelle ce que j'ai seulement indiqué ici, à savoir comment la distinction peut être rendue précise dans un langage d'observation construit, tout simplement en ajoutant des postulats-A aux règles de ce langage. Le second article, intitulé « Meaning and Synonymy in Natural Languages », montre comment on peut opérer cette distinction non pas dans un langage artificiel mais dans un langage ordinaire tel l'anglais courant. Il faut pour cela se livrer à des recherches empiriques sur les usages et les habitudes des personnes qui parlent cette langue. Ceci soulève de nouvelles difficultés que j'examine dans mon article, mais dont je ne parlerai pas ici.

1. Quine a formulé sa critique dans un article « Two Dogmas of Empiricism » paru dans la *Philosophical Review*, 60, 1951, p. 20-43; réimpr. in *From a Logical Point of View* (Cambridge, Harvard University Press, 1953; New York, Harper Torchbooks, 1963). Voir également son essai : « Carnap and Logical Truth », in Paul Arthur Schilpp, ed., *The Philosophy of Rudolf Carnap* (La Salle (Ill.), Open Court, 1963, p. 385-406), et ma réponse, p. 915-922. En ce qui concerne les objections de Morton White, voir son article : « The Analytic and Synthetic : An Untenable Dualism », *in* S. Hook (ed.), *John Dewey* (New York, Dial, 1950), et la deuxième partie de son livre *Toward Reunion in Philosophy* (Cambridge, Harvard University Press, 1956 ; New York ; Atheneum paperback, 1963). On trouvera la liste de quelques articles importants écrits en réponse à Quine *in* P. Edwards et A. Pap (eds.), *A Modern Introduction to Philosophy* (Glencoe (Ill.), The Free Press, 1962), p. 89.

256 | Jusqu'ici, l'analyticité d'un énoncé n'a été étudiée qu'en référence à des langages d'observation : le langage de tous les jours, le langage de la science et le langage d'observation construit par un philosophe des sciences. Je suis convaincu que le problème posé par la distinction, dans des langages de ce genre, entre énoncés analytiques et énoncés synthétiques est, en principe, résolu. Je crois en outre (et je suis sûr que presque tous les scientifiques de profession seraient d'accord) que cette distinction, dans le langage d'observation des sciences, est une distinction utile. Toutefois, lorsque nous cherchons à l'appliquer au langage *théorique* des sciences, nous rencontrons d'énormes difficultés. Le chapitre XXVIII en examine certaines et propose un moyen possible de les surmonter.

| CHAPITRE XXVIII 257

LES ÉNONCÉS ANALYTIQUES DANS UN LANGAGE THÉORIQUE

Avant d'expliquer comment l'on peut établir clairement la distinction entre analytique et synthétique dans le cas du langage théorique de la science, il faut mesurer l'ampleur des difficultés et voir qu'elles sont dues à l'impossibilité de donner une interprétation complète des termes-T (termes théoriques). Le problème ne se pose pas quand il s'agit du langage d'observation; on admet en effet que toutes les relations de signification qui unissent les termes descriptifs du langage d'observation ont été exprimées par des postulats-A adéquats, ainsi qu'on l'a expliqué dans le chapitre précédent. Avec les termes-T, c'est une autre affaire. « Électron », « masse » et « champ électromagnétique » n'admettent pas d'interprétation empirique complète. Certes, une trace dans une chambre à bulles peut être observée et expliquée : on dit qu'elle est produite par un électron qui a traversé la chambre. Mais des observations de ce genre ne fournissent aux termes correspondants que des interprétations empiriques partielles et indirectes.

Considérons par exemple le terme théorique « température », tel qu'on l'utilise dans la théorie cinétique des molécules. Il y a des postulats-C (règles de correspondance) qui relient cette notion avec le mode de fabri-
cation et d'emploi | d'un thermomètre, par exemple. Après avoir plongé un 258
thermomètre dans un liquide, on lit la valeur indiquée sur l'échelle graduée. Les postulats-C établissent un lien entre cette procédure et le terme-T « température » de telle sorte que les lectures effectuées fournissent une interprétation partielle de ce terme. Elle est partielle parce que cette interprétation particulière du terme « température » ne peut être utilisée dans tous les énoncés de la théorie où figure ce terme. Un thermomètre ordinaire n'est utilisable que dans un intervalle étroit de l'échelle des températures.

Il existe en effet des températures au-dessous desquelles tout liquide susceptible d'être utilisé passerait à l'état solide et des températures au-delà desquelles tout liquide s'évaporerait. La mesure de pareilles températures exige des procédés totalement différents. Pour chaque méthode, des postulats-C font la liaison avec le concept théorique de « température ».

Pourtant on ne peut pas dire que cela épuise la signification empirique de « température ». Dans le futur, il se peut que de nouvelles observations donnent naissance à de nouveaux postulats-C qui étendront l'interprétation empirique de ce concept.

Hempel, dans la 7ᵉ section de sa monographie intitulée : *Methods of Concept Formation in Science* (*Encyclopaedia of Unified Science*, 1953), a brossé un tableau mémorable de la structure d'une théorie : « Une théorie scientifique peut donc être comparée à un réseau spatial complexe : ses termes sont représentés par les nœuds du réseau, tandis que les fils qui relient ces derniers correspondent en partie aux définitions, en partie aux hypothèses primitives ou dérivées que renferme la théorie. Le système tout entier flotte, pour ainsi dire, au-dessus du plan d'observation où il se trouve ancré au moyen des règles d'interprétation. On peut comparer ces règles à des chaînes qui n'appartiennent pas au réseau mais en relient certaines parties à des régions déterminées du plan d'observation. Grâce à ces relations qui servent à interpréter, le réseau peut remplir sa fonction de théorie scientifique : étant donné certains faits d'observation, nous pouvons remonter, par l'intermédiaire d'une chaîne d'interprétation, à un point précis du réseau théorique et, de là, par l'intermédiaire des définitions et des hypothèses, nous diriger vers d'autres points, d'où une nouvelle chaîne d'interprétation nous permettra de regagner le plan d'observation »[1].

Le problème est de trouver le moyen de distinguer, dans le langage qui traite d'un pareil complexe, les énoncés analytiques et les énoncés synthétiques. L'identification des énoncés L-vrais, c'est-à-dire des énoncés dont la vérité ne dépend que de leur forme logique, est facile. Soit l'énoncé : « si tout électron possède un moment magnétique et si la particule *x* ne possède pas de moment magnétique, alors la particule *x* n'est pas un
259 électron » ; c'est évidemment un énoncé L-vrai. | Il n'est pas nécessaire de connaître le sens des mots descriptifs qu'il contient pour s'en rendre compte. Mais comment distinguer les énoncés analytiques (vrais en vertu de la signification de leurs termes, y compris les termes descriptifs) et

1. Cette citation est tirée de C. G. Hempel : *International Encyclopaedia of Unified Science*, vol. 2, n° 7 : *Fundamentals of Concept Formation in Empirical Science*, Chicago, University of Chicago Press, 1952, p. 23-38.

les énoncés synthétiques (dont la vérité ne peut être décidée qu'après observation du monde réel) ?

Il faut, pour identifier les énoncés analytiques d'un langage théorique, des postulats-A qui spécifient les relations de signification entre les termes théoriques. Un énoncé est analytique s'il est une conséquence logique des postulats-A. Il doit être vrai de telle façon que l'observation du monde réel soit superflue, ce qui veut dire qu'il est nécessairement dépourvu de tout contenu factuel. Sa vérité ne doit dépendre que des significations attribuées à ses termes, exactement comme l'énoncé « aucun célibataire n'est marié » (formulé dans le langage d'observation) est vrai en vertu du sens assigné à « célibataire » et à « marié ». Les règles du langage d'observation ont justement pour fonction de préciser le sens de ces termes. Comment formuler des postulats-A analogues qui permettent d'identifier les énoncés analytiques dans un langage théorique contenant des termes théoriques qui n'admettent pas d'interprétation complète ?

À première vue, on pensera peut-être que seuls les postulats-T peuvent jouer le rôle de postulats-A. Une théorie déductive, certes, peut être construite à partir des postulats-T combinés avec des notions de logique et de mathématiques. Mais ce qu'on obtient alors est un système déductif abstrait dont les termes théoriques n'ont même pas une interprétation partielle. La géométrie euclidienne en est un exemple familier. Elle est une structure de mathématiques pures non interprétée. Il faut, pour qu'elle acquière le statut de théorie scientifique, que les termes descriptifs qu'elle contient reçoivent des interprétations, au moins partielles. Autrement dit, il est nécessaire d'attribuer à ses termes une signification empirique, ce qu'on ne saurait faire sans des règles de correspondance qui relient ses termes primitifs à des traits du monde physique. Cela transforme la géométrie euclidienne en une géométrie physique. Ainsi nous disons que la lumière se propage « en ligne droite », que les lignes du réticule d'un télescope s'entrecroisent en un « point » et que les planètes tracent des « ellipses » en tournant autour du soleil. Le problème de la distinction sémantique entre énoncés analytiques et énoncés synthétiques ne se pose même pas tant que la structure mathématique abstraite n'a pas reçu, grâce à des postulats-C, une interprétation (au moins partielle). Les postulats-T d'une théorie ne peuvent donc pas faire l'office de postulats-A puisqu'ils sont incapables de fournir aux termes-T une signification empirique.

Peut-on attendre des postulats-C qu'ils nous fournissent des postulats-A ? On ne peut envisager les postulats-C tout seuls. Il est indispensable de considérer la théorie entière avec ses postulats-T et -C combinés ensemble si l'on veut que les termes-T reçoivent l'interprétation la plus riche possible (qui restera encore partielle). Supposons donc qu'une telle théorie nous soit donnée. La combinaison des postulats-T et -C nous donnera-t-elle les postulats-A que nous cherchons ? Non, car maintenant
260 nous avons *trop* d'éléments. Certes, nous avons obtenu le | maximum d'interprétation empirique qui peut être attribué à nos termes théoriques, mais nous avons aussi obtenu des informations factuelles. La conjonction des postulats-T et -C nous livre donc des énoncés synthétiques ; or, nous le savons, des énoncés de ce genre ne sauraient fournir des postulats-A.

Un exemple rendra cela plus clair. Supposons que nous nous proposions d'utiliser les postulats-T et -C de la théorie générale de la relativité à titre de postulats-A afin d'identifier les énoncés analytiques de la théorie. Sur la base des postulats-T et -C, et en recourant à la logique et aux mathématiques, nous déduisons que la lumière émise par les étoiles doit être défléchie par le champ gravitationnel du soleil. Ne pouvons-nous pas dire que cette conclusion est analytique, c'est-à-dire vraie seulement en vertu de la signification empirique attribuée à tous les termes descriptifs ? Non, nous ne pouvons pas le dire, parce que la théorie générale de la relativité nous fournit des prédictions concernant le monde qui ont une forme conditionnelle et qui peuvent être confirmées ou infirmées par des tests empiriques.

Considérons par exemple cet énoncé : « Voici deux photographies qui représentent le même champ stellaire. La première a été prise pendant une éclipse totale du soleil, alors que le disque solaire, masqué, se trouvait à l'intérieur du champ stellaire. La seconde a été prise après que le soleil se fut éloigné de ce champ. » Appelons *A* cet énoncé. L'énoncé *B*, lui, dit ceci : « Sur la première photographie, les images des étoiles situées tout près du limbe solaire, en pleine période d'éclipse, doivent être légèrement déplacées par rapport aux positions indiquées sur la seconde photographie ; et ce léger déplacement doit se faire de telle sorte que les images s'écartent du soleil. » L'affirmation de forme conditionnelle : « si *A*, alors *B* », est un énoncé qui peut être dérivé de la théorie générale de la relativité. Mais c'est aussi un énoncé susceptible d'être mis à l'épreuve de l'observation. En fait, comme on l'a vu au chapitre XVI, Findlay Freundlich réalisa, en 1919, un test expérimental de cette assertion qui a une valeur historique. S'étant assuré que *A* était vrai, il mesura soigneusement les taches lumineuses dont les deux plaques étaient impressionnées ; il constata alors que *B* était également vrai. S'il avait trouvé *B* faux, l'énoncé conditionnel « si *A*, alors

B » aurait été alors réfuté, et avec lui la théorie de la relativité puisque c'est d'elle que l'énoncé « si *A*, alors *B* » était dérivé. Ceci montre que la thèse de la déflexion de la lumière stellaire par les champs gravitationnels a un contenu factuel.

Ceci peut être énoncé en termes plus formels : une fois que les postulats-T et -C de la théorie de la relativité ont été spécifiés, il est possible, à partir d'un ensemble donné de prémisses formulées dans le langage d'observation, *A*, de dériver un autre ensemble de propositions également formulées dans le langage d'observation, *B*, qui ne peut être dérivé sans qu'on recoure à *TC*, c'est-à-dire à la théorie entière. L'énoncé « si *A*, alors *B* » est donc une conséquence logique de la conjonction de *T* et *C*. Si *T* et *C* servaient de postulats-A, il faudrait considérer l'énoncé « si *A*, alors *B* » comme analytique. Or, il est clair que ce n'est pas le cas. Il est au contraire un énoncé synthétique qui appartient au langage d'observation. | Il deviendrait, en effet, faux si l'observation du monde réel nous 261
apprenait que *A* est vrai et *B* faux.

Devant de pareilles difficultés, Quine et d'autres philosophes des sciences ont soutenu qu'on ne pouvait appliquer au langage théorique de la science la dichotomie entre analytique et synthétique telle qu'elle a été définie. Plus récemment, Hempel a exposé ce point de vue très clairement[1]. Il admet, non sans quelques hésitations, cette dichotomie dans le langage d'observation. Mais quant à l'utilité de son application au langage théorique, il affiche le vigoureux scepticisme de Quine. Le double rôle des postulats-T et -C, dit-il, fait que le concept de vérité analytique, en ce qui concerne un langage théorique donné, est impossible à cerner. On imagine difficilement, en effet, comment on pourrait séparer radicalement les deux fonctions des postulats-T et -C ; et comment l'on pourrait dire qu'une partie de ces postulats contribue à formuler les significations des termes, d'où il découlerait que les énoncés dépendant de ce groupe de postulats sont vrais, le cas échéant, seulement en vertu de leur signification, les autres énoncés étant des énoncés factuels.

1. Voir les deux articles de C. G. Hempel : « The Theoretician's Dilemma », *in* H. Feigl, M. Scriven et G. Maxwell (eds.), *Minnesota Studies in the Philosophy of Science*, Minneapolis (Minn.), University of Minnesota Press, 1956, vol. II ; et « Implications of Carnap's Work for the Philosophy of Science », *in* P. A. Schilpp (ed.), *The Philosophy of Rudolf Carnap,* La Salle (Ill.), Open Court, 1963.

Une autre façon extrême de résoudre, ou plutôt d’éviter, tous les problèmes épineux que posent les termes théoriques est celle qu’a proposée Ramsey. Nous avons vu au chapitre XXVI qu’il est possible de formuler tout le contenu observationnel d’une théorie dans un énoncé connu sous le nom d’énoncé de Ramsey, ^{R}TC, dans lequel ne figurent plus que des termes observables et des termes logiques. Les notions théoriques en ont été en quelque sorte éliminées par la quantification. Puisqu’il n’y a pas de termes théoriques, il n’y a pas de langage théorique. Le problème de la définition de l’analyticité pour un langage théorique disparaît. Mais c’est une solution par trop radicale. Comme nous l’avons montré plus haut, l’abandon des termes théoriques de la science conduit à d’énormes complications. L’emploi de termes théoriques simplifie considérablement l’énoncé des lois et cette seule raison suffit à empêcher qu’on les exclue du langage scientifique.

Il doit être possible, j’en suis sûr, de sortir de l’impasse en utilisant l’énoncé de Ramsey, à condition de ne pas suivre Ramsey jusqu’au bout. En opérant certaines distinctions, on peut réussir à séparer vérité analytique et vérité synthétique dans le langage théorique tout en conservant les termes et les énoncés théoriques.

Jusqu’ici, nous avons considéré qu’une théorie consistait en deux « énoncés » : l’énoncé T, conjonction de tous les postulats-T, et l’énoncé C, conjonction de tous les postulats-C. La théorie TC se définissait donc par la conjonction de ces deux énoncés.

262 | J’aimerais proposer une autre façon de scinder la théorie en deux énoncés dont la conjonction équivaut à cette théorie. Soient respectivement A_T et F_T les deux énoncés en question. L’énoncé A_T est destiné à servir de postulat-A pour toutes les notions théoriques qui figurent dans la théorie. Il doit, bien sûr, être complètement vide de contenu factuel. L’énoncé F_T a pour fonction d’exprimer tout le contenu observationnel ou factuel de la théorie. Or c’est exactement, comme on l’a vu, ce que fait l’énoncé de Ramsey, ^{R}TC: il exprime, dans le langage d’observation étendu de façon à inclure la totalité des mathématiques, tout ce que la théorie dit du monde réel. Il ne fournit aucune interprétation pour les termes théoriques puisque ces termes n’y figurent pas. L’énoncé de Ramsey ^{R}TC est donc pris comme postulat factuel F_T.

Les deux énoncés F_T et A_T, pris ensemble doivent impliquer logiquement la théorie entière TC. Mais comment formuler un énoncé A_T qui satisfasse à cette condition ? Étant donné deux énoncés quelconques S_1 et S_2, l’énoncé le plus faible qui, joint à S_1, implique logiquement S_2, revêt la forme : « Si S_1, alors S_2 », ce qu’on exprime symboliquement par le symbole familier de l’implication matérielle : « $S_1 \supset S_2$ ». Par conséquent, le moyen le plus simple de formuler un postulat-A_T pour une théorie TC est le suivant :

$$(A_T)\ RTC \supset TC$$

Il est aisé de montrer que cette proposition est empiriquement vide. En effet, elle ne dit rien sur le monde. Tout le contenu factuel est dans l'énoncé F_T, c'est-à-dire dans l'énoncé de Ramsey ${}^{R}TC$. L'énoncé A_T affirme seulement que *si* l'énoncé de Ramsey est vrai, alors nous devons comprendre les termes théoriques de façon telle que la théorie entière soit vraie. C'est donc un énoncé purement analytique, puisque sa vérité sémantique dépend de la signification attribuée aux termes théoriques. Joint à l'énoncé de Ramsey, il L-impliquera la théorie entière.

Voyons maintenant comment cet étrange postulat-A ${}^{R}TC \supset TC$ fournit un moyen de distinguer dans le langage théorique, les énoncés analytiques et les énoncés synthétiques. L'énoncé de Ramsey ${}^{R}TC$ est synthétique. Sa vérité ne peut être établie que par une observation réelle du monde ; mais tout énoncé L-impliqué par le postulat-A considéré sera analytique.

Ici, comme avec les énoncés analytiques du langage d'observation, on peut soutenir que, en un sens très large du terme « dire », le postulat-A *dit* quelque chose à propos du monde. Mais, au sens strict, ce n'est pas le cas. En effet, le postulat-A pose que, *s'il existe* des entités (parcourues par les quantificateurs de l'énoncé de Ramsey) qui se trouvent reliées ensemble par toutes les relations exprimées dans les postulats théoriques de la théorie et qui entretiennent avec les entités observationnelles toutes les relations spécifiées par les postulats de correspondance de la théorie, alors la théorie elle-même est vraie. Le postulat-A *semble* dire quelque chose sur le monde,
mais, en réalité, il ne fait rien de tel. | Il ne nous dit pas si la théorie est vraie, **263**
ni si le monde est tel qu'elle nous le décrit. Il dit seulement que, *si* le monde est ainsi, alors les termes théoriques doivent être compris comme satisfaisant à la théorie.

Au chapitre XXVI, nous avons examiné à titre d'exemple une théorie qui comportait six concepts théoriques, soit deux classes et quatre relations. Puis nous avons donné une formulation schématique (dont le contexte n'était indiqué que par des points) de la théorie *TC* et de son énoncé de Ramsey associé ^{R}TC. Il est possible, à la lumière de cet exemple, d'exprimer le postulat-A pour cette théorie de la façon suivante :

$(A_T)(\exists\ C_1)\ (\exists\ C_2)\ (\exists\ R_1)\ (\exists\ R_2)\ (\exists\ R_3)\ (\exists\ R_4)$
$[\ldots C_1 \ldots C_2 \ldots R_1 \ldots R_2 \ldots R_3 \ldots R_4 \ldots;$
$\ldots R_1 \ldots O_1 \ldots O_2 \ldots O_3 \ldots R_2 \ldots O_4 \ldots O_m \ldots] \supset [\ldots$ Mol… Hymol… …Temp… Press… Mass… Vel…; … Temp…$O_1 \ldots O_2 \ldots O_3 \ldots$ Press… $O_4 \ldots O_m \ldots]$

Cet énoncé dit que, si le monde est tel qu'il existe au moins un sextuple d'entités (deux classes et quatre relations) reliées entre elles et avec les termes observables, O_1, O_2, …, O_m, de la manière prescrite par la théorie, alors les entités théoriques : Mol, Hymol, Temp, Press, Mass et Vel forment un sextuple qui satisfait à la théorie. Il importe de bien saisir que ce n'est pas un énoncé factuel affirmant que les six entités spécifiées, sous les conditions définies, satisfont effectivement à la théorie. Les six termes théoriques ne désignent nullement six entités spécifiées. Ces termes n'ont en effet aucune interprétation, même partielle, tant que les postulats-A A_T, n'ont pas été posés. La seule interprétation qu'ils reçoivent dans cette présentation de la théorie est celle, partielle, qu'ils tirent de *l'énoncé de ce postulat-A*. Ce postulat dit que s'il existe un ou plus d'un sextuple d'entités satisfaisant à la théorie, alors les six termes théoriques doivent être interprétés comme désignant six entités qui forment un sextuple de ce genre. Si de pareils sextuples s'avèrent exister, alors le postulat fournit aux termes théoriques une interprétation partielle en limitant aux sextuples de ce genre les sextuples susceptibles d'être désignés par ces termes théoriques. Mais s'il n'existe pas de sextuples de ce genre, – autrement dit si l'énoncé de Ramsey se révèle faux –, alors le postulat est vrai quelle que soit l'interprétation qu'on lui assigne (puisque, si « *A* » est faux, alors « $A \supset B$ » est vrai). Il ne donne donc pas même une interprétation partielle des termes théoriques.

Une fois qu'on a pleinement saisi tout cela, plus rien n'empêche de prendre l'énoncé conditionnel $^{R}TC \subset TC$ à titre de postulat-A devant figurer dans *TC* tout comme les postulats-A prennent place dans le langage d'observation. De même qu'un postulat-A appartenant au langage d'observation dit quelque chose de la signification de l'expression « plus chaud », de même le postulat-A formulé pour le langage théorique donne une information sur la signification de termes théoriques tels qu'« électron » et

« champ électromagnétique ». Munis de cette | information, nous sommes 264
en mesure de déceler que certains énoncés théoriques sont analytiques, à savoir ceux qui dérivent du postulat-A A_T.

L'élucidation précise de ce qu'on entend par « vérité-A » dans le langage tout entier de la science, est désormais possible. Un énoncé est A-vrai s'il est L-impliqué par l'ensemble des postulats-A combinés, c'est-à-dire par les postulats-A du langage d'observation réunis au postulat-A de n'importe quel langage théorique donné. Un énoncé est A-faux si sa négation est A-vraie. S'il n'est ni A-vrai ni A-faux, il est synthétique.

J'emploie l'expression « vérité-P » – vérité fondée sur les postulats – pour désigner le type de vérité qui caractérise les énoncés, si, et seulement si, ils sont L-impliqués par les postulats, c'est-à-dire par le postulat-F (l'énoncé de Ramsey) réuni aux postulats-A, tant observationnels que théoriques. Autrement dit, la vérité-P repose sur les trois postulats F_T, A_O et A_T. Mais comme la conjonction de F_T et A_T est équivalente à TC qui est la première forme de la théorie, on peut tout aussi bien représenter l'ensemble de tous les postulats par TC et A_O.

Maintenant que nous avons distingué plusieurs sortes de vérités (et autant de sortes de fausseté correspondantes), nous sommes en mesure de donner une classification générale des énoncés d'un langage scientifique. On peut la résumer par le diagramme ci-joint (fig. 34). Cette classification ne respecte pas la division du langage en propositions logiques, observationnelles, théoriques et mixtes, division qui repose sur le type de termes figurant dans les propositions (et que nous avons utilisée antérieurement). Le lecteur remarquera que l'expression traditionnelle de « synthétique » figure ici comme une autre façon de désigner les propositions « A-indéterminées » ; cela semble naturel puisque l'expression
« A-vrai » | sert de son côté à désigner le concept classique d' « analytique » 265
(ou « analytiquement vrai »). En revanche, l'attribut « P-indéterminé » s'applique à une classe plus restreinte, à savoir la classe des propositions A-indéterminées (ou synthétiques) dont la vérité ou la fausseté n'est pas même déterminée par les postulats de la théorie TC, comme c'est le cas, par exemple, pour les lois fondamentales de la physique ou de quelque autre science. On peut également qualifier ces propositions de « contingentes ».

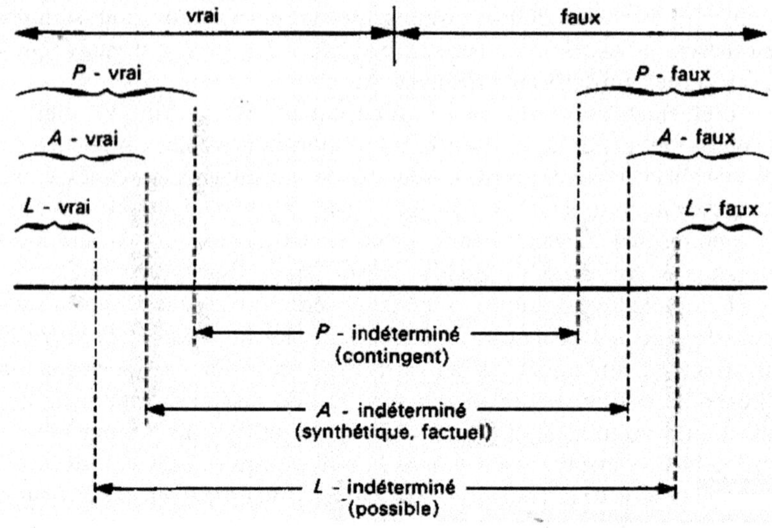

Figure 34

Je présente cette classification comme un programme et non comme un dogme ; cette remarque vaut, en particulier pour la définition de la vérité-A fondée sur le postulat-A que j'ai proposé. J'ai seulement essayé de trouver une solution au problème posé par la définition de l'analyticité dans le cas du langage théorique. Sans partager le pessimisme de Quine et de Hempel, j'ai toujours admis que ce problème était difficile et que je ne voyais aucun moyen de le résoudre de manière satisfaisante. J'ai pensé, un temps, qu'il nous faudrait peut-être nous résigner à n'admettre comme analytique un énoncé comportant des notions théoriques à l'exclusion de tout terme observable qu'à la condition qu'il soit L-vrai, – ce qui constitue la condition la plus étroite possible et aussi la plus banale. Par exemple : « Ou bien une particule est un électron, ou bien elle n'en est pas un. » Après des années de recherche, j'ai finalement trouvé une nouvelle approche, celle que je viens de présenter et où j'utilise le nouveau postulat-A [1]. On n'y a pas encore découvert de difficultés. Maintenant, je crois fermement qu'il y a une solution et que, si des difficultés se manifestent, il sera possible de les surmonter.

1. On en trouvera une présentation plus rigoureuse dans mon article de 1958 cité au chap. XXVI, note 2, et dans ma réponse à Hempel dans le recueil édité par Schilpp, *The Philosophy of Rudolf Carnap*, *op. cit.*, p. 958-966.

| SIXIÈME PARTIE 267

AU-DELÀ DU DÉTERMINISME

| CHAPITRE XXIX 269

LES LOIS STATISTIQUES

Plus d'un philosophe des sciences s'est posé dans le passé cette question : « Quelle est la nature de la causalité ? ». J'ai tâché d'expliquer, dans des chapitres précédents, pourquoi cette formulation du problème n'est pas la meilleure. Toutes les formes de causalité qu'on rencontre dans le monde sont exprimées par les lois scientifiques. Ce sont donc les lois scientifiques elles-mêmes, leurs divers modes de formulation et la façon dont elles sont confirmées ou infirmées par l'expérience qui doivent retenir toute notre attention si nous voulons étudier la causalité.

Au cours de l'examen des lois, nous avons trouvé commode de répartir celles-ci en lois empiriques et lois théoriques selon qu'elles traitent respectivement d'observables ou de non-observables. Bien qu'on ne puisse pas tracer de frontière nette entre les observables et les non-observables, et donc entre les lois empiriques et les lois théoriques, il est néanmoins utile de les distinguer. Une distinction également importante (et qui s'applique aux lois empiriques aussi bien qu'aux lois théoriques) est celle entre lois déterministes et lois statistiques. Nous avons déjà eu l'occasion de la mentionner, mais nous nous proposons de l'analyser en détail dans ce chapitre.

Une loi déterministe est une loi qui dit que, dans certaines conditions données, certains états de choses se produiront. On a vu que ce type de loi peut s'exprimer | en termes qualitatifs ou en termes quantitatifs. Ainsi 270
l'énoncé selon lequel une tige de fer s'allonge sous l'effet de la chaleur est qualitatif, tandis que celui selon lequel la longueur de la tige s'accroît de tant, à une température déterminée, est quantitatif. Une loi déterministe quantitative énonce toujours que, si telles grandeurs possèdent telles valeurs, alors telle autre grandeur (ou l'une des précédentes à un instant différent) possèdera une valeur déterminée. Bref, une loi de ce genre

exprime une relation fonctionnelle entre les valeurs de deux ou plusieurs grandeurs.

Une loi statistique, quant à elle, énonce seulement une distribution de probabilités pour les valeurs que prend une grandeur donnée dans des cas isolés. Elle indique seulement la valeur moyenne que possède une grandeur dans une classe de cas multiples. Une loi statistique dit par exemple que si on lance un dé de forme cubique soixante fois, une face donnée a des chances d'apparaître une dizaine de fois sur la totalité des coups. La loi ne prédit pas ce qu'il arrivera à chaque coup de dé, pas plus qu'elle n'annonce un résultat certain pour l'ensemble de ces soixante jets. Elle affirme seulement qu'étant donné un grand nombre de jets, on peut s'attendre à ce qu'une des faces sorte aussi souvent que n'importe quelle autre. Comme le dé comporte six faces également probables, la probabilité de sortie de l'une d'elles est de 1/6. Il s'agit ici de probabilité au sens statistique de fréquence relative à long terme, et non pas au sens logique ou inductif de ce que j'appelle degré de confirmation.

Les lois statistiques étaient assez bien connues au XIXe siècle, mais nul physicien n'imaginait alors que ces lois pussent témoigner d'une absence de déterminisme dans les lois fondamentales de la nature. Il supposait qu'elles répondaient à des exigences de commodité ou qu'elles étaient introduites lorsqu'on ne possédait pas les informations suffisantes pour décrire une situation en termes déterministes.

Les rapports établis par le gouvernement après un recensement de la population sont des exemples familiers d'énoncés exprimés sous forme statistique pour des raisons de commodité plutôt que d'ignorance. Le gouvernement cherche, lors d'un recensement, à déterminer l'âge, le sexe, la race, le lieu de naissance, le nombre de personnes à charge, l'état de santé, etc. de chaque individu. Après avoir fait le compte exact de toutes ces données, il est alors en mesure de publier de précieux renseignements statistiques. (Autrefois, les procédures de dénombrement et de calcul étaient effectuées manuellement. Il fallait en général une dizaine d'années pour qu'un nouveau recensement succède au précédent, et les opérations du recensement suivant étaient déjà engagées que les calculs entrepris pour le premier n'étaient pas encore achevés. De nos jours, les données sont enregistrées sur cartes perforées et les ordinateurs font le travail rapidement.) Les résultats révèlent ainsi qu'il y a un certain pourcentage d'individus âgés de plus de soixante ans, un certain pourcentage de docteurs en médecine, un certain pourcentage de malades atteints de tuberculose, et ainsi de suite. Ces réductions statistiques sont indispensables si l'on veut pouvoir traiter commodément un très grand nombre de données. Ce n'est pas que les faits individuels échappent à notre connaissance, mais

il serait extrêmement difficile de les exprimer en tant que faits individuels. | Ainsi, plutôt que de formuler des millions d'énoncés singuliers du genre : 271
« ... et aussi Mr. Smith, de San Francisco, qui est originaire de Seattle, dans l'État de Washington, qui est âgé de soixante-cinq ans et qui a quatre enfants et dix petits-enfants », nous condensons l'information en énoncés statistiques brefs. Ils nous simplifient la tâche tout en ne négligeant aucune des données de base qui ont été enregistrées.

Parfois les faits isolés ne sont pas accessibles, mais il est possible de les déterminer. Par exemple, au lieu de faire un recensement complet portant sur tous les individus d'une population importante, on fait porter l'enquête seulement sur un échantillon jugé représentatif. Si l'échantillon indique un certain pourcentage d'individus propriétaires de leur maison, on peut en conclure que ce chiffre vaut approximativement pour la population tout entière. Il serait possible de vérifier les résultats obtenus par des enquêtes individuelles, mais on préfère contrôler sur échantillon pour gagner du temps et de l'argent. Si l'échantillon est convenablement choisi en sorte qu'il puisse raisonnablement être considéré comme représentatif, il est possible d'obtenir des estimations globales satisfaisantes.

Même dans les sciences physiques et biologiques, il est souvent commode de formuler des énoncés statistiques, quoique les faits isolés soient connus ou aisés à déterminer. Un spécialiste des plantes vous apprendra peut-être que près d'un millier de plantes à fleurs rouges ont été soumises à des conditions déterminées ; et qu'à la génération suivante soixante-quinze pour cent ont donné des fleurs blanches. Ce botaniste connaît peut-être le nombre exact de fleurs rouges et de fleurs blanches ; ou bien s'il ne le connaît pas, il pourra le déterminer par un dénombrement minutieux. Toutefois, s'il n'est pas tenu à une pareille exactitude, il trouvera peut-être plus commode d'exprimer les résultats sous forme de pourcentages approximatifs.

Il s'avère parfois extrêmement difficile, et même impossible, d'obtenir une information exacte sur des cas individuels alors qu'on imagine aisément comment on *pourrait* la posséder. Par exemple, si nous pouvions déterminer la totalité des grandeurs pertinentes en jeu lorsqu'un dé retombe (sa position exacte à l'instant où la main le lâche, les vitesses exactes dont ses diverses parties sont affectées, son poids et son élasticité, la nature de la surface sur laquelle il rebondit, et ainsi de suite), nous saurions prédire avec précision la façon dont il viendrait à s'immobiliser. Mais comme il n'existe pas, actuellement, d'appareils capables d'effectuer ces mesures, nous devons nous contenter d'une loi statistique qui exprime les fréquences pour un grand nombre de coups.

Au XIXe siècle, la théorie cinétique des gaz a conduit à formuler maintes lois probabilistes dans le domaine qu'on appelle mécanique statistique. Pour une pression et une température données imposées à une quantité donnée d'oxygène, par exemple, l'on obtient une certaine distribution de la vitesse des molécules. Cette loi porte le nom de loi de distribution de Maxwell-Boltzmann. Elle dit que pour chacune des trois composantes de la vitesse, la distribution des probabilités est exprimée par la
272 fonction dite normale (ou fonction de Gauss), qui est représentée | par la fameuse courbe en cloche. C'est une loi statistique qui décrit une situation dans laquelle les faits relatifs à chaque molécule individuelle sont techniquement impossibles à déterminer. Ici, notre ignorance est plus fondamentale (et c'est un point important) que dans les exemples précédents. On peut très bien concevoir, même pour les dés, des instruments destinés à analyser l'ensemble des données en jeu. On introduirait celles-ci dans un ordinateur; et avant même que le dé ne s'arrête de rouler sur la table, l'ordinateur aurait fait apparaître le résultat : « C'est le six qui va sortir ». Mais en ce qui concerne les molécules d'un gaz, on ne connaît aucun procédé technique qui permette de mesurer la direction et la vitesse de chaque molécule individuelle et d'analyser ensuite les milliards de résultats obtenus afin de voir si la loi de distribution de Maxwell-Boltzmann se vérifie. Les physiciens ont formulé cette loi comme une micro-loi : elle fait partie de la théorie des gaz et a été confirmée par le contrôle expérimental de diverses conséquences qu'on en a tirées. Il n'était pas rare au XIXe siècle de formuler de pareilles lois statistiques dans des domaines où il était impossible de déterminer des événements isolés. Aujourd'hui encore, toutes les disciplines scientifiques utilisent des lois de ce type, notamment la biologie et les sciences sociales.

Les physiciens du XIXe siècle étaient pleinement conscients du fait que, dans le cas des lois probabilistes concernant les gaz ou le comportement humain, leur ignorance était plus profonde que dans le cas du dé qu'on lance. Ils étaient néanmoins convaincus qu'il n'était pas impossible, en principe, d'obtenir de meilleures connaissances. Assurément, ils ne disposaient alors d'aucun moyen technique pour effectuer des mesures sur les molécules individuelles, mais ce n'était là, à leurs yeux, que l'effet regrettable des limites propres aux instruments dont ils disposaient. Grâce au microscope, le physicien pouvait apercevoir de petites particules en suspension dans un liquide qui dansaient irrégulièrement comme si elles étaient poussées en tous sens par des molécules invisibles. Il pouvait donc espérer observer des particules de plus en plus petites grâce au perfectionnement des instruments. Dans le futur, peut-être, ceux-ci permettraient de mesurer les positions et les vitesses des molécules individuelles.

Certes, les limitations imposées par l'optique sont loin d'être négligeables. Les physiciens de l'époque savaient aussi qu'une particule dont les dimensions sont inférieures à la longueur d'onde de la lumière visible ne peut être vue à l'aide d'aucun type possible de microscope optique ordinaire. Mais il ne leur semblait pas impossible pour autant que d'autres types d'instruments permettent un jour de mesurer des particules plus petites que la longueur d'onde de la lumière. De fait, les microscopes électroniques que nous connaissons actuellement permettent de « voir » des objets situés en dessous du seuil théorique de visibilité des microscopes optiques. Les scientifiques du XIXe siècle étaient convaincus que la précision à laquelle on pouvait atteindre dans l'observation d'objets de plus en plus petits ne connaissait aucune limitation de principe.

Mais ils reconnaissaient aussi qu'aucune observation n'est jamais *absolument* précise. Il y a toujours un élément d'incertitude. En ce sens, *toutes* les lois scientifiques | sont statistiques; mais ceci ne va pas loin. 273
Le point important, c'est qu'on peut toujours obtenir une précision plus grande. Il est aujourd'hui possible, disaient les physiciens d'alors, de mesurer un objet avec une précision de deux décimales. Demain, cette précision sera de l'ordre de trois décimales; et d'ici quelques dizaines d'années, peut-être ira-t-on jusqu'à vingt ou cent décimales. Il semblait qu'il n'y ait pas de limite à la précision susceptible d'être obtenue quel que soit le type de mesure. Les physiciens du XIXe siècle et plusieurs philosophes ne doutaient pas que, derrière les macro-lois avec leurs inévitables erreurs de mesure, se cachent des micro-lois rigoureusement déterministes. Certes, les molécules réelles ne sauraient être perçues. Mais il est certain que si deux molécules entrent en collision, les mouvements résultant de leur choc seront entièrement déterminés par les conditions antérieures au choc lui-même. La connaissance de la totalité de ces conditions devrait donc permettre de prédire avec exactitude le comportement des molécules lors d'une collision. Comment en serait-il autrement? Il faut bien que le comportement des molécules dépende de *quelque chose*. Il ne peut être l'effet d'un pur hasard. Selon ce point de vue, les lois fondamentales de la physique devaient être déterministes.

Toutefois, les physiciens du XIXe siècle savaient bien que les lois fondamentales sont des idéalisations qui ne se trouvent que rarement réalisées sous une forme pure à cause de l'intervention de facteurs étrangers. Ils exprimaient cela en distinguant les lois fondamentales des lois dites « restreintes », dérivées des premières. Une loi restreinte est tout simplement une loi accompagnée d'une clause restrictive. Elle dit, par exemple, que tel ou tel fait se produira seulement dans des « circonstances normales ». Ainsi l'énoncé : « la longueur d'une tige de fer qui passe de la température de congélation de l'eau à celle de l'ébullition de l'eau s'accroîtra », n'est plus vrai si la tige est enserrée dans un étau puissant qui exerce une pression à ses extrémités. Une pression suffisamment forte peut l'empêcher de se dilater. La loi se trouve par conséquent restreinte, au sens où il est entendu qu'elle ne vaut que dans des conditions normales, c'est-à-dire seulement lorsqu'aucune autre force ne s'exerce sur la tige et ne perturbe l'expérience.

Derrière l'ensemble de ces lois restreintes se trouvent les lois fondamentales formulées de manière inconditionnelle. Soit la loi : « Deux corps s'attirent l'un l'autre avec une force gravitationnelle proportionnelle à leur masse respective et inversement proportionnelle au carré de leur distance » ; c'est un énoncé inconditionnel. D'autres forces peuvent, bien sûr, intervenir, telle l'attraction magnétique ; elles peuvent modifier le mouvement de l'un des deux corps, mais sans affecter l'intensité ni la direction de la force gravitationnelle elle-même. Il n'est donc nécessaire d'ajouter à la loi aucune clause restrictive. Un autre exemple est fourni par les équations de Maxwell pour le champ électromagnétique. On considérait qu'elles valaient de manière inconditionnelle, avec une rigueur absolue. La physique newtonienne donnait l'image grandiose d'un monde dans lequel tous les phénomènes pouvaient être, en principe, expliqués par des lois fondamentales absolument exemptes d'indétermination. Comme
274 nous l'avons vu au chapitre XXII, Laplace | exprima cette vision en des termes devenus classiques : un être imaginaire qui posséderait la connaissance de toutes les lois fondamentales et de tous les faits décrivant l'état du monde à un moment donné de son histoire pourrait calculer tous les événements passés et futurs de ce monde.

Cette vision utopique n'a pas résisté à l'avènement de la physique quantique, comme nous allons le voir dans notre prochain et dernier chapitre.

| CHAPITRE XXX 275

L'INDÉTERMINISME EN PHYSIQUE QUANTIQUE

Le caractère essentiellement non déterministe de la physique quantique repose sur le principe d'indétermination, parfois appelé principe d'incertitude ou relation d'incertitude, qui a été formulé pour la première fois par Werner Heisenberg en 1927. Il affirme, en substance, qu'il existe certaines paires de grandeurs qu'on appelle « grandeurs conjuguées », telles qu'il est impossible en principe de mesurer les deux grandeurs au même instant de façon très précise.

Voici une paire de ce genre :

1° La coordonnée en x (q_x) qui indique la position d'une certaine particule à un instant donné, par rapport à un certain système de coordonnées.

2° La composante en x (p_x) qui indique la quantité de mouvement de la même particule au même instant (cette composante est égale au produit de la masse de la particule par la composante en x de sa vitesse).

La même chose est vraie de la paire qy, py et de la paire qz, pz.

Supposons que nous mesurions les deux grandeurs conjuguées p et q, que les résultats donnent pour p une approximation correspondant à un certain intervalle de longueur Δp, et pour q une approximation correspondant à un certain intervalle de longueur Δq. Le principe d'incertitude de Heisenberg affirme que, si nous | cherchons à mesurer p avec précision, 276
c'est-à-dire à réduire Δp, nous ne pouvons pas au même instant mesurer q avec précision, c'est-à-dire réduire Δq. Plus exactement, le produit de Δp par Δq ne peut jamais descendre au-dessous d'une certaine valeur, qui s'exprime à l'aide de la constante quantique h définie par Planck.

Si les grandeurs conjuguées sont des composantes de la quantité de mouvement et de la position d'une particule, le principe d'incertitude affirme qu'il est impossible de mesurer avec une grande précision ces deux composantes au même instant. Lorsque nous savons exactement où se trouve une particule, les composantes de sa quantité de mouvement deviennent imprécises. Lorsque nous connaissons exactement sa quantité de mouvement, nous devenons incapables de repérer exactement où elle se trouve. En pratique, bien entendu, la marge d'imprécision d'une mesure de ce genre est généralement bien supérieure au minimum prescrit par le principe d'incertitude. Le point important, dont les conséquences vont très loin, est que cette imprécision fait partie des lois fondamentales de la théorie des quanta. Il ne faut pas s'imaginer que la limitation exprimée par le principe d'incertitude est liée aux imperfections des instruments de mesure, ni par conséquent qu'elle est susceptible d'être atténuée par des améliorations apportées aux techniques de mesure. Elle constitue une loi fondamentale qui restera valable aussi longtemps que les lois de la théorie des quanta conserveront leur forme actuelle.

Ceci ne signifie pas que les lois aujourd'hui admises en physique ne peuvent pas être modifiées, ni que le principe d'incertitude de Heinseberg ne sera jamais abandonné. Néanmoins, j'estime fondé de dire que, pour le rendre périmé, il faudrait une véritable révolution qui bouleverserait de fond en comble les structures actuelles de la physique. Il existe aujourd'hui des physiciens qui sont convaincus, comme l'était Einstein, que cette partie de la mécanique quantique moderne est discutable et sera peut-être un jour mise au rebut. C'est une possibilité, mais le changement serait alors radical. Actuellement, personne ne voit comment l'on pourrait éliminer le principe d'incertitude.

En liaison avec ce problème, l'on constate une autre différence, tout aussi importante, entre la théorie des quanta et la physique classique : elle porte sur le concept d'état instantané d'un système physique. Considérons par exemple, un système physique qui se compose d'un certain nombre de particules. En physique classique, l'état de ce système à l'instant t_1 sera décrit de façon complète si l'on exprime, pour chacune des particules, les valeurs des grandeurs suivantes (appelées parfois « variables d'état », mais je préfère parler de « grandeurs d'état ») :

a) Les trois coordonnées définissant la position de la particule à l'instant t_1 ;

b) Les trois composantes définissant sa quantité de mouvement à l'instant t_1.

Admettons que ce système reste isolé pendant le laps de temps qui
sépare t_1 de t_2, c'est-à-dire qu'il ne soit affecté par aucune action venant de
l'extérieur. Dans ces conditions, étant donné les informations que nous
avons sur l'état du système à l'instant t_1, les lois de la mécanique classique
permettent de déterminer sans le | moindre doute son état (c'est-à-dire la 277
valeur de toutes les grandeurs d'état) à l'instant t_2.

En mécanique quantique, la situation est entièrement différente. (Nous ne tiendrons pas compte ici de la nature particulière de ces particules qu'on appelle « fondamentales » parce qu'elles sont indivisibles. Ce dernier caractère n'est plus reconnu à l'atome par la physique moderne, mais à des particules plus petites, telles que les électrons et les protons. Quoique ce progrès constitue un pas de géant dans le développement récent de la physique moderne, il n'est pas essentiel d'en tenir compte dans la présente discussion, qui porte sur les méthodes formelles servant à déterminer l'état d'un système). Dans la mécanique quantique, il faut réunir deux conditions pour être en droit d'appeler « complet » l'ensemble des grandeurs d'état valables pour un système donné à un instant donné : d'abord, il faut qu'il soit possible en principe de mesurer simultanément toutes les grandeurs comprises dans cet ensemble ; et il faut, en second lieu, que toute autre grandeur d'état susceptible d'être mesurée en même temps que les grandeurs de l'ensemble, ait sa valeur déterminée par les valeurs de ces dernières. Ainsi, dans notre exemple d'une classe de particules, un ensemble complet pourra comprendre les grandeurs suivantes : pour certaines particules, les coordonnées q_x, q_y, q_z ; pour d'autres particules, les composantes de la quantité de mouvement p_x, p_y, p_z ; pour d'autres encore, p_x, q_y, p_z, ou q_x, q_y, p_z ; pour d'autres, enfin, d'autres ensembles de trois grandeurs exprimées en termes de p et de q. D'après les principes de la mécanique quantique, l'état d'un système à un instant donné est décrit de façon complète dès que l'on a spécifié les valeurs de n'importe quel ensemble complet de grandeurs d'état. Évidemment, une telle description serait regardée comme incomplète du point de vue de la physique classique, parce que, si l'ensemble contient q_x, alors p_x n'est ni donné ni déterminé par les autres valeurs que comprend l'ensemble. Mais cette restriction, qui concerne la description d'un état, est effectivement conforme au principe d'incertitude : si q_x est connu, il n'est pas possible en principe de connaître p_x. On voit aisément qu'il existe un nombre énorme – infini, en fait – d'ensembles complets de grandeurs d'état susceptibles d'être choisis pour un système donné. Nous sommes libres de choisir de mesurer les grandeurs comprises dans l'*un* quelconque de ces ensembles complets. Et, une fois que nous avons mesuré la valeur exacte des grandeurs comprises dans l'ensemble choisi, alors nous pouvons dire que nous connaissons la description d'état qui spécifie ces valeurs.

En mécanique quantique, tout état d'un système peut être représenté par une fonction d'un type particulier, appelée « fonction d'onde ». Une fonction de ce type assigne des valeurs numériques aux points d'un espace. (Toutefois, il ne s'agit pas en général de notre espace habituel à trois dimensions, mais d'un espace abstrait possédant plus de trois dimensions). Si les valeurs d'un ensemble complet de grandeurs d'état pour l'instant t_1 sont données, la fonction d'onde pour le système en question est déterminée pour cet instant de manière univoque. Ces fonctions d'onde, bien
278 que chacune d'elles soit fondée sur un ensemble de grandeurs | que la physique classique jugerait incomplet, jouent en mécanique quantique un rôle analogue à celui que jouent les descriptions d'état en mécanique classique. Dans les mêmes conditions d'isolement que précédemment, il est possible de déterminer la fonction d'onde pour l'instant t_2 sur la base de la fonction d'onde déjà connue pour t_1. Cette opération s'accomplit au moyen d'une équation célèbre, connue sous le nom d'« équation différentielle de Schrödinger » parce qu'elle a été formulée pour la première fois par le grand physicien autrichien Erwin Schrödinger. Cette équation revêt la même forme mathématique qu'une loi du type déterministe ; elle permet de calculer de façon complète la fonction d'onde pour l'instant t_2. Donc, si nous acceptons de voir dans une fonction d'onde la représentation complète d'un état instantané, nous sommes amenés à dire que, au moins sur le plan théorique, le déterminisme règne encore en physique quantique.

Quoique certains physiciens n'hésitent pas à formuler cette assertion, elle me paraît fallacieuse, parce qu'elle pourrait inciter le lecteur à oublier le fait suivant. Quand nous demandons en quoi la fonction d'onde calculée pour l'instant futur t_2 nous renseigne sur les valeurs que prendront les grandeurs d'état, la réponse est que, si nous voulons mesurer à l'instant t_2 une grandeur d'état parmi les autres (mettons la coordonnée en y relative à la position de la particule n° 5), alors la fonction d'onde ne prédit pas quelle valeur de cette grandeur sera constatée par cette mesure ; elle ne fait que nous donner une distribution de probabilités pour les valeurs possibles de cette grandeur. En général, la fonction d'onde assignera des probabilités positives à plusieurs valeurs possibles (ou à plusieurs intervalles partiels des valeurs possibles). C'est seulement dans quelques cas spéciaux que l'une de ces valeurs atteint théoriquement une probabilité égale à 1 (correspondant à une certitude) qui nous permette de dire que cette valeur a effectivement été prédite. Remarquons que la fonction d'onde calculée pour l'instant t_2 fournit une distribution de probabilités pour les valeurs de *toutes* les grandeurs d'état du système physique considéré. Dans l'exemple étudié plus haut, cela veut dire qu'elle fournit des distributions de probabilités aussi bien pour les grandeurs énumérées en *a*) que pour les grandeurs énumérées en *b*). La théorie des quanta est fondamentalement indéterministe en ceci qu'elle ne fournit pas de prédictions fermes sur le résultat des mesures, mais seulement des prédictions en termes de probabilité.

Comme la fonction d'onde calculée pour l'instant t_2 fournit des distributions de probabilité pour les grandeurs d'état fondamentales concernant chaque particule, elle permet de calculer des distributions de probabilité concernant d'autres grandeurs définies à partir des grandeurs fondamentales. Au nombre de ces grandeurs se trouvent les grandeurs statistiques concernant l'ensemble de toutes les particules du système physique ou un sous-ensemble de celui-ci. Plusieurs de ces grandeurs statistiques correspondent à des propriétés observables au niveau du monde sensible; par exemple, à la température d'un corps petit, mais visible, ou encore à la position (ou à la vitesse) du centre de gravité d'un corps. Si ce corps se compose de milliards de particules (par exemple un satellite artificiel sur orbite autour de la terre), sa position, sa vitesse, sa température et d'autres grandeurs | mesurables pourront être calculées avec une précision remar- 279
quable. Dans les cas de ce genre, la courbe de densité de probabilité concernant une grandeur statistique prend la forme d'une colline extrêmement étroite et abrupte. Nous pouvons donc définir un intervalle restreint qui comprenne pratiquement la totalité de cette colline; en conséquence, la probabilité pour que la valeur de la grandeur en question se trouve comprise dans cet intervalle est extrêmement proche de 1. Elle en est même si proche que, pour la plupart des opérations pratiques, nous pouvons faire comme si la prédiction n'était pas une probabilité, mais une certitude. Cependant, du point de vue de la théorie des quanta, le satellite constitue un système comprenant des milliards de particules, et pour chacune de ces particules, il subsiste dans les prédictions une irréductible marge d'incertitude. L'incertitude exprimée par les lois des quanta vaut également pour le satellite, mais elle est réduite presque à zéro par les lois statistiques portant sur le nombre énorme de particules dont il se compose.

En revanche, il existe des situations tout à fait différentes dans lesquelles un événement est susceptible d'être observé directement, au sens le plus fort du mot, mais dépend du comportement d'un nombre extrêmement réduit de particules; parfois même, d'une seule particule. Dans les cas de ce genre, l'incertitude considérable qui marque le comportement de la particule affecte tout autant le macro-événement (c'est-à-dire l'événement observable). Cela se produit souvent dans les situations où un micro-événement qui relève de la radio-activité « déclenche » un macro-événement, par exemple lorsqu'un électron émis par désintégration bêta produit dans un compteur Geiger un cliquètement perceptible. Même si nous admettons l'hypothèse idéale selon laquelle nous connaîtrions les valeurs d'un ensemble complet de grandeurs d'état fondamentales relatives aux particules sub-atomiques comprises dans un petit nombre d'atomes radioactifs dont se compose un corps B à l'instant t_1, nous ne pourrions jamais en tirer que des probabilités concernant les événements du genre suivant susceptibles d'avoir lieu dans la première seconde qui suivra t_1 : aucune particule émise, une seule particule émise, deux particules émises, et ainsi de suite. Si les conditions sont telles qu'il y ait une probabilité proche de 1 pour qu'aucune particule ne soit émise pendant cette seconde, nous ne pouvons pas prédire, ni même estimer grossièrement, à quel moment vont avoir lieu l'émission de la première particule et le premier cliquètement du compteur Geiger. Nous ne pouvons déterminer que des probabilités et d'autres valeurs liées aux probabilités; par exemple, la durée moyenne du temps au bout duquel on peut s'attendre à percevoir le premier cliquètement.

Dans ces conditions, je suis prêt à soutenir que le déterminisme du XIXe siècle a été rejeté par la physique moderne. C'est l'expression que choisiraient, je crois, la plupart des physiciens actuels pour évoquer le bouleversement radical que la mécanique quantique a fait subir à l'édifice classique de Newton.

Lorsque certains physiciens comme Henry Margenau et certains philosophes comme Ernest Nagel soutiennent que le déterminisme reste présent dans les lois qui régissent les états d'un système et que seule la définition du
280 terme « état d'un | système » a changé, je n'ai rien à dire contre leur façon de voir. Ce qu'ils affirment est vrai. Mais, à mon avis, le mot « seule » risque d'induire en erreur. Il donne l'impression que rien n'a changé sauf la réponse à la question : « Quelles sont les grandeurs qui caractérisent un état d'un système? » En réalité, le changement y est beaucoup plus fondamental. Les tenants de la physique classique étaient convaincus que, grâce aux progrès de la recherche, les lois deviendraient de plus en plus exactes, sans qu'il y eût de limites au degré de précision qu'il est possible d'atteindre dans la prédiction des événements observables. Au contraire, la théorie des quanta oppose à ce progrès vers la précision une limite infranchissable. C'est pourquoi j'estime diminuer les risques de malentendu en déclarant que la structure de la causalité (la structure des lois) est fondamentalement différente en physique moderne de ce qu'elle a été depuis l'époque de Newton jusqu'à la fin du XIXe siècle. Le déterminisme, au sens classique du terme, est maintenant abandonné.

Il est aisé de comprendre pourquoi cette conception totalement neuve des lois physiques a d'abord été, psychologiquement, assez difficile à accepter pour les physiciens. Planck lui-même, qui était d'un tempérament conservateur, fut très gêné lorsqu'il se rendit compte pour la première fois que l'émission et l'absorption d'un rayonnement ne procèdent pas continûment, mais par unités indivisibles. Cet aspect discontinu jurait si fort avec l'esprit de la physique traditionnelle tout entière que beaucoup de physiciens, et Planck lui-même, eurent grand'peine à s'assimiler ce style de pensée si nouveau[1].

Le caractère révolutionnaire du principe d'incertitude de Heisenberg a incité certains philosophes et certains physiciens à proposer diverses modifications fondamentales dans le langage de la physique. Il arrive rarement aux physiciens de beaucoup discuter du langage qu'ils utilisent. D'ordinaire, ce souci préoccupe plutôt les rares physiciens dont la sphère d'intérêt s'étend aux fondements logiques de la physique ou les logiciens qui ont étudié la physique. Ils se posent la question suivante : « Faut-il modifier le langage de la physique pour mieux y intégrer les relations d'incertitude ? Et si on le modifie, comment ? » Les propositions les plus radicales, en ce domaine, visent à changer le type de logique utilisé en physique. Philipp Frank et Moritz Schlick (qui enseignait la philosophie à Vienne tandis que Frank était physicien à Prague) furent ensemble les premiers à exprimer l'opinion selon laquelle, dans certaines conditions, il faudrait considérer comme dépourvue de sens la conjonction de deux propositions dont chacune a un sens ; par exemple, deux prédictions concernant la valeur de deux grandeurs conjuguées pour le même système au même moment. Mettons que la proposition *A* prédise les coordonnées | exactes qui défi- **281**
nissent la position d'une particule à un instant précis ; et que la proposition *B* prédise les trois composantes de la quantité de mouvement de cette même particule au même instant. Nous savons, grâce au principe d'incertitude de Heisenberg, que nous avons le choix entre deux possibilités seulement :

1. Sur ce point, je voudrais recommander un petit livre de Werner Heisenberg intitulé *Physics and Philosophy: The Revolution in Modern Science*, New York, Harper, 1958 (trad. fr. *Physique et philosophie*, Paris, Albin Michel, 1961). Il contient un exposé fort clair du développement historique de la théorie des quanta : les premiers jalons posés non sans hésitation par Planck, puis les contributions apportées par Einstein, Heisenberg et d'autres. F.S.C. Northrop a raison de faire remarquer dans son introduction que Heisenberg montre une modestie excessive quant au rôle qu'il a joué lui-même dans ce développement.

1° Faire une expérience qui nous donnera, pourvu évidemment que nos instruments soient assez précis, la position d'une particule de façon très exacte (mais non pas parfaitement exacte). Dans ce cas, nous ne pourrons déterminer sa quantité de mouvement que de façon très vague.

2° Sinon, faire une autre expérience pour mesurer avec beaucoup de précision les composantes de la quantité de mouvement. Dans ce cas, nous devrons nous contenter, quant à la position de la particule, d'une détermination tout à fait approximative.

Bref, nous pouvons mettre à l'épreuve de l'expérience la proposition *A* ou la proposition *B*, mais non pas la conjonction « *A* et *B* ». C'est sur ce problème, et quelques autres qui y sont liés, que Martin Strauss, un des élèves de Frank, fit porter sa thèse de doctorat. Il travailla par la suite à Copenhague avec Niels Bohr. Strauss soutenait que la conjonction de *A* et de *B* doit être considérée comme dépourvue de sens, parce qu'elle n'est susceptible d'aucune confirmation expérimentale. Nous pouvons, si nous le désirons, vérifier la proposition *A* avec toute la précision voulue. Nous pouvons faire de même pour *B*. Mais nous ne le pouvons pas pour « *A* et *B* », et par conséquent, cette conjonction ne doit pas être considérée comme une proposition ayant un sens. C'est pourquoi, affirme Strauss, les règles de formation (règles qui spécifient les manières licites ou non de former un énoncé) du langage de la physique devraient être changées. À mon avis, une modification aussi radicale n'est pas souhaitable.

Les mathématiciens Garrett Birkhoff et John von Neumann ont avancé une suggestion similaire[1]. Ils proposaient de modifier non les règles de formation, mais les règles de transformation (qui régissent la manière dont on peut déduire une proposition d'une autre ou d'un ensemble d'autres propositions). Ils proposaient en particulier aux physiciens d'écarter l'une des lois de distribution qui font partie de la logique propositionnelle.

Une troisième suggestion fut faite par Hans Reichenbach. Il s'agissait de remplacer la logique traditionnelle à deux valeurs par une logique à trois valeurs[2]. Dans une telle logique, chaque proposition pourrait avoir l'une des trois valeurs suivantes : *T* (vraie), *F* (fausse), et *I* (indéterminée). La loi classique du tiers exclu (qui dit qu'une proposition est ou vraie ou fausse, et qu'il n'y a pas de tierce possibilité) est remplacée par la loi du quart

1. Voir G. Birkhoff et J. von Neumann, « The Logic of Quantum Mechanics », *Annals of Mathematics*, 37, 1936, p. 823-843.

2. Voir H. Reichenbach, *Philosophic Foundations of Quantum Mechanics*, Berkeley, University of California Press, 1944.

exclu : toute proposition est vraie, | fausse ou indéterminée, il n'y a pas de 282
quatrième possibilité. Par exemple, l'énoncé B relatif à la quantité de mouvement d'une particule peut se révéler vrai une fois qu'on aura fait l'expérience requise. Dans ce cas, l'autre proposition A, relative à la position de la particule, est indéterminée. Elle est indéterminée parce qu'il est impossible, en principe, d'en déterminer la vérité ou la fausseté en même temps que l'on vérifie B. On peut évidemment choisir de vérifier A, et alors c'est B qui restera indéterminé. Autrement dit, il y a des cas, en physique moderne, où, si certaines propositions sont vraies, d'autres sont inévitablement indéterminées.

Pour pouvoir faire une place à ces trois valeurs de vérité, Reichenbach se trouva obligé de redéfinir les connecteurs logiques (implication, disjonction, conjonction, etc.) au moyen de tables de vérité beaucoup plus compliquées que celles qui définissaient les mêmes connecteurs dans la logique classique à deux valeurs. Il dut en outre introduire des connecteurs nouveaux. Ici encore, je trouve que s'il était vraiment nécessaire de compliquer ainsi la logique pour l'harmoniser avec le langage de la physique, il faudrait l'accepter ; mais à l'heure actuelle la nécessité d'une démarche aussi radicale ne saute pas aux yeux.

Il faut évidemment encore attendre de voir dans quelles directions la physique va se développer à l'avenir. Malheureusement, les physiciens présentent rarement leurs théories sous une forme qui convienne aux logiciens. Ils ne disent pas : « Voici mon langage, en voici les termes primitifs, en voici les règles de formation, en voici les axiomes logiques ». (Si au moins ils donnaient ces derniers nous pourrions déjà voir s'ils sont d'accord avec von Neumann ou avec Reichenbach, ou encore s'ils préfèrent conserver la logique traditionnelle à deux valeurs.) Il serait souhaitable également que les postulats sur lesquels est fondée la physique tout entière fussent formulés sous une forme systématique qui inclurait la logique formelle. Cela fait, il serait plus facile de déterminer s'il y a vraiment des raisons suffisantes de modifier les fondements logiques du système.

Nous touchons ici à des problèmes profonds, non encore résolus, qui concernent le langage de la physique. Ce langage est encore largement, si l'on excepte la part de mathématiques qu'il contient, un langage naturel ; j'entends par là un langage dont on apprend les règles par la pratique, de façon implicite, sans presque jamais les formuler de manière explicite. Évidemment le langage de la physique a adopté des milliers de termes nouveaux et d'expressions nouvelles qui lui sont propres, et dans quelques cas, on a élaboré des règles spéciales qui gouvernent l'emploi de tel terme ou symbole technique. Comme les autres sciences, la physique n'a cessé d'améliorer l'exactitude et l'efficacité d'ensemble de son langage. Elle continuera certainement à le faire. Pour l'instant, cependant, le langage physique, dans son progrès vers la précision et la rigueur, n'arrive pas encore à refléter avec fidélité le développement de la mécanique quantique.

Il est difficile de prédire dans quelle direction le langage de la physique va évoluer. Mais je suis convaincu que deux courants qui ont été à l'origine d'améliorations considérables portant sur le langage des mathématiques au cours du dernier demi-siècle, ne manqueront pas d'apporter au langage
283 de la physique des | précisions et clarifications tout aussi importantes. Je pense d'une part à l'application de la logique moderne et de la théorie des ensembles; et d'autre part à l'adoption de la méthode axiomatique sous sa forme moderne, laquelle implique un langage systématique et formalisé. Dans la physique contemporaine, où non seulement le contenu des théories, mais aussi la structure conceptuelle tout entière de la physique, font l'objet de discussions, l'une et l'autre de ces méthodes peuvent s'avérer extrêmement utiles.

Il y a là un défi passionnant qui demande une collaboration étroite entre physiciens et logiciens; mieux encore, cette tâche exige de jeunes chercheurs une double formation en physique et en logique. L'application de la logique moderne et de la méthode axiomatique à la physique aura, selon moi, des conséquences qui iront beaucoup plus loin qu'une simple amélioration des moyens de communication entre les physiciens ou entre les physiciens et les autres scientifiques. Elle aura pour résultat, et c'est beaucoup plus important, de faciliter la création de concepts nouveaux, la formulation de suppositions inédites. Les dernières années ont vu l'accumulation de résultats expérimentaux nouveaux en quantités énormes, ce qui est dû pour beaucoup à l'amélioration de l'outillage expérimental dont les grands accélérateurs de particules sont un exemple. À partir de ces données, le développement de la mécanique quantique a fait des progrès considérables. Malheureusement, on n'est pas encore arrivé à reconstruire la théorie de façon à y intégrer toutes ces données nouvelles. Des énigmes inattendues et des doutes déroutants sont apparus. La tâche qui consiste à essayer de les résoudre est à la fois urgente et extrêmement difficile. Il semble donc raisonnable de supposer que l'utilisation d'outils conceptuels nouveaux puisse apporter une contribution essentielle.

Certains physiciens croient que les conditions sont réunies pour qu'un pas décisif soit franchi dans un proche avenir. Qu'il soit destiné à se produire bientôt ou au contraire plus tard, nous pouvons être sûrs (à condition que les hommes d'État renoncent à la folie mortelle de la guerre nucléaire et permettent à l'humanité de survivre) que la science continuera à progresser à grands pas et à nous ouvrir des perspectives de plus en plus pénétrantes sur la structure de l'univers.

BIBLIOGRAPHIE

CARNAP EN FRANÇAIS

L'ancienne et la nouvelle logique, trad. fr. E. Vouillemin, Paris, Hermann, 1933.

« Les concepts psychologiques et les concepts physiques sont-ils foncièrement différents ? », trad. fr. R. Bouvier, *Revue de synthèse* 10, 1935, p. 43-53.

Signification et nécessité, trad. fr. Ph. de Rouilhan et F. Rivenc, Paris, Gallimard, 1997.

La Construction logique du monde, trad. fr. T. Rivain, Paris, Vrin, 2002, rééd. 2019.

« La tâche de la logique de la science », trad. fr. *in* S. Laugier et P. Wagner (éd.), *Textes clés de philosophie des sciences*, vol. 1, Paris, Vrin, 2004.

« La langue de la physique comme langue universelle de la science », « Science formelle et science du réel », « De la théorie de la connaissance à la logique de la science », « Vérité et confirmation », *in* Ch. Bonnet et P. Wagner (dir.), *L'Âge d'or de l'empirisme logique, 1929-1936*, Paris, Gallimard, 2006.

« La conception scientifique du monde : le Cercle de Vienne », « Le dépassement de la métaphysique par l'analyse logique du langage », *in* A. Soulez (éd.), *Manifeste du Cercle de Vienne et autres écrits*, Paris, Vrin, 2010.

Construction et réduction. Textes inédits sur le physicalisme, 1922-1955, éd. B. Andrieu et F. Félix, Lausanne, L'Âge d'Homme, 2011.

Testabilité et signification, trad. fr. Y. Benétreau-Dupin, Paris, Vrin, 2015.

Logique inductive et probabilité. 1945-1970, trad. fr. P. Wagner (dir.), Paris, Vrin, 2015.

L'Espace. Une contribution à la théorie de la science, trad. fr. P. Wagner, Paris, Gallimard, 2017.

LIVRES GÉNÉRAUX

BRAITHWAITE, Richard B., *Scientific Explanation*, Cambridge, CUP, 1953.

BRIDGMAN, Percy W., *The Logic of Modern Physics*, New York, Macmillan, 1927.

CAMPBELL, Norman R., *Physics : The Elements*, Cambridge, CUP, 1920.

– *What is Science ?*, London, Methuen, 1921.

FRANK, Philipp, *Philosophy of Science*, Englewood Cliffs (N.J.), Prentice-Hall, 1957.

HEISENBERG, Werner, *Physics and Philosophy: The Revolution in Modern Science*, New York, Harper, 1958, trad. fr: *Physique et philosophie*, Paris, Albin Michel, 1961.

HEMPEL, Carl G., *Aspects of Scientific Explanation and Other Essays in the Philosophy of Science*, Glencoe (Ill.), Free Press, 1965.

– *International Encyclopedia of Unified Science*, vol. 2, n. 7, *Fundamentals of Concept Formation in Physical Science*, Chicago, University of Chicago Press, 1952.

HOLTON, Gerald et Duane ROLLER, *Foundations of Modern Physical Science*, Reading Mass., Addison-Wesley, 1958.

KEMENY, John, *A Philosopher Looks at Science*, Princeton (N.J.), D. Van Nostrand, 1959.

NAGEL, Ernest, *The Structure of Science*, New York, Harcourt, Brace & World, 1961.

POPPER, Karl, *The Logic of Scientific Discovery*, New York, Basic Books, 1959 ; trad. fr. N. Thyssen-Rutten et Ph. Devaux, *La logique de la découverte scientifique*, Paris, Payot, 1973.

RUSSELL, Bertrand, *Human Knowledge : Its Scope and Limits*, New York, Simon & Schuster, 1948 ; trad. fr. N. Lavand, *La connaissance humaine. Sa portée et ses limites*, Paris, Vrin, 2002.

SCHEFFLER, Israel *The Anatomy of Inquiry*, Cambridge (Mass.), Harvard University Press, 1963 ; trad. fr. P. Thuillier, *Anatomie de la science : étude philosophique de l'explication et de la confirmation*, Paris, Seuil, 1966.

TOULMIN, Stephen, *The Philosophy of Science*, London, Hutchinson's Universal Library, 1953.

RECUEILS D'ARTICLES

DANTO Arthur et Sidney MORGENBESSER (eds.), *Philosophy of Science*, Cleveland, Ohio, Meridian, 1960.

FEIGL, Herbert et May BRODBECK (eds.), *Readings in the Philosophy of Science*, New York, Appleton-Century-Crofts, 1953.

FEIGL, Herbert et Wilfrid SELLARS (eds.), *Readings in Philosophical Analysis*, New York, Appleton-Century-Crofts, 1949.

FEIGL, Herbert, Michael SCRIVEN et Grover MAXWELL (eds.), *Minnesota Studies in the Philosophy of Science*, Minneapolis (Minn.), University of Minnesota Press, vol. I, 1956 ; vol. II, 1958 ; vol. III, 1962.

H. MADDEN, Edward (ed.), *The Structure of Scientific Thought*, Boston (Mass.), Houghton Mifflin, 1960.

SCHILPP, Paul Arthur (ed.), *The Philosophy of Rudolf Carnap*, La Salle (Ill.), Open Court, 1963.

– *Albert Einstein: Philosopher-Scientist*, Evanston (Ill.), Library of Living Philosophers, 1949.

WIENER, Philip (ed.), *Readings in the Philosophy of Science*, New York, Scribner, 1953.

LA MESURE

CAMPBELL, Norman R., *Physics : The Elements*, Cambridge, CUP, 1920, partie II : « Measurement ».

HEMPEL, Carl G., *Fundamentals of Concept Formation in Physical Science*, Chicago, University of Chicago Press, 1952, chap. III.

LENZEN, Victor F., *International Encyclopedia of Unified Science*, vol. I, n. 5 : *Procedures of Empirical Science*, Chicago (Ill.), University of Chicago Press, 1938.

L'ESPACE ET LE TEMPS

EINSTEIN, Albert, *Sidelights on Relativity*, New York, Dutton, 1923.

FRANK, Philipp, *Philosophy of Science*, Englewood Cliffs (N.J.), Prentice-Hall, 1957, chap. III et VI.

GRÜNBAUM, Adolf, *Philosophical Problems of Space and Time*, New York, Knopf, 1963.

JAMMER, Max, *Concepts of Space*, Cambridge (Mass.), Harvard University Press, 1954 ; trad. fr. L. Mayet et I. Smajda, *Concepts d'espace. Une histoire des théories de l'espace en physique*, Paris, Vrin, 2008.

NAGEL, Ernest, *The Structure of Science*, New York, Harcourt, Brace & World, 1961, chap. VIII et IX.

POINCARÉ, Henri, *La science et l'hypothèse*, Paris, Flammarion, 1902.

REICHENBACH, Hans, *Philosophie der Raum-Zeit-Lehre,* Berlin-Leipzig, Walter de Gruyter, 1928 ; trad. angl. M. Reichenbach, *The Philosophy of Space and Time*, New York, Dover, 1958.

LA SIGNIFICATION DE LA CAUSALITÉ

RUSSELL, Bertrand, *Mysticism and Logic*, chap. IX, New York, Longmans, Green, 1918, repr. *in* H. Feigl et M. Brodbeck (eds.), *Readings in the Philosophy of Science*, New York, Appleton-Century-Crofts, 1953 ; trad. fr. dir. D. Vernant (dir.), *Mysticisme et Logique*, chap. IX, Paris, Vrin, 2007.

– *Our Knowledge of the External World*, chap. VIII, London, Allen & Unwin, 1914, repr. *in* H. Feigl et M. Brodbeck (eds.), *Readings in the Philosophy of Science*, New York, Appleton-Century-Crofts, 1953 ; trad. fr. Ph. Devaux, *La méthode scientifique en philosophie. Notre connaissance du monde extérieur*, Paris, Payot, 1929, rééd. 2018.

SCHLICK, Moritz, « Causality in Everyday Life and in Recent Science », Berkeley (CA), University of California Publications in Philosophy, 1932, repr. *in* « Causality in Everyday Life and in Recent Science », repr. *in* H. Feigl et W. Sellars (eds.), *Readings in Philosophical Analysis*, New York, Appleton-Century-Crofts, 1949.

LE DÉTERMINISME ET LE LIBRE-ARBITRE

RUSSELL, Bertrand, *La méthode scientifique en philosophie. Notre connaissance du monde extérieur*, Paris, Payot, 1929, rééd. 2018, chap. VIII.

SCHLICK, Moritz, *Problems of Ethics*, Englewood Cliffs (N.J.), Prentice-Hall, 1939 ; trad. fr. C. Bonnet, *Questions d'éthique*, P.U.F., 2000, chap. VII.

STEVENSON, Charles, *Ethics and Language*, New Haven, Yale University Press, 1944, chap. XI.

INDEX DES NOMS

TABLE DES MATIÈRES

TROISIÈME PARTIE
LA STRUCTURE DE L'ESPACE

QUATRIÈME PARTIE
CAUSALITÉ ET DÉTERMINISME

CINQUIÈME PARTIE
LOIS THÉORIQUES ET CONCEPTS THÉORIQUES

SIXIÈME PARTIE
AU-DELÀ DU DÉTERMINISME

Achevé d'imprimer en octobre 2020
sur les presses de
La Manufacture - Imprimeur – 52200 Langres
Tél. : (33) 325 845 892

N° imprimeur 200976 - Dépôt légal : octobre 2020
Imprimé en France